OEUVRES
COMPLÈTES
DE ROLLIN.

NOUVELLE ÉDITION,

ACCOMPAGNÉE D'OBSERVATIONS ET D'ÉCLAIRCISSEMENTS HISTORIQUES,

Par M. LETRONNE,

MEMBRE DE L'INSTITUT

(ACADÉMIE ROYALE DES INSCRIPTIONS ET BELLES-LETTRES).

HISTOIRE ANCIENNE.
TOME I.

PARIS,

DE L'IMPRIMERIE DE FIRMIN DIDOT,
IMPRIMEUR DU ROI ET DE L'INSTITUT, RUE JACOB, N° 24.

M DCCC XXI.

OEUVRES
COMPLÈTES
DE ROLLIN.

TOME PREMIER.

A PARIS,

CHEZ
{ FIRMIN DIDOT, père et fils, Libraires, rue Jacob, n° 24;
LOUIS JANET, Libraire, rue St-Jacques, n° 59;
BOSSANGE, Libraire, rue de Tournon, n° 6;
VERDIÈRE, Libraire, quai des Augustins, n° 25.

AVERTISSEMENT

DE L'AUTEUR

DES OBSERVATIONS ET ÉCLAIRCISSEMENTS HISTORIQUES

JOINTS A CETTE ÉDITION.

Depuis long-temps on sentait la nécessité d'une édition critique des œuvres historiques de Rollin. Il est en effet reconnu que Rollin n'a point également soigné toutes les parties du grand ensemble d'histoire dont il a fait présent à la France. Ne pouvant examiner avec assez d'attention le sens de certains passages difficiles qui auraient exigé un examen approfondi, il a dû s'en rapporter quelquefois à des versions inexactes. Le temps lui a manqué pour remonter toujours à la source des faits : et souvent il a incorporé dans son ouvrage les résultats des travaux de ses prédécesseurs, sans les soumettre à l'épreuve d'un nouvel examen : c'est ce qu'il avoue cent fois avec une franchise et une candeur admirables.

On ne saurait donc être surpris de ce que ses ouvrages historiques renferment quelques erreurs de détail, dont une critique malveillante s'est servie pour tâcher de décréditer ces ouvrages. Dans le siècle dernier, Rollin a été violemment attaqué par des pédants jaloux du succès de son Histoire ancienne, ou par des hommes qui ne lui pardonnaient point d'avoir composé un livre d'histoire dicté par l'amour de la religion. Les critiques pointilleuses et mesquines d'un abbé Bellanger, qui voulait faire croire que Rollin ne savait pas un mot de grec; les sarcasmes de Voltaire, répétés par mille échos, ont contribué à répandre l'opinion, nous dirons le préjugé, que l'Histoire ancienne et l'Histoire romaine fourmillent de contre-sens, et sont remplies d'erreurs de tout genre, de réflexions niaises et puériles, de contes rassemblés sans critique. Ils n'ont pu réussir à en faire abandonner la lecture; mais ils en ont diminué l'autorité et le poids, en exagérant le nombre des fautes qui peuvent s'y trouver.

Il nous a paru qu'un moyen efficace de rendre à ces ouvrages une grande partie de l'autorité qu'on a voulu leur faire perdre; de les relever dans l'opinion des juges éclairés; de ramener les lecteurs prévenus, ou qui manquent du loisir nécessaire pour examiner les faits par eux-mêmes; c'était de réduire à leur juste valeur les critiques dont les écrits de Rollin ont été l'objet, en publiant pour la première fois une édition qui offrît, sur les endroits vraiment fautifs, les rectifications et les éclaircissements nécessaires.

Le traducteur [1] italien de l'Histoire ancienne avait déja essayé de suppléer à quelques défauts qu'il avait cru remarquer dans cette histoire; mais nous n'approuvons nullement la méthode qu'il a suivie, d'insérer une multitude d'additions dans le texte même : à l'inconvénient d'être diffuses et fort insignifiantes, ces additions joignent celui de dénaturer l'ouvrage original.

Notre méthode est entièrement différente. En premier lieu, nous conservons absolument intact le texte original, pour lequel nous avons suivi l'édition in-4°, imprimée sous les yeux de l'auteur; toutes les citations, les notes, ont été textuellement reproduites; nous ne nous sommes permis de changements que pour corriger les nombreuses inexactitudes qui s'étaient glissées dans l'orthographe de certains noms propres, dans l'indication des auteurs cités; ou les fautes qui défiguraient plusieurs citations de textes grecs et latins.

Nos observations sont rejetées au bas des pages, et se trouvent ainsi entièrement séparées du texte. Il y avait, dans cette méthode même, un écueil à redouter; c'était de multiplier ou d'étendre les

---

[1] *Storia Antica* di Carlo Rollin, etc. Genova, MDCCXCII.

notes et les observations, au point de faire réellement un ouvrage à côté de celui de Rollin, et de surcharger le sien d'un appareil scientifique tout-à-fait déplacé, qui eût brisé continuellement la narration, et en eût détruit l'intérêt. Nous croyons avoir évité cet écueil, en nous renfermant dans les limites indiquées par la nature même de l'ouvrage. Nos observations, bornées à ce qu'il y a d'essentiel, sont de deux espèces : les unes ont pour objet de rectifier une erreur de fait, une traduction fautive; les autres contiennent, soit l'indication d'une particularité négligée par l'historien, mais nécessaire pour la connaissance parfaite du trait historique qu'il rapporte; soit la discussion des motifs qu'on peut avoir de douter des faits qu'il a présentés comme certains, ou de croire à quelques autres qu'il a donnés comme douteux. Ces notes sont en général fort courtes et précises : quelques-unes, en petit nombre, ont plus d'étendue; mais l'importance ou l'intérêt du sujet rendait nécessaires de plus grands développements.

Il est presque inutile d'avertir que nos observations ne portent que sur des faits matériels, jamais sur des opinions : les digressions de l'auteur, ses réflexions, sa manière de voir et de juger les choses, de saisir les rapports de l'histoire profane avec l'histoire sacrée, constituent son caractère particulier, pour ainsi dire sa physionomie; et nous en avons scrupuleusement respecté les traits. Sans doute, il nous eût été facile de mettre quelquefois notre opinion en regard de celle de l'auteur; mais quelle eût été la plus vraie des deux?

Nous nous sommes également interdit des discussions générales sur la chronologie de l'ancienne Égypte et de l'empire d'Assyrie. Rollin a sur-tout évité toute discussion approfondie sur ce sujet; il s'est contenté de suivre principalement Ussérius et Fréret : il a le soin d'en prévenir ses lecteurs. Que les systèmes de ces hommes habiles prêtent à quelques difficultés, c'est ce dont nous ne faisons nul doute : il faudrait de longues discussions pour les faire ressortir, et sur-tout pour les lever; et, quand on y parviendrait, serait-on sûr de ne les avoir point remplacées par d'autres difficultés plus grandes encore? En de telles matières, où l'on voit autant d'opinions différentes qu'il y a de gens qui s'en occupent, le difficile n'est pas de faire un système, c'est d'en faire un plus probable de tous points que celui qu'on a la prétention de détruire. Nous nous sommes donc contentés de donner quelques observations de détail.

Nous en dirons autant des notions géographiques par lesquelles Rollin a commencé l'histoire de chaque pays : ces notions sont toujours incomplètes, mais évidemment l'auteur n'a pas voulu en dire davantage ; il le pouvait sans peine. Nous nous sommes donc bornés à quelques notes sur ce qui pouvait s'y trouver d'inexact, sans insister davantage ; d'autant plus qu'il n'y a pas maintenant de petit livre de géographie qui ne renferme plus de détails sur ce sujet.

Un article important, et qui avait besoin de rectifications continuelles, est celui de l'évaluation des mesures et des monnaies anciennes : les recherches qu'on a faites depuis Rollin ont modifié sensiblement celle qu'il avait adoptée. Pour les mesures itinéraires, nous nous sommes servis des travaux les plus récents. L'évaluation des monnaies grecques et romaines a été établie sur les bases dont nous avons démontré la certitude dans un ouvrage spécial [1]. A la fin de l'histoire romaine, nous placerons un exposé des principes sur lesquels reposent ces diverses évaluations, et des tableaux dressés d'après ces principes.

Toutes les notes qui nous appartiennent sont suivies de la lettre — L.

Quand il nous arrive de compléter une note de l'auteur, par une addition qui nous paraît nécessaire,

---

[1] *Considérations générales sur l'évaluation des monnaies grecques et romaines et sur la valeur de l'or et de l'argent avant la découverte de l'Amérique*, chez F. Didot.

cette addition est précédée des deux traits =, et suivie de la même lettre — L.

Quelquefois, nous avons jugé à propos de mettre en marge une citation qui avait échappé à l'auteur; ou l'indication du livre et de la page, quand il ne l'a point mise : ces additions marginales sont renfermées entre crochets [ ].

Nous ferons quelques modifications et additions à l'atlas de d'Anville qu'on joint ordinairement aux œuvres de Rollin : elles seront spécifiées dans un avertissement particulier qui sera mis en tête de cet atlas.

L.

Paris, 20 décembre 1820.

ÉLOGE DE ROLLIN,

DISCOURS

QUI A REMPORTÉ LE PRIX D'ÉLOQUENCE
DÉCERNÉ PAR L'ACADÉMIE FRANÇAISE,

DANS SA SÉANCE DU 27 AOUT 1818;

PAR SAINT-ALBIN BERVILLE,

AVOCAT A LA COUR ROYALE DE PARIS.

> Nocturnâ versate manu, versate diurnâ.
> HORAT.

La nature commence l'homme, et l'éducation l'achève. Par elle, ses facultés deviennent des talents; ses penchants, des vertus; par elle se perpétuent d'âge en âge, avec les traditions de la science, les leçons de la sagesse. Aussi, dans l'antiquité, voyons-nous l'éducation exciter constamment la sollicitude des philosophes et des législateurs. Lycurgue fonde sur son pouvoir les lois qu'il donne à son peuple; Platon, le code qu'a rêvé son génie; magistrat et père à-la-fois, Caton honore la pourpre consulaire par les fonctions d'instituteur. Et certes, s'il est un art digne de l'estime des sages, c'est celui qui se propose pour objet la perfection de l'homme : art aussi grand dans son but qu'immense dans ses détails ; d'autant plus noble, qu'il n'offre point, pour les soins qu'il commande, pour les devoirs qu'il impose, le dédommagement flatteur de la célébrité; d'autant plus délicat, qu'il faut montrer la vérité à des yeux faibles encore, éclairer l'intelligence sans instruire les passions, et préparer les triomphes de la vertu sans altérer la sécurité de l'innocence !

Rollin servit l'enseignement par ses travaux ; il honora sa carrière par des talents et des vertus. Pour le louer, il suffit de raconter ce qu'il a fait, de montrer ce qu'il a été. Je n'offenserai point, par le faste de mes louanges, la mémoire d'un sage : je parlerai rarement de sa gloire; mais je parlerai souvent de sa bonté, et sans doute son ombre ne repoussera point cet éloge.

PREMIÈRE PARTIE.

Lorsqu'après la chûte de l'empire d'Occident cette belle partie de l'Europe perdit la civilisation qu'elle devait aux Romains, les écrits des anciens y conservèrent le germe d'une civilisation nouvelle. Mais ce germe resta long-temps stérile. Des institutions barbares opposaient une barrière aux progrès de l'esprit humain; les peuples n'existaient que pour la servitude, les grands n'existaient que pour les combats; l'instruction était renfermée dans les cloîtres, et plusieurs siècles dûrent s'écouler avant qu'elle pût se répandre dans les rangs de la société. Mais lorsqu'enfin le temps eut amené dans l'ordre politique une révolution salutaire, les études commencèrent à refleurir : c'est alors qu'un établissement dont l'origine se perd dans la nuit des âges, l'Université, exerça sur l'enseignement une utile influence. L'éducation, auparavant livrée au hasard, prit dans son sein une forme régulière : son indépendance jeta quelques idées de liberté parmi les générations naissantes ; les traditions de l'antiquité hâtèrent, en se propageant, le retour des lumières ; et la raison humaine s'affranchit par degrés des liens qui l'avaient tenue si long-temps captive.

Nourri dans cette école célèbre, Rollin avait puisé dans les leçons des Gerson, des Hersan, les saines doctrines de l'enseignement, et cet amour de l'antiquité, qui n'est que l'amour du vrai beau en morale comme dans les arts. Héritier de leurs fonctions, il l'avait été de leurs succès : des réformes salutaires, de sages innovations, avaient marqué sa carrière. Une disgrace vient arrêter le cours de ses travaux : l'homme de paix renonce sans murmure, et non sans regrets peut-être, à l'emploi de faire le bien ; mais il sait rendre sa retraite utile encore : il lègue à l'enseignement public les fruits de sa longue expérience ; il éclaire comme écrivain ceux qu'il ne lui est plus permis de guider comme instituteur.

Rollin, dans le *Traité des Études*, n'a point prétendu, ainsi qu'un philosophe célèbre, refaire l'éducation sur de nouvelles bases ; il n'a voulu que rassembler des traditions consacrées par l'usage. Toutefois, s'il n'a point cette audacieuse indépendance de l'auteur d'*Émile*, qui remonte par la pensée à la source de nos institutions pour leur imprimer, du haut de son génie, une direction nouvelle, il s'éloigne également de cette superstition du passé, qui subroge l'usage aux droits de la raison, et compte les années au lieu de peser les avantages. Rousseau, dans sa marche hardie, a poussé plus avant l'investigation des principes ; mais, dominé par une imagination impérieuse, il a quelquefois abusé de la vérité. Rollin, plus circonspect, s'arrête avant le but plutôt que de s'exposer à le franchir ; mais, s'il se borne à cultiver des vérités connues, il sait les rendre fécondes. Il n'appelle point les réformes, mais il les accepte des mains de l'expérience. Un autre écrivain, qui souvent a servi de guide à l'auteur du Traité des Études; qui, en voulant former l'orateur, s'occupe d'abord à former l'homme de bien, et conduit son élève à l'éloquence par la vertu, Quintilien, interdit aux soins paternels l'ouvrage de l'éducation. Il veut développer par l'émulation nos facultés naissantes, et paraît craindre qu'amollis par les douceurs de la vie domestique, l'ame ne perde son ressort et le corps sa vigueur. Peut-être, en prononçant cette exclusion rigoureuse, Quintilien n'a-t-il pas assez rendu justice à cette éducation qui ne sépare point ceux qu'unit la nature; qui permet de chercher la convenance la plus parfaite entre les moyens de l'élève et le caractère de l'institution, et rassemble sur une tête chérie une vigilance et des soins qui, en se disséminant, sont quelquefois en danger de se ralentir : peut-être, en voulant transporter de l'ordre politique dans l'ordre moral le mobile puissant, mais délicat, de l'émulation, n'a-t-il pas assez considéré le danger d'éveiller les passions avant d'avoir affermi la raison qui doit les réprimer. Quoi qu'il en soit, je sais gré à Rollin de s'être montré moins sévère; d'avoir permis à la tendresse du père de seconder quelquefois le zèle de l'instituteur; et sur-tout d'avoir respecté ces liens d'affection mutuelle, qui, formés au sein de la famille par l'habitude et l'intimité, préparent à l'ordre social la garantie des vertus domestiques.

Mais, si l'éducation peut varier dans sa forme, son objet est invariable. Éclairer l'esprit par la science, la raison par la morale, l'ame par la religion, tels sont les soins que Rollin lui impose : c'est à la vertu de consacrer le savoir; c'est à la piété de consacrer la vertu.

Avant que les écrivains du siècle de Louis XIV eussent

fixé la langue française, l'enseignement dut chercher dans les langues anciennes des formes régulières et des modèles pour l'éloquence. Depuis, lorsque la France, grace au génie des Pascal, des Fénélon, des Racine, fut devenue à son tour une terre classique; l'usage, qui devrait être l'expression de la raison universelle, et qui n'est souvent que celle des erreurs dominantes, continua de bannir de nos écoles une langue que leurs écrits venaient d'illustrer. Rollin la rétablit dans ses droits : il en développe les avantages; et s'il ne l'égale point à celles de l'antiquité pour la richesse et l'harmonie, il lui accorde une précision, une clarté que l'antiquité n'avait point connue. Bientôt il nous transporte par l'étude loin de la terre natale; il veut agrandir notre intelligence en nous faisant connaître d'autres hommes, d'autres mœurs, d'autres sociétés. C'est alors qu'il nous conduit sur les rivages de la Grèce, et qu'il étale à nos regards les beautés de cette langue, dépositaire des plus nobles créations de l'esprit humain, et qui fut la langue du génie, parce qu'elle fut celle de la liberté. De là il nous ramène vers l'ancienne Rome, et nous découvre la commune origine de nos modernes idiomes dans cette autre langue, autrefois la souveraine du monde, aujourd'hui le lien des peuples civilisés : elle ne transmet plus les décrets des vainqueurs de la terre, mais elle conserve du moins les paisibles conquêtes de la science, et cette gloire est assez belle encore.

Le langage, qui ne fut d'abord qu'un moyen de communication entre les hommes, devint un art, lorsque ces communications, en se multipliant, eurent étendu son usage et varié ses ressources. L'éloquence lui confia les vérités de la morale, les souvenirs de l'histoire, les découvertes de la science, les destinées des hommes et des peuples : la poésie l'arrondit en mètres harmonieux, l'orna de brillantes images. Fille de la religion et des passions peut-être, la poésie peut se vanter d'une ancienne origine et nous offre les premiers monuments que le génie de la parole ait élevés chez les nations. A travers l'immensité des âges, elle nous apparaît sous la majestueuse figure d'Homère, d'Homère qui, pareil aux dieux qu'il a chantés, semble avoir en partage une éternelle jeunesse. A sa suite, se présente l'antiquité tout entière, avec ce cortége de beautés naïves que faisait éclore, sous un ciel riant, l'influence d'une société vierge encore. Combien l'on aime à retrouver, dans ces tableaux des vieux âges, l'empreinte de la nature, presque effacée de nos sociétés modernes! Placés plus près de cette nature, principe éternel de tous les arts, les anciens purent saisir ses premiers traits, la peindre dans sa pureté native, et leur goût, en la retraçant, sut l'embellir encore. C'est elle que Rollin chérit dans leurs ouvrages; c'est elle qui en relève le prix aux yeux de l'homme simple et sensible : s'il ne retrouve plus le modèle, il est encore touché de l'image. En vain, dès le siècle de Louis XIV, la médiocrité, toujours impuissante et toujours téméraire, osa secouer le joug d'une légitime admiration : le génie moderne resta fidèle au génie de l'antiquité, et les Despréaux, les Racine, ne rougirent point de s'avouer les disciples de ceux dont peut-être ils avaient droit de se déclarer les rivaux. De nos jours encore, de hardis réformateurs ont voulu fonder en poésie une religion nouvelle, ils ont tenté de nous éblouir par le prestige de quelques beautés originales recueillies dans la littérature informe d'une nation voisine; mais leurs efforts n'ont pu ébranler les autels de l'antiquité. Ils ont indiqué à nos écrivains une source où l'imagination puisera quelquefois des couleurs; mais le goût ira toujours chercher ses modèles parmi ces hommes des siècles éloignés, qui furent nos premiers maîtres, et qu'il faudra toujours imiter, parce qu'ils n'ont imité que la nature.

Admirateur sincère des anciens, Rollin n'est point l'adorateur de leurs défauts : il sait voir des taches dans leurs écrits : les anciens n'étaient-ils pas des hommes ? mais ses principes, ses remarques, son style même, révèlent encore en lui le sentiment profond, le sûr discernement de leurs beautés. Ce même discernement ne brille pas moins dans les jugements qu'il porte sur ses contemporains ; et ce n'est pas son moindre titre de gloire, d'avoir averti la France de la grandeur de Bossuet.

Le nom de Bossuet rappelle celui de l'éloquence. Cette fille de la liberté fit long-temps retentir de ses mâles accents la tribune de Rome et d'Athènes. Parmi nous, lorsque la liberté, encore écartée du corps politique, s'était réfugiée tout entière au pied des autels, la chaire évangélique lui ouvrit un asyle, et l'orateur chrétien retrouva, dans le caractère sacré que la religion imprime à ses ministres, cette indépendance que les Cicéron et les Démosthène avaient trouvée dans les institutions de leur patrie. Mais la tribune aux harangues resta fermée pour elle, et, dans les règles que Rollin a tracées de cet art, on cherche en vain le nom de ce genre d'éloquence où l'orateur parle de la patrie à la patrie elle-même, et puise dans un si noble sujet des inspirations dignes d'un si noble théâtre. Un tel oubli, qui accuse les institutions contemporaines, ne serait plus possible aujourd'hui. Français, une gloire nouvelle vous attend ! Déja vos Bossuet, vos Massillon ont illustré par les triomphes du génie leur auguste ministère : à côté de leur éloquence va s'élever une éloquence rivale, et ses accents aussi seront sacrés ; car chez les peuples libres, après le culte de la Divinité, il est encore une religion, celle de la Patrie.

En révélant à ses élèves les beautés de la poésie et de

b.

l'éloquence, Rollin n'oublie pas des études plus austères, mais non moins utiles. Puisque l'éducation ne peut embrasser le cercle entier des connaissances humaines, forcé de choisir entre elles, il donne la préférence à celle qui nous offre les leçons les plus salutaires, à l'histoire ; l'histoire, cette perpétuelle allégorie qui, sous les traits du passé, nous montre le présent et l'avenir. Il jette en passant un regard sur la fable, dont les riants mensonges ont fécondé les arts, sur les antiquités, dont l'étude éclaire celle de l'histoire : mais il réprouve ce luxe indigent de la mémoire, qui la surcharge sans l'enrichir; il ne veut point fatiguer l'esprit d'une instruction stérile, et c'est au profit de la raison qu'il cultive le savoir ; ou plutôt, c'est l'ame qu'il veut orner des trésors dont il enrichit l'intelligence. L'éducation vulgaire ne se propose que la science pour objet : le sage voit plus loin. Le savoir n'est à ses yeux qu'un progrès qui nous rapproche de la vertu, ou qu'un instrument dont elle doit diriger l'usage dans l'intérêt de la patrie et de l'humanité. Comptables envers la société, comme envers la nature, de l'emploi de nos facultés, c'est à l'éducation d'en régler le cours, et de nous faire aimer le bien en nous facilitant les moyens de l'accomplir. Des études que Rollin nous prescrit, la première est celle de nos devoirs. En formant l'homme instruit, ses leçons tendent surtout à former l'honnête homme et le bon citoyen. Tour-à-tour éclairant l'exemple par le précepte, autorisant le précepte par l'exemple, il appelle au secours de la morale l'expérience des siècles passés. Les fastes de l'antiquité sont pour lui un répertoire inépuisable de salutaires instructions : c'est avec le nom d'Aristide, qu'il combat l'avarice; avec le souvenir de Camille, qu'il ennoblit l'amour de la patrie. Quelquefois, s'élevant à de plus vastes considérations, il examine la vertu dans son alliance avec le pouvoir, préparant le bonheur des hommes et la prospérité des états. Il ne sépare point la politique de la justice : comme l'auteur du Télémaque, il voudrait appliquer la morale à la science du gouvernement, et peut-être ce vœu de la vertu est-il aussi un conseil de la sagesse.

Si de nombreux travaux n'attendaient encore mes regards, que j'aimerais à rappeler ces pages éloquentes de raison et de bonté, où le vertueux recteur, en exposant les devoirs des hommes qui président à l'instruction publique, fait, sans y songer, sa propre histoire, et se peint lui-même en voulant nous instruire ! Est-il un plus beau traité de morale que ces instructions où respire une si tendre sollicitude, une onction si pénétrante, une si touchante modestie, un respect si vrai pour les mœurs, pour le bonheur même de cet âge où le bonheur est facile encore ? Si la sagesse elle-même voulait parler aux hommes, il me semble que ce serait là son langage.

C'est par la religion que Rollin sanctionne ses enseignements, et c'est par la philosophie qu'il veut nous y conduire ; car la vraie religion est sœur de la vraie philosophie. Rollin ne veut point fonder sur les ruines de la raison le règne de la foi ; il hait et la superstition qui l'avilit, et le fanatisme qui la déshonore. Le christianisme est à ses yeux la perfection de la morale, et, s'il évoque les vertus du paganisme, ce n'est point pour leur insulter par un injuste dédain, mais pour apprendre au chrétien que son devoir est de les surpasser. Bien éloigné sur-tout de cette sombre austérité qui, d'une religion de douceur et de paix, fait une religion de terreur, apprend le remords à l'innocence même et précipite dans l'incrédulité par le désespoir, il dit ses bienfaits et non ses vengeances ; il rassure l'homme et ne l'effraie pas. J'oserais pourtant lui reprocher de s'être montré trop rigoureux envers la gloire. La gloire porte des fruits si semblables à ceux de la vertu! Sans doute, il est plus pur, cet héroïsme qui se montre supérieur à l'éloge même et n'écoute point le retentissement de ses actions dans l'opinion des hommes : toutefois pardonnons d'aimer la louange à qui la sait mériter, et si la gloire est une erreur, respectons une erreur à qui le genre humain doit les Thémistocle et les Démosthène, les Décius et les Émile.

Rollin, dans son premier ouvrage, avait enseigné la manière d'étudier l'histoire : elle va maintenant devenir l'objet de ses travaux. Il n'interroge point les annales des temps modernes, trop peu fécondes en nobles souvenirs; il nous montre le genre humain sortant des mains de la nature, et florissant sous l'influence d'une civilisation naissante. Héritières d'une société dégénérée, les sociétés modernes n'ont pu répudier entièrement cette funeste succession : trop long-temps leurs fastes ne présentent que la force érigée en loi; l'erreur, en vérité; la corruption sans politesse et la barbarie sans vertu. L'histoire de l'antiquité, au contraire, nous offre deux grands sujets d'étude, les institutions et les hommes. Les anciens furent nos maîtres dans la liberté, et cette éducation n'est pas leur moindre titre à notre reconnaissance. C'est en ramenant sur nos propres origines la lumière qu'ils nous avaient apportée, que nous avons retrouvé le germe de cette belle constitution, digne d'être enviée de Sparte même, et qui, balançant les pouvoirs les uns par les autres, leur impose à tous l'heureuse nécessité de la modération. C'est encore chez eux que nous admirons ces grandes proportions de la nature humaine, qui, en étonnant l'imagination, élèvent l'ame et sont pour la morale ce que sont pour les arts les modèles du beau idéal. Déja Bossuet avait éclairé du flambeau de la religion cet imposant tableau : mais son ouvrage est plutôt fait pour être médité par l'âge mûr, que pour instruire la jeunesse. Dans son vol sublime, il plane sur toute l'histoire, mais il ne s'arrête que sur les hauteurs, pour y reconnaître l'empreinte d'une main divine. La rapidité de sa marche exclut les détails, et les détails sont l'instruction elle-même, quand c'est le discernement qui les choisit.

Dans un cadre plus étendu, Rollin passe en revue les peuples les plus célèbres, parmi tant d'états qui tour-à-tour ont fleuri sur la terre. Au fond de ce mouvant tableau, l'Égypte, qui fut après l'Inde le premier berceau de la civilisation; la superstitieuse Égypte se laisse entrevoir au loin comme une statue à demi voilée, et cache dans la nuit des temps son origine inconnue, ses obscures antiquités, ses douteuses traditions, sa religion mystérieuse. Non loin d'elle s'élève cette fière Carthage, un instant la rivale de Rome, et dont les destinées vinrent échouer contre la puissance qui devait envahir le monde. Ni ses nombreux vaisseaux, ni l'or que le commerce attirait dans son sein, ni ces peuples qu'elle attelait à son char sans les unir à sa fortune, ni ces bandes dont elle achetait le sang mercenaire, n'ont pu balancer le double ascendant du patriotisme et du courage. Un jour, une grande infortune viendra s'asseoir sur ses ruines et sera consolée. Ici, j'entends, à travers le silence des âges, le bruit lointain des empires qui s'écroulent, et dont la chute retentit confusément sur les bords de l'Euphrate. Cyrus paraît, et sur ces vastes débris s'élève l'empire des Perses. Fondé par la discipline et la valeur, bientôt avili par le despotisme, énervé par la mollesse, à peine laisserait-il dans l'histoire un souvenir de son existence, si la Grèce ne l'y traînait à sa suite, comme ces vaincus qui suivaient enchaînés le char des triomphateurs.

Parvenue à ces peuples dont l'existence sociale a préparé la nôtre, l'histoire acquiert un nouvel intérêt. Ce sont les archives de nos ancêtres, que Rollin met sous nos yeux. Originaire des contrées orientales, mais semblable pour elles à ces germes qui se développent loin de la plante qui les a produits, la civilisation va jeter ses racines sur le sol fécond de la Grèce. Là, s'élèvent sur un espace étroit vingt nations célèbres ; là, fleurissent, aux rayons de la liberté, le génie et la vertu. Athènes nous montre cette liberté, portée trop loin peut-être, mais séduisante dans son excès même, souvent orageuse, toujours brillante, et couvrant ses nombreuses erreurs du prestige des talents et de l'héroïsme. Sparte, tempérant la démocratie par le pouvoir monarchique et la monarchie par les lois, nous offre la première trace de cette constitution ingénieuse, où l'alliance de la royauté, de l'aristrocratie et du gouvernement populaire produit l'égalité sans confusion, l'indépendance sans anarchie, et la subordination sans esclavage. En vain le despotisme asiatique soulève contre ces petits états l'effort gigantesque de sa puissance : ce colosse d'argile vient se briser contre le bouclier d'airain de la liberté. C'est un beau spectacle que cette lutte entre la puissance et la vertu, où la vertu remporte la victoire !

Éblouis de leurs prospérités, les Grecs oublient que l'ambition produit la servitude, et qu'aspirer à la domination, c'est courir à l'esclavage. Deux cités rivales se disputent l'empire, et déja la Grèce indignée a vu les descendants de Miltiade et de Léonidas humilier devant un satrape les lauriers de Marathon et les cyprès des Thermopyles. Bientôt s'élève dans son sein une puissance nouvelle qui menace de l'asservir. La Grèce, abattue par Philippe, accepte la servitude en triomphant sous Alexandre, et ratifie aux champs d'Arbelles le traité imposé par la victoire dans les plaines de Chéronée. Le Macédonien l'a vengée, mais elle a payé de sa liberté le plaisir de la vengeance, et ce n'est qu'avec ses chaînes qu'elle a terrassé son ennemi. Après la mort d'Alexandre, nous la verrons briser ses fers, mais pour en reprendre de nouveaux. La politique romaine ne l'affranchit un instant que pour mieux l'asservir, et la Grèce, à son tour, va se perdre dans ce torrent dont les flots engloutiront l'univers. Mais un nouveau triomphe l'attend dans sa défaite. Les vainqueurs vont puiser chez les vaincus une civilisation nouvelle, et triomphants par les armes, ils sont conquis par les mœurs. Rome, subjuguée par les arts de Corinthe et d'Athènes, met désormais son orgueil à devenir l'élève des peuples qu'elle a soumis, et ses orateurs vont perfectionner sur les rivages de la Grèce une éloquence qui décidera des destinées du monde.

Un peuple s'offrait encore aux pinceaux de Rollin : bien différent des Grecs, mais non moins admirable, profond dans sa politique, immuable dans ses desseins, sage dans les succès, inébranlable aux revers. La Grèce, sensible, ingénieuse, avide de gloire et féconde en vertus héroïques, a multiplié ses titres d'illustration et peuplé ses annales de brillants souvenirs : Rome n'eut qu'une ambition, ce fut de régner sur l'univers. Dans la Grèce, j'admire les hommes; chez les Romains, c'est le peuple que j'admire. Ce peuple, calme dans la sédition même, respectant au sein des troubles civils les lois de l'état et le sang des citoyens, toujours uni contre l'ennemi du dehors, suivant, à travers les révolutions de son gouvernement et les vicissitudes de la fortune, un système invariable durant plusieurs siècles, présente un phénomène sans exemple dans l'histoire. L'aristocratie a remplacé chez lui le pouvoir monarchique; le gouvernement populaire a succédé à l'aristocratie; mais si la constitution change, l'esprit ne change pas. Au milieu de ces variations, le peuple romain marche à son but, appuyé sur la force de ses mœurs et sur la sagesse de sa politique. Il grandit, il s'élance, il renverse tout ce qui résiste : sa force s'accroît des succès de Pyrrhus, des triomphes d'Annibal. En vain le héros de Carthage est à ses portes : Rome assiégée est encore la cité des maîtres de la terre; elle n'acceptera point la paix de la main du vainqueur. Ses commencements ont été la rapine et le pillage : son terme ne sera que l'empire du monde.

Quel peuple, si sa gloire était pure et ses vertus sans mélange! si la politique n'avait souvent fait taire la justice, et le patriotisme l'humanité ! Mais ces citoyens si généreux oublièrent trop qu'ils étaient des hommes. Et qu'était-ce, après tout, que ce plan d'asservir le monde, conçu avec tant d'audace, suivi avec tant de constance? une brillante erreur, une faute imposante. Combien Sparte fut plus sage! ainsi que Rome, instituée pour la guerre, elle s'interdit les conquêtes, dont Rome fit l'objet de sa politique : l'une ne pouvait périr qu'en abandonnant son principe; l'autre devait périr par son principe même. Quel fruit recueillit-elle de sept cents ans de victoires? l'esclavage. En dévorant l'univers, elle engraissait une victime pour les tyrans, et enfin une proie pour les barbares. Chaque conquête était un progrès vers la décadence, chaque triomphe un pas vers la servitude. Son abaissement fut égal à sa grandeur, et ses maux ont vengé les nations qu'elle avait opprimées. Un rival de Tacite, Montesquieu, a, d'un pinceau énergique, retracé cette grande expiation : Rollin a jeté un voile sur cette partie du tableau : non que les prestiges de la prospérité, les séductions même de l'héroïsme aient pu imposer à sa sagesse; mais il écrivait pour l'adolescence, et, parmi les illusions de cet âge heureux, il en est une sur-tout que la sagesse elle-même doit respecter, celle de la vertu.

En appelant notre admiration sur ces grands tableaux, Rollin ne veut pas toutefois qu'un enthousiasme légitime pour l'antiquité nous rende indifférents pour nos propres annales. Peut-être va-t-il même trop loin, lorsqu'il laisse entendre que les fastes du moyen âge pourraient, sous la main du talent, balancer les brillants souvenirs de la Grèce et de l'Ausonie. Mais on doit l'applaudir du moins d'avoir revendiqué pour l'histoire nationale le rang qui lui appartient dans le système des études. Ces anciens, que nous admirons, doivent encore être ici nos maîtres. Chez eux, le premier objet de l'éducation était de graver dans les cœurs l'amour de la patrie : en parlant aux enfants de la gloire de leurs pères, elle élevait leur courage, et les avertissait de ne point dégénérer. Aux jours de la prospérité, ce noble héritage entretenait une émulation salutaire : dans l'adversité, il conservait parmi les peuples cette force morale qui contraint la fortune à respecter le malheur, et l'orateur d'Athènes consolait par les trophées de Salamine les désastres de Chéronée. Imitons cet exemple, et, dociles aux conseils de Rollin, ramenons quelquefois nos regards sur les monuments de notre histoire. Ils nous révéleront des destinées assez brillantes. Il sied bien à une nation d'être orgueilleuse d'elle-même, à un citoyen d'être fier de sa patrie; et cet orgueil est plus juste encore quand cette patrie est la France.

DEUXIÈME PARTIE.

C'est à la jeunesse que Rollin destinait ses ouvrages : content d'être utile, il n'aspirait point à la renommée; et cependant la renommée a proclamé ses travaux. Des mains de l'adolescence, ses écrits ont passé dans celles de l'âge mûr; du sein de la retraite, ils se sont répandus dans le monde. Quel charme les recommandait? la bonté. C'est elle qui fait leur éloquence, et cette éloquence vaut bien celle du génie : si elle fait goûter le livre, elle fait estimer et chérir l'auteur. Et qui, en lisant Rollin, pourrait ne pas l'aimer? Quelle sagesse dans ses paroles! quel zèle pour la vertu! quel ton de candeur et de simplicité! Ce n'est point la naïveté souvent hardie de Montaigne, la bonhomie parfois maligne de La Fontaine; la candeur, chez Rollin, tient à la pureté de l'ame, à la droiture du caractère : il a confiance en son lecteur. Et comment en effet être sévère avec lui? Il se livre à vous avec tant d'abandon! Il aime le bien de si bonne foi! Découvrez-vous en lui quelques prétentions? Aspire-t-il à faire secte? Non : ce n'est point pour lui qu'il sollicite nos hommages; c'est pour la vérité. Il n'impose point par un fastueux langage; il ne cherche point à nous éblouir par l'éclat d'une pompeuse éloquence; sa force est dans la raison : il n'entraîne point, il persuade; il ne veut point séduire, mais éclairer. Un tel succès n'a rien de brillant, mais du moins il est pur, et sur-tout il est durable. L'erreur peut obtenir un triomphe passager, quand elle a le talent pour auxiliaire; mais elle ne garde point ses conquêtes. On subjugue l'imagination, on séduit même le jugement; mais la conscience, plus incorruptible, se révolte contre cette conviction trompeuse, et la vérité, exilée de nos esprits, se réfugie souvent au fond de nos cœurs.

Je n'oserais parler de l'originalité de Rollin : on me répondrait sans doute que ce mérite suppose la hardiesse de la pensée, l'énergie et la nouveauté de l'expression. Rarement l'homme sans passion rencontre ces tours vifs, ces traits frappants qui donnent au style une couleur prononcée. Ce sont les secrets de l'imagination ; elle ne les révèle que lorsqu'elle est émue. Vainement chercherait-on dans les écrits de Rollin ces paroles foudroyantes de Pascal et de Bossuet, ces surprises de La Bruyère : également éloigné de la gravité sentencieuse de Salluste, de la mâle énergie de Rousseau, il se rapproche plutôt de la douceur de Fénélon et du grand sens de Plutarque. Cependant, sa manière n'est point d'emprunt : la bonté lui tient lieu d'originalité. Alors même qu'il ressemble, il n'imite pas. Imite-t-on la bonté? Quelquefois, en lisant ses ouvrages, je me figure entendre un de ces vieillards des premiers âges du monde, assis au milieu de sa nombreuse postérité, raconter à sa famille attentive les faits des temps passés, lui révéler avec une simplicité grave et touchante les vérités de la morale, lui enseigner la vertu, l'hospitalité, la crainte des dieux, le respect pour la vieillesse. Le style de Rollin favorise cette illusion; il a, pour ainsi dire, un parfum d'antiquité. Sa clarté, son abondance harmonieuse et facile, rappellent les beaux siècles de la littérature grecque et romaine, en même temps qu'il retrace quelques traits de la simplicité naïve de nos vieux écrivains. Cette simplicité, chez Rollin, n'exclut point cependant l'élégance; car l'élégance, qui n'est qu'un choix fait par le goût dans les formes du langage, a plus d'un caractère. Travaillée chez Fléchier, riche et noble chez Massillon, attique et précise chez Voltaire, pompeuse chez Buffon, elle est doucement fleurie dans les ouvrages de Rollin. Il écrit dans ce style tempéré, qui peut-être est le plus difficile, parce qu'il est le plus voisin des brillants défauts qui séduisent le goût et corrompent le talent. Mais ce n'est pas lui que les affectations du bel-esprit peuvent éblouir : s'il a quelquefois la richesse de Cicéron et de Quintilien, jamais il n'imite ni le faux éclat de Sénèque, ni le luxe de Pline le Jeune. Il s'occupe moins de parer l'expression que d'éclairer la pensée : d'autres cherchent les ornements du style; Rollin se les permet.

L'élégance n'offre point le même caractère aux diverses époques de la littérature. D'abord féconde en tours oratoires, en riches développements, elle se resserre et s'observe davantage, à mesure que les esprits, plus exercés, deviennent plus prompts à saisir et plus difficiles à satisfaire. L'éloquence oratoire fait place alors à l'éloquence philosophique; le langage prend des formes plus sévères; l'harmonie est souvent sacrifiée à la concision, la clarté à la profondeur. Le goût a changé sans dégénérer encore : seulement le style, en voulant être plus plein et plus fort, a perdu quelque chose de ses graces premières : plus travaillé, plus grave, il a moins de franchise et de naïveté. C'est le temps des Tacite, c'est celui des Montesquieu. Quelquefois cependant, le génie ou les études d'un écrivain lui font devancer son siècle, ou le retiennent dans le siècle précédent. Ainsi Salluste et La Bruyère, contemporains de Cicéron et de Bossuet, appartiennent par leur manière à l'époque suivante, tandis que Rollin, écrivant dans le XVIIIe siècle, rappelle dans toute sa pureté l'école de Fénélon. Ce caractère, il le doit à l'imitation des écrivains du siècle d'Auguste. Il avait médité toute sa vie ces illustres modèles, et l'on reconnaît aisément qu'il s'est formé sur eux. C'est même un phénomène assez remarquable que Rollin, parvenu au déclin de son âge sans avoir cultivé l'art d'écrire dans sa langue maternelle, se soit cependant élevé dans la littérature française au rang des classiques. C'est qu'il avait étudié les anciens, non pour devenir leur rival, mais pour épurer son goût, et pour transporter dans une langue vivante les tours heureux, la richesse d'expressions, qui caractérisent les idiomes de l'antiquité. C'est qu'à leur lecture, il avait joint celle des chefs-d'œuvre du siècle de Louis XIV. Aussi, malgré la juste estime qu'ont obtenue ses essais dans la langue de Virgile, je les considère moins comme des titres littéraires que comme de savantes études. Inventer est la première condition de l'art d'écrire : comment cet art pourrait-il exister quand la source de l'invention est tarie, quand le langage, frappé d'immobilité, ne peut plus seconder par les créations du style les créations de la pensée ? Le génie des langues, qui n'est que le génie des sociétés, permet-il de traduire dans l'idiome de l'antique Ausonie les idées que la société fait éclore sous le ciel de la Gaule moderne ? Rollin imita ces anciens philosophes qui, pour instruire leur patrie, commençaient par visiter les contrées étrangères, et rapportaient chez eux les usages, les lois dont ils avaient reconnu l'utilité et la sagesse.

Mais les anciens n'ont pu lui servir également de modèles pour la manière d'écrire l'histoire. Écrivant dans un autre but, son talent a dû prendre un autre caractère. L'austérité de Thucydide, l'énergique pénétration de Tacite, n'auraient pu convenir à la jeunesse : Rollin a tempéré pour elle la gravité de l'histoire. Toutefois, en se mettant à sa portée, il ne descend point à son niveau : sous des formes agréables, il cache une instruction solide, et s'il tend la main à ses jeunes lecteurs, ce n'est point pour s'abaisser jusqu'à eux, mais pour les élever jusqu'à lui. La critique lui a reproché une crédulité trop facile : il aurait fallu ajouter que, si Rollin est crédule, c'est sur-tout en faveur de la vertu. Il trouva dans son ame les raisons de cette confiance. Et peut-on le blâmer d'avoir environné de nobles illusions les exemples qu'il offrait à l'adolescence, et qu'il proposait à son admiration ? Si, plus tard, sa vieillesse s'est laissée quelquefois surprendre à de fabuleux récits, s'il n'a pas toujours porté le flambeau d'une critique sévère sur des erreurs qui s'offraient à lui entourées d'autorités imposantes et revêtues des graces de l'éloquence, fermons les yeux sur ce tribut payé à la faiblesse humaine, et sur-tout n'oublions pas qu'il nous avait armés contre la séduction avant de se laisser séduire. Jamais du moins il ne permit à la partialité d'égarer sa plume et d'altérer les révélations de l'histoire : il juge avec une constante équité les institutions et les hommes, et son exemple est une leçon pour quiconque entreprend d'instruire les peuples en retraçant leurs annales. Malheur à l'écrivain qui suborne l'histoire au gré de ses passions! sa gloire n'est jamais qu'une brillante ignominie, et son talent, en immortalisant ses ouvrages, ne fait qu'éterniser sa honte.

Si je louais seulement un littérateur, j'ai parlé de ses écrits, je pourrais borner là son éloge. Mais Rollin fut en même temps un sage, un bienfaiteur de l'humanité; je dois jeter un regard sur sa vie. Elle fut plus utile que brillante; elle offre moins d'événements que de vertus. Né dans une condition obscure, Rollin s'élève aux premières dignités de l'enseignement public. Long-temps il se dévoue à ce noble ministère : il consacre ses talents à former des hommes pour la société, des citoyens pour la patrie. Une disgrace est le prix de ses services. Combien l'autorité doit craindre d'être injuste, lorsque, créant des devoirs d'après la voix de ses préjugés ou de ses caprices, elle punit ce que la conscience pardonne, et n'accepte pas la vertu même pour garant de l'innocence! Incapable d'orgueil ainsi que de faiblesse, Rollin se soumet sans se plaindre, mais sans se démentir. La persécution a troublé sa destinée, sans altérer son ame. Il emporte dans sa retraite l'estime publique, la paix du cœur et les consolations de l'étude; il y trouve encore des devoirs à remplir et des bienfaits à répandre. Les regards des rois viennent l'y chercher, et, ce qu'il estimait sans doute davantage, l'amitié vient lui offrir ses douceurs; l'amitié, que la divinité a mise sur la terre pour être la récompense de la vertu. Rollin était fait pour la connaître; elle acheva son bonheur; elle aurait satisfait tous ses vœux, quand la gloire n'aurait pas daigné sourire à sa vieillesse.

Rollin fut heureux! Cette vérité est douce à proclamer: elle réconcilie avec la destinée. Hélas! la vie de l'homme de lettres est si souvent troublée par des orages! il y a si peu d'intelligence entre le talent et le bonheur! Rollin demanda peu de chose à l'opinion, et rien à la fortune; il trouva sa félicité dans cette vertu dont un philosophe a fait le devoir du législateur, et dont la religion fait le devoir de tous les hommes, la modération.

Essaierai-je ici d'établir un parallèle entre deux hommes chers à notre mémoire? Je crains qu'on ne m'accuse d'appeler à mon secours les lieux communs d'une trop facile éloquence. Cependant, en faisant l'éloge de Rollin, pourrais-je être blâmé de prononcer le nom de Fénélon? Ne voyons-nous pas des deux côtés même modestie, même douceur de sentiments et de style, même sagesse dans les desirs, même charité dans le cœur? Si nous voulons peindre un talent formé à l'école de l'antiquité, la morale la plus pure, alliée à la plus aimable indulgence, la vertu méconnue, mais résignée, se consolant par son propre témoignage des rigueurs du pouvoir, l'un et l'autre ne peuvent-ils pas nous servir de modèles? Tous deux ont défendu la religion, et tous deux, par leur vie, plus encore que par leurs écrits, ont rendu témoignage des vérités qu'ils avaient ensei-

Tome I.

gnées. Le monde rit de ces hommes du siècle, que l'amour des vanités traîne au pied des autels, et qui, en présence de la divinité, n'adorent que la fortune et le pouvoir. Mais l'incrédulité même s'incline avec respect devant la piété se dévouant à l'instruction de l'adolescence, ou gravant dans le cœur des rois les leçons de l'humanité. Peut-être, entre ces deux hommes vénérables, ne peut-on remarquer qu'une seule différence : l'ame de Fénélon fut plus tendre, celle de Rollin fut plus paisible; l'imagination sensible et passionnée du premier répandit plus d'éclat sur ses ouvrages; la raison toujours calme du second répandit plus de bonheur sur sa vie.

Au moment où l'Europe, régénérée par les lumières, dépouille enfin les derniers vestiges d'une longue barbarie, où l'esprit humain achève la plus noble des conquêtes, celle de la liberté, où les rois et les peuples, éclairés par la philosophie, conspirent à fonder ces institutions tutélaires dont les uns attendent leur gloire, les autres leur bonheur, la France devait un hommage public aux sages qui, en l'éclairant, ont préparé ses nouvelles destinées, et l'homme dont les travaux eurent pour objet, pendant soixante ans, la science de l'éducation, n'était pas le moins digne de sa reconnaissance. Aujourd'hui, cette science acquiert un caractère encore plus solennel : chez les peuples libres, le ministère de l'éducation n'est plus seulement une fonction honorable, il devient un auguste sacerdoce. C'est elle qui affermira nos institutions naissantes; c'est par elle que la génération qui se prépare s'élèvera pour la liberté et pour la patrie. Liberté! Patrie! noms chers et sacrés, soutiens des mœurs et principes des vertus, les sentiments dont vous remplirez tous les cœurs y resteront gravés en traits ineffaçables : vous frapperez, au sortir du berceau, l'oreille de l'enfant; vous viendrez vous mêler aux études, aux plaisirs de l'adolescence; vous ferez l'orgueil de l'âge mûr, et la consolation de la vieillesse.

A SON ALTESSE

SÉRÉNISSIME

MONSEIGNEUR

LE DUC

DE CHARTRES.

Monseigneur,

Lorsque je commençai l'Histoire Ancienne, Votre Altesse Sérénissime était encore dans les premières années de l'enfance, et ni l'ouvrage ni l'auteur n'avaient l'avantage d'être connus de vous. Souffrez que je fasse maintenant ce que je n'ai pu faire alors, et qu'en finissant mon travail, il me soit permis de le décorer du nom de Votre Altesse.

Depuis que Monseigneur le duc d'Orléans a souhaité que j'eusse l'honneur d'assister quelquefois à vos études, j'ai été témoin par moi-même du compte exact que vous avez rendu, presque toujours en sa présence, de toute la suite de cette histoire ; et ç'a été pour moi une grande satisfaction de voir que mon ouvrage, destiné principalement pour l'instruction de la jeunesse, fût de quelque utilité à un Prince dont l'éducation intéresse si vivement le public. A-présent que vous êtes entré dans l'Histoire Romaine, Monseigneur, je ne vous sers plus de guide; et vous y marchez à pas si rapides, que je ne puis pas même vous suivre : mais j'ai du moins le plaisir de voir et d'admirer vos progrès.

Dans l'attention continuelle qu'on a de vous inspirer des sentiments dignes de votre naissance, on a eu grande raison, Monseigneur, de donner une préférence marquée à l'Histoire sur tous les autres exercices de littérature. C'est là proprement l'étude des princes, capable plus qu'aucune autre de leur former l'esprit et le cœur. Outre qu'elle leur présente d'illustres modèles de toutes les vertus qui leur conviennent, elle est en possession de leur dire la vérité dans tous les temps, et de leur montrer jusqu'à leurs fautes mêmes, sans craindre de blesser la délicatesse de leur amour-propre. Comme la censure qu'elle fait des vices ne leur est point personnelle, elle n'a rien pour eux d'amer ni d'offensant. Quand elle peint dans Philippe et dans Alexandre son fils des défauts bas et indignes, qui ont terni l'éclat de leurs belles actions et déshonoré leurs règnes, ne sont-ce pas autant de leçons pour tous les princes qui auraient le malheur de s'abandonner aux mêmes excès?

La timide vérité, rarement admise dans les palais des grands, n'oserait leur faire des leçons à visage découvert; elle emprunte la voix de l'Histoire, et, cachée sous l'ombre de son nom, elle donne aux princes, avec assurance, des avis que peut-être ils ne recevraient jamais d'aucune autre part, tant on craint de s'attirer leur disgrace par de salutaires, mais dangereuses, remontrances.

Vous détestez maintenant la flatterie, Monseigneur. Vous ne souffrez qu'avec peine les plus justes louanges. Vous aimez sincèrement la vérité, lors même qu'elle pourrait ne vous être pas agréable. Je n'oublierai jamais la sage réponse que vous me fîtes dans une occasion où j'usais de la liberté que vous m'aviez donnée de vous représenter tout ce que je croirais pouvoir vous être utile. Bien loin de vous en tenir offensé, vous daignâtes vous récrier qu'à cette marque vous reconnaissiez que j'étais de vos meilleurs amis. Oui, Monseigneur (qu'il me soit permis de le répéter après vous), vos bons et solides amis seront ceux qui auront le courage de vous dire la vérité, au péril même de vous déplaire; mais malheureusement le nombre en sera toujours fort petit.

A leur défaut, l'Histoire, qui aura contracté de bonne heure avec vous une espèce de familiarité, vous en fournira plusieurs, et d'un grand nom : un Aristide, un Phocion, un Dion, un Cyrus, un Tite, un Trajan, et tant d'autres qui vous sont connus. Que de belles choses, Monseigneur, ces grands hommes auront à vous dire sur tout ce qui peut rendre un prince véritablement estimable et aimable? Quel facile accès ne trouveront-ils pas dans un cœur comme le vôtre, bon, compatissant, docile, sans hauteur et sans fierté ! Nos Grecs et nos Romains sont bien propres, Monseigneur, à détromper les grands des fausses idées que souvent ils se forment de la gloire et de la grandeur. On la fait consister pour l'ordinaire dans un vain éclat d'actions brillantes, ou dans le frivole appareil du faste et du luxe : au lieu que ces héros de l'antiquité, tout païens qu'ils étaient, n'avaient que du mépris pour les plaisirs, les richesses, la pompe, la magnificence, et ne se croyaient revêtus de la puissance que pour faire du bien, et pour rendre les peuples heureux.

Il faut pourtant l'avouer, Monseigneur, ces vertus, quelque éclatantes qu'elles fussent, manquaient de ce qui leur est le plus essentiel; et quoique un gouvernement semblable à celui d'un Cyrus ou d'un Trajan fût capable de faire en un sens le bonheur des peuples, les princes seraient bien malheureux eux-mêmes, s'ils se contentaient de ces fantômes de vertus qui étaient sans ame et sans vie. Or cette ame et cette vie, Monseigneur, c'est la piété, c'est la crainte de Dieu, sans laquelle tout ce qu'il y a de plus grand dans le monde n'est qu'un pur néant.

Ce que l'Histoire profane ne peut vous fournir, Monseigneur, vous avez l'avantage de le trouver sous vos yeux et à chaque instant dans la personne d'un père en qui la piété relève toutes ses autres excellentes qualités, et qui estime infiniment plus le bonheur d'être chrétien, que le haut rang de premier prince du sang de France. Puissiez-vous, Monseigneur, imiter ses exemples, et même (je ne crains point qu'il s'en trouve choqué) les surpasser! Ce sont les vœux que je ne cesserai de faire pour Votre Altesse Sérénissime, et qu'elle agréera sans doute beaucoup plus que tous les éloges dont je la pourrais combler. Je suis avec un profond respect et un parfait dévouement,

MONSEIGNEUR,

DE VOTRE ALTESSE SÉRÉNISSIME

Le très-humble et très-obéissant serviteur,
C. ROLLIN.

PRÉFACE.

PARAGRAPHE PREMIER.

Utilité de l'Histoire profane, sur-tout par rapport à la Religion.

L'étude de l'Histoire profane ne mériterait point qu'on y donnât une attention sérieuse et un temps considérable, si elle se bornait à la stérile connaissance des faits de l'antiquité, et à la sombre recherche des dates et des années où chaque événement s'est passé. Il nous importe peu de savoir qu'il y a eu dans le monde un Alexandre, un César, un Aristide, un Caton, et qu'ils ont vécu en tel ou tel temps; que l'empire des Assyriens a fait place à celui des Babyloniens, et ce dernier à l'empire des Mèdes et des Perses, qui ont été ensuite subjugués eux-mêmes par les Macédoniens, et ceux-ci par les Romains. Observer dans l'Histoire, outre les faits et la chronologie :

Mais il est d'une grande importance de connaître comment ces empires se sont établis, par quels degrés et par quels moyens ils sont arrivés à ce point de grandeur que nous admirons, ce qui a fait leur solide gloire et leur véritable bonheur, et quelles 1. La cause de l'élévation et de la chute des empires.

ont été les causes de leur décadence et de leur chute.

<small>2. Le génie et le caractère des peuples et des grands hommes.</small>

Il n'est pas moins important d'étudier avec soin les mœurs des peuples, leur génie, leurs lois, leurs usages, leurs coutumes; et sur-tout de bien remarquer le caractère, les talents, les vertus, les vices même de ceux qui les ont gouvernés, et qui, par leurs bonnes ou mauvaises qualités, ont contribué à l'élévation ou à l'abaissement des États qui les ont eus pour conducteurs et pour maîtres.

Voilà les grands objets que nous présente l'Histoire Ancienne, en faisant passer comme en revue devant nous tous les royaumes et tous les empires de l'univers, et en même temps tous les grands hommes qui s'y sont distingués de quelque manière que ce soit, et en nous instruisant, moins par des leçons que par des exemples, sur tout ce qui regarde l'art de régner, la science de la guerre, les principes du gouvernement, les règles de la politique, les maximes de la société civile et de la conduite de la vie pour tous les âges et pour toutes les conditions.

<small>3. L'origine et le progrès des arts et des sciences.</small>

On y apprend aussi, et ce ne doit point être une chose indifférente pour quiconque a du goût et de la disposition pour les belles connaissances; on y apprend comment les sciences et les arts ont été inventés, cultivés, perfectionnés; on y reconnaît, et l'on y suit comme de l'œil, leur origine et leurs progrès; et l'on voit avec admiration que plus on s'approche des lieux où les enfants de Noé ont vécu, plus on y trouve les sciences et les arts dans leur perfection : au lieu qu'ils paraissent oubliés ou négligés à proportion que les peuples en ont été dans un plus grand éloignement ; de sorte que quand on a voulu les rétablir, il a fallu remonter à l'origine d'où ils étaient partis.

Je ne fais que montrer légèrement tous ces objets, quelque importants qu'ils soient, parce que je les ai traités ailleurs [1] avec étendue.

Mais un autre objet, infiniment plus intéressant, doit attirer notre attention. Car quoique l'histoire profane ne nous parle que de peuples abandonnés à toutes les folies d'un culte superstitieux, et livrés à tous les déréglements dont la nature humaine, depuis la chute du premier homme, est devenue capable, elle annonce par-tout la grandeur de Dieu, sa puissance, sa justice, et sur-tout la sagesse admirable avec laquelle sa providence conduit tout l'univers.

4. Observer principalement ce qui a rapport à la religion.

Si [2] l'intime conviction de cette dernière vérité élevait, selon la remarque de Cicéron, le peuple romain au-dessus de tous les peuples de la terre, on peut assurer de même que rien ne relève plus l'Histoire au-dessus de beaucoup d'autres connais-

---

[1] Second volume de la *Manière d'étudier*.

[2] « Pietate ac religione, atque hâc unâ sapientiâ quòd Deorum immortalium numine omnia regi gubernarique perspeximus, omnes gentes nationesque superavimus. » (Orat. *de Arusp. respons.* n. 19.)

sances, que d'y trouver empreintes presque à chaque page des traces précieuses et des preuves éclatantes de cette grande vérité, que Dieu dispose de tout en maître souverain; que c'est lui qui fixe et le sort des princes, et la durée des empires; et [1] qu'il transporte les royaumes d'un peuple à un autre pour punir les injustices et les violences qui s'y commettent.

<small>Dieu a pris un soin plus particulier de son peuple.</small> Il faut avouer qu'en comparant la manière attentive, bienfaisante, sensible dont il gouvernait autrefois son peuple, et celle dont il conduisit toutes les autres nations de la terre, on dirait que celles-ci lui ont été indifférentes et étrangères. Dieu regardait la nation sainte comme son domaine propre, et comme son héritage. Il y demeurait comme un maître dans sa maison, et comme un père dans sa famille. Israël était son fils, et son fils premier-né. Il avait pris plaisir à le former dès son enfance, et à l'instruire par lui-même. Il se communiquait à lui par ses oracles; il le gouvernait par des hommes miraculeux; il le protégeait par les merveilles les plus étonnantes. A la vue de tant de glorieux priviléges, qui ne s'écrierait avec le Prophète : « Ce n'est que <small>Isaï. 33, 21.</small> « dans Israël que Dieu fait éclater sa grandeur et « sa magnificence! » *Solummodò ibi magnificus est Dominus noster.*

---

[1] « Regnum a gente in gentem transfertur propter injustitias, et injurias, et contumelias, et diversos dolos. » (*Eccl.* 10, 8.)

Cependant ce même Dieu, quoique oublié par les nations, et quoiqu'il parût les avoir oubliées, exerçait toujours sur elles un empire souverain, qui, pour être caché sous le voile des événements ordinaires et d'une conduite purement humaine, n'en était ni moins réel, ni moins divin. Toute la terre est au Seigneur, dit le Prophète, et tous les hommes qui la remplissent sont également son ouvrage; et il n'a garde de le négliger. Ce serait une erreur bien injurieuse à Dieu, que de penser qu'il n'est le maître que d'une seule famille, et non le maître de toutes les nations.

Mais il veille sur tous les peuples de la terre.

Ps. 23, 1.

On reconnaît cette importante vérité en remontant jusqu'à l'antiquité la plus reculée, et jusqu'à l'origine primitive de l'histoire profane, je veux dire jusqu'à la dispersion des descendants de Noé dans les différentes contrées de la terre où ils s'établirent. La liberté, le hasard, les vues d'intérêt, le goût pour certains pays, et d'autres motifs pareils, furent, ce semble, les seules causes des choix différents que firent les hommes. Mais l'Écriture nous apprend qu'au milieu de la confusion et du trouble qui suivirent le changement subit qui se fit dans le langage des descendants de Noé, Dieu présida invisiblement à tous leurs conseils et à toutes leurs délibérations, que rien ne se fit que par son ordre, et que ce fut lui qui conduisit[1] et plaça tous les hommes selon les

Il a présidé à la dispersion des hommes après le déluge.

---

[1] Les Anciens même, au rapport de Pindare (*Olymp.* Od. 7), avaient retenu quelque idée que la dispersion des hommes ne s'était point faite au hasard, et qu'ils avaient été placés par les ordres de la Providence.

règles de sa miséricorde et de sa justice : *Dispersit et divisit eos Dominus in universas terras.*

<small>Genes. 11, 8 et 9.</small>

Il est vrai que dès lors Dieu eut une attention particulière sur le peuple qu'il devait un jour s'attacher. Il marqua la place qu'il lui destinait. Il la fit garder par un autre peuple laborieux, qui s'appliqua à la cultiver et à l'embellir, et à faire valoir l'héritage futur des Israélites. Il mesura le nombre des familles qu'il en mit alors en possession, sur le nombre des familles d'Israël quand il serait temps de le lui rendre ; et il ne permit à aucune des nations qui n'étaient pas sujettes à l'anathème prononcé par Noé contre Chanaan, d'entrer dans un héritage qui devait être restitué tout entier aux Israélites. *Quando dividebat Altissimus gentes, quando separabat filios Adam, constituit terminos populorum juxta numerum filiorum Israel*[1]. Mais cette attention particulière de Dieu sur son peuple futur n'est point contraire à celle qu'il eut sur tous les autres peuples, attestée clairement par les deux passages de l'Écriture que j'ai cités, qui nous apprennent que toute la suite des siècles lui est présente, qu'il n'arrive rien dans le monde que par son ordre, et que d'âge en âge il en règle tous les événements. *Tu es Deus conspector seculorum... A seculo usque in seculum respicis.*

<small>[Deuteron. xxxii. 8.]</small>

<small>Eccles. 39, 19, 22, 25.</small>

---

[1] « Quand le Très-Haut a fait la division des peuples, quand il a séparé les enfants d'Adam, il a marqué les limites des peuples selon le nombre des enfants d'Israël (qu'il avait en vue). » C'est un des sens qu'on donne à ce passage, et qui parait fort naturel.

PRÉFACE.

Il faut donc regarder comme un principe incontestable, et qui doit servir de base et de fondement à l'étude de l'histoire profane, que c'est la Providence divine qui, de toute éternité, a réglé et ordonné l'établissement, la durée, la destruction des royaumes et des empires, soit par rapport au plan général de tout l'univers, connu de Dieu seul, qui met un ordre et une harmonie merveilleuse dans toutes les parties qui le composent; soit en particulier par rapport au peuple d'Israël, et encore plus par rapport au Messie, et à l'établissement de l'Église, qui est sa grande œuvre, et le but de tous ses autres ouvrages, toujours présent à sa vue : *Notum a seculo est Domino opus suum.*

Dieu seul a réglé le sort de tous les empires, soit par rapport à son peuple, soit par rapport au règne de son Fils.

Act. 15, 18.

Il a plu à Dieu de nous découvrir dans ses Écritures une partie des liaisons que plusieurs peuples de la terre ont eues avec le sien; et le peu qu'il nous en a découvert répand une grande lumière sur l'histoire de ces peuples, dont on ne connaît que la surface et l'écorce, si l'on ne pénètre plus avant par le secours de la révélation. C'est elle qui expose au grand jour les pensées secrètes des princes, leurs projets insensés, leur fol orgueil, leur impie et cruelle ambition; qui manifeste les véritables causes, et les ressorts cachés des victoires et des défaites des armées, de l'agrandissement et de la décadence des peuples, de l'élévation et de la ruine des États; et, ce qui est le principal fruit de l'Histoire, c'est elle qui nous apprend le jugement que Dieu porte et des Princes et des Empires, et qui fixe par conséquent l'idée que nous devons nous en former.

<small>Rois puissants, employés pour punir ou pour protéger Israël.</small>

Pour ne point parler de l'Égypte, qui d'abord servit comme de berceau à la nation sainte; qui se changea ensuite pour elle [1] en une dure prison et en une fournaise ardente, et qui devint enfin le théâtre des plus étonnantes merveilles que Dieu ait opérées en faveur d'Israël : les grands empires de Ninive et de Babylone nous fournissent mille preuves de la vérité que j'établis ici.

Leurs plus puissants rois, Théglathphalasar, Salmanasar, Sennachérib, Nabuchodonosor, et plusieurs autres, étaient entre les mains de Dieu comme autant d'instruments dont il se servait pour punir les prévarications de son peuple. Il les appelait, selon Isaïe, d'un coup de sifflet des extrémités de la terre pour venir prendre ses ordres; il leur mettait lui-même l'épée en main; il réglait leur marche jour par jour; il remplissait leurs soldats de courage et d'ardeur, rendait leurs troupes infatigables et invincibles, répandait à leur approche la terreur et l'effroi.

<small>Isaï. 5, 25-30, 10, 28-34, 13, 4 et 5.</small>

La rapidité de leurs conquêtes aurait dû leur faire entrevoir la main invisible qui les conduisait; mais, dit l'un d'entre eux au nom de tous les autres : « C'est « par la force de mon bras que j'ai fait ces grandes « choses, et c'est ma propre sagesse qui m'a éclairé.

<small>Sennachérib</small>

---

[1] «Educam vos de ergastulo Ægyptiorum (*Exod.* 6, 6). De fornace ferrea Ægypti. » (*Deuteronom.* 4, 20.)

« J'ai enlevé les anciennes bornes des peuples, j'ai
« pillé les trésors des princes, et, comme un con-
« quérant, j'ai arraché les rois de leurs trônes. Les
« peuples les plus redoutables ont été pour moi
« comme un nid de petits oiseaux qui s'est trouvé
« sous ma main. J'ai réuni sous ma puissance tous
« les peuples de la terre, comme on ramasse quelques
« œufs (que la mère a abandonnés); et il ne s'est
« trouvé personne qui osât seulement remuer l'aile,
« ni ouvrir la bouche, ni faire le moindre son. »

Mais ce prince si grand et si sage à ses propres yeux, qu'était-il à ceux de Dieu? Un ministre subalterne, un serviteur mandé par son maître, une verge et un bâton dans sa main : *Virga furoris mei* Isaï. 10, 5.
et baculus ipse est. Le dessein de Dieu était de cor-
riger ses enfants, et non de les exterminer. Mais Sennachérib avait résolu de tout perdre et de tout détruire : *Ipse autem non sic arbitrabitur, sed ad* Isaï. 10, 7.
conterendum erit cor ejus. Que deviendra donc cette espèce de combat entre les desseins de Dieu et ceux de ce prince? Lorsqu'il se croyait déjà maître Isaï. 10, 12.
de Jérusalem, le Seigneur d'un souffle seul dissipe toutes ses pensées fastueuses, fait périr en une nuit cent quatre-vingt-cinq mille hommes de son armée, *et, lui*[1] *mettant un cercle au nez et un mors à la bouche,* comme à une bête féroce, le ramène dans

---

[1] « Insanisti in me, et superbia tua ascendit in aures meas: ponam itaque circulum in naribus tuis, et camum in labiis tuis, et reducam te in viam per quam venisti. » (4 *Reg.* 19, 28.)

d.

ses États, couvert d'opprobre, à travers ces mêmes peuples, qui l'avaient vu, un peu auparavant, plein d'orgueil et de fierté.

<small>Nabuchodo-nosor.</small> Nabuchodonosor, roi de Babylone, paraît encore plus visiblement régi par une Providence qu'il ignore, mais qui préside à ses délibérations, et qui détermine toutes ses démarches.

<small>Ezech. 21, 19-23.</small> Arrivé avec son armée à la tête de deux chemins, dont l'un conduit à Jérusalem, l'autre à Rabbath, capitale des Ammonites, ce prince, incertain et flottant, délibère lequel il prendra, et jette le sort : Dieu le fait tomber sur Jérusalem, pour accomplir les menaces qu'il avait faites à cette ville de la détruire, de brûler le temple, et d'emmener son peuple en captivité.

<small>Ezech. cap. 26, 27 et 28.</small> Des raisons seules de politique semblaient déterminer ce conquérant au siége de Tyr, pour ne pas laisser derrière soi une ville si puissante et si bien fortifiée. Mais le siége de cette place était ordonné par une volonté supérieure. Dieu voulait d'un côté humilier l'orgueil d'Ithobal son roi, qui, se croyant plus éclairé que Daniel dont la réputation était répandue dans tout l'Orient, n'attribuant qu'à sa rare prudence l'étendue de son domaine et la grandeur de ses richesses, se considérait en lui-même comme un dieu; de l'autre, il voulait aussi punir le luxe, les délices, l'arrogance de ces fiers négociants, qui se regardaient comme les princes de la mer et les maîtres des rois mêmes; et sur-tout cette

joie inhumaine de Tyr qui lui faisait trouver son agrandissement dans les ruines de Jérusalem sa rivale. C'est par ces motifs que Dieu lui-même conduisit Nabuchodonosor à Tyr, lui faisant exécuter ses ordres sans qu'il les connût : IDCIRCO *ecce ego* ADDUCAM *ad Tyrum Nabuchodonosor.*

Pour récompenser ce prince, qu'il tenait à sa solde, du service qu'il vient de lui rendre à la prise de Tyr (c'est Dieu lui-même qui s'exprime ainsi), et pour dédommager les troupes babyloniennes, épuisées par un siége de treize ans, il leur donne toutes les contrées de l'Égypte, comme des quartiers de rafraîchissement, et leur en abandonne les richesses et les dépouilles[1]. *Ezech. 29, 18-10.*

Le même Nabuchodonosor, plein du desir d'immortaliser son nom par toutes sortes de voies, voulut ajouter à la gloire des conquêtes celle de la magnificence, en embellissant la capitale de son empire par de superbes bâtiments, et par les ornements les plus somptueux; mais pendant qu'une cour flatteuse, qu'il comblait de richesses et d'honneurs, fait retentir par-tout ses louanges[2], il se forme un sénat auguste des esprits surveillants, qui pèse dans la balance de la vérité les actions des Princes, et prononce sur leur sort des arrêts sans appel. Le roi de Babylone est cité à ce tribunal, où préside le Juge souverain, qui réunit une vigilance *Dan. c. 4, vers. 1-34.*

---

[1] Ce fait est plus détaillé dans l'histoire des Égyptiens sous le règne d'Amasis. [p. 133.]

[2] « In sententia vigilum decretum est, et sermo sanctorum et petitio, etc. » (DAN. 4, 14.)

à qui rien n'échappe, et une sainteté qui ne peut rien souffrir contre l'ordre : *vigil et sanctus*. Toutes ses actions, qui faisaient l'objet de l'admiration publique, y sont examinées à la rigueur; et l'on fouille jusqu'au fond de son cœur pour en découvrir les pensées les plus cachées. Où se terminera ce redoutable appareil? Dans le moment même où Nabuchodonosor, se promenant dans son palais, et repassant avec une secrète complaisance ses exploits, sa grandeur, sa magnificence, se disait à lui-même : *N'est-ce pas là cette grande Babylone dont j'ai fait le siége de mon royaume, que j'ai bâtie dans la grandeur de ma puissance et dans l'éclat de ma gloire ?* c'est dans ce moment précis, où, se flattant de ne tenir que de lui seul sa puissance et son royaume, il usurpait la place de Dieu, qu'une voix du ciel lui signifie sa sentence, et lui déclare que son royaume va lui être enlevé, qu'il sera chassé de la compagnie des hommes, et réduit à la condition des bêtes, jusqu'à ce qu'il reconnaisse que *le Très-Haut a un pouvoir absolu sur les royaumes des hommes, et qu'il les donne à qui il lui plaît.*

Ce tribunal, toujours subsistant quoique invisible, a prononcé le même jugement sur ces fameux conquérants, sur ces héros du paganisme, qui se regardaient, aussi-bien que Nabuchodonosor, comme les seuls artisans de leur haute fortune, comme indépendants de toute autre autorité, et comme ne relevant que d'eux-mêmes.

Si Dieu faisait servir des Princes à l'exécution de ses vengeances, il en a rendu d'autres les ministres de sa bonté. Il destine Cyrus à être le libérateur de son peuple, et, pour le mettre en état de soutenir dignement un si noble ministère, il le remplit de toutes les qualités qui forment les grands capitaines et les grands princes, et lui fait donner cette excellente éducation que les païens ont tant admirée, mais dont ils ne connaissaient point l'auteur ni la véritable cause.

On voit dans les historiens profanes l'étendue et la rapidité de ses conquêtes, l'intrépidité de son courage, la sagesse de ses vues et de ses desseins, sa grandeur d'ame, sa noble générosité, son affection véritablement paternelle pour les peuples, et, du côté des peuples, un retour d'amour et de tendresse qui le leur faisait regarder moins comme leur maître que comme leur protecteur et leur père. On voit tout cela dans les historiens profanes; mais on n'y voit point le principe secret de toutes ces grandes qualités, ni le ressort caché qui les mettait en mouvement.

Isaïe nous le montre, et s'explique en des termes dignes de la grandeur et de la majesté du Dieu qui le faisait parler[1]. Il le représente, ce Dieu dés ar-

^{Cyrus.}

---

[1] « Hæc dicit Dominus christo meo Cyro, cujus apprehendi dexteram, ut subjiciam ante faciem ejus gentes, et dorsa regum vertam, et aperiam coram eo januas, et portæ non claudentur. Ego ante te ibo, et gloriosos terræ humiliabo : portas æreas conteram, et vectes ferreos confringam. Et dabo tibi thesauros absconditos, et arcana secretorum;

mées tout-puissant, qui prend Cyrus par la main, qui marche devant lui, qui le conduit de ville en ville et de province en province, qui lui assujettit les nations, qui humilie en sa présence les grands de la terre, qui brise pour lui les portes d'airain, qui fait tomber les murs et les remparts des villes, et lui en abandonne toutes les richesses et tous les trésors.

<small>Isaï. 45, 13 et 4.</small> Le Prophète ne nous laisse pas même ignorer les motifs de toutes ces merveilles. C'est pour punir Babylone et pour affranchir Juda que Dieu conduit Cyrus pas à pas, et qu'il fait réussir toutes ses entreprises : *Ego suscitavi eum ad justitiam, et omnes vias ejus dirigam.......propter servum meum Jacob, et Israel electum meum.* Mais ce prince aveugle et ingrat ne connaît point son maître, et oublie son <small>Isaï. 45, 4, 5.</small> bienfaiteur. *Vocavi te nomine tuo, et non cognovisti me : accinxi te, et non cognovisti me.*

<small>Belle image de la royauté.</small> Il est rare qu'on juge sainement de la vraie gloire et des devoirs essentiels de la royauté. Il n'appartient qu'à l'Écriture de nous en donner une juste idée; et elle le fait d'une manière admirable dans <small>Dan. 4, 7-9.</small> un arbre grand et fort, dont la hauteur monte jusqu'au ciel, et qui paraît s'étendre jusqu'aux extrémités de la terre. Couvert de feuilles et chargé de fruits, il fait l'ornement et le bonheur de la campagne. Il fournit une ombre agréable et une retraite

<small>ut scias quia ego Dominus, qui voco nomen tuum, Deus Israel. » (Isaï. 45, 1-3.)</small>

assurée à tous les animaux; les bêtes privées et les bêtes sauvages demeurent dessous, les oiseaux du ciel habitent sur ses branches, et tout ce qui a vie trouve de quoi s'y nourrir.

Est-il une idée plus juste et plus instructive de la royauté, dont la véritable grandeur et la solide gloire ne consistent point dans cet éclat, cette pompe, cette magnificence qui l'environnent, ni dans ces respects et ces hommages extérieurs qui lui sont rendus par les sujets, et qui lui sont dus, mais dans les services réels et les avantages effectifs qu'elle procure aux peuples, dont elle est, par sa nature et par son institution, le soutien, la défense, la sûreté, l'asyle; en un mot, source féconde de toutes sortes de biens, sur-tout par rapport aux petits et aux faibles, qui doivent trouver sous son ombre et sous sa protection une paix et une tranquillité que rien ne puisse troubler, pendant que le prince lui-même sacrifie son repos et essuie seul les orages et les tempêtes dont il met les autres à l'abri?

Il me semble voir, à la religion près, la réalité de cette noble image et l'exécution de ce beau plan dans le gouvernement de Cyrus, dont Xénophon nous trace le portrait dans sa belle préface de l'histoire de ce prince. Il y a fait le dénombrement d'un grand nombre de peuples, séparés les uns des autres par de vastes espaces, et encore plus par la diversité des mœurs, des coutumes, du langage, mais réunis tous ensemble par les mêmes sentiments d'estime, de respect et d'amour pour un prince[1] dont ils auraient souhaité que le gouvernement eût pu durer toujours, tant ils se trouvaient heureux et tranquilles sous son empire.

<small>Juste idée des anciens conquérants.</small> A ce gouvernement si aimable et si salutaire opposons l'idée que la même Écriture nous donne de ces empires et de ces conquérants si vantés dans l'antiquité, qui, au lieu de ne se proposer pour fin que le bien public, n'ont suivi que les vues particulières de leur intérêt et de leur ambition. Le <small>Dan. cap. 7.</small> Saint-Esprit les représente sous les symboles de monstres nés de l'agitation de la mer, du trouble, de la confusion, du choc des vagues; et sous l'image de bêtes cruelles et féroces, qui répandent partout la terreur et la désolation, et qui ne se nourrissent que de meurtres et de carnage; ours, lions, tigres, léopards. Quel tableau! Quelle peinture!

C'est néanmoins de ces modèles funestes que l'on emprunte souvent les règles de l'éducation qu'on donne aux enfants des grands; c'est à ces ravageurs de provinces, à ces fléaux du genre humain, qu'on se propose de les faire ressembler. En excitant en eux des sentiments d'une ambition démesurée et l'amour d'une fausse gloire, on en forme, selon l'expression de l'Écriture, de jeunes lionceaux, que l'on accoutume de bonne heure et que l'on dresse de

---

[1] Ἐδυνήθη [δὲ] ἐπιθυμίαν ἐμβαλεῖν τοσαύτην τοῦ πάντας αὐτῷ χαρίζεσθαι, ὥστε ἀεὶ τῇ αὐτοῦ γνώμῃ ἀξιοῦν κυβερνᾶσθαι. [Cyrop. I. 5.]

loin à piller, à dévorer les hommes, à faire des veuves et des malheureux, à dépeupler les villes. MATER LEÆNA *in medio leunculorum* ENUTRIVIT *catulos suos.....* DIDICIT *prædam capere, et homines devorare....* DIDICIT *viduas facere, et civitates in desertum adducere.* Et quand avec l'âge ce lionceau est devenu lion, Dieu nous avertit que le bruit de ses exploits et la renommée de ses victoires n'est qu'un affreux rugissement qui porte partout l'effroi et la désolation. *Et leo factus est, et desolata est terra et plenitudo ejus a voce rugitûs illius.* Ezech. 19, 2-7.

Les exemples dont j'ai fait mention jusqu'ici, tirés de l'histoire des Égyptiens, des Assyriens, des Babyloniens, des Perses, prouvent suffisamment le souverain domaine que Dieu exerce sur tous les empires, et le rapport qu'il lui a plu de mettre entre les autres peuples de la terre et celui qu'il s'est attaché en particulier. La même vérité paraît encore aussi clairement sous les rois de Syrie et d'Égypte, successeurs d'Alexandre-le-Grand, avec l'histoire desquels on sait que celle du peuple de Dieu a une liaison particulière sous les Machabées.

A tous ces faits je ne puis m'empêcher d'en ajouter encore un, connu de tout le monde, mais qui n'en est pas moins remarquable; c'est la prise de Jérusalem par Tite. Quand il fut entré dans la ville, et qu'il en eut considéré les fortifications, ce prince, tout païen qu'il était, reconnut le bras tout-puissant du Dieu d'Israël, et plein d'admiration il s'écria : « Il Joseph. l. 3, cap. 46. [Bell.Jud.vi, cap. 9, § 1.]

« paraît bien que Dieu a combattu pour nous, et a
« chassé les Juifs de ces tours, puisqu'il n'y avait point
« de forces humaines ni de machines qui fussent
« capables de les y forcer. ».

<small>Dieu a toujours réglé les événements humains par rapport au règne du Messie.</small>

Outre ce rapport de l'Histoire profane avec l'Histoire sacrée, qui est visible, et qui se montre sensiblement, il y en a un autre plus secret et plus éloigné, qui regarde le Messie, à l'avénement duquel Dieu, qui a toujours eu son œuvre devant les yeux, a préparé les hommes de loin par l'état même d'ignorance et de déréglement où il a permis que le genre humain demeurât pendant quatre mille ans. C'est pour nous faire sentir la nécessité d'un Médiateur, que Dieu a laissé si long-temps les nations marcher dans leurs voies, sans que les lumières de la raison, ni les instructions de la philosophie, aient pu ou dissiper leurs ténèbres, ou corriger leurs inclinations.

Quand on envisage la grandeur des empires, la majesté des princes, les belles actions des grands hommes, l'ordre des sociétés policées et l'harmonie des différents membres qui les composent, la sagesse des législateurs, les lumières des philosophes, la terre semble n'offrir rien aux yeux des hommes que de grand et d'éclatant; mais aux yeux de Dieu elle était stérile et inculte, comme au premier instant

<small>Gen. 1, 2.</small> de sa création, *inanis et vacua;* c'est peut dire, elle était tout entière souillée et impure (il faut se souvenir que je parle ici des païens), et n'était devant

lui qu'une retraite d'hommes ingrats et perfides, comme au temps du déluge : *Corrupta est terra* Gen. 6, 11. *coram Deo, et repleta est iniquitate.*

Cependant l'arbitre souverain du monde, qui dispense, selon les règles de sa sagesse, la lumière et les ténèbres, et qui sait mettre des bornes au torrent des passions, n'a pas permis que la nature humaine, livrée à toute sa corruption, dégénérât en une barbarie absolue, et s'abrutît entièrement par l'obscurcissement des premiers principes de la loi naturelle, comme nous le remarquons dans plusieurs nations sauvages. Cet obstacle aurait trop retardé le cours rapide qu'il avait promis aux premiers prédicateurs de la doctrine de son Fils.

Il a jeté de loin dans l'esprit des hommes des semences de plusieurs grandes vérités, pour les disposer à en recevoir d'autres plus importantes. Il les a préparés aux instructions de l'Évangile par celles des philosophes; et c'est dans cette vue que Dieu a permis que dans leurs écoles ils examinassent plusieurs questions, et établissent plusieurs principes, qui ont un grand rapport à la religion, et qu'ils y rendissent les peuples attentifs par l'éclat de leurs disputes. On sait que les philosophes enseignent partout dans leurs livres l'existence d'un Dieu, la nécessité d'une Providence qui préside au gouvernement du monde, l'immortalité de l'ame, la dernière fin de l'homme, la récompense des bons et la punition des méchants, la nature des devoirs qui sont le lien de la société, le caractère des vertus qui font la base de la morale, comme la prudence, la justice, la force, la tempérance, et d'autres pareilles vérités, qui n'étaient pas capables de conduire l'homme à la justice, mais qui servaient à écarter certains nuages, et à dissiper certaines obscurités.

C'est par un effet de la même Providence, qui de loin préparait les voies à l'Évangile, que, lorsque le Messie vint au monde, Dieu avait réuni un grand nombre de nations par les deux langues grecque et latine, et qu'il avait soumis à un seul maître, depuis l'Océan jusqu'à l'Euphrate, tous les peuples que le langage n'unissait point, pour donner un cours plus libre à la prédication des apôtres. L'étude de l'Histoire profane, quand elle est faite avec jugement et maturité, doit nous conduire à ces réflexions, et nous montrer comment Dieu fait servir les empires de la terre à l'établissement du règne de son Fils.

Talents extérieurs accordés aux païens. Elle doit aussi nous apprendre le cas qu'il faut faire de tout ce qu'il y a de plus brillant dans le monde, et de ce qui est le plus capable d'éblouir. Courage, bravoure, habileté dans l'art de gouverner, profonde politique, mérite de la magistrature, pénétration pour les sciences les plus abstruses, beauté d'esprit, délicatesse de goût en tout genre, succès parfait dans tous les arts : voilà ce que l'Histoire profane nous montre, et ce qui fait l'objet de notre admiration, et souvent de notre envie. Mais en même temps cette même histoire doit nous faire souvenir que, depuis le commencement du monde, Dieu accorde à ses ennemis toutes ces qualités brillantes que le siècle estime, et dont il fait beaucoup de bruit; au lieu qu'il les refuse souvent à ses plus fidèles serviteurs, à qui il donne des choses d'une autre importance et d'un autre prix, mais que le monde ne connaît et ne désire point. *Beatum dixerunt populum cui hæc sunt: beatus populus, cujus dominus Deus ejus.*

Ps. 143, 15.

Une dernière réflexion, qui suit naturellement de ce que j'ai dit jusqu'ici, terminera cette première partie de ma Préface. Puisqu'il est certain que tous ces grands hommes, si vantés dans l'Histoire profane, ont eu le malheur d'ignorer le vrai Dieu et de lui déplaire, il faut être sobre et circonspect dans les louanges qu'on leur donne. S. Augustin[1], dans le livre de ses Rétractations, se repent d'avoir trop élevé et d'avoir trop fait valoir Platon et les philosophes platoniciens, parce qu'après tout, dit-il, ce n'étaient que des impies, dont la doctrine était, en plusieurs points, contraire à celle de Jésus-Christ.

Être sobre dans les louanges qu'on leur donne.

Il ne faut pas pourtant s'imaginer que S. Augustin ait cru qu'il ne fût pas permis d'admirer ou de louer ce qu'il y a de beau dans les actions et de vrai dans les maximes des païens. Il veut[2] qu'on

---

[1] « Laus ipsa, quâ Platonem vel platonicos seu academicos philosophos tantùm extuli, quantùm impios homines non oportuit, non immeritò mihi displicuit: præsertim quorum contra errores magnos defendenda est christiana doctrina. » (*Retract.* lib. I, cap. 1.)

[2] « Id in quoque corrigendum, quod pravum est; quod autem rectum est, approbandum. » (*De Bapt. cont. Donat.* lib. 7, cap. 16.)

y corrige ce qui se trouve de défectueux, et qu'on y approuve ce qu'elles ont de conforme à la règle. Il loue les Romains en plusieurs occasions, et surtout dans ses livres de la Cité de Dieu, qui est l'un de ses derniers et de ses plus beaux ouvrages. Il y fait remarquer que Dieu les a rendus vainqueurs des peuples, et maîtres d'une grande partie de la terre, à cause de la modération et de l'équité de leur gouvernement (il parle des beaux temps de la république); accordant à des vertus purement humaines des récompenses qui l'étaient aussi, dont cette nation, aveugle en ce point, quoique fort éclairée sur d'autres, avait le malheur de se contenter. Ce ne sont donc point les louanges des païens en elles-mêmes, mais l'excès de ces louanges, que Saint Augustin condamne.

Lib. 5, c. 19 et 21, etc.

Nous devons craindre, nous sur-tout qui, par l'engagement même de notre profession, sommes continuellement nourris de la lecture des auteurs païens, de trop entrer dans leur esprit, d'adopter, sans presque nous en apercevoir, leurs sentiments en louant leurs héros, et de donner dans des excès qui ne leur paraissaient pas tels, parce qu'ils ne connaissaient point de vertus plus pures. Des personnes, dont j'estime l'amitié, comme je le dois, et dont je respecte les lumières, ont trouvé ce défaut dans quelques endroits de l'ouvrage que j'ai donné au public sur l'éducation de la jeunesse, et ont cru que j'avais poussé trop loin la louange des grands hommes du paganisme. Je reconnais en effet qu'il m'est échappé quelquefois des termes trop forts, et qui ne sont pas assez mesurés. Je pensais qu'il suffisait d'avoir inséré dans chacun des deux volumes qui composent cet ouvrage plusieurs correctifs, sans qu'il fût besoin de les répéter, et d'avoir établi en différents endroits les principes que les pères nous fournissent sur cette matière, en déclarant, avec saint Augustin, que, sans la véritable piété, c'est-à-dire, sans le culte sincère du vrai Dieu, il n'y a point de véritable vertu, et qu'elle ne peut être telle quand elle a pour objet la gloire humaine; vérité, dit ce père, qui est incontestablement reçue par tous ceux qui ont une vraie et solide piété. *Illud constat inter omnes veraciter pios, neminem sine vera pietate, id est, veri Dei vero cultu, veram posse habere virtutem; nec eam veram esse, quando gloriæ servit humanæ.* De Civit. Dei, lib. 5, cap. 19.

Quand j'ai dit que Persée n'avait pas eu le courage de se donner la mort, je n'ai point prétendu justifier la pratique des païens, qui croyaient qu'il leur était permis de se faire mourir eux-mêmes, mais simplement rapporter un fait, et le jugement qu'en avait porté Paul Émile. Un léger correctif, ajouté à ce récit, aurait ôté toute équivoque et tout lieu de plainte. Tom. 2, pag. 344.

L'ostracisme employé à Athènes contre les plus gens de bien, le vol permis, ce semble, par Lycurgue à Sparte, l'égalité des biens établie dans la même ville par voie d'autorité, et d'autres endroits semblables, peuvent souffrir quelques difficultés. J'y ferai une attention particulière dans le temps, lorsque la suite de l'Histoire me donnera lieu d'en parler, et je profiterai avec joie des lumières que des personnes éclairées et sans prévention voudront bien me communiquer.

Dans un ouvrage comme celui que je commence à donner au public, destiné particulièrement à l'instruction des jeunes gens, il serait à souhaiter qu'il ne s'y trouvât aucun sentiment, aucune expression qui pût porter dans leur esprit des principes faux ou dangereux. En le composant, je me suis proposé cette maxime, dont je sens toute l'importance : mais je suis bien éloigné de croire que j'y aie toujours été fidèle, quoique ç'ait été mon intention ; et j'aurai besoin en cela, comme en beaucoup d'autres choses, de l'indulgence des lecteurs.

PARAGRAPHE II.

Observations particulières sur cet ouvrage.

Le volume que je donne ici au public est le commencement d'un ouvrage où je me propose d'exposer l'Histoire ancienne des Égyptiens, des Carthaginois, des Assyriens, tant de Ninive que de Babylone, des Mèdes et des Perses, des Macédoniens et des différents états de la Grèce.

Comme j'écris principalement pour les jeunes

gens, et pour des personnes qui ne songent point à faire une étude profonde de l'Histoire ancienne, je ne chargerai point cet ouvrage d'une érudition qui pourrait naturellement y entrer, mais qui ne convient point au but que je me propose. Mon dessein est, en donnant une histoire suivie de l'antiquité, de prendre dans les auteurs grecs et latins ce qui me paraîtra de plus intéressant pour les faits, et de plus instructif pour les réflexions.

Je souhaiterais pouvoir éviter en même temps et la stérile sécheresse des abrégés, qui ne donnent aucune idée distincte, et l'ennuyeuse exactitude des longues histoires, qui accablent un lecteur. Je sens bien qu'il est difficile de prendre un juste milieu, qui s'écarte également des deux extrémités; et quoique, dans les deux parties d'histoire qui font la moitié de ce premier volume, j'aie retranché une grande partie de ce qui se rencontre dans les Anciens, je ne sais si on ne les trouvera pas encore trop étendues : mais j'ai craint d'étrangler les matières en cherchant trop à les abréger. Le goût du public deviendra ma règle, et je tâcherai dans la suite de m'y conformer.

J'ai eu le bonheur de ne pas lui déplaire dans le premier ouvrage que j'ai composé. Je souhaiterais bien que celui-ci eût un pareil succès, mais je n'oserais l'espérer. La matière que je traitais dans le premier, belles-lettres, poésie, éloquence, morceaux d'histoire choisis et détachés, m'a laissé la liberté d'y faire entrer une partie de ce qu'il y a dans les auteurs anciens et modernes de plus beau, de plus frappant, de plus délicat, de plus solide, tant pour les expressions que pour les pensées et les sentiments. La beauté et la solidité des choses mêmes que j'offrais au lecteur l'ont rendu plus distrait ou plus indulgent sur la manière dont elles lui étaient présentées; et d'ailleurs, la variété des matières a tenu lieu de l'agrément que le style et la composition auraient dû y jeter.

Ici je n'ai pas le même avantage. Je ne suis pas tout-à-fait le maître du choix. Dans une histoire suivie, on est obligé de rapporter bien des choses qui ne sont pas toujours fort intéressantes, sur-tout pour ce qui regarde l'origine et le commencement des empires; et ces sortes d'endroits, pour l'ordinaire, sont mêlés de beaucoup d'épines, et présentent peu de fleurs. La suite fournira des matières plus agréables, et des événements qui attachent davantage; et je ne manquerai pas de faire usage des précieuses richesses que les meilleurs auteurs nous offriront. En attendant, je supplie le lecteur de se souvenir que dans une grande et belle contrée tout n'est pas riches moissons, beaux vignobles, riantes prairies, fertiles vergers : il s'y rencontre quelquefois des terrains moins cultivés et plus sauvages. Et, pour me servir d'une autre comparaison tirée de Pline, parmi les arbres[1], il y en a qui, au prin-

---

[1] « Arborum flos est pleni veris indicium et anni renascentis; flos gaudium arborum. Tunc se novas, aliasque quàm sunt, ostendunt: tunc

temps, étalent à l'envi une quantité infinie de fleurs, et qui, par cette riche parure, dont l'éclat et les vives couleurs flattent agréablement la vue, annoncent une heureuse abondance pour une saison plus reculée : il y en a d'autres [1] qui sont plus tristes, et qui, bien que fertiles en bons fruits, n'ont pas l'agrément des fleurs, et semblent ne prendre point de part à la joie de la nature renaissante. Il est aisé d'appliquer cette image à la composition de l'Histoire.

Pour embellir et enrichir la mienne, je déclare que je ne me fais point un scrupule ni une honte de piller par-tout, souvent même sans citer les auteurs que je copie, parce que quelquefois je me donne la liberté d'y faire quelques changements. Je profite, autant que je puis, des solides réflexions que l'on trouve dans la seconde et la troisième partie de l'Histoire universelle de M. Bossuet, qui est l'un des plus beaux et des plus utiles ouvrages que nous ayons. Je tire aussi de grands secours de l'Histoire des Juifs, du savant M. Prideaux, Anglais, où il a merveilleusement approfondi et éclairci ce qui regarde l'Histoire ancienne. Il en sera ainsi de tout ce qui me tombera sous la main, dont je ferai tout l'usage qui pourra convenir à la composition de mon livre, et contribuer à sa perfection.

Je sens bien qu'il y a moins de gloire à profiter

variis colorum picturis in certamen usque luxuriant. Sed hoc negatum plerisque. Non enim omnes florent, et sunt tristes quædam, quæque non sentiunt gaudia annorum; nec ullo flore exhilarantur, natalesve pomorum recursus annuos versicolori nuntio promittunt. » (PLIN. *Hist. nat.* lib. XVI, cap. 25.)

[1] Comme les figuiers.

ainsi du travail d'autrui, et que c'est en quelque sorte renoncer à la qualité d'auteur; mais je n'en suis pas fort jaloux, et je serais très-content, et me tiendrais très-heureux, si je pouvais être un bon compilateur, et fournir une histoire passable à mes lecteurs, qui ne se mettront pas beaucoup en peine si elle vient de mon fonds ou non, pourvu qu'elle leur plaise.

Je ne puis pas dire précisément de combien de volumes sera composé mon ouvrage; mais j'entrevois qu'il n'ira pas à moins de cinq ou six. Des écoliers, pour peu qu'ils soient studieux, pourront faire aisément cette lecture en particulier dans le cours d'une année, sans que leurs autres études en souffrent. Dans mon plan, je destinerais la Seconde à cette lecture : c'est une classe où les jeunes gens sont capables d'en profiter, et d'y trouver quelque plaisir; et je réserverais l'Histoire romaine pour la Rhétorique.

Il aurait été utile, et même nécessaire, de donner à mes lecteurs quelque idée et quelque connaissance des auteurs anciens d'où je tire les faits que je rapporte ici. La suite même de l'Histoire me donnera lieu d'en parler, et m'en fournira une occasion naturelle.

Jugement qu'il faut porter sur les augures, les prodiges, les oracles des anciens. En attendant, je crois devoir dire ici quelque chose par avance sur la crédulité superstitieuse qu'on reproche à la plupart de ces auteurs dans ce qui regarde les augures, les auspices, les prodiges, les songes, les oracles. En effet, on est blessé de voir des écrivains, d'ailleurs fort judicieux, se faire un devoir et une loi de les rapporter avec une exactitude scrupuleuse, et d'insister sérieusement sur un détail ennuyeux de petites et ridicules cérémonies, du vol des oiseaux à droite ou à gauche, des signes marqués dans les entrailles fumantes des animaux, de l'avidité plus ou moins grande des poulets en mangeant, et de mille autres absurdités pareilles.

Il faut avouer qu'un lecteur sensé ne peut voir sans étonnement que les hommes de l'antiquité les plus estimés pour le savoir et pour la prudence, les capitaines les plus élevés au-dessus des opinions populaires et les mieux instruits de la nécessité de profiter des moments favorables, les conseils les plus sages des princes consommés dans l'art de régner, les plus augustes assemblées de graves sénateurs, en un mot, les nations les plus puissantes et les plus éclairées, aient pu, dans tous les siècles, faire dépendre de ces petites pratiques et de ces vaines observances la décision des plus grandes affaires, comme de déclarer une guerre, de livrer une bataille, de poursuivre une victoire; délibérations qui étaient de la dernière importance, et d'où souvent dépendaient la destinée et le salut des États.

Mais il faut en même temps avoir l'équité de reconnaître que les mœurs, les coutumes, les lois, ne permettaient point alors de s'écarter de ces usages; que l'éducation, la tradition paternelle et immémoriale, la persuasion et le consentement universel des nations, les préceptes et l'exemple même des philosophes, leur rendaient ces pratiques respectables; et que ces cérémonies, quelque absurdes qu'elles nous paraissent et qu'elles soient en effet, faisaient chez les Anciens partie de la religion et du culte public.

Cette religion était fausse, et ce culte mal entendu; mais le principe en était louable, et fondé sur la nature. C'était un ruisseau corrompu qui partait d'une bonne source. L'homme, par ses propres lumières, ne connaît rien au-delà du présent : l'avenir est pour lui un abyme fermé à la sagacité la plus vive et la plus perçante, qui ne lui montre rien de certain sur quoi il puisse fixer ses vues et former ses résolutions. Du côté de l'exécution, il n'est pas moins faible et moins impuissant. Il sent qu'il est dans une dépendance entière d'une main souveraine, qui dispose avec une autorité absolue de tous les événements, et qui, malgré tous ses efforts, malgré la sagesse des mesures le mieux concertées, le réduit, par les moindres obstacles et par les plus légers contre-temps, à l'impossibilité d'exécuter ses projets.

Ces ténèbres, cette faiblesse, l'obligent de recourir à une lumière et à une puissance supérieure. Il est forcé par son propre besoin, et par le vif desir qu'il a de réussir dans ce qu'il entreprend, de s'adresser à celui qu'il sait s'être réservé à lui seul la connaissance de l'avenir et le pouvoir d'en disposer. Il offre des prières, il fait des vœux, il présente des sacrifices, pour obtenir de la Divinité qu'il lui plaise de s'expliquer ou par des oracles, ou par des songes, ou par d'autres signes qui manifestent sa volonté, bien convaincu qu'il ne peut arriver que ce qu'elle ordonne, et qu'il a un extrême intérêt de la connaître, afin de pouvoir s'y conformer.

Ce principe religieux de dépendance et de respect à l'égard de l'Être suprême est naturel à l'homme; il le porte gravé dans son cœur; il en est averti par le sentiment intérieur de son indigence, et par tout ce qui l'environne au-dehors; et l'on peut dire que ce recours continuel à la Divinité, est un des premiers fondements de la religion, et le plus ferme lien qui attache l'homme au Créateur.

Ceux qui ont eu le bonheur de connaître le vrai Dieu, et d'être choisis pour former son peuple, n'ont point manqué de s'adresser à lui, dans leurs besoins et dans leurs doutes, pour obtenir son secours et pour connaître ses volontés. Il a bien voulu se manifester à eux; et les conduire par des apparitions, par des songes, par des oracles, par des prophéties, et les protéger par des prodiges éclatants.

Ceux qui ont été assez aveugles pour substituer le mensonge à la vérité se sont adressés, pour obtenir le même secours, à des divinités fausses et trompeuses, qui n'ont pu répondre à leur attente; et payer l'hommage qu'on leur rendait, que par l'erreur et l'illusion, et par une frauduleuse imitation de la conduite du vrai Dieu.

De là sont nées les vaines observations des songes; qu'une superstition crédule leur faisait prendre pour des avertissements salutaires du ciel; ces réponses obscures ou équivoques des oracles, sous le voile desquelles les esprits de ténèbres cachaient leur ignorance, et par une ambiguité étudiée se ménageaient une issue, quel que dût être l'événement. De là sont venus ces pronostics de l'avenir, que l'on se flattait de trouver dans les entrailles des bêtes, dans le vol et le chant des oiseaux, dans l'aspect des astres, dans les rencontres fortuites, dans les caprices du sort; ces prodiges effrayants qui répandaient la terreur parmi tout un peuple, et qu'on croyait ne pouvoir expier que par des cérémonies lugubres, et quelquefois même par l'effusion du sang humain; enfin, ces noires inventions de la magie, les prestiges, les enchantements, les sortiléges, les évocations des morts, et beaucoup d'autres espèces de divination.

Tout ce que je viens de rapporter était un usage reçu et observé généralement parmi tous les peuples; et cet usage était fondé sur les principes de religion que j'ai montrés sommairement. On en voit une preuve éclatante dans l'endroit de la Cyropédie où Cambyse, père de Cyrus, donne à ce jeune prince de si belles instructions, et si propres à former un grand capitaine et un grand roi. Il lui recommande

Xenoph. in Cyrop. l. 1, p. 25 et 37.

sur-tout d'avoir un souverain respect pour les dieux; de ne former jamais aucune entreprise, soit petite, soit grande, sans les avoir auparavant invoqués et consultés; d'honorer les prêtres et les augures, qui sont leurs ministres et les interprètes de leurs volontés; mais de ne pas s'y fier ni s'y livrer si aveuglément qu'il ne s'instruise par lui-même de ce qui regarde la science de la divination, des augures et des auspices. Et la raison qu'il rapporte de la dépendance où doivent être les princes à l'égard des dieux, et de l'intérêt qu'ils ont à les consulter en tout; c'est que, quelque prudents et quelque clairvoyants que soient les hommes dans le cours ordinaire des affaires, leurs vues sont toujours fort courtes et fort bornées par rapport à l'avenir; au lieu que la Divinité, d'un seul regard, embrasse tous les siècles et tous les événements. «Comme les dieux sont éternels, « dit Cambyse à son fils, ils savent tout, et con- « naissent également le passé, le présent et l'avenir. « Entre ceux qui les consultent, ils donnent des « avis salutaires à ceux qu'ils veulent favoriser, pour « leur faire connaître ce qu'il faut faire et ce qu'il « ne faut pas entreprendre. Que si l'on voit qu'ils « ne donnent pas de semblables conseils à tous les « hommes, il ne faut pas s'en étonner, puisque nulle « nécessité ne les oblige de prendre soin des per- « sonnes sur qui il ne leur plaît pas de répandre « leurs graces. »

Telle était la doctrine des peuples les plus éclairés,

par rapport aux différentes espèces de divination; et il n'est pas étonnant que des historiens qui écrivaient l'histoire de ces peuples se soient crus obligés de rapporter avec soin ce qui faisait partie de leurs religion et de leur culte, et qui souvent était l'ame de leurs délibérations et la règle de leur conduite. J'ai cru, par cette même raison, ne devoir pas entièrement supprimer dans l'Histoire que je donne au public ce qui regarde cette matière, quoique pourtant j'en aie retranché une grande partie.

Je me propose de mettre à la fin de cet ouvrage un abrégé chronologique de tous les faits, et une table exacte des matières.

Mon guide pour la chronologie est ordinairement Ussérius. Dans l'histoire des Carthaginois, je marque le plus souvent quatre époques : l'année de la création du monde, que je désigne par ces lettres, pour abréger, AN. M.; celles de la fondation de Carthage et de Rome; enfin, l'année qui précède la naissance de Jésus-Christ, dont je compte les années depuis l'an du monde 4004, suivant en cela Ussérius et les autres, qui ne laissent pas de la croire antérieure de quatre ans.

AVERTISSEMENTS

DE L'AUTEUR,

RÉPANDUS DANS L'IN-12, EN DIFFÉRENTS TOMES, ET RÉUNIS ICI TOUS ENSEMBLE[1].

AVERTISSEMENT DE L'AUTEUR

POUR LE TOME TROISIÈME.

Je m'étais flatté de conduire ce troisième volume jusqu'à la fin de la guerre du Péloponnèse, et de le terminer par quelques réflexions sur les mœurs, le caractère, le gouvernement des peuples de la Grèce les plus connus. Je me suis trouvé hors d'état de tenir ma parole. Les additions que j'ai faites dans le cours de l'impression, pour tâcher de ne rien omettre d'intéressant, ont fait croître le livre plus que je ne l'avais prévu. J'ai donc été obligé de m'arrêter à la

---

[1] Voulant donner une édition complète des œuvres de Rollin, nous avons dû conserver ces Avertissements, quoiqu'ils semblent maintenant inutiles. Comme les volumes de notre Édition ne peuvent correspondre à ceux de l'édition in-12, à la tête desquels ces avertissements se trouvaient placés, nous aurions eu quelque peine à leur trouver une place convenable dans le corps de l'ouvrage. Il nous a donc semblé préférable de les mettre tous ensemble après la Préface, dont ils forment en quelque sorte le complément. [*Note des Éditeurs.*]

déroute de l'armée des Athéniens devant Syracuse, et à la mort de Nicias, qui arrivent la dix-neuvième année de la guerre du Péloponnèse. J'aurais même souhaité pouvoir finir plus tôt ce volume; mais c'est ce qu'il ne m'a pas été possible de faire, quelque envie que j'en eusse. L'entreprise des Athéniens contre Syracuse étant la plus grande que cette république ait jamais faite, et étant devenue la principale cause de sa chute, je n'ai pas cru devoir couper la narration d'un événement si grand et si lié; et il me semble que c'aurait été tromper l'attente du lecteur, si, après l'avoir introduit dans une scène pleine d'action et de mouvement, je lui en avais dérobé la catastrophe.

J'ai retranché tout le reste, et l'ai renvoyé au volume suivant. Malgré tous ces retranchements, celui-ci est demeuré encore très-incommode pour les lecteurs, qu'il charge d'un trop grand poids; pour les ouvriers, qui ne peuvent le relier qu'avec peine; et sur-tout pour le libraire, dont la dépense est augmentée considérablement par le surcroît de cinq ou six feuilles de plus que dans les deux premiers volumes, c'est-à-dire de 150 ou de 200 pages. Il m'a paru que le public, par rapport à l'impression de ce livre, n'était pas mécontent ni du papier, ni des caractères, ni de l'exactitude et de la correction, et j'ai veillé à ce qu'on y apportât tous les soins possibles. Sur la représentation que m'a faite la veuve du libraire (car Dieu a appelé à lui depuis peu son mari), que ce troisième volume surpassait de beaucoup les deux autres, je n'ai pu lui refuser la grace qu'elle m'a demandée, et que je regarde comme une justice, qui est d'ajouter dix sols au prix ordinaire, mais pour ce volume seulement. Je l'ai priée de continuer d'avoir égard aux personnes qui s'adresseront à elle avec un témoignage de ma part. Je prendrai de meilleures mesures dans la suite, et ne tomberai plus dans le même inconvénient.

Dès que l'impression de ce troisième volume a été achevée, on a commencé à réimprimer les deux premiers. J'y ai fait quelques corrections et quelques légers changements sur les avis que des amis m'ont donnés. Je les aurais marqués à la fin de ce volume, si je n'avais craint de le trop charger : je le ferai dans les volumes suivants, afin que ceux qui ont la première édition puissent en faire usage. Ce petit recueil de corrections, c'est-à-dire de fautes, ramassées ensemble, et mises sous les yeux du lecteur, ne peut pas être fort agréable à l'amour-propre ; mais il peut être utile au public en rendant le livre moins défectueux, et cela doit me suffire. D'ailleurs, en matière de littérature, comme dans la morale, les fautes reconnues et avouées sincèrement sont oubliées, ou, pour mieux dire, ne subsistent plus.

Je prie les lecteurs qui auront remarqué dans ces trois volumes des endroits qui leur paraîtront demander quelque changement nécessaire, soit pour la justesse de l'expression, soit pour la vérité des faits, soit pour l'exactitude des dates, soit même pour quelques circonstances essentielles que j'aurai omises, de vouloir m'en donner avis, en adressant leurs lettres chez le libraire. On me permettra de n'y faire d'autre réponse que celle que je fais ici par avance, en témoignant dès à-présent une très-sincère et très-vive reconnaissance à toutes les personnes qui voudront bien m'aider de leurs lumières.

AVERTISSEMENT DE L'AUTEUR

POUR LE QUATRIÈME VOLUME.

Il est bien difficile, dans un ouvrage d'une aussi grande étendue qu'est celui de l'Histoire ancienne, qu'il n'échappe bien des fautes à un écrivain, quelque attention et quelque exactitude qu'il tâche d'y apporter. J'en avais déja reconnu plusieurs par moi-même. Les avis qu'on m'a donnés, soit dans des lettres particulières, soit dans des écrits publics, m'en ont fait encore remarquer d'autres. J'espère les corriger toutes dans l'édition suivante de mon Histoire, que l'on doit bientôt commencer.

Quand je ne serais pas porté par moi-même à profiter des avis qu'on me donne, il me semble que l'indulgence, je pourrais presque dire la complaisance, que le public témoigne pour mon ouvrage, devrait m'engager à faire tous mes efforts pour le rendre le moins défectueux qu'il me serait possible. Il est bien aisé de prendre son parti, lorsque la critique tombe sur des fautes marquées et sensibles : il ne s'agit alors que de reconnaître qu'on s'est trompé, et de corriger ses fautes. Mais il est une autre sorte de critique qui embarrasse et laisse dans l'incertitude, parce qu'elle ne porte pas avec elle une pareille évidence ; et c'est le cas où je me trouve. J'en apporterai un exemple entre plusieurs autres.

Quelques personnes croient que, dans mon Histoire, les réflexions sont trop longues et trop fréquentes. Je sens bien que cette critique n'est point sans fondement, et qu'en cela je me suis un peu écarté de la règle que les historiens ont coutume de suivre, qui est de laisser pour l'ordinaire au lecteur le soin et, en même temps, le plaisir de faire lui-même ses réflexions sur les faits qu'on lui présente ; au lieu qu'en les lui suggérant, il paraît qu'on se défie de ses lumières et de sa pénétration. Ce qui m'a déterminé à en user ainsi, c'est que mon premier et principal dessein, quand j'ai entrepris cet ouvrage, a été de travailler pour les jeunes gens, et de ne rien négliger de ce qui me paraîtrait propre à leur former l'esprit et le cœur. Or c'est l'effet que produisent naturellement les réflexions ; et l'on sait que la jeunesse en est moins capable par elle-même qu'un âge plus avancé, et que, pour lui faire tirer de l'étude de l'Histoire tout le fruit qu'on a lieu d'en attendre, il n'est pas inutile, quand les faits sont singuliers et remarquables, de lui mettre devant les yeux le jugement qu'en ont porté les auteurs de l'antiquité les plus sensés et les plus sages, afin de lui apprendre à faire par elle-même dans la suite de pareilles réflexions, et à juger sainement de tout.

L'usage que j'ai vu faire de mon Histoire à des enfants de neuf à dix ans de l'un et de l'autre sexe qui la lisent avec plaisir, et le compte exact que je leur ai entendu rendre, non-seulement des plus beaux événements, mais de ce qu'il y a de plus solide dans les réflexions, m'ont confirmé dans l'opinion où j'étais qu'elles pouvaient leur être de quelque utilité, et qu'elles n'étaient point au-dessus de leur portée. Si effectivement elles étaient propres à accoutumer les jeunes gens à saisir dans l'Histoire le vrai, le beau, le juste, l'honnête, ce qui en est le grand fruit, il me semble que cet avantage, ou du moins l'intention que j'ai eue de le leur procurer, pourrait faire excuser la liberté que j'ai prise de m'écarter peut-être un peu trop de la règle ordinaire. Cependant je ne suis point attaché à mon sentiment, et si je m'apercevais qu'il fût contraire à celui du public, j'y renoncerais sans peine.

Je reviens encore à mes jeunes gens, et il faut qu'on me le pardonne; car [1] j'avoue que je ne puis les perdre de vue, et que tout ce qui peut contribuer à leur instruction me touche sensiblement. Il

---

[1] « Neque enim me pœnitet ad hoc quoque opus meum, et curam susceptorum semel adolescentium respicere. » (QUINTIL. lib. XI, c. 1.)

va paraître un livre qui sera de ce genre; il a pour titre, *le Spectacle de la Nature*, ou *Entretiens sur les particularités de l'Histoire naturelle qui ont paru les plus propres à rendre les jeunes gens curieux, et à leur former l'esprit*. On y développe d'une manière agréable et spirituelle ce qu'il y a de plus curieux dans la nature, pour ce qui regarde les animaux terrestres, les oiseaux, les insectes, les poissons. S'il m'était permis de juger du succès de ce livre par le plaisir que la lecture m'en a causé, je pourrais assurer par avance qu'il sera grand. C'est à ma prière, et sur mes vives sollicitations, que l'auteur a entrepris cet ouvrage, qui peut être beaucoup augmenté, s'il se trouve au goût du public.

Lettre de monsieur Rousseau.

J'ESPÈRE que le public ne me saura pas mauvais gré d'avoir inséré ici une lettre de M. Rousseau, dans laquelle, à l'occasion de l'Avertissement qui précède, il m'exhorte à ne point suivre l'avis des personnes qui me conseilleraient de retrancher ou d'abréger les réflexions que je répands de temps en temps dans mon Histoire. L'autorité d'un écrivain aussi généralement estimé pour la justesse et la délicatesse du goût que l'est celui dont je parle a été pour moi d'un grand poids; et, m'imaginant que le public me parlait par sa bouche, je n'ai pas cru devoir appeler de sa décision. Je n'en dirais pas tout-à-fait autant des louanges qu'il donne à mon

f.

Ouvrage, parce que j'ai lieu de craindre que son bon cœur n'ait fait illusion à son esprit, et ne l'ait aveuglé en faveur d'un ami qu'il considère depuis long-temps. L'erreur est pardonnable, et Horace souhaiterait que, dans l'amitié, elle fût plus commune qu'elle n'est.

<small>Vellem in amicitia sic erraremus, et isti
Errori nomen virtus posuisset honestum.</small>

A Bruxelles, le 27 août 1732.

« J'AI bien des graces à vous rendre, monsieur,
« de l'agréable présent que vous m'avez fait du
« quatrième volume de votre Histoire. Je l'ai lu pour
« ainsi dire tout d'une haleine, et avec une satisfac-
« tion qui n'a été interrompue en aucun endroit. Si
« le sentiment peut passer pour bon juge en ces
« matières, je puis dire qu'il n'y eut jamais difficulté
« plus mal fondée que celle que vous dites vous avoir
« été objectée sur la prétendue longueur des ré-
« flexions dont votre narration est quelquefois
« accompagnée, ni de plus mauvais conseil que
« celui qu'on vous a donné de les abréger. C'est
« vouloir retrancher de votre livre ce qui le distingue
« le plus utilement et même le plus agréablement
« de tant d'autres histoires dont le public se trouve
« inondé, et qui, dépouillées de l'instruction qui
« doit être le but de l'écrivain et le fruit de la lec-
« ture, méritent plutôt le nom de Gazettes savantes
« que celui d'Histoires. Quelque nécessaires que ces
« réflexions soient aux jeunes gens, vous connaissez

« trop bien les hommes pour ne pas sentir combien
« elles le sont aux personnes avancées en âge, et
« qui passent même pour les plus raisonnables. La
« plupart lisent pour satisfaire leur curiosité, et
« pour pouvoir dire qu'ils ont lu. Trouverez-vous
« même parmi les plus sensés une demi-douzaine
« de lecteurs qui veuillent se donner le temps et la
« peine de méditer sur leur lecture? et quand ils se
« la donneraient, est-il sûr qu'ils soient capables de
« méditer comme il faut et où il faut? Les uns s'at-
« tacheront à un mot ou à une expression qui ne
« leur aura pas plu. Les autres s'arrêteront à quel-
« que point de chronologie ou à quelque fait con-
« testé par d'autres auteurs; et à peine dans le
« grand nombre s'en trouvera-t-il quelqu'un qui se
« mette en peine d'y chercher le véritable et l'unique
« objet de toute lecture sensée, qui est l'instruction.
« C'est pourtant pour le plus grand nombre que
« vous travaillez. Votre but n'est pas d'instruire
« ceux qui sont déja instruits; et quand ce le serait,
« quelle satisfaction n'est-ce pas pour eux de se
« retrouver, pour ainsi dire, dans les réflexions d'un
« homme comme vous, et de s'assurer par cette
« conformité de la vérité des leurs? Ne faites donc
« point de difficulté, monsieur, de continuer comme
« vous avez commencé. La fonction du philosophe
« et celle de l'historien sont les mêmes. L'un cherche
« à instruire par les préceptes, l'autre par les
« exemples; mais si ces exemples ne sont accom-

« pagnés de préceptes à propos, ils deviennent la
« plupart du temps inutiles, soit par la paresse,
« soit par l'incapacité, soit par le peu de loisir des
« lecteurs. C'est à vous de leur lever ces obstacles;
« et ils vous en seront d'autant plus obligés, que
« cette partie de votre Ouvrage, qui est la plus utile,
« est en même temps la plus agréable, et celle qui
« satisfait plus l'esprit, les réflexions s'y trouvant
« mêlées et comme incorporées aux faits d'une
« manière si naturelle et si éloignée de toute affec-
« tation, que, si on les en détachait, il semble
« qu'elles laisseraient un vide dans votre narration.
« Ne croyez pas pourtant que mon intention, en
« vous écrivant ceci, soit de m'ériger avec vous en
« donneur de conseils. Je n'ai pas assez de témérité
« pour m'en croire capable; mais, plein comme je
« le suis de la lecture que je viens d'achever, j'au-
« rais cru me faire tort à moi-même si je vous avais
« caché ma pensée sur ce qui m'a paru de plus im-
« portant dans le plan que vous vous êtes fait, et
« sur ce qui m'a le plus charmé dans la manière
« dont vous l'avez exécuté. Je suis avec beaucoup
« de respect,

MONSIEUR,

Votre très-humble et très-obéissant
serviteur,

ROUSSEAU.

AVERTISSEMENT DE L'AUTEUR

POUR LE TOME CINQUIÈME.

Quoique le public n'attende pas de moi une apologie sur la promptitude avec laquelle je le sers, je me crois néanmoins obligé de lui rendre compte de mon travail, et de lui expliquer comment, au lieu d'un seul volume de mon Histoire, qui est le tribut annuel que j'avais coutume de lui payer, je me prépare cette année à lui en fournir deux. En voici déja un qui paraît; et j'espère que, vers le mois d'août, il sera suivi d'un autre. Il peut y avoir quelque lieu d'en être surpris, et de douter si c'est assez respecter le public que de se hâter ainsi de lui donner livre sur livre, sans paraître avoir pris tout le temps nécessaire pour les travailler et les polir comme il convient.

Je serais fâché qu'on me soupçonnât d'une pareille négligence, que je regarde comme directement contraire au devoir d'un écrivain. Je ne le serais guère moins qu'on attribuât cette promptitude à une heureuse fécondité de génie, à une grande facilité de composition, à un fonds de connaissances amassé de longue main. Je ne me reconnais point, ou peu, à tous ces traits.

Il est vrai, et le public ne me saura pas mauvais

gré de cet aveu, que, pour répondre à son estime et à son attente, je me livre tout entier à mon ouvrage, que j'en fais mon unique affaire, que j'y donne tout mon temps et tous mes soins, et que j'écarte sévèrement toute autre occupation, parce que celle-ci me paraît dans l'ordre de la Providence, et que j'ai lieu de croire, par le succès que Dieu y a donné jusqu'ici, que c'est à quoi il m'appelle, et le travail qu'il m'impose.

Mais ce qui a avancé cette année mon ouvrage au-delà de la mesure ordinaire, sont les secours considérables que j'ai tirés de plusieurs livres, sur les principales matières dont traitent les deux volumes qui suivent le quatrième. A ce prix, il est aisé de devenir auteur, et l'on gagne bien du temps quand on trouve une partie de la besogne faite par d'excellents ouvriers, et qu'il ne reste qu'à l'adopter, et à en faire usage comme de son bien propre. C'est la possession où je me suis mis dès le commencement, et dont il semble que le public m'a passé titre.

Outre ces secours, j'en trouve d'autres qui ne sont pas moins importants, dont le public souffrira que je lui rende ici compte, parce que ma reconnaissance ne peut pas demeurer muette plus longtemps. J'ai l'avantage de passer près de quatre mois de suite au voisinage de Paris, dans une agréable campagne, qui me fournit tout ce que je puis desirer et pour le travail, et pour le délassement : la bonne compagnie, la conversation, le bon air, la promenade, des prairies enchantées, un bord de rivière toujours amusant, une vue douce et qui se présente toujours avec un nouveau plaisir; et, ce qui fait l'assaisonnement de tout le reste, une pleine et entière liberté.

Deux frères (M. l'abbé et M. le marquis d'Asfeld), qui se sont tous deux également distingués, chacun dans leur profession, par un mérite rare et solide, me sont aussi tous deux d'un secours infini pour mon ouvrage. L'un, qui a fait et soutenu des siéges, et qui s'est trouvé à plusieurs actions (le public sait avec quel succès), veut bien que je lui lise les principales batailles dont je fais mention dans mon Histoire, et par là m'épargne beaucoup de fautes et de bévues grossières, telles que Polybe en relève un grand nombre dans les écrits du philosophe Callisthène, qui avait accompagné Alexandre-le-Grand dans ses glorieuses campagnes, et qui s'était mal à propos ingéré de décrire les expéditions guerrières de ce conquérant, où il n'entendait rien, sans avoir pris la précaution de consulter les gens du métier. *Polyb. l. 12, p. 662-666.*

L'autre frère, l'un de mes plus anciens et de mes plus intimes amis, qui, outre la science profonde de la théologie, et la connaissance des Écritures, où il excelle, possède nos historiens grecs et latins aussi bien qu'aucune personne que je connaisse, et qui paraît n'avoir rien oublié de tout ce qu'il a lu, a la patience de lire et de relire tous mes Ouvrages avant qu'ils paraissent en public, et ne refuse pas de me donner ses remarques, de me faire part de ses vues, de me communiquer ses réflexions; et il m'en fournit d'excellentes. Je sens bien que la tendre amitié dont il m'honore depuis long-temps entre pour beaucoup dans toutes les peines qu'il veut bien se donner pour perfectionner mon Ouvrage; mais je lui dois ce témoignage, que l'amour du bien public, qui fait l'un des principaux caractères de ces deux frères, y a encore plus de part; et ce sentiment, loin de rien diminuer de ma reconnaissance, la rend encore plus vive, et j'ose dire plus religieuse.

Qu'on juge, après cela, si Colombe ne doit pas être pour moi un séjour agréable et utile en même temps. Je voudrais que ce fût encore la coutume, comme autrefois, d'inscrire ses ouvrages du lieu où on les a composés. Je mettrais à la tête des miens : DE MA MAISON DE COLOMBE[1]; car le maître de celle-ci veut que je la regarde comme mienne. Je lui desire, pour récompense, moins la graisse de la terre que la rosée du ciel; et je souhaite de tout mon cœur, trop heureux si j'y pouvais contribuer en quelque chose, qu'il ait la consolation de voir ses aimables enfants croître sous ses yeux de plus en plus en sagesse et en grace devant Dieu et devant les hommes.

[1] E Columbano meo.

AVERTISSEMENT DE L'AUTEUR

POUR LE TOME ONZIÈME.

Ce onzième volume, qui contient huit cents pages, s'est trouvé d'une grosseur si énorme, qu'on s'est cru obligé de le diviser pour la commodité des lecteurs, et de le couper en deux tomes, qui ne seront vendus tout reliés que trois livres dix sous.

Le traité des arts et des sciences m'a conduit bien plus loin que je ne pensais, et il occupera encore le douzième volume tout entier au moins. Je me suis repenti plus d'une fois de m'être engagé dans une entreprise qui demanderait un grand nombre de connaissances, et même portées à une grande perfection, pour donner de chacune une idée juste, précise, complète. J'ai bientôt senti qu'elle était infiniment au-dessus de mes forces; et j'ai tâché de suppléer à ce qui me manquait, en profitant du travail des plus habiles en chaque art pour me conduire dans des routes, dont les unes m'étaient peu familières, et les autres entièrement inconnues.

J'envisageais avec une secrète joie la fin prochaine de mon travail, non pour me livrer à une molle et frivole oisiveté, qui ne convient point à un honnête homme, et encore moins à un chrétien, mais pour jouir d'un tranquille repos, qui me permettrait de ne plus employer ce qu'il peut me rester encore de jours à vivre qu'à des études et à des lectures propres à me sanctifier moi-même, et à me préparer à ce dernier moment qui doit décider pour toujours de notre sort. Il me semblait qu'après avoir travaillé pour les autres pendant plus de cinquante ans, il devait m'être permis de ne plus travailler que pour moi, et de renoncer absolument à l'étude des auteurs profanes, qui peuvent plaire à l'esprit, mais qui sont incapables de nourrir le cœur. Une forte inclination me portait à prendre ce parti, qui me paraissait tout-à-fait convenable, et presque nécessaire.

Cependant les desirs du public, qui ne sont pas obscurs sur ce sujet, m'ont fait naître quelque doute. Je n'ai pas voulu me déterminer moi-même, ni prendre pour règle de ma conduite mon inclination seule. J'ai consulté séparément des amis sages et éclairés, qui m'ont tous condamné à entreprendre l'Histoire romaine, j'entends celle de la république. Une conformité de sentiments si peu suspecte m'a frappé; et je n'ai plus eu de peine à me rendre à un avis que j'ai regardé comme une marque certaine de la volonté de Dieu sur moi.

Je commencerai ce nouvel ouvrage aussitôt que j'aurai achevé l'autre, ce que j'espère qui n'ira pas loin. Agé de soixante et seize ans accomplis, je n'ai pas de temps à perdre. Ce n'est pas que je me flatte de pouvoir le conduire jusqu'à sa fin : je l'avancerai autant que mes forces et ma santé me le permettront. N'ayant entrepris ma première Histoire que pour remplir le ministère auquel il me semblait que Dieu m'avait appelé, en commençant à former le cœur des jeunes gens, à leur donner les premières teintures de la vertu par l'exemple des grands hommes du paganisme, et à en jeter les premiers fondements pour les conduire à des vertus plus solides, je me sens plus obligé que jamais à porter les mêmes vues dans celle où je suis près d'entrer. Je tâcherai de ne point oublier que Dieu, me prenant sur mon Ouvrage (car c'est à quoi je dois m'attendre), n'examinera pas s'il est bien ou mal écrit, ni s'il aura été reçu avec applaudissement ou non, mais si je l'aurai composé uniquement pour lui plaire, et pour rendre quelque service au public. Cette pensée ne servira qu'à augmenter de plus en plus mon ardeur et mon zèle par la vue de celui pour qui je travaillerai, et m'engagera à faire de nouveaux efforts pour répondre à l'attente publique, en profitant de tous les avis qu'on a bien voulu me donner sur ma première Histoire.

Au reste, je serais bien à plaindre si je n'attendais d'autre récompense d'un si long et si pénible travail que des louanges humaines. Et qui peut se flatter néanmoins d'être assez attentif pour se défendre de la surprise d'une si douce illusion? Les païens ne travaillaient que dans cette vue. Aussi est-il écrit d'eux : *Receperunt mercedem suam. Vani vanam,* ajoute un Père. *Ils ont reçu leur récompense, aussi vaine qu'eux.* Je dois bien plutôt me proposer pour modèle ce serviteur qui emploie toute son industrie et toute son application à faire valoir le peu de talents que son maître lui a confiés, afin d'entendre comme lui, au dernier jour, ces consolantes paroles, bien supérieures à toutes les louanges des hommes : *O bon et fidèle serviteur, parce que vous avez été fidèle en peu de choses, je vous établirai sur beaucoup : entrez dans la joie de votre Seigneur.* FIAT, FIAT.

Matth. 25, 21.

AVERTISSEMENT DE L'AUTEUR

POUR LE TREIZIÈME VOLUME.

Me voici enfin arrivé au terme d'un Ouvrage qui m'a occupé tout entier pendant plusieurs années. Je ne puis m'empêcher, en le finissant, de marquer au public ma reconnaissance pour l'accueil favorable qu'il lui a fait. J'ai éprouvé de sa part une bonté et une indulgence qui m'ont étonné, et auxquelles certainement je ne m'attendais pas. J'ai trouvé les mêmes dispositions chez les étrangers que dans mes compatriotes, et j'en ai reçu des témoignages d'approbation et de bienveillance qui me feraient beaucoup d'honneur, s'il m'était permis de les rendre publics.

Il faut bien, et je ne puis me le dissimuler, que l'Ouvrage ne soit pas mauvais, puisqu'il a eu le bonheur de plaire à tant de personnes; mais je dois aussi reconnaître que la gloire ne m'en appartient pas tout entière. On sait que le fond de tout ce que j'ai écrit est tiré d'auteurs anciens tant grecs que latins, qui ont fait l'admiration de tous les siècles, et qui m'ont fourni les faits, les réflexions, les pensées, les tours, et souvent même les expressions, par la beauté et l'énergie de celles qu'ils me présentaient. Les traductions qu'on a de plusieurs de ces historiens m'ont été d'un grand secours, et m'ont épargné beaucoup de peine et de temps, parce qu'en les comparant avec les originaux j'y trouvais pour l'ordinaire peu de choses à changer. Je me suis donné la liberté, et il me semble qu'on ne m'en a pas su mauvais gré, d'enrichir mon ouvrage d'une infinité de beaux morceaux que je trouvais dans ceux des Modernes, et qui convenaient au mien, et j'en userai de même encore dans l'Histoire romaine; mais ce qui m'a le plus aidé dans mon travail, et ce qui a le plus contribué à le mettre en état de ne pas déplaire au public, ce sont les remarques de quelques amis d'un goût rare et exquis, qui ont eu la patience de lire et de critiquer, presque en ennemis, mes écrits avant qu'ils parussent, et qui m'ont épargné bien des fautes. On voit donc que, tout compté et bien examiné, il y a beaucoup à rabattre pour moi des louanges que mon Ouvrage a pu m'attirer; aussi je ne prétends en tirer d'autre avantage que celui de m'animer de plus en plus dans la nouvelle carrière de l'Histoire romaine, où je commence à entrer.

Quoi qu'il en soit, l'Ouvrage est enfin achevé. On trouvera à la fin de ce dernier volume deux tables, l'une chronologique, l'autre des matières.

<small>En 1738.</small> J'espère donner au public le premier tome de l'Histoire romaine avant le mois de septembre prochain. Pour en avancer la composition, j'ai cru devoir me reposer entièrement du soin des deux tables qui terminent l'Histoire ancienne sur des personnes qui ont bien voulu s'en charger. Au défaut d'autres qualités, je me pique d'être prompt à servir le public, et je lui consacre de bon cœur tout mon temps, sur lequel il a un droit justement acquis par toutes les bontés qu'il me témoigne.

ÉDITIONS

DES PRINCIPAUX AUTEURS GRECS

CITÉS

DANS LE TEXTE DE L'HISTOIRE ANCIENNE[1].

Herodotus. *Francof.*, an. 1608.

Thucydides. *Apud Henricum Stephanum*, an. 1588.

Xenophon. *Lutetiæ Parisiorum, apud Societatem græcarum Editionum*, an. 1625.

Polybius. *Parisiis*, an. 1609.

Diodorus Siculus. *Hanoviæ, Typis Wechelianis*, an. 1684.

Plutarchus. *Lutetiæ Parisiorum, apud Societatem græcarum Editionum*, an. 1624.

Strabo. *Lutetiæ Parisiorum, Typis regiis*, an. 1620.

Athenæus. *Lugduni*, an. 1612.

Pausanias. *Hanoviæ, Typis Wechelianis*, an. 1613.

---

[1] Cette table ne s'applique point aux citations qui se trouvent dans mes notes. Les éditions récentes dont je me suis servi étant presque toutes divisées par chapitres, paragraphes et numéros, c'est de cette manière que j'en indique les citations. Quand il m'arrive de me servir d'une édition qui n'est pas ainsi divisée, je cite la page, en ayant le soin de spécifier l'édition que j'ai eue sous les yeux; dans ce cas, c'est ordinairement la même que celle que Rollin a consultée. — L.

Appianus Alexandrinus. *Apud Henric. Stephan.*, an. 1592.

Plato. *Ex nova Joannis Serrani interpretatione, apud Henricum Stephanum*, an. 1578.

Aristoteles. *Lutetiæ Parisiorum, apud Societatem græcarum Editionum*, an. 1619.

Isocrates. *Apud Paulum Stephanum*, an. 1604.

Diogenes Laertius. *Apud Henricum Stephanum*, an. 1594.

Demosthenes. *Francof.*, an. 1604.

Arrianus. *Lugd. Batav.*, an. 1704.

HISTOIRE ANCIENNE DES ÉGYPTIENS,

DES CARTHAGINOIS, DES ASSYRIENS, DES BABYLONIENS, DES MÈDES ET DES PERSES,

DES MACÉDONIENS ET DES GRECS.

AVANT-PROPOS.

ORIGINE ET PROGRÈS DE L'ÉTABLISSEMENT DES ROYAUMES.

Pour connaître comment se sont formés les états et les royaumes qui ont partagé l'univers, par quels degrés ils sont parvenus à ce point de grandeur que l'histoire nous montre, par quels liens les familles et les villes se sont réunies pour composer un corps de société, et pour vivre ensemble sous une même autorité et sous des lois communes, il est à propos de remonter, pour ainsi dire, jusqu'à l'enfance du monde, et jusqu'au temps où les hommes, répandus en différentes contrées après la division des langues, commencèrent à peupler la terre.

Dans ces premiers temps, chaque père était le chef souverain de sa famille, l'arbitre et le juge des différends qui y naissaient, le législateur-né de la petite société qui lui était soumise, le défenseur et le protecteur de ceux que la naissance, l'éducation et leur faiblesse mettaient sous sa sauvegarde, et dont sa tendresse lui rendait les intérêts aussi chers que les siens propres.

Quelque indépendante que fût l'autorité de ces maîtres, ils n'en usaient qu'en pères, c'est-à-dire, avec beaucoup de modération. Peu jaloux de leur pouvoir, ils ne songeaient point à dominer avec hauteur, ni à décider avec empire. Comme ils se trouvaient nécessairement obligés d'associer les autres à leurs travaux domestiques, ils les associaient aussi à leurs délibérations, et s'aidaient de leurs conseils dans les affaires. Ainsi tout se faisait de concert, et pour le bien commun.

Les lois que la vigilance paternelle établissait dans ce petit sénat domestique, étant dictées par le seul motif de l'utilité publique, concertées avec les enfants les plus âgés, acceptées par les inférieurs avec un libre consentement, étaient gardées avec religion, et se conservaient dans les familles comme une police héréditaire qui en faisait la paix et la sûreté.

Différents motifs donnèrent lieu à différentes lois. L'un, sensible à la joie de la naissance d'un fils qui, le premier, l'avait rendu père, songea à le distinguer parmi ses frères par une portion plus considérable dans ses biens et par une autorité plus grande dans sa famille. Un autre, plus attentif aux intérêts d'une épouse qu'il chérissait, ou d'une fille tendrement aimée qu'il voulait établir, se crut obligé d'assurer leurs droits et d'augmenter leurs avantages. La solitude et l'abandon d'une épouse qui pouvait devenir veuve toucha davantage un autre, et il pourvut de loin à la subsistance et au repos d'une personne qui faisait la douceur de sa vie.

De ces différentes vues, et d'autres pareilles, sont nés les différents usages des peuples, et les droits des nations, qui varient à l'infini.

A mesure que chaque famille croissait par la naissance des enfants et par la multiplicité des alliances, leur petit domaine s'étendait, et elles vinrent peu-à-peu à former des bourgs et des villes.

Ces sociétés étant devenues fort nombreuses par la succession des temps, et les familles s'étant partagées en diverses branches, qui avaient chacune leurs chefs, et dont les intérêts et les caractères différents pouvaient troubler l'ordre public, il fut nécessaire de confier le gouvernement à un seul, pour réunir tous ces chefs sous une même autorité, et pour maintenir le repos public par une conduite uniforme. L'idée qu'on conservait encore du gouvernement paternel, et l'heureuse expérience qu'on en avait faite, inspirèrent la pensée de choisir parmi les plus gens de bien et les plus sages celui en qui l'on reconnaissait davantage l'esprit et les sentiments de père. L'ambition et la brigue n'avaient point de part dans ce choix : la probité seule et la réputation de vertu et d'équité en décidaient, et donnaient la préférence aux plus dignes[1]. Justin. lib. I, cap. I.

Pour relever l'éclat de leur nouvelle dignité, et pour les mettre plus en état de faire respecter les lois, de se consacrer tout entiers au bien public, de défendre l'État contre les entreprises des voisins et contre la mauvaise volonté des citoyens mécontents, on leur donna le nom de *roi*, on leur érigea un trône, on leur mit le sceptre

---

[1] « Quos ad fastigium hujus majestatis non ambitio popularis, sed spectata inter bonos moderatio provehebat. »

en main, on leur fit rendre des hommages, on leur assigna des officiers et des gardes, on leur accorda des tributs, on leur confia un plein pouvoir pour administrer la justice; et, dans cette vue, on les arma du glaive pour réprimer les injustices et pour punir les crimes.

<small>Justin. lib. I, cap. I.</small> Chaque ville, dans les commencements, avait son roi, qui, plus attentif à conserver son domaine qu'à l'étendre, renfermait son ambition dans les bornes du pays qui l'avait vu naître [1]. Les démêlés presque inévitables entre des voisins, la jalousie contre un prince plus puissant, un esprit remuant et inquiet, des inclinations martiales, le desir de s'agrandir et de faire éclater ses talents, donnèrent occasion à des guerres, qui se terminaient souvent par l'entier assujettissement des vaincus, dont les villes passaient sous le pouvoir du conquérant, et grossissaient peu-à-peu son domaine.

<small>Justin. ibid.</small> De cette sorte, une première victoire servant de degré et d'instrument à la seconde, et rendant le prince plus puissant et plus hardi pour de nouvelles entreprises, plusieurs villes et plusieurs provinces, réunies sous un seul monarque, formèrent des royaumes plus ou moins étendus, selon que le vainqueur avait poussé ses conquêtes avec plus ou moins de vivacité [2].

Parmi ces princes, il s'en rencontra dont l'ambition, se trouvant trop resserrée dans les limites d'un simple royaume, se répandit par-tout comme un torrent et comme une mer, engloutit les royaumes et les nations,

---

[1] « Fines imperii tueri magis quàm proferre mos erat. Intra suam cuique patriam regna finiebantur. »

[2] « Domitis proximis, quùm accessione virium fortior ad alios transiret, et proxima quæque victoria instrumentum sequentis esset, totius Orientis populos subegit. »

et fit consister la gloire à dépouiller de leurs états des princes qui ne leur avaient fait aucun tort, à porter au loin les ravages et les incendies, et à laisser par-tout des traces sanglantes de leur passage. Telle a été l'origine de ces fameux empires qui embrassaient une grande partie du monde.

Les princes usaient diversement de la victoire, selon la diversité de leurs caractères ou de leurs intérêts. Les uns, se regardant comme absolument maîtres des vaincus, et croyant que c'était assez faire pour eux que de leur laisser la vie, les dépouillaient eux et leurs enfants de leurs biens, de leur patrie, de leur liberté; les réduisaient à un dur esclavage; les occupaient aux arts nécessaires pour la vie, aux plus vils ministères de la maison, aux pénibles travaux de la campagne; et souvent même les forçaient, par des traitements inhumains, à creuser les mines, et à fouiller dans les entrailles de la terre pour satisfaire leur avarice; et de là le genre humain se trouva partagé comme en deux espèces d'hommes, de libres et de serfs, de maîtres et d'esclaves.

D'autres introduisirent la coutume de transporter les peuples entiers, avec toutes leurs familles, dans de nouvelles contrées, où ils les établissaient, et leur donnaient des terres à cultiver.

D'autres, encore plus modérés, se contentaient de faire racheter aux peuples vaincus leur liberté, et l'usage de leurs lois et de leurs priviléges, par des tributs annuels qu'ils leur imposaient; et quelquefois même ils laissaient les rois sur leur trône, en exigeant d'eux seulement quelques hommages.

Les plus sages et les plus habiles en matière de politique se faisaient un honneur de mettre une espèce d'égalité entre les peuples nouvellement conquis et les anciens sujets, accordant aux premiers le droit de bourgeoisie, et presque tous les mêmes droits et les mêmes priviléges dont jouissaient les autres; et par-là, d'un grand nombre de nations répandues dans toute la terre, ils ne faisaient plus en quelque sorte qu'une ville, ou du moins qu'un peuple.

Voilà une idée générale et abrégée de ce que l'histoire du genre humain nous présente, et que je vais tâcher d'exposer plus en détail en traitant de chaque empire et de chaque nation. Je ne toucherai point à l'histoire du peuple de Dieu, ni à celle des Romains. Les Égyptiens, les Carthaginois, les Assyriens, les Babyloniens, les Mèdes et les Perses, les Macédoniens, les Grecs feront le sujet de l'ouvrage que je donne au public. Je commence par les Égyptiens et par les Carthaginois, parce que les premiers sont fort anciens, et que les uns et les autres sont plus détachés du reste de l'histoire, au lieu que les autres peuples ont plus de liaison entre eux, et quelquefois même se succèdent.

LIVRE PREMIER.

HISTOIRE ANCIENNE DES ÉGYPTIENS.

Je diviserai en trois parties ce que j'ai à dire sur les Égyptiens. La première renfermera un plan abrégé et une courte description des différentes parties de l'Égypte, et de ce qu'on y trouve de plus remarquable. Dans la seconde, je parlerai des coutumes, des lois et de la religion des Égyptiens. Enfin, dans la troisième, j'exposerai l'histoire des rois d'Égypte.

PREMIÈRE PARTIE.

DESCRIPTION DE L'ÉGYPTE, ET DE CE QUI S'Y TROUVE DE PLUS REMARQUABLE.

L'Égypte, dans une étendue assez bornée, renfermait autrefois[1] un grand nombre de villes, et une multitude incroyable d'habitants[2]. Herod. lib. 2 cap. 177.

---

[1] On marque que, sous Amasis, il y avait en Égypte vingt mille villes habitées.

[2] La population de l'ancienne Égypte n'a rien d'incroyable. Seulement il faut distinguer, dans les

Elle est bornée au levant par la mer Rouge et l'isthme de Suez, au midi par l'Éthiopie, au couchant par la Libye, et au nord par la mer Méditerranée. Le Nil parcourt du midi au nord toute la longueur du pays dans l'espace de près de deux cents lieues [1]. Ce pays se trouve resserré de côté et d'autre par deux chaînes de montagnes, qui souvent ne laissent entre elles et le Nil qu'une plaine d'une demi-journée de chemin, et quelquefois moins.

Du côté occidental, la plaine s'élargit en quelques endroits [2] jusqu'à une étendue de vingt-cinq ou trente

---

textes anciens qui en font mention, ceux qui donnent un renseignement positif, de ceux qui n'offrent que des circonstances vagues dont on croit pouvoir conclure la population de ce pays.

Diodore de Sicile dit qu'autrefois, et de son temps, l'Égypte contenait sept millions d'habitants (I, § 31).

Josèphe, environ un siècle après, porte la population de ce pays à sept millions cinq cent mille ames, sans compter celle d'Alexandrie (Jos. Bell. Jud. II, c. 16, § 4), qui était, selon Diodore, de trois cent mille ames.

Il résulte de ces deux passages clairs et positifs que, depuis les temps anciens jusqu'au règne de Titus, la population de l'Égypte était constamment restée au-dessous de huit millions d'habitants.

Comme la surface habitable de ce pays est d'environ deux mille deux cents lieues carrées, on voit que la population était de trois mille quatre cents à trois mille cinq cents habitants par lieue carrée de terre habitable; ce qui n'a rien d'extraordinaire, quand on songe à la prospérité de l'ancienne Égypte.

Quant à la population qu'on a voulu conclure du nombre d'un million de soldats qui sortaient des cent portes de Thèbes, ou bien encore des dix-sept cents enfants mâles nés, selon Diodore de Sicile, le même jour que Sésostris (I, § 54), elle serait en effet incroyable; car elle monterait à quarante ou cinquante millions d'individus. Mais, de ces deux faits, le premier est fondé sur une erreur de mots; le second, sur une erreur faite par Diodore de Sicile, ou peut-être sur une des exagérations familières aux prêtres égyptiens, qui ont débité tant de contes aux voyageurs grecs. C'est ce que j'établis dans un Mémoire dont je n'ai pu présenter ici que le principal résultat. — L.

[1] La longueur de la vallée de l'Égypte, y compris ses sinuosités, est de cinq cent soixante-dix milles géographiques, ou deux cent trente-sept lieues de vingt-cinq au degré, et cent quatre-vingt-dix lieues de vingt au degré. — L.

[2] Par exemple, dans la partie de l'Égypte moyenne, qu'on appelle le

lieues. La plus grande largeur de l'Égypte se prend d'Alexandrie à Damiette, dans un espace d'environ cinquante lieues[1].

L'ancienne Égypte peut se diviser en trois principales parties : la haute Égypte, appelée autrement Thébaïde, qui était la partie la plus méridionale; l'Égypte du milieu, nommée Heptanome, à cause des sept nomes ou départements qu'elle renfermait; la basse Égypte, qui comprenait ce que les Grecs appellent Delta, et tout ce qu'il y a de pays jusqu'à la mer Rouge, et le long de la mer Méditerranée jusqu'à Rhinocolure, ou au mont Casius. Sous Sésostris, toute l'Égypte fut réunie en un seul royaume, et divisée en trente-six gouvernements ou nomes : dix dans la Thébaïde, dix dans le Delta, et seize dans le pays qui est entre-deux. Strab. l. 17, pag. 787.
[Diod. Sic. I § 54.]

Les villes de Syène et d'Éléphantine séparaient l'Égypte et l'Éthiopie; et, du temps d'Auguste, elles servaient de bornes à l'empire romain : *claustra olim romani imperii.* Tacit. Ann. l. 2, c. 61.

CHAPITRE PREMIER.

THÉBAÏDE.

THÈBES, qui donna son nom à la Thébaïde, le pouvait disputer aux plus belles villes de l'univers. Ses cent portes chantées par Homère sont connues de tout le

---

Faïoum, ancien nome *Arsinoïtes*, dont le point le plus éloigné du Nil en est distant de quarante milles géographiques, ou quatorze lieues environ. — L.

[1] La plus grande largeur se prend d'Alexandrie à Péluse : la distance est de cent quarante milles, ou quarante-six lieues. — L.

monde, et lui font donner le surnom d'Hécatompyle, pour la distinguer d'une autre Thèbes située en Béotie. Elle n'était pas moins peuplée qu'elle était vaste, et on a dit qu'elle pouvait faire sortir ensemble deux cents chariots et dix mille combattants par chacune de ses portes. Les Grecs et les Romains ont célébré sa magnificence et sa grandeur, encore qu'ils n'en eussent vu que les ruines, tant les restes en étaient augustes.

<small>Hom. Il. 1, vers. 381.</small>

<small>Strab. l. 17, pag. 816.</small>
<small>Tacit. Ann. l. 2, c. 60.</small>

<small>Voyage de Thévenot.</small>

On a découvert dans la Thébaïde (on l'appelle maintenant le Sayd) des temples et des palais encore presque entiers, où les colonnes et les statues sont innombrables. On y admire sur-tout un palais dont les restes semblent n'avoir subsisté que pour effacer la gloire des plus grands ouvrages. Quatre allées à perte de vue, et bornées de part et d'autre par des sphinx d'une matière aussi rare que leur grandeur est remarquable, servent d'avenues à quatre portiques dont la hauteur étonne les yeux. Encore ceux qui nous ont décrit ce prodigieux édifice n'ont-ils pas eu le temps d'en faire le tour, et ne sont pas même assurés d'en avoir vu la moitié ; mais tout ce qu'ils ont vu était surprenant. Une salle, qui apparemment faisait le milieu de ce superbe palais, était soutenue de six-vingts colonnes de six brassées de grosseur, grandes à proportion, et entremêlées d'obélisques que tant de siècles n'ont pu abattre. La peinture y avait étalé tout son art et toutes ses richesses. Les couleurs même, c'est-à-dire, ce qui éprouve le plus tôt le pouvoir du temps, se soutiennent encore parmi les ruines de cet admirable édifice, et y conservent leur vivacité : tant l'Égypte savait imprimer un caractère d'immortalité à tous ses ouvrages. Strabon, qui avait été sur les lieux, fait la description d'un temple qu'il avait vu en Égypte, presque entièrement semblable à ce qui vient d'être rapporté [1].

Lib. 17, pag. 805.

Le même auteur, en écrivant les raretés de la Thébaïde, parle d'une statue de Memnon, fort célèbre, dont il avait vu les restes [2]. On dit que cette statue, lorsqu'elle était frappée des premiers rayons du soleil levant, rendait un son articulé. En effet Strabon entendit ce son; mais il doute qu'il vînt de la statue.

Pag. 816.

CHAPITRE II.

Égypte du milieu, ou Heptanome.

Cette partie de l'Égypte avait pour capitale Memphis. On voyait dans cette ville plusieurs temples magnifiques, entre autres celui du dieu Apis, qui y était honoré d'une manière particulière. Il en sera parlé dans la suite, aussi-bien que des pyramides, qui étaient dans le

---

[1] Ce temple est celui d'Héliopolis. Voyez l'explication que j'en ai donnée dans la traduction française, tom. V, p. 386 et suiv. — L.

[2] « Germanicus aliis quoque miraculis intendit animum, quorum præcipua fuêre Memnonis saxea effigies, ubi radiis solis icta est, vocalem sonum reddens, etc. » Tacit. Annal. lib. 2, cap. 61.

= Cette statue colossale est assise et haute de 19 mètres 55 centimètres (environ 60 pieds), y compris le piédestal, qui a 4 mètres : si la statue était debout, elle aurait plus de 60 pieds. Ses jambes sont encore toutes couvertes d'inscriptions grecques et latines, la plupart du temps d'Adrien. Elles ont été gravées par des personnes qui attestent avoir entendu Memnon saluer l'Aurore. (Voy. Jablonski, *Syntagm.* III, *de Memn.*, pag. 57.) On a soupçonné que les prêtres, au moyen de conduits souterrains, pénétraient dans la statue, afin que Memnon n'oubliât point de saluer sa mère. M. de Humboldt a cherché une explication physique du bruit que l'on croyait entendre. (*Voyages*, tom. IV, p. 560.) — L.

voisinage de Memphis, et qui ont rendu cette ville si célèbre. Elle était située sur le bord occidental du Nil.

Voyage de Thévenot.

Le grand Caire, qui semble avoir succédé à Memphis, a été bâti de l'autre côté du Nil. Le château du Caire est une des choses les plus curieuses qui soient en Égypte. Il est situé sur une montagne hors de la ville. Il est bâti sur le roc qui lui sert de fondement, et entouré de murailles fort hautes et fort épaisses. On monte à ce château par un escalier taillé dans le roc, si aisé à monter, que les chevaux et les chameaux tout chargés y vont facilement. Ce qu'il y a de plus beau et de plus rare à voir dans ce château, c'est le puits de Joseph. On lui donne ce nom, soit parce que les Égyptiens se plaisent à attribuer à ce grand homme ce qu'ils ont chez eux de plus remarquable, soit parce qu'en effet cette tradition s'est conservée dans le pays[1]. C'est une preuve au moins que l'ouvrage est fort ancien; et certainement il est digne de la magnificence des plus puissants rois de l'Égypte. Ce puits est comme à double étage, taillé dans le roc vif, d'une profondeur prodigieuse. On descend jusqu'au réservoir qui est entre les deux puits par un escalier qui a deux cent vingt marches, large d'environ sept à huit pieds, dont la descente, douce et presque imperceptible, laisse un accès très-facile aux bœufs qui sont employés pour faire monter l'eau. Elle vient d'une source qui est presque la seule qui se trouve dans le pays. Les bœufs font tourner continuellement une roue où tient une corde à laquelle sont attachés plusieurs seaux. L'eau tirée ainsi du premier puits, qui

---

[1] Le nom de *puits de Joseph* vient uniquement de ce que ce puits a été construit vers l'an 1176 de notre ère, par les ordres du sultan Salah-Eddin ou Saladin, qui se nommait aussi *Joseph* (Yousouf). — L.

est le plus profond, se rend par un petit canal dans un réservoir qui fait le fond du second puits, au haut duquel elle est portée de la même manière; et de là elle se distribue par des canaux en plusieurs endroits du château. Comme ce puits passe dans le pays pour être fort ancien, et qu'effectivement il se sent bien du goût antique des Égyptiens, j'ai cru qu'il pouvait ici trouver sa place parmi les raretés de l'ancienne Égypte.

Strabon parle d'une machine pareille, qui, par le moyen de roues et de poulies, faisait monter de l'eau du Nil sur une colline fort élevée, avec cette différence qu'au lieu de bœufs c'étaient des esclaves, au nombre de cent cinquante, qui étaient employés à faire tourner ces roues. Lib. 17, pag. 807.

La partie de l'Égypte dont nous parlons ici est célèbre par plusieurs raretés qui méritent d'être examinées chacune en particulier. Je n'en rapporterai que les principales : les obélisques, les pyramides, le labyrinthe, le lac de Mœris, et ce qui regarde le Nil.

§ Ier. *Obélisques.*

L'Égypte semblait mettre toute sa gloire à dresser des monuments pour la postérité. Ses obélisques font encore aujourd'hui, autant par leur beauté que par leur hauteur, le principal ornement de Rome; et la puissance romaine, désespérant d'égaler les Égyptiens, a cru faire assez pour sa grandeur d'emprunter les monuments de leurs rois.

Un obélisque est une aiguille ou pyramide quadrangulaire, menue, haute, et perpendiculairement élevée en pointe, pour servir d'ornement à quelque place, et qui est souvent chargée d'inscriptions ou d'hiéroglyphes.

On appelle hiéroglyphes, des figures ou des symboles mystérieux, dont se servaient les Égyptiens pour couvrir et envelopper les choses sacrées et les mystères de leur théologie.

<small>Diod. lib. 1, pag. 37.</small> Sésostris avait fait élever dans la ville d'Héliopolis deux obélisques d'une pierre très-dure, tirée des carrières de la ville de Syenne, à l'extrémité de l'Égypte. Ils avaient chacun cent-vingt coudées de haut[1], c'est-à-dire, trente toises ou cent quatre-vingts pieds. L'empereur Auguste, après avoir réduit l'Égypte en province, fit transporter à Rome ces deux obélisques, dont l'un a été brisé depuis. Il n'osa pas en faire autant à l'égard d'un troisième, qui était d'une grandeur énorme.

<small>Plin. lib. 36, cap. 6 et 8.</small> Il avait été construit sous Ramessès : on dit qu'il y avait eu vingt mille hommes employés à le tailler. Constance, plus hardi qu'Auguste, le fit transporter à Rome[2]. On y voit encore deux de ces obélisques, aussi-bien qu'un autre de cent coudées ou vingt-cinq toises de haut, et <small>Ibid. cap. 9.</small> de huit coudées ou deux toises de diamètre. Caïus César l'avait fait venir d'Égypte sur un vaisseau d'une fabrique si extraordinaire, qu'au rapport de Pline on n'en avait jamais vu de pareil.

Toute l'Égypte était pleine de ces sortes d'obélisques. Ils étaient pour la plupart taillés dans les carrières de la haute Égypte, où l'on en trouve encore qui sont à demi taillés. Mais ce qu'il y a de plus admirable, c'est

---

[1] Je prends pour la coudée égyptienne celle qu'on a trouvée gravée dans le nilomètre d'Éléphantine : elle est de 0 mètre 527 millimètres. Les 120 coudées font 63 mètres 24 centim., ou 194 pieds 8 pouc.
— L.

[2] Les principaux obélisques égyptiens qui existent à Rome sont ceux de

	Mètr.	Cen.
St-Jean de Latran, hauteur.	33	3
Saint-Pierre.	27	7
Du palais Pamphili.	16	53
De Sainte-Marie-Majeure.	14	74
Du Quirinal.	14	74
De la Porte du Peuple.	24	57

— L.

que les anciens Égyptiens avaient su creuser jusque dans la carrière un canal, où montait l'eau du Nil dans le temps de son inondation; d'où ensuite ils enlevaient les colonnes, les obélisques, et les statues sur des radeaux[1] proportionnés à leur poids, pour les conduire dans la basse Égypte[2]. Et, comme le pays était tout coupé d'une infinité de canaux, il n'y avait guère d'endroits où ils ne pussent transporter facilement ces masses énormes, dont le poids aurait fait succomber toute autre sorte de machines.

§ II. *Pyramides.*

Une pyramide est un corps solide ou creux, qui a une base large et ordinairement carrée, qui se termine en pointe.

Il y avait en Égypte trois pyramides plus célèbres que toutes les autres, qui, selon Diodore de Sicile, ont mé-

Herodot., lib. 2, c. 124, etc.

---

[1] Le radeau est un assemblage de plusieurs pièces de bois plates, qui sert à voiturer des marchandises sur une rivière.

[2] Le procédé employé par les Égyptiens, et dont Rollin ne donne pas une idée assez précise, mérite bien d'être rapporté ici. Lorsque Ptolémée Philadelphe voulut faire transporter à Alexandrie un obélisque de 80 coudées (42 mètres 160 millim.), que le roi Nectanebis avait fait tailler autrefois, Callisthène dit qu'on creusa d'abord un canal qui, partant du Nil, allait passer sous l'obélisque qu'on voulait enlever. On construisit ensuite deux barques qu'on remplit de pierres dont la masse était double de celle de l'obélisque. Cette pesante charge les fit enfoncer dans l'eau assez profondément pour qu'elles pussent être conduites sous l'obélisque, qui se trouvait couché en travers du canal, ayant ses extrémités appuyées sur les deux bords. Ensuite on vida les bâtiments de toutes les pierres qu'ils contenaient. Dégagés de ce poids, ils soulevèrent nécessairement l'obélisque, qu'il fut aisé de conduire au lieu de sa destination (PLIN. lib. 36, c. 9.). Ce procédé ingénieux, analogue à celui que nous employons pour remettre à flot les vaisseaux submergés, explique comment les Égyptiens ont pu transporter d'un bout de l'Égypte à l'autre d'énormes fardeaux, tels que les temples monolithes, ou d'une seule pierre.
—L.

rité d'être mises au nombre des sept merveilles du monde. Elles n'étaient pas fort éloignées de la ville de Memphis[1]. Je ne parlerai ici que de la plus grande des trois. Elle était, comme les autres, bâtie sur le roc qui lui servait de fondement, de figure carrée par sa base, construite au-dehors en forme de degrés[2], et allait toujours en diminuant jusqu'au sommet. Elle était bâtie de pierres d'une grandeur extraordinaire, dont les moindres étaient de trente pieds, travaillées avec un art merveilleux, et couvertes de figures hiéroglyphiques. Selon plusieurs des anciens auteurs, chaque côté avait huit cents pieds de largeur, et autant de hauteur[3]. Le haut de la pyramide, qui d'en bas semblait être une pointe, une aiguille, était une belle plate-forme de dix ou douze grosses pierres, et chaque côté de cette plateforme était de seize à dix-sept pieds.

Voici la mesure qu'en a donnée feu M. de Chazelles[4], de l'Académie des Sciences, qui avait été exprès sur les lieux en 1693 :

Le côté de la base, qui est tout carré. . .   110 toises.
Ainsi la superficie de la base est de. . . .   12,100 tois. carrées.
Les faces sont des triangles équilatéraux.
La hauteur perpendiculaire. . . . .   77 toises $\frac{3}{4}$.
Et la solidité. . . . .   313,590 toises cubes.

Cent mille ouvriers travaillaient à cet ouvrage, et de

---

[1] Elles en étaient à 120 stades (Diod. Sic. I, § 63.). — L.

[2] Autrefois les degrés étaient recouverts et cachés par un revêtement qui a tout-à-fait disparu : aussi était-il fort difficile d'arriver au sommet, comme Pline le donne à entendre (lib. 36, c. 12; cf. Silv. de Sacy, *Trad. d'Abdallatif*, p. 216). J'ai expliqué ailleurs ce revêtement (*Recherches critiques sur Dicuil.*, pag. 101 et suiv.). — L.

[3] Les anciens ne sont point d'accord sur les dimensions de la grande pyramide. On peut voir leurs textes dans M. Larcher (*Traduction d'Hérodote*, tom. II, pag. 440.). — L.

[4] Les mesures trigonométriques

trois mois en trois mois un pareil nombre leur succédait. Dix années entières furent employées à couper les pierres, soit dans l'Arabie, soit dans l'Éthiopie, et à les voiturer en Égypte; et vingt autres années à construire ce vaste édifice, qui au-dedans avait une infinité de chambres et de salles. On avait marqué sur la pyramide, en caractères égyptiens, ce qu'il avait coûté simplement pour les aulx, les poireaux, les ognons, et autres pareils légumes fournis aux ouvriers, et cette somme montait à seize cents talents d'argent[1], c'est-à-dire, quatre millions cinq cent mille livres; d'où il était facile de conjecturer combien pour tout le reste la dépense était énorme.

Telles étaient les fameuses pyramides d'Égypte, qui,

prises par M. Nouet diffèrent un peu de celles de M. de Chazelles.

	Métr. Cent.
La base est de	227 25
La hauteur perpendiculaire jusqu'à la plate-forme actuelle, de	136 95
L'inclinaison des faces sur le plan, de	51° 33' 44"

Au témoignage de Diodore, la pyramide n'était pas terminée tout-à-fait en pointe : la plate-forme supérieure avait six coudées, ou trois mètres 162 mill. de côté (Diod. Sic. I, § 63); d'une autre part, on a la preuve que le revêtement était de 2 mètres 710 mill. : on a donc pour la base 232 mètres 67 cent., ou 119 toises; et pour la hauteur 144 mètres, 60 cent., ou 75 toises. Il s'ensuit que la solidité de la pyramide est d'environ 2,620,000 mètres cubes.

Voici les dimensions des deux autres pyramides construites, l'une par Mycérinus, l'autre par Chéphren :

	Base.	Haut.	Solidité.
Mycér.	103	53	193,000 mètres cub.
Chéph.	207	132	1,880,000

Ainsi la solidité des trois pyramides est égale à 4,690,000 mètres cubes. En supposant qu'avec les pierres qui entrent dans ces trois édifices on voulût construire une muraille de trois mètres (environ 9 pieds) de haut, et de $\frac{1}{3}$ de mètre (environ 1 pied d'épaisseur), on pourrait lui donner 469 myriamètres ou 1054 lieues de longueur; c'est-à-dire, qu'elle serait assez longue pour traverser l'Afrique depuis Alexandrie jusqu'à la côte de Guinée. Ces calculs sont propres à donner une idée de l'immensité du travail que ces monuments ont exigé. — L.

[1] 8,800,000 francs, s'il s'agit de talents attiques; ce qui est douteux. —L.

par leur figure, autant que par leur grandeur, ont triomphé du temps et des barbares. Mais, quelque effort que fassent les hommes, leur néant paraît partout. Ces pyramides étaient des tombeaux, et l'on voit encore aujourd'hui, au milieu de celle qui était la plus grande, un sépulcre[1] vide, taillé tout entier d'une seule pierre, qui a de largeur et de hauteur environ trois pieds, sur un peu plus de six pieds de longueur. Voilà à quoi se terminaient tant de mouvements, tant de dépenses, tant de travaux imposés à des milliers d'hommes pendant plusieurs années, à procurer à un prince, dans cette vaste étendue et cette masse énorme de bâtiments, un petit caveau de six pieds. Encore les rois qui ont bâti ces pyramides n'ont-ils pas eu le pouvoir d'y être inhumés, et ils n'ont pas joui de leur sépulcre. La haine publique qu'on leur portait, à cause des duretés inouïes qu'ils avaient exercées contre leurs sujets en les accablant de travaux, les obligea de se faire inhumer dans des lieux inconnus, afin de dérober leurs corps à la connaissance et à la vengeance des peuples.

Diod. lib. 1, pag. 40.

Cette dernière circonstance, que les historiens ont soigneusement remarquée, nous apprend quel jugement nous devons porter de ces ouvrages si vantés dans l'antiquité. Il est raisonnable d'y remarquer et d'y estimer le bon goût des Égyptiens par rapport à l'architecture, qui les porta dès le commencement, et sans qu'ils eussent encore de modèles qu'ils pussent imiter, à viser en tout au grand, et à s'attacher aux vraies beautés, sans s'écarter jamais d'une noble simplicité, en quoi consiste la

---

[1] Strabon parle de ce sépulcre, liv. 17, p. 808.

= M. Belzoni, qui vient de pénétrer dans la seconde pyramide, y a trouvé également un tombeau. — L.

souveraine perfection de l'art. Mais quel cas doit-on faire de ces princes qui regardaient comme quelque chose de grand de faire construire, à force de bras et d'argent, de vastes bâtiments, dans l'unique vue d'éterniser leur nom, et qui ne craignaient point de faire périr des milliers d'hommes pour satisfaire leur vanité? Ils étaient bien éloignés du goût des Romains, qui cherchaient à s'immortaliser par des ouvrages magnifiques, mais consacrés à l'utilité publique.

Pline nous donne en peu de mots une juste idée de ces pyramides en les appelant une folle ostentation de la richesse des rois, qui ne se termine à rien d'utile : *regum pecuniæ otiosa ac stulta ostentatio;* et il ajoute que c'est par une juste punition que leur mémoire a été ensevelie dans l'oubli, les historiens ne convenant point entre eux du nom de ceux qui ont été les auteurs d'ouvrages si vains : *inter eos non constat à quibus factæ sint, justissimo casu obliteratis tantæ vanitatis auctoribus.* En un mot, selon la remarque judicieuse de Diodore, autant l'industrie des architectes est louable et estimable dans ces pyramides, autant l'entreprise des rois est-elle digne de blâme et de mépris.

Lib. 36, cap. 12.

Mais ce que nous devons le plus admirer dans ces anciens monuments, c'est la preuve certaine et subsistante qu'ils nous fournissent de l'habileté des Égyptiens dans l'astronomie, c'est-à-dire dans une science qui semble ne pouvoir se perfectionner que par une longue suite d'années et par un grand nombre d'expériences. M. de Chazelles, en mesurant la grande pyramide dont nous parlons, trouva que les quatre côtés de cette pyramide étaient exposés précisément aux quatre régions du monde, et par conséquent marquaient la véritable méridienne de ce lieu[1]. Or, comme cette exposition si juste doit, selon toutes les apparences, avoir été affectée par ceux qui élevaient cette grande masse de pierres il y a plus de trois mille ans, il s'ensuit que, pendant un si long espace de temps, rien n'a changé dans le ciel à cet égard, ou (ce qui revient au même) dans les pôles de la terre, ni dans les méridiens. C'est M. de Fontenelle qui fait cette remarque dans l'éloge de M. de Chazelles.

§ III. *Labyrinthe.*

Herod. l. 2, cap. 148.
Diod. lib. 1, pag. 42.
Plin. l. 36, cap. 13.
Strab. l. 17, pag. 811.

Ce que nous avons dit sur le jugement qu'on doit porter des pyramides peut être appliqué aussi au labyrinthe, qu'Hérodote, qui l'avait vu, nous assure avoir été encore plus surprenant que les pyramides. On l'avait bâti à l'extrémité méridionale du lac de Mœris, dont nous parlerons bientôt, près de la ville des Crocodiles, qui est la même qu'Arsinoé. Ce n'était pas tant un seul palais qu'un magnifique amas de douze palais disposés régulièrement, et qui communiquaient ensemble. Quinze cents chambres entremêlées de terrasses s'arrangeaient autour de douze salles, et ne laissaient point de sortie à ceux qui s'engageaient à les visiter[2]. Il y avait autant de bâtiments sous terre. Ces

---

[1] Les savants Français ont trouvé que l'orientement de la pyramide n'est exact qu'à environ 18' près; ce qui est déja une précision étonnante : car nos astronomes reconnaissent qu'il est fort difficile de tracer une méridienne de plus de 700 pieds de longueur, à 18' près, quand on ne peut se guider que sur des alignements. D'ailleurs, la difficulté de tracer une parallèle exacte à la base de la pyramide, dans l'état où se trouve ce monument, laisse encore beaucoup d'incertitude sur l'observation de M. de Chazelles et sur celle de M. Nouet. Toujours est-il certain que les Égyptiens savaient mettre une grande précision dans les travaux de ce genre.

[2] Dans une dissertation spéciale,

bâtiments souterrains étaient destinés à la sépulture des rois; et encore (qui le pourrait dire sans honte, et sans déplorer l'aveuglement de l'esprit humain?) à nourrir les crocodiles sacrés, dont une nation d'ailleurs si sage faisait ses dieux [1].

Pour s'engager dans la visite des chambres et des salles du labyrinthe, on juge aisément qu'il était nécessaire de prendre la même précaution qu'Ariane fit prendre à Thésée, lorsqu'il fut obligé d'aller combattre le Minotaure dans le labyrinthe de Crète. Virgile en fait ainsi la description :

> Ut quondam Cretâ fertur labyrinthus in altâ
> Parietibus textum cæcis iter ancipitemque
> Mille viis habuisse dolum, quà signa sequendi
> Falleret indeprensus et irremeabilis error.

AEneid. l. 5, v. 588.

> Hîc labor ille domûs, et inextricabilis error.
> Dædalus ipse dolos tecti ambagesque resolvit,
> Cæca regens filo vestigia.

Lib. 6, v. 27, etc.

§ IV. *Lac de Mœris.*

Le plus grand et le plus admirable de tous les ouvrages des rois d'Égypte était le lac de Mœris : aussi Hérodote le met-il beaucoup au-dessus des pyramides et du labyrinthe. Comme l'Égypte était plus ou moins fertile, selon qu'elle était plus ou moins inondée par

Herod. l. 2, cap. 149.
Strab. l. 17, pag. 787.
Diod. lib. 1, pag. 47.
Plin. lib. 5, cap. 9.
Pomp. Mela, [l. 1. 9, 64.]

j'ai essayé d'expliquer la construction de cet édifice étonnant (*trad. de Strabon*, tom. V, p. 407; et *Nouv. Annales des Voyages*, t. VI, pag. 133 et suiv.)

[1] Hérodote (II, § 148) dit que les souterrains *servaient de tombeau* aux crocodiles sacrés, mais non pas qu'on les y nourrissait, ce qui, du reste, ne se concevrait pas facilement (Voyez Larcher, *traduction d'Hérodote*, tom. II, pag. 494).

L'erreur appartient à Bossuet, que Rollin copie en cet endroit : tout le paragraphe est tiré du Discours sur l'Histoire universelle. — L.

le Nil, et que, dans cette inondation, le trop et le trop peu étaient également funestes aux terres, le roi Mœris, pour obvier à ces deux inconvénients, et pour corriger autant qu'il se pourrait les irrégularités du Nil, songea à faire venir l'art au secours de la nature. Il fit donc creuser le lac qui depuis a porté son nom. Ce lac, selon Hérodote et Diodore de Sicile, dont Pline ne s'éloigne pas, avait de tour trois mille six cents stades, c'est-à-dire cent quatre-vingts lieues, et de profondeur trois cents pieds. Deux pyramides, dont chacune portait une statue colossale placée sur un trône, s'élevaient de trois cents pieds au milieu du lac, et occupaient sous les eaux un pareil espace. Ainsi elles faisaient voir qu'on les avait érigées avant que le creux eût été rempli, et montraient qu'un lac de cette étendue avait été fait de main d'homme sous un seul prince.

Voilà ce que plusieurs historiens ont marqué du lac de Mœris, sur la bonne foi des gens du pays; et M. Bossuet, dans son Discours sur l'histoire universelle, rapporte ce fait comme incontestable. Pour moi, j'avoue que je n'y trouve aucune vraisemblance [1]. Est-il possible qu'un lac

---

[1] Rollin a raison, d'après l'estimation donnée par Bossuet. La difficulté diminue, si l'on fait attention aux mesures dont les anciens se sont servis en cette occasion.

Le *Birket-el-Kéroun*, lac que l'on reconnaît maintenant pour être l'ancien *Lac de Mœris*, est un bassin naturel, encaissé par des montagnes qui l'environnent de toutes parts : il a existé de tout temps; et les travaux de Mœris n'ont pu avoir pour objet que de l'agrandir, ou de le rendre plus profond en certains endroits; ils n'ont donc pas tout le merveilleux que les anciens auteurs se sont plu à leur attribuer.

Par sa constitution physique, le Birket-el-Kéroun n'a jamais pu éprouver d'autre changement dans ses dimensions que celui qui provient de l'élévation ou de l'abaissement des eaux du Nil. Il doit être aussi grand de nos jours qu'il l'était dans l'antiquité. Dans le temps de l'inondation, ce lac n'a que 105 milles géographiques, ou 35 lieues, de circonférence.

Or, les 3,600 stades d'Hérodote, dans le module du stade égyptien,

de cent quatre-vingts lieues d'étendue ait été creusé sous un seul prince? Comment et où transporter les terres? Pourquoi perdre la surface de tant de terrain? Comment remplir ce vaste espace du superflu des eaux du Nil? Il y aurait bien d'autres objections à faire. Je crois donc qu'on s'en peut tenir au sentiment de Pomponius Mela, ancien géographe, d'autant plus qu'il est appuyé par plusieurs relations modernes. Il ne donne de circuit à ce lac que vingt mille pas, qui font sept ou huit de nos lieues. *Mœris, aliquando campus,* *nunc lacus, viginti millia passuum in circuitu patens* [1]. Mela, lib. 1. [9. 64.]

Ce lac communiquait au Nil par le moyen d'un grand canal, qui avait plus de quatre lieues [2] de longueur, et cinquante pieds de largeur. De grandes écluses ouvraient le canal et le lac, ou les fermaient selon le besoin.

Pour les ouvrir ou les fermer il en coûtait cinquante talents, c'est-à-dire cinquante mille écus [3]. La pêche

---

valent 137 lieues (et non 180, comme le dit Rollin, d'après Bossuet), ce qui est précisément le quadruple de la grandeur véritable : et, comme nous voyons dans Strabon qu'en Égypte il y avait des schènes de 30, 60 et 120 stades (STRAB. XVI, pag. 804), c'est-à-dire, *doubles* et *quadruples* les uns des autres, on peut supposer qu'Hérodote a fait ici quelque confusion de dimension, d'où il est résulté une mesure trop forte dans le rapport de 120 à 30, ou de 4 à 1. Ce genre de méprise, dont on pourrait rapporter ici d'autres preuves, explique naturellement une difficulté qu'on aurait beaucoup de peine à résoudre d'une autre manière. — L.

[1] Au lieu de *viginti millia*, Ciaconius et Isaac Vossius lisent *quingenta*, correction à laquelle conduit la leçon *quinquaginta* que donnent des manuscrits et les anciennes éditions. Comme, en Égypte, le mille comprenait 7 stades $\frac{1}{2}$, on voit que les 500 milles de Pomponius Mela représentent $500 \times 7\frac{1}{2} = 3750$ stades, ce qui revient à-peu-près aux 3600 stades d'Hérodote. — L.

[2] 85 stades. = Diodore dit 80 stades (et non 85) de long (1; § 52); ce qui vaut 16,864 mètres; et 3 plèthres, ou 300 pieds égyptiens (105 mètres) de large. — L.

[3] S'il s'agit du talent attique, les 50 talents valent, non pas 150,000 fr., mais environ 300,000 fr. — L.

de ce lac valait au prince des sommes immenses; mais sa grande utilité était par rapport au débordement du Nil. Quand il était trop grand, et qu'il y avait à craindre qu'il n'eût des suites funestes, on ouvrait les écluses; et les eaux, ayant leur retraite dans ce lac, ne séjournaient sur les terres qu'autant qu'il fallait pour les engraisser. Au contraire, quand l'inondation était trop basse et menaçait de stérilité, on tirait de ce même lac, par des coupures et des saignées, une quantité d'eau suffisante pour arroser les terres. Par ce moyen les inégalités du Nil étaient corrigées; et Strabon remarque que, de son temps, sous Pétrone, gouverneur d'Égypte, lorsque le débordement du Nil montait à douze coudées, la fertilité était fort grande; et, lors même qu'il n'allait qu'à huit coudées, la famine ne se faisait point sentir dans le pays : sans doute parce que les eaux du lac suppléaient à celles de l'inondation par le moyen des coupures et des canaux [1].

[lib. 17, p. 788.]

§ V. *Débordement du Nil.*

Le Nil est la plus grande merveille de l'Égypte. Comme il y pleut rarement, ce fleuve, qui l'arrose toute par ses débordements réglés, supplée à ce qui lui manque de ce côté-là, en lui apportant, en forme de tribut annuel, les pluies des autres pays; ce qui fait dire ingénieusement à un poëte que l'herbe chez les Égyptiens,

---

[1] Sans doute aussi parce que ce gouverneur avait fait curer les canaux (Gosselin, *Notes sur Strabon*, t. V, p. 316) : car Strabon dit qu'avant Pétrone la famine se faisait sentir lorsque l'élévation du Nil n'allait qu'à 8 coudées (Strab. xvii, pag. 788). Probablement ce gouverneur en agit ainsi par l'ordre d'Auguste; nous voyons en effet dans Aurélius Victor que ce prince fit creuser les canaux de l'Égypte, encombrés de limon, pour assurer la fertilité de ce pays (Aurel. Vict. c. 1). — L.

quelque grande que soit la sécheresse, n'implore point le secours de Jupiter pour obtenir de la pluie :

> Te propter nullos tellus tua postulat imbres,
> Arida nec pluvio supplicat herba Jovi [1].

Pour multiplier un fleuve si bienfaisant, l'Égypte était coupée de plusieurs canaux d'une longueur et d'une largeur proportionnées aux différentes situations et aux différents besoins des terres. Le Nil portait partout la fécondité avec ses eaux salutaires, unissait les villes entre elles, et la mer Méditerranée avec la mer Rouge, entretenait le commerce au-dedans et au-dehors du royaume, et le fortifiait contre l'ennemi : de sorte qu'il était tout ensemble et le nourricier et le défenseur de l'Égypte. On lui abandonnait la campagne ; mais les villes, rehaussées avec des travaux immenses, et s'élevant comme des îles au milieu des eaux, regardaient avec joie de cette hauteur toute la plaine inondée et en même temps fertilisée par le Nil.

Voilà une idée générale de la nature et des effets de ce fleuve si renommé chez les anciens. Mais une merveille si étonnante, et qui dans tous les siècles a fait l'objet de la curiosité et de l'admiration des savants, semble demander que j'entre ici dans quelque détail. J'abrégerai le plus qu'il me sera possible.

Sources du Nil.

Les anciens ont mis les sources du Nil dans les montagnes appelées vulgairement les montagnes de la Lune, au dixième degré de latitude méridionale. Mais nos

---

[1] Sénèque (*Nat. Quæst.* lib. 4, cap. 2) attribue ces vers à Ovide ; mais ils sont de Tibulle [I, 7, 23].

voyageurs modernes ont découvert que ces sources sont vers le douzième degré de latitude septentrionale [1]. Ainsi ils retranchent environ quatre ou cinq cents lieues du cours que les anciens lui donnaient. Il naît au pied d'une grande montagne du royaume de Goïame en Abyssinie. Ce fleuve sort de deux fontaines, ou de deux yeux, pour parler comme ceux du pays; le même mot en arabe signifiant *œil* et *fontaine*. Ces fontaines sont éloignées l'une de l'autre de trente pas, chacune de la grandeur d'un de nos puits ou d'une roue de carrosse. Le Nil est augmenté de plusieurs ruisseaux qui viennent s'y joindre; et, après avoir traversé l'Éthiopie en serpentant beaucoup, il se rend enfin en Égypte.

Cataractes du Nil.

On appelle ainsi quelques endroits où le Nil fait des chutes, et tombe de dessus des rochers escarpés. Ce fleuve [2], qui d'abord coulait paisiblement dans les vastes

---

[1] Dans la réalité, nous n'en savons pas plus à ce sujet que les anciens au temps d'Ératosthènes. Il reconnaissait deux affluents du Nil (STRAB. XVII, pag. 786), l'*Astaboras*, ou *Astosaba* (Tacazzé), et l'*Astapus* (Abawi): ces rivières entouraient l'île de Méroé avant de se jeter dans le Nil, qui est évidemment le *Bahr-el-Abyad*, ou rivière Blanche des modernes. Cette dernière descend des montagnes de *Dyre* et *Tegla*, qui paraissent faire partie des montagnes de la Lune, appelées par les Arabes *Djebel-al-Qamar*. C'est en effet le *vrai Nil*, quoi qu'en aient dit les jésuites portugais et Bruce. On a maintenant toute raison de croire, d'après quelques récits des Arabes, qu'il existe une communication entre cette rivière et le Niger ou Joliba (*Annales des Voyages*, tom. XVIII, p. 342).

La source que décrit ici Rollin est celle de l'Abawi, que les jésuites ont pris pour le Nil, de même que Bruce, qui n'était pas fâché de passer pour avoir fait le premier cette prétendue découverte. — L.

[2] « Excipiunt eum (Nilum) cataractæ, nobilis insigni spectaculo locus.... Illic excitatis primùm aquis, quas sine tumultu leni alveo duxerat, violentus et torrens per malignos transitus prosilit, dissimilis sibi.... tandemque eluctatus obstantia, in vastam altitudinem subitò destitutus cadit, cum ingenti circumjacentium

solitudes de l'Éthiopie, avant que d'entrer en Égypte, passe par les cataractes. Alors devenu tout d'un coup, contre sa nature, furieux et écumant, dans ces lieux où il est resserré et arrêté, après avoir enfin surmonté les obstacles qu'il rencontre, il se précipite du haut des rochers en bas, avec un tel bruit, qu'on l'entend à trois lieues de là.

Des gens du pays, accoutumés par un long exercice à ce petit manége, donnent ici aux passants un spectacle plus effrayant encore que divertissant. Ils se mettent

regionum strepitu, quem perferre gens ibi a Persis collocata non potuit, obtusis assiduo fragore auribus et ob hoc sedibus ad quietiora translatis. Inter miracula fluminis incredibilem incolarum audaciam accepi. Bini parvula navigia conscendunt, quorum alter navem regit, alter exhaurit. Deinde multùm inter rapidam insaniam Nili et reciprocos fluctus volutati, tandem tenuissimos canales tenent, per quos angusta rupium effugiunt : et cum toto flumine effusi, navigium ruens manu temperant, magnoque spectantium metu in caput nixi, quum jam adploraveris, mersosque atque obrutos tantâ mole credideris, longè ab eo in quem ceciderant loco navigant, torrenti modo missi. Nec mergit cadens unda, sed planis aquis tradit. » SENEC. *Nat. Quæst.* lib. IV, cap. 2 [4].

= Ce passage de Sénèque se sent de l'exagération que tous les anciens ont mise dans la description des cataractes du Nil. Celles de la Nubie méritent ce nom; mais les cataractes qu'on voit au-dessus d'Éléphantine ne sont que des *rapides*, dont la hauteur, dans les basses eaux, n'excède pas quatre ou cinq pieds. Au reste, ce que Sénèque raconte de la hardiesse des naturels prouve assez que cette prétendue cataracte n'est pas aussi effrayante qu'il le fait entendre. Un Anglais, qui voulut tenter, il y a quelques années, une pareille entreprise à la cataracte du Rhin, n'en est point revenu. Le dernier éditeur de Sénèque, M. Ruhkopf, doute de la réalité du trait, parce que Sénèque ne le rapporte que sur ouï-dire; il ne s'est pas souvenu que Strabon, témoin oculaire, en parle comme d'un divertissement que les gens du pays donnaient aux gouverneurs, quand ils poussaient leur inspection jusqu'à Syène (STRAB. XVII, p. 818).

Du reste, les expressions de Sénèque, *illic excitatis primùm aquis, quas sine tumultu leni alveo duxerat*, prouvent que cet auteur n'avait point entendu parler des cataractes du Nil en Nubie : cependant Diodore de Sicile les connaissait (DIOD. SIC. I, § 32, fin.), ainsi qu'Aristide, qui en portait le nombre à trente-six, d'après le témoignage d'un Éthiopien (ARISTID. *in Ægyptio*, tom. III, p. 581, edit. Canter.). — L.

deux dans une petite barque, l'un pour la conduire, l'autre pour vider l'eau qui y entre. Après avoir longtemps essuyé la violence des flots agités, en conduisant toujours avec adresse leur petite barque, ils se laissent entraîner par l'impétuosité du torrent, qui les pousse comme un trait. Le spectateur tremblant croit qu'ils vont être abymés dans le précipice où ils se jettent. Mais le Nil, rendu à son cours naturel, les remontre sur ses eaux tranquilles et paisibles. C'est Sénèque qui fait ce récit, et les voyageurs modernes en parlent de même.

Causes du débordement.

<small>Herod. l. 2, cap. 19-27. Diod. lib. 1, pag. 35-39. Senec. Nat. Quæst. l. 4, cap. 1 et 2.</small> Les anciens ont imaginé plusieurs raisons subtiles du grand accroissement du Nil, que l'on peut voir dans Hérodote, Diodore de Sicile, et Sénèque. Ce n'est plus maintenant une matière de problème, et l'on convient presque généralement que le débordement du Nil vient des grandes pluies qui tombent dans l'Éthiopie, d'où ce fleuve tire sa source. Ces pluies le font tellement grossir, que l'Éthiopie, et ensuite l'Égypte, en sont inondées, et que ce qui n'était d'abord qu'une grosse rivière devient comme une petite mer, et couvre toutes les campagnes.

<small>Lib. 17, pag. 789.</small> Strabon remarque que les anciens [1] avaient seulement conjecturé que le débordement du Nil était causé par les pluies qui tombent abondamment dans l'Éthiopie; et il ajoute que plusieurs voyageurs s'en sont assurés depuis par leurs propres yeux, Ptolémée Philadelphe,

---

[1] Par ces anciens, Strabon paraît entendre Eudoxe, Aristote (EUSTATH. ad Odyss., p. 1505, l. 18) et Callisthène (STRAB. XVII, p. 790). —L.

qui était fort curieux pour tout ce qui regarde les arts et les sciences, ayant envoyé exprès sur les lieux d'habiles gens pour examiner ce qui en était, et pour constater la cause d'un fait si singulier et si considérable.

Temps et durée du débordement.

Hérodote, et après lui Diodore de Sicile, et plusieurs autres, marquent que le Nil commence à croître en Égypte au solstice d'été, c'est-à-dire vers la fin de juin, et continue d'augmenter jusqu'à la fin de septembre, vers lequel temps environ il s'arrête, et va toujours depuis en diminuant pendant les mois d'octobre et de novembre, après quoi il rentre dans son lit, et reprend son cours ordinaire. Ce calcul, à peu de chose près, est conforme à ce qu'on lit sur ce sujet dans toutes les relations des modernes, et il est fondé en effet sur la cause naturelle du débordement, savoir les pluies qui tombent dans l'Éthiopie. Or, selon le témoignage constant de ceux qui ont été sur les lieux, ces pluies commencent à y tomber au mois d'avril, et continuent pendant cinq mois jusqu'à la fin d'août et au commencement de septembre. La crue du Nil en Égypte doit donc naturellement commencer trois semaines ou un mois après que les pluies ont commencé en Abyssinie; et aussi les relations des voyageurs marquent-elles que le Nil commence à croître dans le mois de mai, mais d'une manière peu sensible d'abord, en sorte apparemment qu'il ne sort point encore de son lit. L'inondation marquée n'arrive que vers la fin de juin, et dure les trois mois suivants, comme Hérodote le dit.

Je dois avertir ceux qui consultent les originaux, d'une contradiction qui se rencontre ici entre Hérodote

Herod. l. 2, cap. 19. Diod. lib. 1 pag. 32.

et Diodore d'un côté, et de l'autre, Strabon, Pline et Solin. Ces derniers abrégent de beaucoup la durée de l'inondation, et supposent que le Nil laisse les terres libres après l'espace de trois mois ou de cent jours. Et ce qui augmente la difficulté, c'est que Pline semble appuyer son sentiment sur l'autorité d'Hérodote : *in totum autem revocatur (Nilus) intra ripas in Librâ, ut tradit Herodotus, centesimo die.* Je laisse aux savants le soin de concilier cette contradiction [1].

[1] Je ne vois nulle contradiction entre ces auteurs : il me paraît que Rollin ne s'est point assez pénétré du sens de leurs textes. Strabon n'a parlé que du temps employé par le Nil à rentrer dans son lit.

Hérodote dit : « Le Nil commence « à grossir à partir du solstice d'été, « et continue ainsi durant cent « jours. » C'est à-peu-près ce qu'on lit dans Diodore de Sicile : « Le Nil « commence à croître au solstice « d'été, et s'arrête à l'équinoxe d'au- « tomne (I, § 36). » Sénèque dit la même chose, excepté que, selon lui, l'inondation se prolonge au-delà de l'équinoxe : « At Nilus ante ortum Caniculæ augetur mediis æstibus, ultra æquinoctium » (*Quæst. Natur.* IV, 11, 1). Cela est plus conforme à ce que dit Hérodote, et à ce que les voyageurs ont observé : car la crue s'étend assez ordinairement jusqu'au 30 septembre, et même jusqu'au 3 ou 4 octobre.

Voilà pour la crue du Nil. Quant à sa décroissance, Hérodote ajoute : « Il rétrograde et rentre tout-à-fait « dans son lit, après le même nombre « de jours. » Πελάσας δ' ἐς τὸν ἀριθμὸν τουτέων τῶν ἡμερέων, ὀπίσω ἀπέρχεται ἀπολείπων τὸ ῥέεθρον. Car c'est là le vrai sens de ce passage entrevu par Laurent Valla et Wesseling, et que M. Larcher n'a point saisi, s'étant trompé sur le sens de πελάσας (Schweigh. *ad h. loc. Herod.*). Hérodote veut dire que le Nil *ayant mis cent jours à croître, met cent autres jours à rentrer tout-à-fait dans son lit.* Nous lisons la même chose dans Strabon : « Le Nil « (parvenu à sa plus grande hauteur) « reste stationnaire pendant plus de « 40 jours de l'été ; puis il baisse « peu-à-peu, comme il s'était élevé ; « et 60 jours après, le sol est entiè- « rement découvert, et même séché (lib. XVII, pag. 789). » Il s'écoule donc *cent* jours, comme dit Hérodote, entre le point de la plus grande hauteur et celui où le fleuve rentre dans son lit. Diodore de Sicile (I, § 36), et Aristide (tom. II, pag. 338), mettent la même égalité dans la durée de la crue et de la décroissance. Enfin Pline lui-même, au milieu de quelques erreurs légères, finit par dire, d'après Hérodote, qu'*au bout du centième jour, le Nil est rentré dans son lit;* c'est le sens du passage cité par Rollin : la seule difficulté est dans les mots *in Libra*, qui ne sont point dans Hé-

Mesure du débordement.

La juste grandeur[1] du débordement, selon Pline, est de seize coudées. Quand il n'y en a que douze ou treize, on est menacé de famine ; et quand l'inondation passe

rodote, et qui d'ailleurs sont une grave erreur : car, le Nil croissant jusqu'après l'équinoxe, c'est-à-dire, jusqu'au temps où le soleil entre dans la Balance ; lorsqu'il est rentré dans son lit, *cent jours après*, le soleil doit se trouver dans le signe du Capricorne. L'erreur de Pline consiste donc en ce que, citant le témoignage d'Hérodote, il a ajouté mal-à-propos *in Librâ* : puisque ce signe correspond au *commencement*, et non à la *fin* de la *décroissance* des eaux du Nil. Ou l'auteur lui-même a fait la faute par précipitation, ce qui lui arrive souvent ; ou les mots *in Librâ* sont une note marginale qui a passé dans le texte. La première supposition est plus probable, attendu que ces mots se trouvent dans tous les manuscrits de Pline, dans Solin, qui a copié cet auteur, et dans un passage de l'Irlandais Dicuil, qui écrivait au neuvième siècle.

A cette difficulté près, qui me paraît nulle au fond, les textes anciens d'Hérodote, de Strabon, de Diodore, d'Aristide, de Pline, s'accordent, sans exception, sur la durée de l'inondation du Nil.

Je remarquerai, dans tous les cas, que les crues présentent de grandes différences entre elles. Ainsi, par exemple, celle de 1799 s'éleva à la plus grande hauteur le 23 septembre ; et celle de 1800 n'y parvint que le 4 oct. (GIRARD, *sur l'exhaussement de la vallée du Nil*, p. 10.) — L.

[1] « Justum incrementum est cubitorum XVI. Minores aquæ non omnia rigant : ampliores detinent tardius recedendo. Hæ serendi tempora absumunt solo madente : illæ non dant sitiente. Utrumque reputat provincia. In duodecim cubitis famem sentit, in tredecim etiamnum esurit : quatuordecim cubita hilaritatem afferunt, quindecim securitatem, sexdecim delicias. » (PLIN. lib. V, c. 9.)

= Ce passage (de même que celui d'Hérodote) s'applique sans doute à l'Égypte moyenne. Les 16 coudées, d'après le module du nilomètre d'Éléphantine, valent. . . . 8 met. 432
15 coudées. 7 905
14. . . . . 7 378
13. . . . . 6 851
12. . . . . 6 324
En 1779, la crue fut au Caire, de. 7 961
En 1800, seulement de. . 6 857
Donc le terme moyen est. 7 419

Il est digne de remarque que cette quantité est égale à celle de 14 coudées, que Pline semble donner comme la crue moyenne. Ce fait, et d'autres qu'on pourrait citer, prouvent que rien n'est changé en Égypte relativement aux inondations du Nil, depuis les plus anciens temps. Le sol de l'Égypte s'est élevé graduellement ; mais, comme le lit du fleuve s'est élevé dans la même proportion, le rapport entre le niveau des basses eaux et celui des hautes est resté à-peu-près le même. — L.

les seize, elle devient dangereuse. Il faut se souvenir qu'une coudée est un pied et demi. L'empereur Julien marque, dans une lettre à Ecdice, préfet d'Égypte, que la hauteur du débordement du Nil s'était trouvée de quinze coudées le 20 septembre (en 362). Les anciens ne conviennent point entièrement sur la mesure du débordement, ni entre eux, ni avec les modernes: mais la différence n'est pas fort considérable, et elle peut venir 1° de celle des mesures anciennes et modernes, qu'il est difficile d'évaluer sur un pied fixe et certain; 2° du peu d'exactitude des observateurs et des historiens; 3° de la différence réelle de la crue du Nil, qui était moins grande lorsqu'on approchait de la mer [1].

Comme la richesse de l'Égypte dépendait des débordements du Nil, on en avait étudié avec soin toutes les circonstances et les différents degrés de ses accroissements; et par une longue suite d'observations régulières qu'on avait faites pendant plusieurs années, l'inondation même faisait connaître quelle devait être la récolte de l'année suivante. Les rois avaient fait placer à Memphis une mesure où ces différents accroissements étaient marqués; et de là on en donnait avis à tout le reste de l'Égypte, qui par ce moyen était avertie de ce qu'elle avait à craindre ou à espérer pour la moisson. Strabon parle d'un puits bâti sur le bord du Nil, près de la ville de Syène, pour le même usage [2].

---

[1] Nous lisons dans Plutarque (*de Isid. et Osirid.*, pag. 368, B), et dans Aristide (tom. II, pag. 361, ed. Gebb.), que l'inondation était de 28 coudées (grecques) à Éléphantine, de 21 à Coptos, de 14 à Memphis, de 7 à Mendès. — L.

[2] Ce nilomètre est placé par Strabon dans l'île d'Éléphantine. Il subsiste encore. On a trouvé sur les parois l'échelle métrique qui indiquait en coudées la hauteur des eaux. C'est le module de cette coudée dont je me sers pour l'évaluation des mesures égyptiennes. — L.

Encore aujourd'hui au grand Caire la même coutume s'observe. Il y a dans la cour d'une mosquée une colonne où l'on marque les degrés de l'accroissement du Nil, et chaque jour des crieurs publics annoncent dans tous les quartiers de la ville de combien il est cru[1]. Le tribut que l'on paie au grand-seigneur pour les terres est réglé sur l'inondation. Le jour qu'elle est parvenue à un certain degré, il se fait dans la ville une fête extraordinaire, accompagnée de festins, de feux d'artifice, et de toutes les marques publiques de réjouissance; et, dans les temps les plus reculés, l'inondation du Nil a toujours causé une joie universelle dans toute l'Égypte, dont elle faisait le bonheur.

Les païens attribuaient à leur dieu Sérapis l'inondation du Nil; et la colonne qui servait à en marquer l'accroissement était gardée religieusement dans le temple de cette idole. L'empereur Constantin l'ayant fait transporter dans l'église d'Alexandrie, ils publièrent que le Nil ne monterait plus, à cause de la colère de Sérapis; mais il déborda et s'accrut à l'ordinaire les années suivantes. Julien-l'Apostat, protecteur zélé de l'idolâtrie, fit remettre cette colonne dans le même temple, d'où elle fut encore retirée par l'ordre de Théodose.

Socrat. l. 1, cap. 18.
Sozom. l. 5, cap. 3.

Canaux du Nil. Pompes.

La providence divine, en donnant un fleuve si bienfaisant à l'Égypte, n'a pas prétendu que ses habitants

---

[1] Il s'agit ici du *Mékyaz*, situé à l'extrémité méridionale de l'île de Roudah, vis-à-vis le Caire. Ce nilomètre fut construit, vers 847 de notre ère, par le calife El-Mozouatel. La pièce principale consiste en une colonne de marbre blanc, érigée au milieu d'un réservoir quadrangulaire qui communique par un canal avec le Nil. Cette colonne est divisée, depuis sa base jusqu'à son chapiteau, en seize coudées de 24 doigts, ayant chacune 0 mètre 541 millimèt. de longueur. — L.

demeurassent oisifs, ni qu'ils profitassent d'une si grande faveur sans se donner aucune peine. On comprend sans peine que, le Nil ne pouvant pas de lui-même couvrir toutes les campagnes, il a fallu faire de grands travaux pour faciliter l'inondation des terres, et pratiquer une infinité de canaux pour porter les eaux de tous côtés. Les villages, qui sont en fort grand nombre sur les bords du Nil, dans des lieux élevés, ont chacun des canaux qu'on ouvre à propos pour faire couler l'eau dans la campagne. Les villages plus éloignés en ont ménagé d'autres jusqu'aux extrémités de ce royaume. Ainsi les eaux sont conduites successivement dans les lieux les plus reculés. Il n'est pas permis de couper les tranchées pour y recevoir les eaux, jusqu'à ce que le fleuve soit à une certaine hauteur, ni de les ouvrir toutes ensemble, parce qu'il y aurait en ce cas-là des terres qui seraient trop inondées, et d'autres qui ne le seraient pas assez. On commence par les ouvrir dans la haute Égypte, ensuite dans la basse, et cela suivant un tarif dont on observe exactement toutes les mesures. Par ce moyen, on ménage l'eau avec tant de précaution, qu'elle se répand dans toutes les terres. Les pays que le Nil inonde sont si vastes et si profonds, et le nombre des canaux si grand, que de toutes les eaux qui entrent en Égypte aux mois de juin, de juillet et d'août, on croit qu'il n'en arrive pas la dixième partie dans la mer[1].

---

[1] Pour bien entendre le système d'irrigation de l'Égypte, il faut remarquer que ces canaux sont dérivés de différents points du Nil, sur l'une et l'autre de ses rives, et qu'ils en portent les eaux jusqu'au pied des collines qui séparent la vallée de l'Égypte, du désert : de distance en distance, à partir de cette limite, chaque canal d'irrigation est barré par des digues transversales qui coupent obliquement la vallée, en s'appuyant sur le fleuve. Les eaux que le canal conduit contre l'une de

Mais comme, malgré tous ces canaux, il reste encore bien des terres dans des lieux élevés, qui ne peuvent point avoir part à l'inondation du Nil, on y a pourvu par le moyen des pompes en forme de vis, qu'on fait tourner par des bœufs pour faire entrer l'eau dans des tuyaux qui la conduisent dans ces terres. Diodore parle d'une pareille machine, inventée par Archimède dans le voyage qu'il fit en Égypte, et qu'on appelle *cochlia ægyptia*.

[Lib. 1, p. 30, et lib. 5. pag. 313. [cf. Vitruv., x. 11; Philon. Jud. p. 325; D. Strab. 17. p. 807-819.]]

Fécondité causée par le Nil.

Il n'y a point de pays dans le monde où la terre soit plus féconde qu'en Égypte; et c'est au Nil qu'elle doit sa fécondité[1]. Car, au lieu que les autres fleuves emportent le suc des terres et les épuisent en les inondant, celui-ci, au contraire, par un heureux limon qu'il traîne avec lui, les engraisse et les fertilise de telle sorte, qu'il suffit pour réparer les forces que la moisson précédente leur a fait perdre. Le laboureur, dans ce

---

ces digues s'élèvent jusqu'à ce qu'elles aient atteint le niveau du Nil, au point d'où elles ont été tirées. Ainsi tout l'espace compris, dans la vallée, entre la prise d'eau et la digue transversale, forme, pendant l'inondation, un étang plus ou moins étendu. Lorsque cet espace est suffisamment submergé, on ouvre la digue contre laquelle l'inondation s'appuie : les eaux se déversent alors dans le prolongement du canal au-dessous de cette digue; et elles sont arrêtées à quelque distance par un second barrage, contre lequel elles sont obligées de s'élever de nouveau pour inonder l'espace renfermé entre cette digue et la première.

La vallée de l'Égypte présente donc, lors de l'inondation, une suite de petits lacs disposés par échelons les uns au-dessous des autres, de manière que la pente du fleuve, entre deux points donnés, se trouve, sur les deux rives, distribuée par gradins. (GIRARD, *sur l'exhaussement du sol de l'Égypte*, pag. 10.)

[1] « Quum cæteri amnes abluant terras et eviscerent, Nilus adeò nihil exedit, nec abradit, ut contrà adjiciat vires.... Ita juvat agros duabus ex causis, et quòd inundat, et quòd oblimat. » SENEC. *Nat. Quæst.*, l. 4, c. 2 [§ 10].

pays-là, ne se fatigue point à tracer avec le soc de la charrue de pénibles sillons, ni à rompre les mottes de terre. Dès que le Nil est retiré, il n'a qu'à retourner la terre, en y mêlant un peu de sable pour en diminuer la force; après quoi il la sème sans peine, et presque sans frais. Deux mois après, elle est couverte de toutes sortes de grains et de légumes. On sème ordinairement dans les mois d'octobre et de novembre, à mesure que les eaux se sont écoulées, et on fait la moisson dans les mois de mars et d'avril.

Une même terre porte dans une même année trois ou quatre sortes de fruits différents. On y sème des laitues et des concombres, ensuite du blé; et, après la moisson, différents légumes qui sont particuliers à l'Égypte. Comme la chaleur du soleil y est extrême, et la pluie très-rare, on conçoit aisément que l'humidité de la terre serait bientôt desséchée, les grains et les légumes brûlés par une ardeur si vive, sans le secours des canaux et des réservoirs dont l'Égypte est toute remplie, et qui, par les saignées et les coupures que l'on a eu soin d'y faire, fournissent abondamment de quoi humecter et rafraîchir les campagnes et les jardins.

Le Nil ne contribue pas moins à la nourriture des bestiaux, qui sont une autre source de richesses pour l'Égypte. On commence à les mettre au vert au mois de novembre, ce qui dure jusqu'à la fin de mars. On ne peut exprimer combien les pâturages sont abondants, et combien les troupeaux, à qui la douceur de l'air permet d'y demeurer nuit et jour, s'engraissent en peu de temps. Pendant l'inondation du Nil, on leur donne du foin, de la paille hachée, de l'orge, des fèves : c'est là leur nourriture ordinaire.

On ne peut s'empêcher, dit Corneille Le Bruyn dans ses Voyages, de remarquer ici l'admirable conduite de Dieu, qui envoie dans un temps précis des pluies dans l'Éthiopie, afin d'humecter l'Égypte, où il ne pleut presque point, et qui, par ce moyen, du terrain le plus sec et le plus sablonneux, en fait le pays le plus gras et le plus fertile qu'il y ait dans l'univers. Tome 2.

Une autre chose qu'on doit encore ici remarquer, c'est que, selon le témoignage des habitants, au commencement de juin et les quatre mois suivants, les vents du nord-est soufflent régulièrement[1], afin de repousser l'eau, qui s'écoulerait trop tôt, et pour l'empêcher de se décharger dans la mer, dont ils lui ferment pour ainsi dire l'entrée. Les anciens n'ont pas omis cette circonstance.

La même Providence, riche et inépuisable en ressources et en merveilles, qu'elle sait varier à l'infini, éclatait d'une manière toute différente dans la Palestine, en la rendant extrêmement fertile, non par les pluies qui tombent pendant le cours de l'année, comme cela est ordinaire ailleurs; non par une inondation particulière, comme celle du Nil en Égypte; mais par des pluies fixes, qu'elle envoyait régulièrement aux deux saisons quand son peuple lui était fidèle, afin de lui faire mieux sentir la dépendance continuelle où il était de son maître. C'est Dieu lui-même qui lui commande par la bouche de Moïse de faire cette réflexion : « La terre dont vous allez prendre possession n'est pas comme Multiformis sapientia. Eph. 3, 10.

Deuter. 11, 10-13.

---

[1] C'est ce que les anciens appelaient les vents étésiens ou annuels. Thalès croyait même que ces vents, qui soufflaient en sens inverse du courant du Nil, étaient la seule cause de l'inondation. (Diod. Sic. I, § 38; Diogen. Laert. I, § 37; Senec., Quæst. Nat. IV, 2, § 21.) — L.

la terre d'Égypte d'où vous êtes sortis, où, après que l'on a jeté la semence, on fait venir l'eau par des canaux pour l'arroser, comme on fait dans les jardins : mais c'est une terre de montagnes et de plaines, qui attend les pluies du ciel, que le Seigneur votre Dieu regarde toujours, et sur laquelle il tient ses yeux arrêtés depuis le commencement de l'année jusqu'à la fin. » Après cela Dieu s'engage de donner à ce peuple, tant qu'il lui sera fidèle, la pluie des deux saisons, *temporaneam et serotinam* : la première dans l'automne, nécessaire pour faire lever les blés; la seconde dans le printemps et l'été, nécessaire pour les faire croître et mûrir.

Double spectacle causé par le Nil.

Rien n'est si beau à voir que l'Égypte dans deux saisons de l'année[1]; car, si l'on monte sur quelque montagne, ou sur les grandes pyramides du Caire, vers les mois de juillet et d'août, on voit une vaste mer, sur laquelle il s'élève une infinité de villes et de villages, avec plusieurs chaussées qui conduisent d'un lieu à un autre; le tout entre-mêlé de bosquets et d'arbres fruitiers dont on ne voit que les têtes, ce qui fait un coup-d'œil charmant. Cette perspective est bornée par des montagnes et des bois qui, dans l'éloignement, terminent le plus agréable horizon qu'on puisse voir. En hiver, au contraire, c'est-à-dire vers les mois de janvier

---

[1] « Illa facies pulcherrima est, quum jam se in agros Nilus ingessit. Latent campi, opertæque sunt valles : oppida insularum modo exstant. Nullum in mediterraneis, nisi per navigia, commercium est : majorque est lætitia in gentibus, quò minùs terrarum suarum vident. (SENEC., *Natur. Quæstion.*, lib. 4, cap. 2 [§ 11].

et de février, toute la campagne ressemble à une belle prairie, dont la verdure émaillée de fleurs charme les yeux. On voit de tous côtés des troupeaux répandus dans la plaine, avec une infinité de laboureurs et de jardiniers. L'air est alors embaumé par la grande quantité de fleurs que fournissent les orangers, les citronniers, et les autres arbres; et il est si pur, qu'on n'en saurait respirer ni de plus sain, ni de plus agréable: en sorte que la nature, qui est alors comme morte dans un grand nombre de climats, semble presque n'avoir de vie que pour un séjour si charmant.

Canal de communication entre les deux mers par le Nil.

Le canal qui faisait la communication des deux mers, savoir de la mer Rouge et de la Méditerranée, doit trouver ici sa place, et n'est pas un des moindres avantages que le Nil procurait à l'Égypte. Sésostris, ou, selon d'autres, Psammitichus, fut le premier qui en forma le dessein, et qui commença l'ouvrage[1]. Néchao, successeur du dernier, y employa des sommes immenses et un grand nombre de troupes. On dit que plus de six-vingt mille Égyptiens périrent dans cette entreprise. Il l'abandonna, effrayé par un oracle qui lui avait ré-

<small>Herod. l. 2, cap. 158. Strab. l. 17, pag. 804. Plin. lib. 16, cap. 29. Diod. lib. 1, pag. 29.</small>

---

[1] Je ne crois pas qu'aucun auteur dise que Psammitichus ait commencé ce canal. Cette erreur légère de Rollin me paraît tenir à une fausse traduction de ce passage de Strabon : οἱ δὲ ὑπὸ τοῦ Ψαμμιτίχου παιδός, que les versions latines rendent par *a Psammiticho filio*, tandis que le sens est *a Psammitichi filio* (par le fils de Psammitique), ce qui désigne *Néchao*, fils et successeur de *Psammitichus*.

Quant à Sésostris, Strabon dit en effet que ce prince eut la première idée du canal; mais c'est dans un endroit différent de celui que Rollin a cité : c'est au livre premier (pag. 38), et Strabon n'a fait que copier Aristote (*Meteorol.* I, c. 14.)
—L.

pondu que c'était ouvrir aux étrangers un chemin dans l'Égypte. L'entreprise fut recommencée par Darius, premier de ce nom ; mais il la quitta aussi, parce qu'on lui dit que la mer Rouge, étant plus haute que l'Égypte, inonderait tout le pays[1]. Enfin elle fut achevée sous les Ptolémées, qui, par le moyen des écluses, tenaient le canal ouvert ou fermé selon leurs besoins. Il commençait assez près du Delta[2], vers la ville de Bubaste. Il avait de largeur cent coudées[3], c'est-à-dire vingt-cinq toises, de sorte que deux bâtiments pouvaient y passer à l'aise ; de profondeur, autant qu'il en faut pour porter les plus grands vaisseaux[4] ; et de longueur, plus de mille stades, c'est-à-dire plus de cinquante lieues[5]. Ce

[1] Les travaux des modernes prouvent que cette opinion des anciens était bien fondée. Il résulte des opérations de nivellement faites par les ingénieurs français entre le fond de la mer Rouge et la Méditerranée, à Péluse, que la différence de niveau des deux mers peut aller à 30 pieds 6 pouces (9 mètres 907). Le niveau des hautes eaux du Nil, au Caire, surpasse celui des hautes eaux de la mer Rouge, de 9 pieds 1 pouce ; et celui des basses eaux, de 14 pieds 7 pouces : mais le niveau des basses eaux du Nil est surpassé de 8 pieds 6 pouces par les basses eaux de la mer Rouge, et de 14 pieds 2 pouces par les hautes eaux de cette mer.

C'est cette différence de niveau qui rendit nécessaire l'établissement d'une espèce de sas fermé par des écluses, à l'embouchure du canal dans la mer Rouge. — L.

[2] Il commençait au Delta même ; puisque Bubaste, dont les ruines subsistent encore à Tell-Bastah, était située sur la branche Pélusiaque, à environ 50,000 mètres au-dessous du sommet du Delta.

Ce canal suivait la vallée de l'Ouadi, et allait aboutir à un bassin, appelé par les anciens *lacs amers* (PLIN. VI, 29 ; STRAB. XVII, p. 804) ; de ce bassin, il se prolongeait jusqu'à *Clysma* ou *Clisma*, lieu situé sur la mer Rouge, près d'Héroopolis, et dont le nom me semble venir du mot Κλεῖσμα, qui a pu désigner le barrage fermant le canal à son extrémité. — L.

[3] 52 mètres 70 centimètres. — L.

[4] L'expression est un peu forte. Il y a dans Strabon μυριοφόρος ναῦς, ce qui signifie un *vaisseau de charge* et rien de plus. — L.

[5] La longueur totale du canal, depuis Bubaste jusqu'à la mer Rouge, était d'environ 80 milles géographiques, ou 27 lieues.

La longueur de *mille stades*, donnée par Rollin, est une erreur fondée sur ce qu'il applique au canal la

canal était d'une grande utilité pour le commerce. Aujourd'hui il est presque entièrement comblé, et à peine en reste-t-il quelque vestige [1].

CHAPITRE III.

BASSE ÉGYPTE.

Il me reste à parler de la basse Égypte. Sa figure, qui ressemble à un triangle ou à un (Δ) *delta*, lui a fait donner ce dernier nom, qui est celui d'une lettre grecque. La basse Égypte forme une espèce d'île. Elle commence à l'endroit où le Nil se divise en deux grands canaux, par lesquels il va se jeter dans la mer Méditerranée. L'embouchure qui est à droite s'appelle *Pélusienne*, l'autre *Canopique*, du nom des deux villes dont elles sont voisines, *Pelusium* et *Canopus*, appelées maintenant Damiette et Rosette [2]. Entre ces deux gran-

---

mesure de l'intervalle qui sépare les deux mers entre Péluse et Héroopolis ; cet intervalle est en effet de 1000 stades, selon Hérodote (II, § 158 — IV, § 41), Strabon (I, p. 35, D), et Pline (V, c. 11.) — L.

[1] L'utilité de ce canal fixa l'attention des Romains ; il fut réparé par Adrien ; j'ai prouvé ailleurs (*Rech. sur Dicuil*, pag. 12), qu'il était encore navigable vers l'an 500 de notre ère. Les Arabes, sous le calife Omar, le réparèrent en 640 ; il servit à la navigation jusqu'en 767, époque à laquelle le calife Abou-Giafar-Almanzor le fit définitivement combler, pour qu'on ne pût porter de secours aux révoltés de la Mecque et de Médine. — L.

[2] Rosette et Damiette ne répondent point à *Canopus* et à *Pelusium*. *Canopus* était situé à environ 3 lieues d'Alexandrie, et à 6 lieues de Rosette ; *Pelusium* était à plus de 16 lieues de Damiette.

La branche Pélusiaque est comblée ; la Canopique l'est aussi dans la partie septentrionale. La branche actuelle de Rosette répond à la Bolbitine ; la branche de Damiette, à la *Phatmitique*.

Les sept branches étaient, à partir de l'Ouest, la *Canopique*, la *Bolbitine*, la *Sébennytique*, la *Phatmitique*, la *Mendésienne*, la *Tanitique*, la *Pélusiaque*. — L.

des branches il y en a cinq autres moins célèbres. Cette île est la partie de l'Égypte la plus cultivée, la plus fertile et la plus riche. Ses principales villes furent, dans les temps les plus reculés, Héliopolis [1], Héracléopolis, Naucratis, Saïs, Tanis, Canope, Péluse; et, dans les temps postérieurs, Alexandrie, Nicopolis, etc. Ce fut dans le pays de Tanis que les Israélites habitèrent [2].

Plut. de Isid. pag. 354. [cf. Procl. in Tim. p. 30.] Il y avait dans Saïs un temple dédié à Minerve, qu'on croit être la même qu'Isis, avec cette inscription : « Je suis tout ce qui a été, ce qui est, et ce qui sera; et personne n'a encore percé le voile qui me couvre. »

Strab. l. 7, pag. 805.

Héliopolis, c'est-à-dire ville du soleil, fut ainsi appelée à cause d'un temple magnifique qui y était dédié au soleil. Hérodote, et après lui d'autres auteurs, racontent une chose qui se passait dans ce temple, et qui serait bien merveilleuse si elle était vraie : c'est au sujet du *phénix* [3]. Cet oiseau, si l'on en croit les anciens, est unique dans son espèce. Il naît dans l'Arabie, et vit cinq ou six cents ans. Il est de la grandeur d'un aigle. Il a la tête ornée et brillante d'un plumage exquis, les plumes du cou dorées, les autres pourprées, la queue blanche, mêlée de plumes incarnates, des yeux étincelants comme des étoiles. Lorsque, chargé d'années, il voit sa fin approcher, il forme un nid de bois et de gommes aromatiques, après quoi il meurt. De ses os et de sa moelle il naît un ver, d'où il se forme un autre phénix. Son premier soin est de rendre à son

Herod. l. 2, cap. 73.
Plin. l. 10, cap. 2.
Tacit. Ann. lib. 6, cap. 28.

---

[1] Elle était située à la pointe, mais hors du Delta. — L.

[2] Il est au contraire à peu près reconnu que les Israélites habitèrent dans les vallées de l'Ouadi et de Sabah-Byar, vers l'isthme de Suez. — L.

[3] On peut voir tout ce que les anciens ont rapporté sur cet oiseau fabuleux, dans un mémoire de M. Larcher (*Mémoires de l'Institut, classe d'histoire*, tom. 1, pag. 166 et suiv.). — L.

père les honneurs de la sépulture : pour cela il compose comme une boule ou un œuf de quantité de parfums de myrrhe, du poids qu'il se sent capable de porter, et il en fait souvent l'épreuve; puis il le vide en partie, y dépose le corps de son père, et en ferme avec soin l'entrée, qu'il enduit de myrrhe et d'autres parfums. Alors il charge ses épaules de ce précieux fardeau, et va le brûler sur l'autel du soleil dans la ville d'Héliopolis.

Hérodote et Tacite révoquent en doute quelques circonstances de ce fait, mais semblent supposer que le fond en est vrai. Pline, au contraire, dès le commencement du récit qu'il en fait, insinue assez clairement que le tout lui paraît fabuleux; et c'est le sentiment de tous les modernes.

Cette vieille tradition, fondée sur une fausseté évidente, à pourtant établi un usage commun dans presque toutes les langues, de donner le nom de phénix à tout ce qui est singulier et rare dans son espèce : *rara avis in terris*, dit Juvénal [1], en parlant de la difficulté de trouver une femme accomplie en tout point. Et Sénèque en dit autant d'un homme de bien [2].

Ce que l'on dit des cygnes, qu'ils ne chantent que quand ils sont près de mourir, et qu'alors ils chantent fort mélodieusement, n'est fondé de même que sur une erreur populaire [3], et cependant est employé non-seu-

---

[1] Juvénal dit (Satyr. VI, 165): Rara avis in terris, nigroque simillima cycno! sorte de proverbe qui n'a point de rapport avec le Phénix. — L.

[2] « Vir bonus tam citò nec fieri potest, nec intelligi... tanquam phœnix semel anno quingentesimo nascitur. » (Epist. 42.)

[3] Cette opinion est cependant fondée sur quelque chose de réel. Les observations des modernes, et particulièrement de M. Mongez, ont constaté que les Cygnes sauvages sont doués d'une espèce de chant; ainsi les anciens ne se sont pas trom-

lement par les poëtes, mais par les orateurs et même par les philosophes. *O mutis quoque piscibus donatura cycni, si libeat, sonum*, dit Horace en s'adressant à Melpomène. Cicéron compare l'admirable discours que fit Crassus dans le sénat, peu de jours avant sa mort, à la voix mélodieuse d'un cygne mourant : *illa tanquàm cycnea fuit divini hominis vox et oratio*. Et Socrate disait que les gens de bien devaient imiter les cygnes, qui, sentant, par un instinct secret et une sorte de divination, l'avantage qui se trouve dans la mort, meurent avec joie et en chantant : *providentes quid in morte boni sit, cum cantu et voluptate moriuntur*. J'ai cru que cette petite digression ne serait pas inutile pour les jeunes gens. Je reviens à mon sujet.

C'est dans Héliopolis qu'un bœuf, sous le nom de Mnévis, était honoré comme un dieu. Cambyse, roi des Perses, exerça sur cette ville sa fureur sacrilége, brûlant les temples, renversant les palais, et détruisant les plus rares monuments de l'antiquité. On y voit encore quelques obélisques qui échappèrent à sa fureur; et quelques autres en ont été transportés à Rome, dont ils font encore l'ornement.

Alexandrie, bâtie par Alexandre-le-Grand, qui lui donna son nom, égala presque la magnificence des anciennes villes d'Égypte. Elle est à quatre journées du Caire. C'est là principalement que se faisait le commerce de l'Orient. On déchargeait les marchandises dans une ville sur la côte occidentale de la mer Rouge,

---

pés en leur attribuant cette faculté; ils ont erré seulement en l'attribuant à tous les cygnes sans distinction, tandis qu'elle est particulière aux cygnes sauvages. (Voyez Mongez, *Dictionnaire des Antiquités*, art. CYGNES, tom. 11, pag. 281.)—L.

nommée *Portus Muris* [1]; on les conduisait ensuite sur des chameaux à une ville de la Thébaïde appelée *Coptos*; et on les voiturait enfin par le Nil jusqu'à Alexandrie, où les marchands abordaient de toutes parts.

On sait que le commerce de l'Orient a toujours enrichi ceux qui l'ont exercé. Ce fut là la principale source des trésors incroyables que Salomon amassa, et qui servirent à construire le magnifique temple de Jérusalem. David, en subjuguant l'Idumée, était devenu maître d'Élath et d'Asiongaber, deux villes situées sur le bord oriental de la mer Rouge. C'est de là que Salomon envoya ses flottes vers Ophir et Tarsis, d'où elles revenaient toujours chargées de richesses immenses. Ce commerce, après avoir été quelque temps entre les mains des rois de Syrie, qui reconquirent l'Idumée, passa en celles des Tyriens. Ils faisaient venir par Rhinocolure, ville maritime située entre l'Égypte et la Palestine, leurs marchandises à Tyr, d'où ils les distribuaient dans tout l'Occident. Ce négoce enrichit extrêmement les Tyriens sous les Perses, par la faveur et la protection desquels ils en furent pleinement en possession. Mais, lorsque les Ptolémées se furent rendus maîtres de l'Égypte, ils attirèrent bientôt ce trafic dans leur royaume, en bâtissant Bérénice et d'autres ports sur la côte occidentale de la mer Rouge qui appartenait à l'Égypte. Ils établirent leur principale foire à Alexan-

marginalia:
2. Reg. 8, 14.
3. Reg. 9, 26-28.
Strab. l. 16, pag. 781.

---

[1] Μυὸς Ὅρμος. C'est le *Vieux-Cusseir.*

La route de Myos-Hormos à Coptos n'était que de 6 à 7 journées de chemin. Elle fit négliger une route plus ancienne, tracée par Ptolémée Philadelphe, entre Coptos et Bérénice (STRAB. XVII, p. 815), et qui était de 12 journées, et de 258 milles ou environ 70 lieues. (PLIN. VI, 23. Itiner. Anton. p. 173, etc.)

Coptos est à présent *Keft.*—L.

drie, qui par là devint la ville la plus marchande de l'univers. C'est par cette voie, savoir par la mer Rouge et l'embouchure du Nil, que s'est fait pendant plusieurs siècles le commerce des pays occidentaux avec la Perse, les Indes, l'Arabie et les côtes orientales d'Afrique. Depuis environ deux cents ans qu'on a découvert une route pour aller aux Indes en doublant le cap de Bonne-Espérance, les Portugais sont devenus les maîtres de ce commerce, qui maintenant est tombé presque entier entre les mains des Anglais et des Hollandais. C'est de M. Prideaux que j'ai tiré cette histoire abrégée du commerce des Indes orientales depuis Salomon jusqu'à notre temps.

<small>I. Part. l. 1, pag. 9.</small>

Ce fut pour la commodité du commerce que l'on bâtit, tout près d'Alexandrie, dans une île appelée Pharos [1], une tour qui en porta aussi le nom. Au haut de cette tour il y avait un fanal pour éclairer de nuit les vaisseaux qui naviguaient sur les côtes, pleines d'écueils et de bancs de sable; et elle a communiqué son nom à toutes les autres destinées au même usage : Phare de Messine, etc. Le célèbre architecte Sostrate l'avait bâtie par ordre de Ptolémée Philadelphe [2], qui y employa huit cents talents [3]. Elle était comptée au nombre des

<small>Strab. l. 17, pag. 791. Plin. l. 36, cap. 12.</small>

---

[1] Elle était jointe à la ville par une chaussée de 7 stades de longueur, appelée *Heptastade*. — L.

[2] Cette tour, qu'Eusèbe (*Chron. ad Olymp.* CXXIV, an. 1) et le Syncelle (*Chronograph.*, pag. 272 fin.) attribuent à Ptolémée Philadelphe, fut bâtie, selon Suidas, lorsque Pyrrhus monta sur le trône d'Épire (Voce φάρος), ce qui répond à la 23ᵉ année de Ptolémée Soter : il est vraisemblable en effet qu'elle fut construite par ce prince. — L.

[3] Huit cent mille écus. = Si ce sont des talents attiques, 800 talents représentent 4,440,000 francs. — L.

J'ai montré ailleurs, par plusieurs rapprochements et plusieurs calculs, que cette tour devait avoir de 150 à 160 pieds de haut. (*Trad. de* STRABON, pag. 332, 334.) — L.

sept merveilles du monde. Par une [1] erreur de fait, on a loué ce prince d'avoir permis qu'au lieu de son nom l'architecte mît le sien dans l'inscription de cette tour. Elle est fort courte et fort simple, selon le goût des anciens : *Sostratus Cnidius Dexiphanis F. diis servatoribus, pro navigantibus;* c'est-à-dire : *Sostrate le Cnidien, fils de Dexiphanes, aux dieux sauveurs, pour le bien de ceux qui vont sur mer.* Il faudrait en effet que Ptolémée eût fait bien peu de cas de cette sorte d'immortalité, dont ordinairement les princes sont si avides, pour consentir que son nom n'entrât pas même dans l'inscription d'un ouvrage si capable de l'immortaliser [2]. Mais ce qu'on lit dans Lucien sur ce sujet ôte à Ptolémée le mérite d'une modestie qui paraîtrait assez mal placée. Cet auteur nous apprend que Sostrate, pour avoir seul chez la postérité tout l'honneur de cet ouvrage, après avoir fait graver sur le marbre même l'inscription sous son nom, la mit sous le nom du roi

De scrib. hist. p. 706.

---

[1] « Magno animo Ptolemæi regis, quòd in eâ permiserit Sostrati Cnidii architecti structuræ nomen inscribi. » [PLIN. XXXVI. 12. p. 739.]

[2] La manière dont l'inscription a été expliquée par d'habiles critiques sert à rendre compte du fait, sans qu'on ait besoin de recourir à l'historiette de Lucien. L'inscription portait en grec : Σώςρατος Κνίδιος Δεξιφανοῦς Θεοῖς Σωτῆρσιν, ὑπὲρ τῶν πλωϊζομένων. D'après la remarque de Spanheim, appuyée sur les monuments (*Præst. Numism.*, pag. 415, tom. 1), Ptolémée Soter et sa femme Bérénice étaient appelés *les Dieux Sauveurs*, Θεοὶ Σωτῆρες. Il est donc probable que ce sont eux que l'inscription a désignés par leur titre, plutôt que par leur nom.

M. Visconti croit même que le datif Θεοῖς σωτῆρσιν ne doit pas s'entendre d'une dédicace, mais se rapporte à l'ordre de construire le monument : dans cette idée, la tournure de l'inscription serait tout elliptique; et l'on devrait suppléer à-peu-près ainsi les ellipses : Σώςρατος Κνίδιος Δεξιφανοῦς [τοῦτον τὸν πύργον] Θεοῖς Σωτῆρσιν [κατεσκεύασεν] ὑπὲρ τῶν πλωϊζομένων, c'est-à-dire : « Sostrate de Cnide, « fils de Dexiphanes, a construit « cette tour, par l'ordre des Dieux « Sauveurs, pour le bien des navi- « gateurs. » D'après cette interprétation, il ne serait plus douteux que le phare eût été construit par Ptolémée Soter. — L.

48 HISTOIRE ANCIENNE.

sur de la chaux dont il enduisit le marbre. La suite des années fit bientôt tomber la chaux, et, au lieu de procurer à l'architecte la gloire qu'il s'était promise, ne servit qu'à manifester aux siècles futurs sa criminelle supercherie et sa ridicule vanité.

Les richesses ne manquèrent pas, comme c'est l'ordinaire, d'introduire dans cette ville le luxe et la licence; et les délices d'Alexandrie passèrent en proverbe [1]. On y cultiva aussi beaucoup les arts et les sciences : témoin ce superbe bâtiment surnommé Musée, où les savants tenaient leurs assemblées, et où ils étaient entretenus aux dépens du public; et cette fameuse bibliothèque que Ptolémée Philadelphe augmenta considérablement, et que les princes ses successeurs firent enfin monter au nombre de sept cent mille volumes. Dans la guerre qu'eut César avec ceux d'Alexandrie, un incendie consuma une partie de cette bibliothèque, qui était placée dans le [2] Bruchium, et qui contenait quatre cent mille volumes.

Quint.

Plut. in Cæs. pag. 731.
Senec. de tranq. anim. cap 9.
[Dion. Cassius. XLII. § 38.]

[1] « Nc alexandrinis quidem permittenda deliciis. »
= Ce passage de Quintilien (*Institut. Orat.* I, 2) n'a pas tout-à-fait le sens que lui donne Rollin : le mot *deliciæ* ne signifie point *délices;* il doit s'entendre des *pueri delicati quales domi habere solebant divites Romani, Ægyptios maxime et Alexandrinos, qui jocis suis heros deme-* *reri deberent.* V. la note de Burman et de Spalding sur Quintilien. L'expression proverbiale, à laquelle Rollin fait allusion, se retrouve plutôt dans le *Alexandrina vita atque licentia* de Jules César (*Bell. civ.* III, § 110). — L.

[2] C'était un quartier de la ville d'Alexandrie.

SECONDE PARTIE.

DES MŒURS ET COUTUMES DES ÉGYPTIENS.

L'Égypte a toujours été regardée parmi les anciens comme l'école la plus renommée en matière de politique et de sagesse, et comme l'origine de la plupart des arts et des sciences. Ses plus nobles travaux et son plus bel art consistaient à former les hommes. La Grèce en était si persuadée, que ses plus grands hommes, un Homère, un Pythagore, un Platon, Lycurgue même et Solon, ces deux grands législateurs, et beaucoup d'autres qu'il est inutile de nommer, allèrent exprès en Égypte pour s'y perfectionner, et pour y puiser en tout genre d'érudition les plus rares connaissances. Dieu même lui a rendu un glorieux témoignage, en louant Moïse « d'a- « voir été instruit dans toute la sagesse des Égyptiens. » *Act. 7, 22.*

Pour donner quelque idée des mœurs et des coutumes de l'Égypte, je m'arrêterai principalement à ce qui regarde les rois et le gouvernement; les prêtres et la religion; les soldats et la guerre; les sciences, les arts et les métiers.

Je dois avertir le lecteur de n'être pas surpris s'il rencontre quelquefois parmi les coutumes que je rapporte une espèce de contradiction. Elle vient, ou de la différence des pays et des peuples, qui ne suivaient pas toujours les mêmes usages, ou de la diversité des sentiments de la part des historiens qui me servent de guides.

CHAPITRE PREMIER.

DE CE QUI REGARDE LES ROIS ET LE GOUVERNEMENT.

Les Égyptiens sont les premiers qui aient bien connu les règles du gouvernement. Cette nation grave et sérieuse comprit d'abord que la vraie fin de la politique est de rendre la vie commode et les peuples heureux.

Diod. lib. 1 p. 63, etc.

Le royaume était héréditaire; mais, selon Diodore, les rois ne se conduisaient pas en Égypte comme il est assez ordinaire dans les autres monarchies, où le prince ne reconnaît d'autres règles de ses actions que sa volonté et son bon plaisir. Ils étaient obligés plus que les autres à vivre selon les lois. Ils en avaient de particulières qu'un roi avait digérées et qui faisaient une partie de ce que les Égyptiens appelaient les livres sacrés. Ainsi, une coutume ancienne ayant tout réglé, ils ne s'avisaient pas de vivre autrement que leurs ancêtres.

Nul esclave [1], nul étranger n'était admis auprès du prince pour le servir : cet important emploi n'était confié qu'aux personnes les plus distinguées par leur naissance, et qu'à celles qui avaient reçu la plus excellente éducation [2]; afin qu'ayant le privilége d'approcher jour et

---

[1] Le texte dit : *nul esclave acheté, ou né à la maison.* — L.

[2] Le texte dit : *aux fils des prêtres les plus distingués : ils devaient avoir dépassé 20 ans, et être les mieux élevés de tous ceux de leur caste.* — L.

nuit de sa personne, elles ne lui apprissent jamais rien d'indigne de la majesté royale, et ne lui inspirassent que des sentiments nobles et généreux; car, ajoute Diodore, il est rare que les rois se portent à des excès vicieux, s'ils ne trouvent dans ceux qui les approchent des approbateurs de leur dérèglement, et des ministres de leurs passions.

Les rois d'Égypte souffraient sans peine, non-seulement que la qualité des viandes et la mesure du boire et du manger leur fussent marquées (car c'était une chose ordinaire en Égypte, où tout le monde était sobre, et où l'air du pays inspirait la frugalité), mais encore que toutes leurs heures et presque toutes leurs actions fussent réglées par la loi

Dès le matin et au point du jour, lorsque l'esprit est le plus net, et les pensées le plus pures, ils lisaient leurs lettres, pour prendre une idée plus juste et plus véritable des affaires qu'ils avaient à décider.

Sitôt qu'ils étaient habillés, ils allaient sacrifier au temple. Là, environnés de toute leur cour, et les victimes étant à l'autel, ils assistaient à la prière que le pontife prononçait à haute voix, et dans laquelle il demandait aux dieux, pour le roi, la santé et toutes sortes de biens et de prospérités, parce qu'il gouvernait ses peuples avec bonté et avec justice, et suivait exactement les lois du royaume. Le pontife entrait dans un grand détail de ses vertus royales, marquant qu'il était religieux envers les dieux, doux envers les hommes, modéré, juste, magnanime, sincère et éloigné du mensonge, libéral, maître de lui-même, punissant au-dessous du mérite, et récompensant au-dessus. Il parlait ensuite des fautes que les rois pouvaient commettre;

4.

mais il supposait toujours qu'ils n'y tombaient que par surprise et par ignorance, chargeant d'imprécations les ministres qui leur donnaient de mauvais conseils et leur déguisaient la vérité. Telle était la manière d'instruire les rois. On croyait que les reproches ne faisaient qu'aigrir leurs esprits; et que le moyen le plus efficace de leur inspirer de la vertu était de leur marquer leurs devoirs dans des louanges conformes aux lois, et prononcées gravement devant les dieux. Après la prière et le sacrifice, on lisait au roi, dans les saints livres, les conseils et les actions des grands hommes, afin qu'il gouvernât son état par leurs maximes, et maintînt les lois qui avaient rendu ses prédécesseurs heureux aussi-bien que leurs sujets.

J'ai déja remarqué que le boire et le manger des rois étaient réglés par les lois, tant pour la quantité que pour la qualité. On ne servait sur leur table que des mets fort communs, parce que le but de leurs repas était, non de flatter le goût, mais de satisfaire aux besoins de la nature. On aurait dit, remarque l'historien, que ces règles avaient été dictées non pas tant par un législateur que par un habile médecin, uniquement attentif à la santé du prince. Le même goût de simplicité régnait dans tout le reste; et on lit dans Plutarque qu'il y avait dans un temple de Thèbes une colonne sur laquelle on avait gravé des imprécations contre un roi qui, le premier, avait introduit la dépense et le luxe parmi les Égyptiens.

De Isid. et Osir. p. 354.

Le principal devoir des rois, et leur fonction la plus essentielle, est de rendre la justice aux peuples. Aussi c'était à quoi les rois d'Égypte donnaient le plus d'attention, persuadés que de ce soin dépendait non-seulement le repos des particuliers, mais le bonheur de l'état, qui serait moins un royaume qu'un brigandage, si les faibles demeuraient sans protection, et si les puissants trouvaient dans leurs richesses et dans leur crédit l'impunité de leurs crimes et de leurs violences.

Trente juges étaient tirés des principales villes [1] pour composer la compagnie qui jugeait tout le royaume. Le prince, pour remplir ces places, choisissait les plus honnêtes gens du pays, et mettait à leur tête [2] celui qui se distinguait le plus par la connaissance et l'amour des lois, et qui était le plus généralement estimé. Il leur assignait certains revenus, afin qu'affranchis des embarras domestiques, ils pussent donner tout leur temps à faire observer les lois. Ainsi, entretenus honnêtement par la libéralité du prince, ils rendaient gratuitement au peuple une justice qui lui est due de droit, et qui doit être également ouverte à tous les sujets, et encore plus, en un certain sens, aux pauvres qu'aux riches, parce que ceux-ci, par eux-mêmes, trouvent assez d'appui, au lieu que les autres, par leur état même, sont plus exposés à l'injure et ont plus besoin de la protection des lois. Pour éviter les surprises, les affaires étaient traitées par écrit dans cette assemblée. On y craignait la fausse éloquence, qui éblouit les esprits et émeut les passions. La vérité ne pouvait être expliquée d'une manière trop sèche, et l'on voulait qu'elle seule dominât dans les jugements, parce qu'elle seule devait

---

[1] Diodore dit que Thèbes, Memphis et Héliopolis fournissaient chacune dix de ces juges. — L.

[2] Le même auteur dit au contraire que les 30 juges élisaient un président parmi eux; et que la ville à laquelle appartenait l'élu, envoyait un autre juge à sa place : de sorte qu'il y avait 30 juges, sans compter le président. — L.

être la ressource du riche et du pauvre, du puissant et du faible, du savant et de l'ignorant. Le président du sénat portait un collier d'or et de pierres précieuses, d'où pendait une figure sans yeux, qu'on appelait la *Vérité*. Quand il la prenait, c'était le signal pour commencer la séance. Il l'appliquait à la partie qui devait gagner sa cause, et c'était la forme de prononcer les sentences.

<small>Plat. in Tim. pag. 656.</small>

Ce qu'il y avait de meilleur parmi les lois des Égyptiens, c'est que tout le monde était nourri dans l'esprit de les observer. Une coutume nouvelle était un prodige en Égypte : tout s'y faisait toujours de même ; et l'exactitude qu'on y avait à garder les petites choses maintenait les grandes. Aussi n'y eut-il jamais de peuple qui ait conservé plus long-temps ses usages et ses lois.

<small>Diod. lib. 1, pag. 70.</small>

Le meurtre volontaire était puni de mort, de quelque condition que fût celui qui avait été tué, libre ou non : en quoi les Égyptiens montraient plus d'humanité et d'équité que les Romains, qui donnaient aux maîtres droit absolu de vie et de mort sur leurs esclaves. L'empereur Adrien le leur ôta dans la suite, et crut devoir corriger cet abus, quelque ancien et quelque autorisé qu'il fût par les lois romaines.

<small>Pag. 69.</small>

Le parjure était aussi puni de mort : parce que ce crime attaque en même temps et les dieux, dont on méprise la majesté en attestant leur nom par un faux serment ; et les hommes, en rompant le lien le plus ferme de la société humaine, qui est la sincérité et la bonne foi.

<small>Ibid.</small>

Le calomniateur était impitoyablement condamné au même supplice qu'aurait subi l'accusé, si le crime s'était trouvé véritable.

<small>Ibid.</small>

Celui qui, pouvant sauver un homme attaqué, ne le

faisait pas, était puni de mort aussi rigoureusement que l'assassin. Que si l'on ne pouvait secourir le malheureux, il fallait du moins dénoncer l'auteur de la violence; et il y avait des peines établies contre ceux qui manquaient à ce devoir. Ainsi les citoyens étaient à la garde les uns des autres, et tout le corps de l'état était uni contre les méchants.

Il n'était pas permis d'être inutile à l'état[1] : chaque particulier était tenu d'inscrire son nom et sa demeure sur un registre public qui demeurait entre les mains du magistrat, d'y marquer sa profession, et de déclarer d'où il tirait de quoi vivre. Si l'on énonçait faux, la peine de mort s'ensuivait. Diod. lib. 1 pag. 69.

Pour empêcher les emprunts, d'où naissent la fainéantise, les fraudes et la chicane, le roi Asychis avait fait une ordonnance fort sensée. Les états les plus sages et les mieux policés, comme Athènes et Rome, ont toujours été embarrassés pour trouver un juste tempérament pour réprimer la dureté du créancier dans l'exaction de son prêt, et la mauvaise foi du débiteur qui refuse ou néglige de payer ses dettes. L'Égypte prit un sage milieu, qui, sans toucher à la liberté personnelle des citoyens, et sans ruiner les familles, pressait continuellement le débiteur par la crainte de passer pour infame, s'il manquait d'être fidèle. Il n'était permis d'emprunter qu'à condition d'engager au créancier le corps de son père, que chacun dans l'Égypte faisait embaumer avec soin, et conservait avec honneur dans sa maison, comme il sera dit dans la suite, et qui pouvait, par cette raison, Herod. l. 2, cap. 136.

---

[1] Cette loi fut faite par Amasis, et Solon la transporta à Athènes (Hérodote II, § 177). — L.

être aisément transporté. Or c'était une impiété et une infamie tout ensemble de ne pas retirer assez promptement un gage si précieux ; et celui qui mourait sans s'être acquitté de ce devoir était privé des honneurs qu'on avait coutume de rendre aux morts.

Diod. lib. 1, pag. 71.

Diodore remarque une faute qu'avaient commise quelques législateurs de la Grèce. Ils défendaient qu'on pût, par exemple, enlever pour dettes, à des laboureurs, leurs chevaux, leurs charrues, et les autres instruments dont ils se servaient pour cultiver la terre, parce qu'ils trouvaient de l'inhumanité à réduire par là ces pauvres gens à l'impossibilité et de payer leurs dettes et de gagner leur vie : mais en même temps ils permettaient d'emprisonner les laboureurs mêmes, qui seuls peuvent faire usage de ces instruments ; ce qui les exposait aux mêmes inconvénients, et d'ailleurs enlevait à l'état des citoyens qui lui appartiennent, qui lui sont nécessaires, qui travaillent pour l'utilité publique, et sur la personne desquels le particulier n'a aucun droit.

Pag. 72.

La polygamie était permise en Égypte[1], excepté aux prêtres, qui ne pouvaient épouser qu'une femme. De quelque condition que fût la femme, libre ou esclave, des enfants étaient censés libres et légitimes.

Pag. 22.

Ce qui marque le plus les profondes ténèbres où étaient plongées les nations qui passaient pour les plus éclairées, est de voir qu'en Égypte le mariage des frères avec les sœurs était non-seulement autorisé par les lois, mais fondé en quelque sorte sur leur religion même, et sur l'exemple des dieux le plus anciennement et le plus gé-

---

[1] Hérodote dit au contraire que les Égyptiens n'avaient qu'une femme chacun (II, § 92). — L.

néralement honorés dans le pays, savoir Osiris et Isis.

Les vieillards étaient fort respectés en Égypte. Les jeunes gens étaient obligés de se lever devant eux, et de leur céder partout la place d'honneur. C'est de là que cette loi a passé à Sparte. Herod. l. 2, cap. 80.

La principale vertu des Égyptiens était la reconnaissance. La gloire qu'on leur a donnée d'être les plus reconnaissants de tous les hommes fait voir qu'ils étaient aussi les plus sociables. Les bienfaits sont le lien de la concorde publique et particulière. Qui reconnaît les graces aime à en faire; et, en bannissant l'ingratitude, le plaisir de faire du bien demeure si pur, qu'il n'y a plus moyen de n'y être pas sensible. C'était surtout à l'égard de leurs rois que les Égyptiens se piquaient de reconnaissance. Ils les honoraient pendant leur vie comme des images vivantes de la Divinité, et ils les pleuraient après leur mort comme les pères communs des peuples. Ce sentiment de respect et de tendresse venait de la forte persuasion où ils étaient que c'était la Divinité même qui avait placé les rois sur le trône, en les distinguant si fort du reste des mortels; et qu'ils en portaient le plus noble caractère, en réunissant en eux le pouvoir et la volonté de faire du bien aux autres.

CHAPITRE II.

DES PRÊTRES ET DE LA RELIGION DES ÉGYPTIENS.

Les prêtres, en Égypte, tenaient le premier rang après les rois. Ils avaient de grands priviléges et de grands revenus; leurs terres étaient exemptes de toute imposition. On voit ici des traces de ce qui est dit dans la Genèse, que, du temps de Joseph, les terres des prêtres ne furent point chargées d'une redevance perpétuelle au prince comme celles de tous les autres Égyptiens.

<small>Genes. 47.</small>

Le prince, pour l'ordinaire, leur donnait beaucoup de part dans sa confiance et dans le gouvernement, parce que, de tous les sujets de l'empire, c'étaient eux qui avaient été le mieux élevés, qui avaient le plus de lumières, et qui étaient le plus dévoués à la personne du roi et au bien public. Ils étaient en même temps les dépositaires de la religion et des sciences; et c'est ce qui leur attirait un si grand respect de la part des habitants du pays et des étrangers, qui s'adressaient également à eux pour les consulter sur ce qu'il y avait de plus sacré dans les mystères et de plus profond dans les sciences.

<small>Hérod. l. 2, cap. 60.</small>

Les Égyptiens prétendent être les premiers qui ont établi des fêtes et des processions pour honorer les dieux. Il s'en faisait une dans la ville de Bubaste où l'on se rendait de toute l'Égypte, et où il se trouvait plus de soixante et dix mille personnes[1], sans compter les enfants. Il y avait une autre fête, surnommée *des lumières*[2], qui se célébrait à Saïs. Ceux qui ne s'y trouvaient pas étaient obligés, dans toute l'étendue de l'Égypte, de tenir des lampes allumées aux fenêtres de leurs maisons.

<small>Cap. 39.</small>

On immolait différents animaux, selon les différents pays; mais c'était une cérémonie commune, et généra-

---

[1] Il y a dans Hérodote 700,000 personnes, ἑδδομήκοντα μυριάδας. Cette faute de Rollin, copiée par Dupuis, a été relevée par Larcher (tom. II, pag. 296). — L.

[2] Dans le grec, Λυχνοκαίη qui signifie (fête) *des lampes allumées.* — L.

lement observée dans tous les sacrifices, d'imposer les mains sur la tête de la victime, de la charger d'imprécations, et de prier les dieux de détourner sur elle tous les malheurs dont les Égyptiens pouvaient être menacés.

C'est de l'Égypte que Pythagore avait emprunté son dogme favori de la métempsycose. Les Égyptiens croyaient qu'à la mort des hommes leurs ames passaient dans d'autres corps humains, et que, si elles avaient été vicieuses, elles étaient enfermées dans des corps de bêtes immondes ou malheureuses pour y expier leurs crimes, et qu'après quelques siècles elles venaient de nouveau animer d'autres corps humains. *Diod. lib. 1, pag. 88.*

Les prêtres avaient entre les mains les livres sacrés, qui renfermaient dans un grand détail et les principes du gouvernement et les mystères du culte divin. Les uns et les autres étaient ordinairement enveloppés de symboles et d'énigmes, qui, en voilant la vérité, la rendaient plus respectable, et piquaient plus vivement la curiosité. La figure d'Harpocrate, qu'on voyait dans les sanctuaires égyptiens avec le doigt sur la bouche, semblait avertir qu'on y renfermait des mystères qu'il n'était pas permis à tout le monde de pénétrer. Les sphinx, qui étaient toujours à l'entrée des temples, donnaient le même avertissement. Tout le monde sait que les pyramides, les obélisques, les colonnes, les statues, en un mot tous les monuments publics, étaient pour l'ordinaire ornés d'hiéroglyphes, c'est-à-dire d'écritures symboliques, soit que ce fussent des caractères inconnus au vulgaire, soit que ce fussent des figures d'animaux, qui avaient un sens caché et parabolique. Ainsi le lièvre signifiait une attention vive et pénétrante, parce que cet animal a le sens de l'ouïe fort délicat. Une statue de *Plut. de Is. et Osir. pag. 354.*

Plut. Sympos. lib. 4, p. 670.

Plut. de Isid. pag. 355.

juge sans mains, et les yeux baissés en terre, marquait les devoirs de ceux qui exerçaient la judicature.

Il y aurait beaucoup de choses à dire si l'on voulait traiter à fond ce qui regarde la religion des Égyptiens; mais je me borne à deux articles qui en font la principale partie : le culte de différentes divinités, et les cérémonies des funérailles.

§ I. *Culte de différentes divinités.*

Jamais nation ne fut plus superstitieuse que celle des Égyptiens. Elle avait un grand nombre de dieux de différents ordres et de différents étages, dont je ne parle point ici, parce que cette matière appartient plus à la fable qu'à l'histoire. Entre les autres, il y en avait deux qui étaient généralement honorés dans l'Égypte, Osiris et Isis, qu'on a prétendu être le soleil et la lune : en effet, c'est par le culte de ces astres qu'a commencé l'idolâtrie.

Outre ces dieux, l'Égypte adorait un grand nombre de bêtes, le bœuf, le chien, le loup, l'épervier, le crocodile, l'ibis, le chat, etc. Plusieurs de ces bêtes n'étaient l'objet de la superstition que de quelques villes particulières; et, pendant qu'un peuple élevait une espèce d'animaux sur ses autels, ses voisins les avaient en abomination. De là les guerres continuelles d'une ville contre une autre, effet de la fausse politique d'un de leurs rois qui chercha à les amuser par des guerres de religion, pour leur ôter le temps et les moyens de conspirer contre l'état. J'appelle cette politique fausse et mal entendue, parce qu'elle est directement contraire au véritable esprit du gouvernement, qui tend à unir tous les membres de l'état par les liens les plus étroits, et qui fait consister sa force dans la parfaite harmonie de toutes ses parties.

Chaque peuple avait un grand zèle pour ses dieux. Parmi nous, dit Cicéron, il n'est pas rare de voir des temples dépouillés et des statues enlevées; mais, chez les Égyptiens, il est inouï qu'aucun ait jamais maltraité un crocodile, un ibis, un chat; et ils auraient souffert les derniers tourments, plutôt que de commettre un tel sacrilége. Il y avait peine de mort contre quiconque aurait tué volontairement aucun de ces animaux, et même peine contre celui qui aurait tué un ibis ou un chat, de quelque manière que ce fût, volontairement ou non. Diodore rapporte un fait dont il avait été témoin pendant son séjour en Égypte. Un Romain ayant tué un chat par mégarde et sans dessein, la populace en fureur courut à sa maison; et ni l'autorité du roi, qui sur-le-champ envoya ses gardes, ni la crainte du nom romain, ne purent le sauver. Leur respect pour ces animaux les porta, dans le temps d'une famine extrême, à aimer mieux se manger les uns les autres que de toucher à leurs prétendues divinités. Lib. 1, de Nat. deor. n. 82. Lib. 5, Tuscul. Quæst. n. 78. Herod. l. 2, cap. 65. Diod. lib. 1, p. 74 et 75.

De tous ces animaux, le bœuf Apis, nommé par les Grecs *Epaphus*, était le plus célèbre. On lui avait bâti des temples magnifiques. On lui rendait des honneurs extraordinaires pendant sa vie, et de plus grands encore après sa mort. L'Égypte alors entrait dans un deuil général. On célébrait ses funérailles avec une magnificence qu'on a de la peine à croire. Sous Ptolémée Lagus, le bœuf Apis étant mort de vieillesse, la dépense de son convoi, outre les frais ordinaires, monta à plus de cinquante mille écus. Après qu'on avait rendu les derniers honneurs au mort, il s'agissait de lui trouver Herod. l. 3, cap. 27, etc. Diod. lib. 1, pag. 76. Plin. lib. 8, cap. 46.

un successeur, et on le cherchait dans toute l'Égypte. On le reconnaissait à certains signes qui le distinguaient de tout autre : sur le front, une tache blanche en forme de croissant ; sur le dos, la figure d'un aigle ; sur la langue, celle d'un escarbot. Quand on l'avait trouvé, le deuil faisait place à la joie, et ce n'était plus dans toute l'Égypte que festins et réjouissances. On amenait le nouveau dieu à Memphis pour y prendre possession de sa nouvelle qualité, et il y était installé avec beaucoup de cérémonies. On verra dans la suite que Cambyse, au retour de sa malheureuse expédition contre l'Éthiopie, trouvant toute l'Égypte en joie à cause qu'on avait trouvé le dieu Apis, et croyant qu'on insultait à son malheur, tua, dans les transports de sa colère, ce jeune bœuf, qui ne jouit pas long-temps de sa divinité.

On voit aisément que le veau d'or érigé près de la montagne de Sinaï par les Israëlites était un fruit de leur séjour dans l'Égypte, et une imitation du dieu Apis, aussi-bien que ceux qui dans la suite furent érigés aux deux extrémités du royaume d'Israël par le roi Jéroboam, qui lui-même avait fait un assez long séjour en Égypte.

Les Égyptiens ne se contentaient pas d'offrir de l'encens aux animaux : ils portaient la folie jusqu'à attribuer la divinité aux légumes de leurs jardins [1]. C'est ce que leur reproche si ingénieusement le poëte satirique.

Juv. satir. 15. [init.]

Qui nescit, Volusi Bithynice, qualia demens
Ægyptus portenta colat? Croeodilon adorat
Pars hæc : illa pavet saturam serpentibus ibin.
Effigies sacri nitet aurea cercopitheci,
Dimidio magicæ resonant ubi Memnone chordæ,

---

[1] Il y a sur cette superstition, une dissertation curieuse de Schmidt (*de cepis et alliis apud Ægyptios cultis*), dans ses *Opuscula*, p. 71-122.—L.

Atque vetus Thebe centum jacet obruta portis.
Illic cæruleos, hîc piscem fluminis, illic
Oppida tota canem venerantur, nemo Dianam.
Porrum et cepe nefas violare ac frangere morsu.
O sanctas gentes quibus hæc nascuntur in hortis
Numina!

On doit être bien étonné de voir la nation du monde qui se piquait le plus de sagesse et de lumières s'abandonner si follement aux superstitions les plus grossières et les plus ridicules. En effet, rendre à des animaux et à de vils insectes un culte religieux, les placer au milieu des temples, les nourrir avec soin et à grands frais, [1] punir de mort ceux qui leur ôtaient la vie, les embaumer et leur destiner des tombeaux publics, aller jusqu'à reconnaître pour dieux des poireaux et des ognons, invoquer de pareilles divinités dans ses besoins, en attendre du secours et de la protection, ce sont des excès qui nous paraissent à peine croyables, et qui sont néanmoins attestés par toute l'antiquité. On entre dans un temple magnifique, dit Lucien, où brillent de toutes parts l'or et l'argent. Les yeux avides y cherchent un dieu, et n'y trouvent qu'une cicogne, un singe, un chat [et un bouc] : belle image, ajoute-t-il, de beaucoup de palais, dont les maîtres ne sont pas le plus bel ornement.

<small>Lib. 1, p. 76.</small>

<small>Lucian. Imag. [§ 11.]</small>

On rapporte différentes raisons du culte que les Égyptiens rendaient aux animaux.

<small>Diod. lib. 1, p. 77, etc.</small>

La première se tire de la fable. On prétend que les dieux, dans une conspiration que firent contre eux les hommes, se réfugièrent en Égypte, et s'y cachèrent

---

[1] Diodore assure que de son temps même ces dépenses n'allaient pas à moins de cent mille écus. = Dans le texte, 100 talents, ou 550,000 fr. Cette somme est donnée par Diodore comme le montant des frais d'embaumement et de sépulture des animaux sacrés (I. § 84.) — L.

[Cf. Ovid. Metamorph. v. 327; Hyg. astron. II, 28; Porphyr. abstin. III, 16.]

sous différentes formes d'animaux; et de là le culte divin qui depuis leur a été rendu.

La seconde est tirée [1] de l'utilité que chacun de ces animaux procurait aux hommes : les bœufs, pour le labourage; les brebis, par leur laine et leur lait; les chiens, pour la chasse et pour la garde des maisons, d'où vient que le dieu Anubis est représenté avec une tête de chien; l'ibis, qui est une espèce de cicogne, parce qu'il donne la chasse à des serpents ailés, qui sans cela infesteraient l'Égypte; le crocodile, qui est un animal amphibie, c'est-à-dire qui vit également dans l'eau

Herod. l. 2, cap. 68.

et sur la terre, d'une grandeur [2] et d'une force surprenantes, parce qu'il défend le pays contre l'incursion des voleurs arabes [3]; et l'ichneumon, parce qu'il empêche la race des crocodiles de se trop multiplier, ce qui deviendrait funeste à l'Égypte. Or cette petite bête rend ce service au pays en deux manières : premièrement elle observe le temps que le crocodile est absent, et elle brise ses œufs sans les manger; en second lieu, lorsque le crocodile dort sur le rivage du Nil, et il dort

---

[1] *Ipsi, qui irridentur, Ægyptii nullam belluam, nisi ob aliquam utilitatem quam ex eâ caperent, consecraverunt.* (Cic. lib. 1 de Nat. deor. n. 101).

[2] Cette grandeur va jusqu'à plus de 17 coudées.
= 17 Coudées valent 8 mètres, 953. Selon Élien (*Hist. Anim.* XVII, c. 6), on en avait vu un de 25 coudées (13 mètres 175), au temps de Psammitichus; et un autre de 26 coudées, 4 palmes (14 mètres 053), sous Amasis. Norden en a vu de 50 pieds (16 mètres). — L.

[3] Cela est fort douteux. Cicéron dit: *Possem, de ichneumone utilitate, de crocodilorum, de felium dicere* (*de Nat. Deor.* 1, § 36); mais il aurait été vraisemblablement assez embarrassé pour dire quelle pouvait être l'utilité des crocodiles. On a prétendu que les hommages des Égyptiens s'adressaient particulièrement à une espèce de crocodiles d'un naturel fort doux : malheureusement pour cette explication, on lit dans Élien (*Hist. Anim.* X, c. 21), et dans Maxime de Tyr (*Dissert.* XXXVIII), que les crocodiles sacrés dévoraient les enfants de leurs adorateurs. — L.

toujours la gueule ouverte, ce petit animal, qui s'était tenu caché dans le limon, saute tout d'un coup dans sa gueule, pénètre jusque dans ses entrailles, qu'il ronge, puis se fait une ouverture en lui perçant le ventre, dont la peau est fort tendre, et sort impunément vainqueur, par sa finesse, de la force d'un si terrible animal.

Les philosophes, peu contents de raisons si faibles pour couvrir de si étranges absurdités qui déshonoraient le paganisme, et dont ils rougissaient en secret, ont imaginé, surtout depuis l'établissement du christianisme, une troisième raison du culte que les Égyptiens rendaient aux animaux, et on dit que ce n'était pas à ces animaux, mais aux dieux, dont ils étaient les symboles, que se terminait ce culte. « Les philosophes, » dit Plutarque dans le traité même où il examine ce qui regarde les deux divinités les plus célèbres de l'Égypte, Isis et Osiris, « les philosophes honorent l'image de « Dieu, quelque part qu'elle se montre, même dans les « êtres qui sont sans vie, bien plus encore par consé- « quent dans ceux qui sont animés. On doit donc ap- « prouver, non ceux qui adorent ces créatures, mais « ceux qui, par elles, remontent jusqu'à la Divinité. « On les doit regarder comme autant de miroirs que « nous fournit la nature, dans lesquels la Divinité se « peint d'une manière éclatante; ou comme autant d'in- « struments dont elle se sert pour faire éclore au-dehors « son incompréhensible sagesse. Quand donc, pour em- « bellir des statues, on entasserait dans un même endroit « tout l'or et toutes les pierreries du monde, ce n'est « point à ces statues qu'il faudrait rapporter son culte; « car la Divinité n'existe point dans des couleurs artis- « tement dispensées, ni dans une matière fragile, des-

Pag. 382.

« tituée de mouvement et de sentiment. » Plutarque dit, dans le même traité, que « comme le soleil, la lune, « le ciel, la terre, la mer, sont communs à tous les « hommes, mais ont des noms différents, selon la diffé- « rence des nations et des langages, ainsi, quoiqu'il n'y « ait qu'une divinité unique et une providence unique « qui gouverne l'univers, et qui a sous elle différents « ministres subalternes, on donne à cette divinité, qui « est la même, différents noms, et on lui rend diffé- « rents honneurs, selon les lois et les coutumes de « chaque pays. »

Pag. 377 et 378.

Ces réflexions, qui présentent ce qu'on peut dire de plus raisonnable pour justifier le culte idolâtre, étaient-elles bien propres à en couvrir le ridicule? Était-ce relever dignement les attributs divins, que de les vouloir faire admirer et d'en chercher l'image dans les bêtes les plus viles et les plus méprisables, dans un crocodile, dans un serpent, dans un chat? N'était-ce pas plutôt dégrader et avilir la Divinité, dont les plus stupides ont ordinairement une idée tout autrement grande et auguste?

Encore ces philosophes n'étaient-ils pas toujours si fidèles à remonter des êtres sensibles à leur auteur invisible. L'Écriture nous apprend que ces prétendus sages ont mérité, par leur orgueil et par leur ingratitude, « d'être livrés à un sens réprouvé, et de devenir *plus* fous *que le peuple*, pour avoir changé la gloire du Dieu incorruptible en l'image de bêtes à quatre pieds, d'oiseaux et de reptiles, et pour avoir adoré la créature à la place du Créateur. »

Rom. cap. 1, v. 21-25.

Pour faire voir ce qu'était l'homme par lui-même, Dieu a permis que le pays de toute la terre, où la sagesse humaine avait été portée au plus haut degré, fût aussi le théâtre de l'idolâtrie la plus grossière et la plus ridicule; et, d'un autre côté, pour faire voir ce que peut la force toute-puissante de sa grace, il a converti les affreux déserts d'Égypte en un paradis terrestre, en les peuplant, dans le temps marqué par sa providence, d'une troupe innombrable d'illustres solitaires, qui, par la ferveur de leur piété et l'austérité de leur pénitence, ont fait tant d'honneur au christianisme. Je ne puis m'empêcher d'en rapporter un célèbre exemple, et j'espère que le lecteur me pardonnera cette espèce de digression.

La grande merveille de la basse Thébaïde, dit M. l'abbé Fleury dans son Histoire ecclésiastique, était la ville d'Oxirinque [1]. Elle était peuplée de moines dedans et dehors, en sorte qu'il y en avait plus que d'autres habitants. Les bâtiments publics et les temples d'idoles avaient été convertis en monastères; et on en voyait par toute la ville plus que de maisons particulières. Les moines logeaient jusque sur les portes et dans les tours. Il y avait douze églises pour les assemblées du peuple, sans compter les oratoires des monastères. Cette ville avait vingt mille vierges et dix mille moines : on y entendait jour et nuit retentir de tous côtés les louanges de Dieu. Il y avait, par ordre des magistrats, des sentinelles aux portes pour découvrir les étrangers et les pauvres; et c'était à qui les retiendrait le premier pour exercer envers eux l'hospitalité.

Tom. 5, p. 23 et 26.

[1] A-présent Behnécé. — L.

§ II. *Cérémonies des funérailles.*

Il me reste à rapporter en abrégé les cérémonies des funérailles.

Le respect que tous les peuples ont eu dans tous les temps pour les corps morts, et les soins religieux qu'ils ont toujours pris des tombeaux, semblent insinuer la persuasion où l'on était que ces corps n'y étaient mis qu'en dépôt.

Nous avons déja observé, en parlant des pyramides, avec quelle magnificence étaient construits les sépulcres de l'Égypte. C'est qu'outre qu'on les érigeait comme des monuments sacrés, pour porter aux siècles futurs la mémoire des grands princes, on les regardait encore comme des demeures où les corps devaient séjourner pendant le cours d'une longue suite de siècles ; au lieu que les maisons étaient appelées des *hôtelleries*, où l'on n'était qu'en passant, et pendant une vie trop courte pour s'y attacher.

<small>Diod. lib. 1, pag. 47.</small>

Quand quelqu'un était mort dans une famille, tous les parents et tous les amis quittaient leurs habits ordinaires pour en prendre de lugubres, et s'abstenaient du bain, du vin, et de tout mets exquis. Le deuil durait quarante ou soixante et dix jours, apparemment selon la qualité des personnes.

Il y avait trois manières d'embaumer les corps. La plus magnifique était pour les personnes les plus considérables ; et la dépense montait à un talent d'argent, c'est-à-dire à trois mille écus*.

<small>Herod. l. 2, cap. 85, etc. Diod. lib. 1, pag. 81.</small>
<small>* 5500 f.—L.</small>

Plusieurs ministres étaient employés à cette cérémonie. Les uns vidaient la cervelle par les narines, avec un ferrement fait exprès pour cela ; d'autres vidaient les entrailles et les intestins, en faisant au côté une ouverture avec une pierre d'Éthiopie tranchante comme un rasoir; puis ils remplissaient ces vides de parfums et de diverses drogues odoriférantes. Comme cette évacuation, accompagnée nécessairement de quelques dissections, semblait avoir quelque chose de violent et d'inhumain, ceux qui y avaient travaillé prenaient la fuite quand l'opération était achevée, et étaient poursuivis à coups de pierres par les assistants. On traitait fort honorablement ceux qui étaient chargés d'embaumer le corps. Ils le remplissaient de myrrhe, de cannelle, et de toutes sortes d'aromates. Après un certain temps ils l'enveloppaient de bandelettes de lin très-fines [1], qu'ils collaient ensemble avec une espèce de gomme fort déliée, et qu'ils enduisaient encore des parfums les plus exquis. Par ce moyen on prétend que la figure entière du corps, les traits même du visage, et jusqu'aux poils des paupières et des sourcils, se conservaient parfaitement. Quand le corps avait été ainsi embaumé, on le rendait aux parents, qui l'enfermaient dans une espèce d'armoire ouverte, faite sur la mesure du mort; puis ils le plaçaient debout et droit contre la muraille, soit dans leurs tombeaux, s'ils en avaient, soit dans leurs maisons. C'est ce qu'on appelle *momies*. Il en vient encore tous les jours d'Égypte, et plusieurs curieux en conservent dans leurs cabinets. On voit par là quel soin les Égyptiens prenaient des corps morts. Leur reconnaissance envers leurs parents était immortelle. Les enfants, en voyant les corps de leurs

---

[1] Ou plutôt de coton, qui est le *byssus* dont parle Hérodote (LARCHER, tom. II, pag. 357). — L.

ancêtres, se souvenaient de leurs vertus, que le public avait reconnues, et s'excitaient à aimer les lois qu'ils leur avaient laissées. On reconnaît dans les funérailles de Joseph en Égypte une partie des cérémonies dont je viens de parler.

J'ai dit que le public avait reconnu les vertus des morts, parce qu'avant que d'être admis dans l'asyle sacré des tombeaux, il fallait qu'ils subissent un jugement solennel. Et cette circonstance des funérailles chez les Égyptiens est une des choses les plus remarquables qui se trouvent dans l'histoire ancienne.

C'était, chez les païens, une consolation en mourant de laisser son nom en estime parmi les hommes; et ils croyaient que de tous les biens humains c'est le seul que la mort ne peut nous ravir. Mais il n'était pas permis en Égypte de louer indifféremment tous les morts; il fallait avoir cet honneur par un jugement public. L'assemblée des juges se tenait au-delà d'un lac, qu'ils passaient dans une barque. Celui qui la conduisait s'appelait en langue égyptienne *Charon;* et c'est sur cela que les Grecs, instruits par Orphée, qui avait été en Égypte, ont inventé leur fable de la barque de Charon. Aussitôt qu'un homme était mort, on l'amenait en jugement. L'accusateur public était écouté [1]. S'il prouvait que la conduite du mort eût été mauvaise, on en condamnait la mémoire, et il était privé de la sépulture. Le peuple admirait le pouvoir des lois, qui s'étendait jusqu'après la mort; et chacun,

---

[1] Diodore de Sicile (I, § 92), d'où ceci est tiré, ne parle point d'*accusateur public;* il dit : *La loi permettait à qui le voulait de venir l'accuser.*— L.

touché de l'exemple, craignait de déshonorer sa mémoire et sa famille. Que si le mort n'était convaincu d'aucune faute, on l'ensevelissait honorablement.

Ce qu'il y avait de plus étonnant dans cette enquête publique établie contre les morts, c'est que le trône même n'en mettait pas à couvert. Les rois étaient épargnés pendant leur vie, le repos public le voulait ainsi ; mais ils n'étaient pas exempts du jugement qu'il fallait subir après la mort, et quelques-uns ont été privés de la sépulture. Il se passait quelque chose de semblable chez les Israélites. Nous voyons dans l'Écriture que les méchants rois n'étaient point ensevelis dans les tombeaux de leurs ancêtres. Par là ils apprenaient que, si leur majesté les met pendant leur vie au-dessus des jugements humains, ils y reviennent enfin quand la mort les a égalés aux autres hommes.

Lors donc que le jugement qui avait été prononcé se trouvait favorable au mort, on procédait aux cérémonies de l'inhumation. On faisait son panégyrique, mais sans y rien mêler de sa naissance ; toute l'Égypte était censée noble. On ne comptait pour louanges solides et véritables que celles qui étaient rendues au mérite personnel du mort. On le louait de ce que, dans sa jeunesse, il avait eu une excellente éducation, et de ce que, dans un âge plus avancé, il avait cultivé la piété à l'égard des dieux, la justice envers les hommes, la douceur, la modestie, la retenue, et toutes les autres vertus qui font l'homme de bien. Alors tout le peuple applaudissait, et donnait aussi des louanges magnifiques au mort, comme devant être associé pour toujours à la compagnie des hommes vertueux dans le royaume de Pluton.

En finissant l'article qui regarde les cérémonies des funérailles, il n'est pas hors de propos de faire remarquer aux jeunes gens les manières différentes dont en usaient les anciens à l'égard des corps morts. Les uns, comme nous l'avons déja dit des Égyptiens, après les avoir embaumés, les exposaient en vue, et en conservaient le spectacle. D'autres les brûlaient sur un bûcher; et cette coutume était en usage chez les Romains. D'autres enfin les déposaient dans la terre.

Le soin de conserver les corps sans les cacher dans les tombeaux paraît injurieux à l'humanité en général, et aux personnes en particulier que l'on prétend ainsi respecter; parce qu'il rend leur humiliation et leur difformité visibles, et, quelque soin qu'on en puisse prendre, n'offre aux spectateurs que de tristes et d'affreux restes de leurs visages. La coutume de brûler les morts a quelque chose de cruel et de barbare, en se hâtant de détruire ce qui reste des personnes les plus chères. Celle d'enterrer les morts est certainement la plus ancienne et la plus religieuse. Elle remet à la terre ce qui en a été tiré, et nous prépare à croire que le corps, qui en a été formé une première fois, pourra bien en être tiré une seconde.

CHAPITRE III.

DES SOLDATS ET DE LA GUERRE.

[Herod. 2, c. 168.] LA profession militaire était en grand honneur dans l'Égypte. Après les familles sacerdotales, celles qu'on estimait les plus illustres étaient, comme parmi nous, les familles destinées aux armes. On ne se contentait pas de les honorer, on les récompensait libéralement. Les soldats avaient douze *aroures*, exemptes de tout tribut et de toute imposition[1]. L'*aroure* était une portion de terre labourable, qui répondait à peu près à la moitié d'un de nos arpents. Outre ce privilége, on fournissait par jour à chacun d'eux [2] cinq livres de pain, deux livres de viande, et une pinte de vin [3]. C'était de quoi nourrir une partie de leur famille. Par là on les rendait plus affectionnés et plus courageux; et l'on trouvait, remarque Diodore, que c'eût été manquer contre les règles, non-seulement de la saine politique, mais du bon sens, que de confier la défense et la sûreté de l'état à des gens qui n'auraient eu aucun intérêt à sa conservation. Lib. 1, p. 67.

Quatre cent mille soldats [4] que l'Égypte entretenait continuellement étaient ceux de ses citoyens qu'elle exerçait avec le plus de soin. On les préparait aux fatigues de la guerre par une éducation mâle et robuste. Il y a un art de former les corps aussi-bien que les esprits. Cet art, que notre nonchalance nous a fait perdre, était bien connu des anciens, et l'Égypte l'avait trouvé. La course à pied, la course à cheval, la course dans les Herod. 1. 2, c. 164-168.

---

[1] L'aroure, selon Hérodote (II, 168), et Philon (*Opp.*, p. 224, 225), était un carré de 100 coudées (52 mètres 7) de côté, conséquemment de 10,000 coudées de surface, c'est-à-dire de 27 ares 77 centiares (ou 54 perches de l'arpent de Paris). — L.

[2] Ceci n'est point exact. Ces fournitures, selon Hérodote (II, § 168), n'avaient lieu que pour les 2,000 soldats auxquels tous les ans on con-fiait la garde du roi : elles ne leur étaient faites que pendant leur service. — L.

[3] Le texte porte : *quatre arustères de vin*. L'arustère, selon Hésychius, est égale au cotyle; et le cotyle, selon Paucton, vaut 0, 24 de la pinte de Paris : les 4 arustères reviennent donc à 0, 96 d'une pinte. — L.

[4] Hérodote dit 410,000 (II, 165, 166). — L.

chariots, se faisaient en Égypte avec une adresse admirable; et il n'y avait point dans tout l'univers de meilleurs hommes de cheval que les Égyptiens. L'Écriture vante en plusieurs endroits leur cavalerie.

[Cant. 1, 8, Isai. 36, 9.]

Les lois de la milice se conservaient aisément parmi eux, parce que les pères les apprenaient à leurs enfants; car la profession de la guerre passait de père en fils comme les autres. On attachait seulement une note d'infamie à ceux qui prenaient la fuite dans le combat, ou qui faisaient paraître de la lâcheté, parce qu'on aimait mieux les retenir par un motif d'honneur que par la crainte du châtiment.

[Herod. 2, § 166.]

Diod. p. 70.

Je ne veux pas dire pourtant que l'Égypte ait été guerrière. On a beau avoir des troupes réglées et entretenues, on a beau les exercer à l'ombre dans les travaux militaires et parmi les images des combats, il n'y a jamais que la guerre et les combats effectifs qui fassent les hommes guerriers. L'Égypte aimait la paix parce qu'elle aimait la justice, et n'avait de soldats que pour sa défense. Contente de son pays, où tout abondait, elle ne songeait point à faire des conquêtes. Elle s'étendait d'une autre sorte, en envoyant ses colonies par toute la terre, et avec elles la politesse et les lois. Elle régnait par la sagesse de ses conseils et par la supériorité de ses connaissances; et cet empire d'esprit lui parut plus noble et plus glorieux que celui qu'on établit par les armes. Elle a cependant formé d'illustres conquérants; et nous en parlerons dans la suite, quand nous traiterons de l'histoire de ses rois.

CHAPITRE IV.

DE CE QUI REGARDE LES SCIENCES ET LES ARTS.

Les Égyptiens avaient l'esprit inventif, mais ils le tournaient aux choses utiles. Leurs Mercures ont rempli l'Égypte d'inventions merveilleuses, et ne lui avaient presque rien laissé ignorer de ce qui pouvait contribuer à perfectionner l'esprit et à rendre la vie commode et heureuse. Les inventeurs de choses utiles recevaient, et de leur vivant, et après leur mort, de dignes récompenses de leurs travaux. C'est ce qui a consacré les livres de leurs deux Mercures, et les a fait regarder comme des livres divins. Le premier de tous les peuples où l'on voie des bibliothèques est celui d'Égypte. Le titre qu'on leur donnait inspirait l'envie d'y entrer et d'en pénétrer les secrets : on les appelait *le trésor des remèdes de l'ame*. Elle s'y guérissait de l'ignorance, la plus dangereuse de ses maladies, et la source de toutes les autres. Ψυχῆς ἰατρεῖον.

Comme leur pays était uni, et leur ciel toujours pur et sans nuages, ils ont été des premiers à observer le cours des astres. Ces observations les ont conduits à régler le cours [1] de l'année sur celui du soleil ; car chez

---

[1] On ne sera pas surpris que les Égyptiens, les plus anciens observateurs du monde, soient parvenus à cette connaissance, si l'on fait réflexion que l'année lunaire, dont se servaient les Grecs et les Romains, tout incommode et tout informe qu'elle paraît, supposait néanmoins la connaissance de l'année solaire, telle que Diodore de Sicile l'attribue

eux, comme le remarque Diodore, dans les temps les plus reculés, l'année était composée de trois cent soixante-cinq jours et six heures.

Pour reconnaître leurs terres, couvertes tous les ans par le débordement du Nil, les Égyptiens ont été obligés de recourir à l'arpentage, qui leur a bientôt appris la géométrie [1]. Ils étaient grands observateurs de la nature, qui, dans un pays si serein, et sous un soleil si ardent, était forte et féconde. C'est aussi ce qui leur a fait inventer ou perfectionner la médecine.

On n'abandonnait point au caprice des médecins la

aux Égyptiens. On verra du premier coup-d'œil, en calculant leurs intercalations, que ceux qui avaient été les auteurs de cette forme d'année avaient su qu'aux trois cent soixante-cinq jours il fallait ajouter quelques heures pour se retrouver avec le soleil. Ils se trompaient seulement en ce qu'ils croyaient que c'était six heures juste, au lieu qu'il s'en faut près de onze minutes.

= On doit observer que les Égyptiens, dans l'usage ordinaire, ne se servaient que de l'année *vague* de 365 jours : elle était trop courte de 6 heures (d'après la durée qu'ils supposaient à l'année). Le commencement de l'année rétrogradait donc tous les ans de 6 heures, ou de $\frac{1}{4}$ de jour, et après une période de 4 fois 365 ans, ou de 1461 années vagues, qui ne faisaient que 1460 années juliennes de 365 jours 6 heures, l'année recommençait à-peu-près au même point ; c'est ce qu'on appelle la *période caniculaire*. L'usage de cette année *vague* subsista en Égypte bien long-temps après l'introduction de l'année julienne dans l'usage civil.

Il paraît certain, quoi qu'on en ait dit, que les prêtres de Thèbes et d'Héliopolis, connaissaient et pratiquaient, avant l'arrivée des Romains, l'année bissextile de 365 jours 6 heures, avec l'intercalation d'un jour tous les 4 ans ; il l'est également que Jules César en fit l'année commune chez les Alexandrins. Cette année commençait le 1er thot, qui répond au 29 août. — L.

[1] On a la preuve que les Égyptiens, à force de recommencer la mesure des terres, étaient parvenus à connaître les dimensions de leur pays avec une singulière exactitude ; et même qu'ils avaient acquis une connaissance assez précise de la grandeur d'un degré terrestre. Il y a lieu de croire que les cartes géographiques ne leur étaient point inconnues ; on a vu plus haut (pag. 20, n. 1), qu'ils savaient tracer une ligne méridienne avec une exactitude surprenante. — L.

manière de traiter les malades. Ils avaient des règles fixes, qu'ils étaient obligés de suivre; et ces règles étaient les observations anciennes des habiles maîtres, qui étaient consignées dans les livres sacrés. En les suivant, ils ne répondaient point du succès : autrement, on les en rendait responsables, et il y avait contre eux peine de mort. Cette loi était utile pour réprimer la témérité des charlatans, mais pouvait être un obstacle aux nouvelles découvertes et à la perfection de l'art. Chaque médecin, si l'on en croit Hérodote, se renfermait dans la cure d'une seule espèce de maladie : les uns pour les yeux, d'autres pour les dents, et ainsi du reste.

Lib. 2, c. 84.

Ce que nous avons dit des pyramides, du labyrinthe, de ce nombre infini d'obélisques, de temples, de palais, dont on admire encore les précieux restes dans toute l'Égypte, et dans lesquels brillaient à l'envi la magnificence des princes qui les avaient construits, l'habileté des ouvriers qui y avaient été employés, la richesse des ornements qui y étaient répandus, la justesse des proportions et des symétries qui en faisaient la plus grande beauté; ouvrages dans plusieurs desquels s'est conservée jusqu'à nous la vivacité même des couleurs malgré l'injure du temps, qui amortit et consume tout à la longue : tout cela, dis-je, montre à quel point de perfection l'Égypte avait porté l'architecture, la peinture, la sculpture, et tous les autres arts[1].

Diod. l. 1, pag. 73.

[1] Voici le résumé de ce que les nouvelles découvertes en Égypte ont fait connaître sur l'état de l'industrie et des arts chez les anciens Égyptiens.

Ils fabriquaient des toiles de lin aussi belles et aussi fines que les nôtres : on trouve, dans les enveloppes des momies, des toiles de coton d'une finesse égale à celle de notre mousseline, et d'un tissu très-fort; et l'on voit par quelques-unes de leurs peintures qu'ils savaient faire des tissus aussi transparents que nos gazes, nos linons, ou même que nos tulles.

L'art de tanner le cuir leur était parfaitement connu; de même que

Ils ne faisaient pas grand cas ni de cette partie de la gymnastique ou palestre, qui ne tendait point à procurer au corps une force solide et une santé robuste [1]; ni de la musique, qu'ils regardaient comme une occupation non-seulement inutile, mais dangereuse, et propre seulement à amollir les esprits [2].

celui de le teindre en diverses couleurs, comme nos maroquins; et d'y imprimer des figures.

Ils savaient fabriquer aussi une sorte de verre grossier, avec lequel ils faisaient des colliers et autres ornements.

L'art d'émailler, et celui de la dorure étaient portés chez eux à un haut degré de perfection : ils savaient réduire l'or en feuilles aussi minces que les nôtres; et possédaient une composition métallique semblable à notre plomb, mais un peu plus molle.

Ils avaient porté fort loin l'art de vernir : la beauté de la couverte de leurs poteries, n'a point été surpassée, peut-être même égalée par les modernes.

La peinture n'a jamais été très-perfectionnée par eux; ils paraissent avoir toujours ignoré l'art de donner du relief aux figures par le mélange des clairs et de l'ombre : mais ils disposaient les couleurs avec intelligence; et le trait, dans leurs beaux ouvrages, est d'une hardiesse et d'une pureté extraordinaires. Du reste, ils n'entendaient rien à la perspective : et presque tous leurs dessins ne présentent les objets que de profil : l'uniformité des attitudes et des poses montre assez qu'en peinture comme en sculpture les artistes égyptiens étaient forcés de ne point s'écarter d'un certain style de convention,

qui s'est conservé jusques sous les derniers empereurs romains.

Il en était de même de l'architecture; très-remarquable par la grandeur des masses, par la majesté de l'ensemble, par le grandiose qui en caractérise tous les détails, elle était lourde, sans goût dans la disposition des parties, dans le choix des ornements : il paraît que dès les plus anciens temps, ils l'ont portée au plus haut degré qu'il leur était donné d'atteindre; et qu'elle n'a éprouvé presque aucun perfectionnement sensible, dans les siècles postérieurs. — L.

[1] Τὴν δὲ μουσικὴν νομίζουσιν οὐ μόνον ἄχρηστον ὑπάρχειν, ἀλλὰ καὶ βλαβερὰν, ὡς ἂν ἐκθηλύνουσαν τὰς τῶν ἀνδρῶν ψυχάς. [Diod. 1, § 81.]

[2] « Il faut entendre de même ce
« que cet auteur (Diodore de Sicile),
« dit touchant la musique. Celle
« qu'il fait mépriser aux Égyptiens,
« comme capable de ramollir les cou-
« rages, était sans doute cette mu-
« sique molle et efféminée qui n'in-
« spire que les plaisirs et une fausse
« tendresse; car, pour cette musique
« généreuse dont les nobles accords
« élèvent l'esprit et le cœur, les
« Égyptiens n'avaient garde de la
« mépriser, puisque, selon Diodore
« même, leur Mercure l'avait inven-
« tée, et avait aussi inventé le plus
« grave des instruments de musique.
« Dans la procession solennelle des

CHAPITRE V.

DES LABOUREURS, DES PASTEURS, DES ARTISANS.

Les laboureurs, les pasteurs, les artisans, qui formaient les trois conditions du bas étage en Égypte, ne laissaient pas d'y être fort estimés, surtout les laboureurs et les pasteurs. Il fallait qu'il y eût des emplois et des personnes plus considérables, comme il faut qu'il y ait des yeux dans le corps; mais leur éclat ne fait pas mépriser les bras, les mains, les jambes, ni les parties les plus basses. Ainsi, parmi les Égyptiens, les prêtres, les soldats, les savants, avaient des marques d'honneur particulières; mais tous les métiers, jusqu'aux moindres, étaient en estime, parce qu'on ne croyait pas pouvoir sans crime mépriser des citoyens dont les travaux, quels qu'ils fussent, contribuaient au bien public._ Diod. l. 1, pag. 67, 68._

Une autre raison supérieure leur avait pu d'abord inspirer ces sentiments d'équité et de modération, qu'ils conservèrent long-temps. Comme ils descendaient tous d'un même père, qui était Cham, le souvenir de cette origine commune, encore récente, étant présent à l'esprit de tous dans les premiers siècles, établit parmi eux une espèce d'égalité qui leur faisait dire que toute l'Égypte était noble. En effet la différence des conditions, et le mépris qu'on fait de celles qui paraissent les plus

---

« Égyptiens, où l'on portait en cé-
« rémonie le livre de Trismégiste, on
« voit marcher à la tête le chantre te-
« nant en main un symbole de la mu-
« sique (je ne sais pas ce que c'est),
« et le livre des hymnes sacrés. »
Cette excellente observation de Bossuet modifie suffisamment ce que l'assertion de Rollin pouvait présenter de fautif.— L.

basses, ne vient que de l'éloignement de la tige commune, qui fait oublier que le dernier des roturiers, si l'on veut remonter à la source, descend d'une famille aussi noble que les plus grands seigneurs.

Quoi qu'il en soit, en Égypte nulle profession n'était regardée comme basse et sordide. Par ce moyen tous les arts venaient à leur perfection. L'honneur, qui les nourrit, se mêlait partout. La loi assignait à chacun son emploi, qui se perpétuait de père en fils. On ne pouvait ni en avoir deux, ni changer de profession. On faisait mieux ce qu'on avait toujours vu faire, et à quoi on s'était uniquement exercé dès son enfance; et chacun, ajoutant sa propre expérience à celle de ses ancêtres, avait bien plus de facilité à exceller dans son art. D'ailleurs cette coutume salutaire, établie anciennement dans la nation et dans le pays, éteignait toute ambition mal entendue, et faisait que chacun demeurait content dans son état, sans aspirer, par des vues d'intérêt, de vanité ou de légèreté, à un plus haut rang.

C'était là la source d'une infinité d'inventions singulières que chacun imaginait dans son art pour le conduire à sa perfection, et pour contribuer ainsi aux commodités de la vie et à la facilité du commerce. J'avais d'abord regardé comme une fable ce que Diodore rapporte de l'industrie des Égyptiens, qui savaient, par une fécondité artificielle, faire éclore des poulets sans faire couver les œufs par des poules [1]; mais tous

Diod. l. 1, pag. 67.

---

[1] Le premier auteur qui en fait mention est Aristote (*Hist. Anim.* vi, c. 2). Antigone de Caryste (*Hist. Mirab.*, c. 104), Pline (x, c. 54), s'accordent à dire, d'après lui, que ces œufs étaient mis dans du fumier. Le procédé actuellement en usage paraît avoir été inconnu des anciens Égyp-

les voyageurs modernes attestent la vérité de ce fait, qui mérite certainement d'être observé, et que l'on dit aussi n'être pas inconnu en Europe Selon leurs relations, les Égyptiens mettent les œufs dans des fours auxquels ils savent donner un degré de chaleur si tempéré, et qui se rapporte si bien à la chaleur naturelle des poules, que les poulets qui en viennent sont aussi forts que ceux qui sont couvés à l'ordinaire. Le temps propre à cette opération est depuis la fin de décembre jusqu'à la fin d'avril, la chaleur étant excessive en Égypte tout le reste de l'année. Pendant ces quatre mois ils font couver plus de trois cent mille œufs, qui ne réussissent pas tous, à la vérité, mais qui ne laissent pas de fournir à peu de frais une quantité prodigieuse de volailles. L'habileté consiste à donner aux fours un degré de chaleur convenable, et qui ne passe pas une certaine mesure. On emploie environ dix jours pour échauffer ces fours, et autant à peu près pour faire éclore les œufs. C'est une chose divertissante, disent les relations, que de voir éclore ces poulets, dont les uns ne montrent que la tête, les autres sortent de la moitié du corps, et les autres tout-à-fait; et, dès qu'ils sont sortis, ils courent au travers de ces œufs; ce qui fait un vrai plaisir. On peut voir, dans les Voyages de Corneille Le Bruyn, ce que les différents voyageurs ont écrit sur ce sujet. Pline en fait aussi mention; mais il paraît qu'au lieu de fours les Égyptiens anciennement faisaient éclore les œufs dans du fumier.

Tom. 2, pag. 64. Lib. 10, c. 54.

[V. pl. haut, p. 80.]

tiens, au moins jusqu'à l'an 133 de J. C. (Vopisc. *in Saturn.*) Pline, il est vrai, parle, comme nouvellement inventé, d'un procédé analogue à celui des Égyptiens modernes (X, c. 55); mais il ne dit point que cette invention eût été faite en Égypte. —L.

J'ai dit que les laboureurs sur-tout, et ceux qui prenaient soin des troupeaux, étaient fort considérés en Égypte, à l'exception de quelques contrées, où les derniers n'étaient point soufferts. En effet c'est à ces deux professions qu'elle devait ses richesses et son opulence. C'est une chose étonnante de voir ce que le travail et l'adresse des Égyptiens tiraient d'un pays dont l'étendue n'était pas fort considérable, mais dont le fonds était devenu, par le bienfait du Nil et par l'industrie laborieuse des habitants, d'une merveilleuse fécondité.

Il en sera toujours ainsi de tout royaume où l'attention de ceux qui gouvernent sera tournée vers le bien public. La culture des terres et la nourriture des animaux seront une source inépuisable de biens et d'avantages par-tout où, comme en Égypte, on se fera un devoir de les soutenir et de les protéger par principe d'état et de politique : et c'est un grand malheur qu'elles soient tombées maintenant dans un mépris général, quoique ce soient elles qui fournissent les besoins et même les délices de la vie à toutes les conditions que nous regardons comme relevées. « Car, » dit M. l'abbé Fleury dans son admirable livre des Mœurs des Israélites, où il examine à fond la matière que je traite, « c'est le paysan qui nourrit les bourgeois, les officiers
« de justice et de finance, les gentilshommes, les ecclé-
« siastiques ; et, de quelque détour que l'on se serve
« pour convertir l'argent en denrées, ou les denrées
« en argent, il faut toujours que tout revienne aux
« fruits de la terre et aux animaux qu'elle nourrit.
« Cependant, quand nous comparons ensemble tous
« ces différents degrés de conditions, nous mettons au
« dernier rang ceux qui travaillent à la campagne ; et

« plusieurs estiment plus de gros bourgeois inutiles,
« sans force de corps, sans industrie, sans aucun mé-
« rite, parce qu'ayant plus d'argent ils mènent une
« vie plus commode et plus délicieuse.

« Mais, si nous imaginions un pays où la diffé-
« rence des conditions ne fût pas si grande; où vivre
« noblement ne fût pas vivre sans rien faire, mais con-
« server soigneusement sa liberté, c'est-à-dire n'être
« sujet qu'aux lois et à la puissance publique, subsister
« de son fonds sans dépendre de personne, et se con-
« tenter de peu plutôt que de faire quelque bassesse pour
« s'enrichir; un pays où l'on méprisât l'oisiveté, la mol-
« lesse et l'ignorance des choses nécessaires pour la vie,
« et où l'on fît moins de cas du plaisir que de la santé
« et de la force du corps, en ce pays-là il serait bien plus
« honnête de labourer ou de garder un troupeau que
« de jouer ou se promener toute la vie. » Or il ne faut
point recourir à la république de Platon pour trouver
des hommes en cet état. C'est ainsi qu'a vécu la plus
grande partie du monde pendant près de quatre mille
ans, non-seulement les Israélites, mais les Égyptiens,
les Grecs, les Romains, c'est-à-dire les nations les plus
policées, les plus sages, les plus guerrières, les plus
éclairées en tout genre. Elles nous apprennent toutes
le cas que nous devrions faire de la culture des terres
et du soin des troupeaux : dont l'une, sans parler du
chanvre et du lin d'où l'on tire les toiles, nous fournit, par les grains, les fruits, les légumes, une nourriture non-seulement abondante, mais délicieuse; et l'autre, outre les viandes exquises dont il couvre nos tables,
met presque seul en mouvement les manufactures et le
commerce par le moyen des cuirs et des étoffes.

6.

L'intention des princes, pour l'ordinaire, et leur intérêt certainement, est qu'on ménage et qu'on favorise les gens de la campagne, qui soutiennent à la lettre le poids du jour et de la chaleur, et qui supportent une grande partie des charges du royaume; mais les bonnes intentions des princes sont souvent frustrées par l'insatiable et impitoyable avidité de ceux qui sont chargés du recouvrement de leurs deniers. L'histoire nous a conservé une belle parole de Tibère à ce sujet. Un gouverneur du pays même dont nous parlons ici, c'est-à-dire de l'Égypte, ayant augmenté l'imposition annuelle que payait la province, sans doute pour faire sa cour à l'empereur, et lui ayant envoyé une somme plus considérable qu'à l'ordinaire, Tibère, qui, dans ses premières années, pensait ou du moins parlait bien, lui répondit que [1] *son intention était qu'on tondît ses brebis, et non pas qu'on les écorchât.*

<small>Diodor. [lis. Dio. Cassius] l. 57, p. 608.</small>

CHAPITRE VI.

DE LA FÉCONDITÉ DE L'ÉGYPTE.

Je ne parlerai ici que de quelques plantes particulières à l'Égypte, et de l'abondance du blé qui y croissait.

Papyrus[2]. C'est une plante qui pousse quantité de tiges triangulaires, hautes de six ou sept coudées. Les anciens ont écrit d'abord sur des feuilles de palmier, puis sur des écorces d'arbre, d'où est venu le mot

<small>Plin. l. 13, c. 11.</small>

---

[1] Κείρεσθαι μοῦ τὰ πρόβατα, ἀλλ' οὐκ ἀποξύρεσθαι βούλομαι.

[2] Pour les différents usages du papyrus, voyez une dissertation de M. de Caylus (*Académ. Insc.* tom. XXVI, pag. 267). —L.

liber : après cela sur des tablettes enduites de cire, où l'on imprimait les caractères avec un poinçon qui avait un bout aigu pour écrire, et l'autre plat pour effacer : ce qui a donné lieu à cette expression d'Horace,

> Sæpè stylum vertas, iterùm quæ digna legi sint
> Scripturus.

Satir. 10, lib. 1 [v. 72.]

qui signifie que, pour faire un bon ouvrage, il faut beaucoup effacer, beaucoup corriger. Enfin on introduisit l'usage du papier. C'était des feuilles propres à écrire, faites de l'écorce de la plante dont nous parlons, *papyrus*, appelée autrement *byblus* :

> Nondum flumineas Memphis contexere byblos
> Noverat.

Lucan. [Pharsal. III, v. 222.]

Merveilleuse invention [1], dit Pline, qui est d'un si grand usage dans la vie, qui fixe la mémoire des faits, et qui immortalise les hommes! Varron l'attribue à Alexandre-le-Grand, lorsqu'il bâtit Alexandrie : mais elle est bien plus ancienne que lui ; il ne fit que la rendre plus commune. Le même Pline ajoute qu'Eumène, roi de Pergame, substitua le parchemin au papier, par jalousie contre Ptolémée, roi d'Égypte, se piquant de l'emporter par ce moyen sur sa bibliothèque, dont les livres n'étaient que de papier. Le parchemin est une peau de mouton ou de bélier préparée pour écrire; on l'appelle *pergamenum*, à cause qu'il a été inventé par les rois de Pergame. Tous les anciens manuscrits sont sur du parchemin, ou sur du vélin, qui est une peau de veau plus délicate que le parchemin ordinaire. C'est une chose curieuse de voir comment notre papier, qui est si blanc et si fin, se fait de vieux haillons

---

[1] « Postea promiscuè patuit usus rei, quâ constat immortalitas hominum... Chartæ usu maximè humanitas constat in memoria. »

et de sales chiffons qu'on ramasse dans les rues. La plante nommée *papyrus* servait aussi à faire des voiles de vaisseau, des cordages, des habits, des couvertures, etc.

Linum. Le lin est une plante dont l'écorce est pleine de filets qui servent à faire de la toile déliée. On avait en Égypte une adresse merveilleuse pour le préparer et le travailler, les fils qu'on en tirait étant d'une si grande finesse, qu'ils échappaient presque à la vue. Les prêtres n'y étaient vêtus que de lin, et jamais de laine, et c'était aussi l'habillement ordinaire des personnes considérables. On en faisait un grand commerce, et il s'en transportait beaucoup dans les pays étrangers. Ce travail occupait un grand nombre de personnes en Égypte, sur-tout parmi les femmes, comme on le voit dans l'endroit d'Isaïe où ce prophète menace l'Égypte d'une affreuse sécheresse qui en fera cesser tous les travaux : *Confundentur qui operabantur linum, pectentes et texentes subtilia.* On voit aussi dans l'Écriture que l'un des effets de la grêle que Moïse fit tomber en Égypte fut de ruiner tout le lin qui commençait déja à monter en graine : c'était au mois de mars.

Byssus. C'était une autre espèce de lin [1], extrêmement fin et délié, qui était souvent teint en pourpre. Il était fort cher, et il n'y avait que les gens riches et aisés qui s'en vêtissent. Pline, qui donne la première place au lin incombustible, met celui-ci après, et [2] dit qu'il servait à la parure et à l'ornement des dames. Il paraît, par l'Écriture sainte, que c'était de l'Égypte

---

Plin. l. 19, cap. 1.

Is. 19, 9.
Exod. 9, 31.

Plin. *Ibid.*

[1] Forster (*de bysso*) et Larcher ont prouvé que le byssus était le coton. (Voyez plus haut, p 69.) — L.

[2] « Proximus byssino, mulierum maximè deliciis... genito. »

sur-tout qu'on tirait les toiles composées de cette espèce de lin : *byssus varia de Ægypto texta est tibi*. Ezech. 27.

Je ne parle point du *lotus*, plante fort commune et fort estimée en Égypte, dont la graine servait autrefois à faire du pain [1]. Il y avait un autre *lotus* en Afrique, qui a donné son nom aux *lotophages*, parce qu'ils vivaient du fruit de cet arbre [2], fruit d'un goût si délicieux, s'il en faut croire Homère, qu'il faisait oublier à ceux qui en mangeaient toutes les douceurs de la patrie, comme Ulysse l'éprouva à son retour de Troie. Odys. l. 9 v. 84-102

En général les légumes et les fruits étaient excellents en Égypte, et auraient pu [3], comme Pline le remarque, suffire seuls pour la nourriture, tant la bonté et l'abondance en étaient grandes ; et en effet les ouvriers ne vivaient presque d'autre chose, comme on le voit dans ceux qui travaillaient aux pyramides.

Outre ces richesses champêtres, le Nil, par la pêche et par la nourriture des troupeaux, fournissait la table des Égyptiens de poissons exquis de toute espèce, et de viandes très-succulentes. C'est ce qui fit regretter si fort l'Égypte aux Israélites, quand ils se trouvèrent dans le désert. *Qui nous donnera de la chair à manger ?* disaient-ils d'un ton plaintif et séditieux. *Nous nous souvenons des poissons que nous mangions en Égypte* presque *pour rien. Les concombres, les melons, les poireaux, les ognons et l'ail nous reviennent dans l'esprit.... Nous étions assis près des marmites pleines de viandes, et nous mangions du pain tant que nous voulions.* Num. 11, 4, 5.

Exod. 16, 5.

---

[1] Et dont on mangeait la racine. Le *lotus* est une plante aquatique, espèce de *nymphœa*. — L.

[2] Ce lotus est une espèce de jujubier, selon M. Desfontaines. — L.

[3] « Ægyptus frugum quidem fertilissima, sed ut propè sola iis carere possit, tanta est ciborum ex herbis abundantia. » (Plin., lib. 21, cap. 15.)

Mais la grande et l'incomparable richesse de l'Égypte était le blé, qui la mettait en état, même dans des temps de famine presque universelle, de nourrir tous les peuples voisins, comme cela arriva sous Joseph. Dans les temps postérieurs elle fut toujours la ressource et le grenier le plus assuré de Rome et de Constantinople. On sait que la calomnie inventée contre saint Athanase, à qui l'on imputait d'avoir menacé d'empêcher à l'avenir que l'on ne transportât du blé d'Alexandrie à Constantinople, fit entrer en fureur contre ce saint évêque l'empereur Constantin, parce qu'il savait que cette ville ne pouvait subsister sans les convois d'Égypte. C'est la même raison qui porta toujours les empereurs romains à prendre un si grand soin de l'Égypte, qu'ils regardaient comme la mère nourricière de Rome.

Cependant le même fleuve qui a mis cette province en état de nourrir et de faire subsister les deux villes du monde les plus peuplées, la réduisait quelquefois elle-même à une affreuse famine; et il est étonnant que la sage prévoyance de Joseph, qui, dans des temps d'abondance, avait mis en réserve des blés pour des années de stérilité, n'ait point appris à ces politiques si vantés à se précautionner par une pareille industrie contre les variétés et les incertitudes du Nil[1]. Pline le jeune, dans le panégyrique de Trajan, nous fait une peinture admirable de l'extrémité où la famine réduisit

---

[1] Sénèque nous apprend que, pendant deux années consécutives, dans la dixième et la onzième années du règne de Cléopâtre, l'inondation du Nil trompa l'espérance des laboureurs; et que ce malheur arriva pendant neuf années, au témoignage de Callimaque. (Senec., *Quæst. Natur.* IV, 2, § 15.) Le passage de Callimaque, dont Sénèque rappelle le sens, a été conservé par le grand étymologiste. On le trouve dans l'édit. d'Ernesti (t. 1, p. 357). — L.

cette province sous cet empereur, et de la généreuse libéralité qu'il fit paraître pour la soulager. On ne sera pas fâché d'en voir ici un extrait, qui rendra moins les expressions que les pensées.

L'Égypte, dit Pline, qui se glorifiait de n'avoir besoin, pour nourrir et faire croître ses grains, ni des pluies, ni du ciel, et qui se croyait assurée pour toujours de le disputer aux terres les plus fertiles, fut condamnée à une sécheresse inopinée, et à une funeste stérilité, parce que l'inondation du Nil, source et mesure certaine de l'abondance, beaucoup moins étendue qu'à l'ordinaire, avait laissé à sec la plupart des terres [1]. Pour-lors elle implora le secours du prince, comme elle avait coutume d'attendre celui du fleuve. Le délai ne dura que ce qu'il fallut de temps au courrier pour porter à Rome cette triste nouvelle; et il semblait que ce malheur n'était arrivé que pour faire paraître avec plus d'éclat la bonté de César [2]. C'était une ancienne et commune opinion, que notre ville ne pouvait subsister que par les vivres qu'elle tirait d'Égypte. Cette nation vaine et fastueuse se vantait de nourrir, toute vaincue qu'elle était, ses vainqueurs, d'avoir leur sort entre ses mains, et de régler par son fleuve leur bonne ou mauvaise destinée. Nous avons rendu au Nil ses moissons, et lui avons renvoyé ses convois : que l'Égypte apprenne donc, par son expérience, qu'elle ne nous est point nécessaire, mais

[1] « Inundatione; id est ubertate regio fraudata, sic opem Cæsaris invocavit, ut solet amnem suum. »
[2] « Percrebuerat antiquitùs, urbem nostram nisi opibus Ægypti ali sustentarique non posse. Superbiebat ventosa et insolens natio, quòd victorem quidem populum pasceret tamen, quòdque in suo flumine, in suis manibus, vel abundantia nostra vel fames esset. Refudimus Nilo suas copias. Recepit frumenta quæ miserat, deportatasque messes revexit. »

qu'elle est notre esclave : qu'elle sache que ce n'est pas tant des vivres qu'elle nous envoie qu'un tribut qu'elle nous paie ; et qu'elle n'oublie jamais que nous pouvons bien nous passer de l'Égypte, mais que l'Égypte ne peut point se passer de nous. C'en était fait de cette province si fertile, si elle eût encore été libre. Elle a trouvé un sauveur et un père dans son maître. Étonnée de voir ses greniers remplis sans le travail de ses laboureurs, elle n'a su d'où lui pouvaient venir ces richesses étrangères et gratuites. La disette de peuples si éloignés de nous, et secourus si promptement, n'a servi qu'à faire mieux sentir quel avantage c'est que d'être sous notre empire [1]. Le Nil a pu, dans d'autres temps, couvrir d'une plus grande inondation les campagnes d'Égypte, mais il n'a jamais coulé plus abondamment pour la gloire des Romains. Puisse le ciel, content d'avoir mis à une telle épreuve et la patience des peuples, et la bonté du prince, rendre pour toujours à l'Égypte son ancienne fécondité !

Le reproche que Pline fait ici aux Égyptiens, d'avoir une vaine et folle complaisance dans les inondations de leur Nil, marque un de leurs caractères les plus particuliers, et me fait souvenir d'un bel endroit d'Ézéchiel, où Dieu parle ainsi à Pharaon, l'un de leurs rois : « Je « viens à toi, grand dragon, qui te couches au milieu « de tes fleuves, et qui dis : Le fleuve est à moi, c'est « moi qui l'ai fait, c'est moi-même qui me suis créé. » *Ecce ego ad te, Pharao, rex Ægypti, draco magne, qui cubas in medio fluminum tuorum, et dicis : Meus est fluvius, et ego feci eum, et ego feci memetipsum.*

Ezech. 29, v. 3 et 9.

---

[1] « Nilus Ægypto quidem sæpè, sed gloriæ nostræ nunquam largior fluxit. »

Dieu voyait dans le cœur de ce prince un orgueil insupportable, un sentiment de sécurité, de confiance dans les inondations du Nil, d'une entière indépendance des influences du ciel, comme s'il n'eût dû les heureux effets de cette inondation qu'à ses soins et à ses travaux, ou à ceux de ses prédécesseurs : *Meus est fluvius, et ego feci eum.*

Avant que de terminer cette seconde partie, qui regarde les mœurs des Égyptiens, je crois devoir avertir les lecteurs de se rendre attentifs à différents traits répandus dans l'histoire d'Abraham, de Jacob, de Joseph, de Moïse, qui confirment et éclaircissent une partie de ce que nous trouvons dans les auteurs profanes sur ce sujet. Ils y remarqueront la police parfaite qui régnait en Égypte, soit à la cour, soit dans le reste du royaume; la vigilance du prince, qui était averti de tout, qui avait un conseil réglé, des ministres choisis, des troupes toujours bien entretenues, et de toute sorte, infanterie, cavalerie, chariots armés en guerre; des intendants dans toutes les provinces; des gardes des greniers publics, des dispensateurs exacts du blé, qui le distribuaient avec grand ordre; une cour formée avec tous les officiers de la couronne, capitaine des gardes, grand échanson, grand panetier, en un mot tout ce qui compose la maison d'un prince et qui fait l'éclat d'une cour brillante. Ils y admireront plus que tout cela encore la crainte des menaces de Dieu, inspecteur de toutes les actions, et juge des rois mêmes; et l'horreur de l'adultère, reconnu comme un crime capable de faire périr un royaume.

Gen. 12, 10-20.

TROISIÈME PARTIE.

HISTOIRE DES ROIS D'ÉGYPTE.

Il n'y a point dans toute l'antiquité d'histoire plus obscure ni plus incertaine que celle des premiers rois d'Égypte. Cette nation fastueuse, et follement entêtée de son antiquité et de sa noblesse, trouvait qu'il était beau de se perdre dans un abyme infini de siècles, qui semblait l'approcher de l'éternité. Si on l'en croit, les dieux d'abord, ensuite les demi-dieux ou héros, la gouvernèrent successivement pendant l'espace de plus de vingt mille ans [1]. On sent assez combien cette prétention est vaine et fabuleuse.

Après les dieux et demi-dieux régnèrent des hommes égyptiens, dont Manéthon nous a laissé trente dynasties ou principautés. Ce Manéthon était Égyptien, grand-prêtre et garde des archives sacrées de l'Égypte; il avait été instruit dans les lettres grecques. Il a écrit l'histoire des Égyptiens, et l'a tirée, à ce qu'il dit, des écrits de Mercure, et des autres anciens mémoires conservés dans les archives des temples. Il avait composé cet ouvrage sous le règne et par l'ordre de Ptolémée Philadelphe.

Diod. l. 1, p. 41.

---

[1] Diodore, cité par Rollin, dit: *un peu moins de dix-huit mille ans.* (1, § 44.) Fréret a montré que cette antiquité si reculée provient de l'équivoque causée par le mot *année*, qui a désigné originairement des saisons de trois ou de quatre mois. En réduisant les dates égyptiennes, d'après cette hypothèse, on reconnaît qu'elles se renferment dans les limites de la chronologie de l'Écriture Sainte. — L.

Si l'on suppose les trente dynasties de Manéthon successives, elles composent plus de cinq mille trois cents ans jusqu'au règne d'Alexandre, ce qui est manifestement convaincu de fausseté. D'ailleurs on voit dans Ératosthène [1], appelé à Alexandrie par Ptolémée Évergète, une liste de trente-huit rois thébains, tous différents de ceux de Manéthon. Le soin d'éclaircir ces difficultés a beaucoup exercé les savants. La voie la plus sûre de concilier ces contradictions est de supposer, comme le font maintenant presque tous ceux qui traitent cette matière, que les rois dont il est parlé dans les différentes dynasties ne se sont pas tous succédé les uns aux autres, mais que plusieurs ont régné en même temps dans des contrées différentes. Il y a eu en Égypte quatre dynasties principales : celle de Thèbes, celle de Thin, celle de Memphis, et celle de Tanis. Je ne ferai point ici le dénombrement des rois qui y ont régné : l'histoire ne nous en a presque conservé que les noms. Je ne rapporterai que ce qui me paraîtra propre à éclairer et à instruire les jeunes gens, pour qui principalement j'écris ; et je m'arrêterai sur-tout à ce qu'Hérodote et Diodore de Sicile nous apprennent des rois d'Égypte, sans même y garder une suite fort exacte, du moins dans les commencements de cette histoire, qui sont fort obscurs, et sans me mettre en devoir de concilier ces deux historiens. Leur dessein, surtout d'Hérodote, a été, non de donner une suite exacte des rois d'Égypte, mais seulement d'indiquer ceux dont l'histoire leur a paru plus intéressante et plus instructive. Je suivrai le même plan ; et j'espère qu'on ne me saura pas mauvais gré de n'être

[Eratosthen. ap. Syncell. p. 91, c. 147 D.]

---

[1] Il était de Cyrène.

point entré moi-même, et de n'avoir point engagé avec moi les jeunes gens, dans un labyrinthe de difficultés qui est presque sans issue, et d'où les plus habiles ont bien de la peine à se tirer quand ils veulent suivre le fil de l'histoire et fixer des dates assurées. Les curieux pourront consulter les savants [1] ouvrages où cette matière est traitée à fond.

Je dois avertir dès le commencement qu'Hérodote, sur la foi des prêtres Égyptiens qu'il avait consultés, rapporte beaucoup d'oracles et de faits singuliers qu'un lecteur éclairé ne prendra que pour ce qu'ils sont, c'est-à-dire pour des fables.

L'histoire ancienne d'Égypte contient 2158 ans, et elle se divise naturellement en trois parties.

La première commence à l'établissement de la monarchie égyptienne, fondée par Ménès ou Mesraïm, fils de Cham, l'année du monde 1816, et finit à la destruction de cette même monarchie par Cambyse, roi de Perse, l'an 3479; et cette première partie comprend 1663 ans.

La seconde partie est mêlée avec l'histoire des Perses et des Grecs, et s'étend jusqu'à la mort d'Alexandre-le-Grand, arrivée en 3681, et renferme par conséquent 202 ans.

La troisième est celle où s'est élevée en Égypte une nouvelle monarchie sous les Lagides, c'est-à-dire sous les Ptolémées, descendants de Lagus, jusqu'à la mort de Cléopâtre, dernière reine d'Égypte, en 3974; et ce dernier espace renferme 293 ans.

---

[1] La chronique du chevalier Marsham; les ouvrages du P. Pezron; les dissertations du P. Tournemine, et celles de M. l'abbé Sevin.

Je ne traiterai ici que la première partie, réservant les deux autres pour les temps qui leur sont propres.

ROIS D'ÉGYPTE.

Ménès. Tous les historiens conviennent que Ménès est le premier roi d'Égypte. On prétend, et ce n'est point sans fondement, qu'il est le même que Mesraïm, fils de Cham.

<small>An. M. 1816
Av. J.C. 2188</small>

Cham était le second fils de Noé. Lorsque la famille de ce dernier, après la folle entreprise de la tour de Babel, se dispersa en différentes contrées, Cham tourna du côté de l'Afrique : et c'est lui sans doute qui dans la suite y fut honoré comme dieu sous le nom de Jupiter Ammon. Il avait quatre enfants : Chus, Mesraïm, Phuth et Canaan. Chus s'établit en Éthiopie ; Mesraïm dans l'Égypte, qui, dans l'Écriture, est le plus souvent appelée de son nom et de celui de Cham son père ; Phuth, dans la partie de l'Afrique qui est à l'occident de l'Égypte ; et Canaan, dans le pays qui depuis a porté son nom. Les Cananéens sont certainement le même peuple que les Grecs nomment presque toujours Phéniciens, sans qu'on puisse rendre raison ni de ce nom étranger, ni de l'oubli du véritable.

<small>Gen. 10, 6.</small>

Je reviens à Mesraïm. On convient que c'est le même que Ménès, que tous les historiens donnent pour le premier roi d'Égypte. Ils disent que c'est lui qui y établit le premier le culte des dieux et les cérémonies des sacrifices.

<small>Herod. l. 2, cap. 99.
Diod. lib. 1, pag. 42.</small>

Busiris, assez long-temps après, bâtit la fameuse ville de Thèbes, et y établit le siége de l'empire[1]. Nous avons

---

[1] Diodore de Sicile compte deux rois de ce nom : le premier a régné 1400 ans après Ménès ; et l'autre est le huitième successeur du premier :

parlé ailleurs de la magnificence et des richesses de cette ville. Ce n'est pas le Busiris connu par sa cruauté[1].

OSYMANDYAS. Diodore décrit fort au long plusieurs édifices magnifiques que ce prince avait fait construire[2], dont l'un entre autres[3] était orné de scupltures et de peintures d'une beauté parfaite, qui représentaient son expédition contre les Bactriens, peuple de l'Asie, qu'il avait attaqués avec une armée de quatre cent mille hommes de pied, et de vingt mille chevaux. On y voyait, dans un autre endroit, une assemblée de juges, dont le président portait au cou une image de la Vérité, qui avait les yeux fermés, et avait autour de lui un grand nombre de livres; symbole énergique, qui marquait que les juges devaient être instruits des lois, et juger sans acception de personnes.

On y avait peint aussi le roi, qui offrait aux dieux l'or et l'argent qu'il tirait chaque année des mines d'Égypte, qui montaient à la somme de seize millions[4].

Non loin de là paraissait une magnifique bibliothèque, la plus ancienne dont il soit parlé dans l'histoire; elle avait pour titre : *le trésor des remèdes de l'ame*. Près de cette bibliothèque on avait placé des statues de tous les dieux d'Égypte, à chacun desquels

---

Diod. lib. 2, pag. 44, 45.

---

c'est à celui-ci qu'il attribue la fondation de Thèbes. (1, § 45.) — L.

[1] Strabon (XVII, pag. 802), et Diodore de Sicile (§ 45 et 88), nient l'existence de ce Busiris, et traitent de fables tout ce que les Grecs en ont dit. Marsham et Newton sont de l'avis de ces deux auteurs. — L.

[2] A Thèbes. — L.

[3] C'était son tombeau. — L.

[4] Trois mille deux cents myriades de mines. = Rollin a voulu dire *seize cent millions;* car les trois mille deux cents myriades ou 32,000,000 de mines d'argent, 533,000 talents, valent 1,599,000,000 fr., d'après l'évaluation du talent, suivie par Rollin, ou les talents dont il est question ici sont de fort peu de valeur, ou les prêtres en ont imposé à Diodore de Sicile. — L.

le roi offrait des présents convenables; par où il semblait vouloir annoncer à la postérité que pendant sa vie il avait eu le bonheur de montrer toujours beaucoup de piété envers les dieux et de justice envers les hommes.

Son tombeau était d'une magnificence extraordinaire. Il était environné d'un cercle d'or qui avait une coudée de largeur, et trois cent soixante-cinq coudées de circuit [1], sur chacune desquelles étaient marqués le lever et le coucher du soleil, de la lune et des autres constellations; car dès-lors les Égyptiens divisaient l'année en douze mois, chacun de trente jours, et après le douzième mois ils ajoutaient chaque année cinq jours et six heures. On ne savait ce qu'on devait le plus admirer dans ce superbe monument, ou la richesse de la matière, ou l'art et l'industrie des ouvriers.

[plus haut, p. 76.]

Uchoréus, l'un des successeurs d'Osymandyas, bâtit la ville de Memphis [2]. Elle avait cent cinquante stades de circuit [3], c'est-à-dire plus de sept lieues. Il la plaça à la pointe du Delta, à l'endroit où le Nil se partage en plusieurs branches. Du côté du midi, il fit une levée fort haute. A droite et à gauche, il creusa des fossés très-profonds [4] pour y recevoir le fleuve. Ils étaient revêtus de pierres, et, du côté de la ville, rehaussés par de fortes chaussées : le tout pour mettre la ville en sûreté et contre les inondations du Nil, et contre les attaques

Diod. p. 46.

---

[1] Il est permis de douter de l'existence de ce merveilleux cercle d'or, qui avait 192 mètres (590 pieds) de circonférence; car Diodore n'a pu le décrire que d'après le récit des prêtres, attendu qu'il avait été détruit cinq siècles auparavant par Cambyse. (I, § 49.)— L.

[2] Bâtie par Ménès, selon Hérodote. — L.

[3] Environ 31,620 mètres, environ 6 lieues; mais peut-être s'agit-il du petit stade (V. plus bas, p. 101): dans ce cas, la mesure se réduit à 3 lieues. — L.

[4] Diodore dit un *lac*.—L.

des ennemis. Une ville si avantageusement située, et si bien fortifiée, qui était comme la clef du Nil, et qui par là dominait sur tout le pays, devint bientôt la demeure ordinaire des rois. Elle demeura en possession de cet honneur jusqu'au temps où Alexandre-le-Grand fit bâtir Alexandrie.

MOERIS. C'est lui qui construisit ce lac si fameux qui porta son nom. Nous en avons parlé ci-devant.

[plus haut, p. 22, n. 1.]

L'Égypte avait été long-temps gouvernée par des princes nés dans le pays même, lorsque des étrangers, qu'on nomma rois-pasteurs, en langue égyptienne *hycsos*, Arabes ou Phéniciens, s'emparèrent d'une grande partie de la basse Égypte et de Memphis : mais ils ne furent point maîtres de la haute Égypte, et le royaume de Thèbes subsista toujours jusqu'au temps de Sésostris. La domination de ces rois étrangers dura environ 260 ans.

AN. M. 1920
AV. J.C. 2084

C'est sous l'un d'eux, appelé dans l'Écriture Pharaon, nom commun à tous les rois d'Égypte, qu'Abraham passa dans ce pays avec Sara sa femme, qui y courut un grand risque, parce que le prince, informé de sa rare beauté, et ne la croyant que sœur et non épouse d'Abraham, l'avait fait enlever.

Gen. 12, 20-20.
AN. M. 2084
AV. J.C. 1920

TETHMOSIS, ou Amosis, ayant chassé les rois-pasteurs, régna dans la basse Égypte.

AN. M. 2179
AV. J.C. 1825
AN. M. 2276
AV. J.C. 1728

Long-temps après, Joseph fut mené en Égypte par des marchands ismaélites, vendu à Putiphar, et, par une suite d'événements merveilleux, conduit à une suprême autorité, et élevé à la première place du royaume. Je ne dis rien ici de son histoire, qui est connue de tout le monde. J'avertis seulement que Justin, qui n'a fait qu'abréger Trogue Pompée, historien excellent du temps d'Auguste, remarque que Joseph, le dernier

Justin. l. 36, cap. 2.

des enfants de Jacob, que ses frères, par envie, avaient vendu à des marchands étrangers, ayant reçu du ciel l'intelligence des songes et la connaissance de l'avenir, sauva, par sa rare prudence, l'Égypte de la famine dont elle était menacée, et fut extrêmement considéré du roi.

Jacob y passa aussi avec toute sa famille, qui fut toujours bien traitée par les Égyptiens pendant qu'ils conservèrent le souvenir des services importants que Joseph leur avait rendus. Mais, dit l'Écriture, après la mort de Joseph il s'éleva un nouveau roi, à qui Joseph était inconnu. An. M. 2298
Av. J.C. 1706

Exod. 1-8.

Ramessès-Miamun était, selon Ussérius, le nom de ce nouveau roi connu dans l'Écriture sous celui de Pharaon. Il régna pendant soixante-six ans, et fit souffrir aux Israélites des maux infinis. « Il établit, *dit l'Écriture*, des intendants des ouvrages, afin qu'ils accablassent les Hébreux de fardeaux *insupportables*. Et ils bâtirent à Pharaon des villes pour servir de [1] magasins, savoir : Phithom et Ramessès... Les Égyptiens haïssaient les enfants d'Israël : ils les affligeaient en leur insultant ; et ils leur rendaient la vie ennuyeuse en les employant à des travaux pénibles de boue, de mortier et de brique, et à toutes sortes d'ouvrages de terre dont ils étaient accablés. » Ce roi avait deux fils, Aménophis et Busiris. An. M. 2427
Av. J.C. 1577

Exod.
1-11-13-14.

Aménophis, qui était l'aîné, lui succéda. C'est ce Pharaon sous qui les Israélites sortirent d'Égypte, et qui fut submergé au passage de la mer Rouge. An. M. 2494
Av. J.C. 1510
An. M. 2513
Av. J.C. 1491

Selon le P. Tournemine, Sésostris, dont nous par-

---

[1] Heb. *urbes thesaurorum ;* Sept. *urbes munitas.* Ces villes étaient destinées pour y mettre en réserve le blé, l'huile et les autres richesses de l'Égypte. *Vatab.* = Dans la Vulgate, *urbes tabernaculorum.* — L.

lerons bientôt, est celui des rois d'Égypte qui commença la persécution contre les Israélites, et qui les accabla de travaux pénibles ; ce qui est très-conforme à ce que Diodore remarque de ce prince, qu'il n'employa dans les ouvrages qu'il fit en Égypte que des étrangers. Ainsi l'on peut mettre le grand événement du passage de la mer Rouge sous [1] Phéron son fils ; et le caractère d'impiété que lui donne Hérodote rend cette conjecture très-vraisemblable. Le plan que je me suis proposé me dispense d'entrer dans ces discussions de chronologie.

Lib. 3, p. 74.

Diodore, en parlant de la mer Rouge, dit une chose bien digne de remarque. Il y avait, observe cet historien, dans tout le pays, une ancienne tradition, transmise des pères aux enfants depuis plusieurs siècles, qu'autrefois, par un reflux extraordinaire, la mer avait été entièrement desséchée, en sorte qu'on en voyait le fond, et que bientôt après, les eaux, par un flux violent, avaient repris leur première place. Il est évident que c'est le passage miraculeux de la mer Rouge sous Moïse qui est ici désigné ; et j'en fais la remarque exprès pour avertir les jeunes gens de ne pas laisser échapper, dans la lecture des auteurs, ces traces précieuses d'antiquité, sur-tout quand elles ont, comme celle-ci, quelque rapport à la religion.

Ussérius dit qu'Aménophis laissa deux fils, l'un nommé Séthosis ou Sésostris, l'autre Armaïs. Les Grecs l'ont appelé Bélus, et ses deux enfants, Ægyptus et Danaüs.

Herod. l. 2, c. 102-110.

Sésostris a été non-seulement l'un des plus puissants

---

[1] Ce nom ressemble fort à celui de Pharaon, qui était commun aux rois d'Égypte.

rois qu'ait eus l'Égypte, mais l'un des plus grands conquérants que vante l'antiquité. Diod. l. 1, p. 48-54.

Son père, ou par instinct, ou par humeur, ou, comme le disent les Égyptiens, par l'autorité d'un oracle, conçut le dessein de faire de son fils un conquérant. Il s'y prit à la manière des Égyptiens, c'est-à-dire avec grandeur et noblesse. Tous les enfants qui naquirent le même jour que Sésostris furent amenés à la cour par ordre du roi. Il les fit élever comme ses enfants, et avec les mêmes soins que Sésostris, près duquel ils étaient nourris. Il ne pouvait lui donner de plus fidèles ministres, ni des officiers plus zélés pour le succès de ses armes. On les accoutuma sur-tout, dès l'âge le plus tendre, à une vie dure et laborieuse, pour les mettre en état de soutenir un jour avec facilité les fatigues de la guerre. On ne leur donnait pas à manger qu'auparavant ils n'eussent fait à pied ou à cheval une course considérable [1]. La chasse était leur exercice le plus ordinaire.

Élien [2] remarque que Sésostris fut instruit par Mercure, et qu'il apprit de lui la politique et l'art de régner. Ce Mercure est celui que les Grecs ont appelé *Trismégiste*, c'est-à-dire *trois fois grand* [3]. L'Égypte, Lib. 12, c. 4.

---

[1] Diodore dit 180 stades, mesure qui a paru si longue à Rollin, qu'il n'a pas osé l'exprimer; et pour sauver l'invraisemblance, il laisse croire que ces jeunes gens faisaient cette route *ou à pied ou à cheval*, quoique Diodore parle seulement d'une course à pied; il faut voir comme Voltaire se moque de l'extravagance de Diodore (*Philosoph. de l'hist.*), à l'occasion de ces 180 stades, qu'il évalue à 8 lieues. Diodore se sert ici, comme plus bas (pag. 106, note 2), du petit stade Égyptien (= 105, 4 mètres), et les 180 stades valent 18,970 mètres, ou seulement 3 lieues $\frac{1}{2}$; or, il n'y a rien d'invraisemblable à ce qu'on exige de jeunes gens, habitués à de rudes exercices, qu'ils fassent tous les matins 3 lieues $\frac{1}{2}$ avant de prendre de la nourriture. — L.

[2] Τὰ νοήματα ἐκμουσωθῆναι
[3] *Trois fois très-grand.* — L.

où il était né, lui doit l'invention de presque tous les arts. Les deux ouvrages que nous avons sous son nom portent des marques si certaines de nouveauté, qu'il n'y a personne qui doute maintenant de leur supposition. Il y a encore eu un autre Mercure, fort célèbre chez les Égyptiens par ses rares connaissances, et beaucoup plus ancien que celui-ci. Jamblique, prêtre de l'Égypte, nous assure que l'usage de ce pays était de mettre sous le nom d'Hermès ou Mercure les ouvrages et les inventions que l'on donnait au public.

Quand Sésostris fut plus âgé, son père lui fit faire son apprentissage par une guerre contre les Arabes. Ce jeune prince y apprit à supporter la faim et la soif, et soumit cette nation, jusqu'alors indomptable. La jeunesse élevée avec lui le suivit toujours dans toutes ses campagnes.

Accoutumé aux travaux guerriers par cette conquête, son père le fit tourner vers l'occident de l'Égypte. Il attaqua la Libye, et la plus grande partie de cette vaste région fut subjuguée.

An. M. 2513
Av. J.C. 1491

SÉSOSTRIS. En ce temps son père mourut, et le laissa en état de tout entreprendre. Il ne conçut pas un moindre dessein que celui de la conquête du monde; mais, avant que de sortir de son royaume, il avait pourvu à la sûreté du dedans, en gagnant le cœur de tous ses peuples par la libéralité, par la justice, et par des manières douces et populaires. Il n'eut pas moins de soin de ménager les officiers et les soldats, qui devaient toujours être prêts à répandre leur sang pour lui, persuadé qu'il ne pourrait réussir dans ses entreprises s'ils n'étaient fortement attachés à sa personne par les liens de l'estime, de l'affection, et même de l'intérêt. Il divisa tout le pays en trente-six gouvernements (on les appelait des *nomes*), et il les donna à des personnes du mérite et de la fidélité desquelles il était assuré.

Cependant il faisait ses préparatifs. Il levait des troupes, et leur donnait pour capitaines les officiers les plus braves et les plus estimés, et sur-tout les jeunes gens que son père avait fait nourrir avec lui. Il y en avait dix-sept cents [1], capables d'inspirer aux troupes le courage, l'amour de la discipline, et le zèle pour le service du prince. Son armée montait à six cent mille hommes de pied, et vingt-quatre mille chevaux, sans compter vingt-sept mille chars armés en guerre.

Il commença son expédition par l'Éthiopie, située au midi de l'Égypte. Il la rendit tributaire, et obligea les peuples de lui payer tous les ans une certaine quantité d'ébène, d'ivoire et d'or.

Il avait équipé une flotte de quatre cents voiles. L'ayant fait avancer sur la mer Rouge, il se rendit maître des îles, et de toutes les villes placées sur le bord de la mer. Pour lui, il marcha à la tête de son armée de terre. Il parcourut et soumit l'Asie avec une rapidité étonnante, et pénétra dans les Indes plus loin qu'Hercule et que Bacchus, et plus loin que ne fit depuis Alexandre, puisqu'il soumit le pays au-delà du

---

[1] Ce nombre est beaucoup trop fort; il est impossible que l'on vît naître en Égypte 1700 mâles en un jour. En adoptant la condition la plus favorable pour les naissances, il en résulte une population d'environ 29,000,000 d'habitants. Or, on a tout lieu de croire que celle de l'Égypte n'a jamais excédé 7,500,000 ames. Ce passage de Diodore a beaucoup exercé les savants; j'ai fait voir, dans un Mémoire particulier, que Diodore a mal compris le renseignement que lui ont donné les prêtres égyptiens. — L.

Gange, et s'avança jusqu'à l'Océan [1]. On peut juger par là si les pays voisins lui résistèrent. Les Scythes, jusqu'au Tanaïs lui furent assujettis, aussi-bien que l'Arménie et la Cappadoce. Il laissa une colonie dans l'ancien royaume de Colchos, situé vers la partie orientale de la mer Noire, où les mœurs d'Égypte sont toujours demeurées depuis. Hérodote a vu dans l'Asie mineure, d'une mer à l'autre, les monuments de ses victoires. On lisait en plusieurs pays cette inscription gravée sur des colonnes : *Sésostris, le roi des rois et le seigneur des seigneurs, a conquis ce pays par ses armes.* Il y en avait jusque dans la Thrace, et il étendit son empire depuis le Gange jusqu'au Danube. Il y eut des peuples qui défendirent courageusement leur liberté : d'autres cédèrent sans résistance. Sésostris eut soin de marquer dans ses monuments cette différence en figures hiéroglyphiques, à la manière des Égyptiens.

La difficulté des vivres l'arrêta dans la Thrace, et l'empêcha d'entrer plus avant dans l'Europe. On remarque un caractère singulier dans ce conquérant, qui ne songea pas, comme les autres, à maintenir sa domination sur les nations vaincues, mais qui, se bornant à la gloire de les avoir assujetties et dépouillées, après avoir couru le monde pendant neuf ans, se renferma presque dans les anciennes bornes de l'Égypte, à l'exception de quelques provinces voisines : car on ne voit par aucun vestige que ce nouvel empire ait subsisté, ni sous lui, ni sous ses successeurs.

[1] Les prêtres Égyptiens, en décrivant les conquêtes de Sésostris, paraissent avoir pris à tâche de faire croire qu'il avait été aussi loin que le Bacchus, l'Hercule et l'Alexandre des Grecs. — L.

Il revint donc chargé des dépouilles de tous les peuples vaincus, traînant après lui une multitude infinie de captifs, et couvert de gloire plus que ne l'avait jamais été aucun de ses prédécesseurs; j'entends de cette gloire qui consiste à faire beaucoup parler de soi, à envahir par les armes et par la violence un grand nombre de provinces, et souvent à faire bien des malheureux. Il récompensa les officiers et les soldats avec une magnificence vraiment royale, traitant chacun selon sa qualité et son mérite. Il se faisait un plaisir, et regardait comme un devoir, de mettre les compagnons de ses victoires en état de jouir paisiblement le reste de leur vie d'un doux loisir, juste fruit de leurs travaux.

Pour lui, toujours occupé du soin de sa réputation, et encore plus du desir de rendre sa puissance utile et salutaire à ses peuples, il employa le repos que la paix lui laissait, à construire des ouvrages plus propres encore à enrichir l'Égypte qu'à immortaliser son nom, et où l'art et l'industrie des ouvriers se faisaient plus admirer que l'immense grandeur des dépenses qu'on y avait faites.

Cent temples fameux, érigés en actions de graces aux dieux tutélaires de toutes les villes, furent les premiers aussi-bien que les plus illustres témoignages de ses victoires; et il eut soin de publier par des inscriptions que ces grands ouvrages avaient été achevés sans fatiguer aucun de ses sujets. Il mettait sa gloire à les ménager, et à ne faire travailler que les captifs aux monuments de ses victoires. L'Écriture [1] remarque

---

[1] « Porrò de filiis Israel non posuit ut servirent operibus regis ». (2 Paral. 8, 9.)

quelque chose de pareil en parlant des bâtiments de Salomon.

Il se piqua sur-tout d'orner et d'enrichir le temple de Vulcain à Péluse, en reconnaissance de la protection qu'il croyait en avoir éprouvée lorsqu'au retour de ses expéditions, son frère lui dressa des embûches dans cette ville, et voulut le faire périr avec sa femme et ses enfants en mettant le feu à l'appartement où il était couché.

Son grand travail fut de faire construire dans toute l'étendue de l'Égypte un nombre considérable de hautes levées [1], sur lesquelles il bâtit de nouvelles villes, afin que les hommes et les bestiaux y pussent être en sûreté pendant les débordements du Nil.

Depuis Memphis jusqu'à la mer, il fit creuser des deux côtés du fleuve un grand nombre de canaux pour faciliter le commerce et le transport des vivres, et pour établir une communication aisée entre les villes les plus éloignées les unes des autres; outre que par là il rendit l'Égypte inaccessible à la cavalerie des ennemis, qui avait coutume auparavant de l'infester par de fréquentes irruptions.

Il fit plus : pour mettre le pays à l'abri des incursions des Syriens et des Arabes, qui en sont fort voisins, il fortifia tout le côté de l'Égypte qui est tourné vers l'orient, depuis Péluse jusqu'à Héliopolis, c'est-à-dire plus de sept lieues en longueur [2].

---

[1] Les collines factices dont Rollin a parlé plus haut (p. 25.) — L.

[2] 1500 stades.
= Cette distance était, selon Strabon, de 750 stades (xvii, pag. 1156 Almel.); selon Diodore, elle était de 1500 stades, ce qui est précisément le double. Il s'ensuit que Diodore se sert ici, comme plus haut (p. 101, n. 1), du petit stade égyptien, qui était la moitié du grand, égal à 210,8 mètres. Ainsi les 750 grands

On pourrait regarder Sésostris comme un des héros les plus illustres et les plus vantés de l'antiquité, s'il n'avait lui-même terni l'éclat de ses exploits guerriers et de ses vertus pacifiques par une soif de gloire et par une aveugle complaisance dans sa grandeur, qui lui firent oublier qu'il était homme. Les rois et les chefs des nations subjuguées venaient, dans de certains temps marqués, rendre hommage à leur vainqueur, et lui payer les tributs qu'on leur avait imposés. En toute autre occasion, il les traitait avec assez de douceur et de bonté; mais, quand il allait au temple ou qu'il entrait dans la ville, il faisait atteler à son char ces rois et ces princes quatre à quatre, au lieu de chevaux, et se croyait bien grand de se faire ainsi traîner par les maîtres et les seigneurs des autres nations. Ce qui m'étonne le plus, c'est que l'historien Diodore mette cette folle et inhumaine vanité au nombre de ses plus éclatantes actions.

Devenu aveugle dans sa vieillesse, il se donna la mort à lui-même, après avoir régné trente-trois ans, et laissa l'Égypte extrêmement riche. Son empire pourtant ne passa point la quatrième génération; mais il restait encore du temps de Tibère des monuments magnifiques qui marquaient l'étendue qu'il avait eue du vivant de Sésostris, aussi-bien que la quantité des tributs qu'on lui payait. *Tacit. Annal. lib. 2, cap. 60.*

Je reprends quelques faits particuliers arrivés dans le temps dont je viens de parler, que j'ai omis pour ne

stades, ou 1500 petits, représentent une distance de 158,300 mètres, ou environ 28 lieues. C'est précisément la distance qui existe entre Péluse et Héliopolis, en ligne droite.
— L.

point interrompre le fil de l'histoire, et que je me contenterai d'indiquer ici simplement.

An. M. 2448. Vers le temps dont nous parlons, les peuples d'Égypte s'établirent dans divers endroits de la terre. La colonie que Cécrops amena d'Égypte fonda douze villes, ou plutôt douze bourgs, dont il composa le royaume d'Athènes.

Nous avons remarqué que le frère de Sésostris, appelé par les Grecs Danaüs[1], lui avait dressé des embûches et avait voulu le faire périr lorsque après ses conquêtes il revint en Égypte. Son dessein n'ayant 2530. pas réussi, il fut obligé de prendre la fuite. Il se retira dans le Péloponnèse, où il s'empara du royaume d'Argos, fondé près de quatre cents ans auparavant par Inachus.

2533. Busiris, frère d'Aménophis, si célèbre chez les anciens pour sa cruauté, exerçait alors sa tyrannie en [V. plus haut p. 96, n. 1.] Égypte sur les bords du Nil, et égorgeait impitoyablement tous les étrangers qui abordaient dans le pays : ce fut apparemment pendant l'absence de Sésostris.

2549. Vers le même temps Cadmus porta de Syrie en Grèce l'invention des lettres. Quelques-uns prétendent que ces lettres étaient les égyptiennes, et que Cadmus lui-même était d'Égypte, et non de Phénicie ; et les Égyptiens, qui se disent inventeurs de tout, et qui vantent leur antiquité par-dessus celle de tous les autres peuples, n'ont pas manqué d'attribuer à leur Mercure l'invention des lettres[2]. La plupart des savants

---

[1] C'est Manéthon qui donne Sésostris comme frère de Danaüs. Son témoignage à cet égard est vivement attaqué par plusieurs chronologistes, tels que Périzonius et Larcher. (*Chronol. d'Hérodote*, tom. VII, pag. 323.) — L.

[2] On peut voir sur cette matière deux savantes dissertations de M. l'abbé Renaudot, insérées dans le

conviennent que Cadmus porta en Grèce les lettres syriennes ou phéniciennes, et que ces lettres sont les mêmes que les hébraïques, les Hébreux, qui ne faisaient qu'un petit peuple, étant compris sous le nom général de *Syriens*. Joseph Scaliger, dans ses notes sur la Chronique d'Eusèbe, prouve que les lettres grecques, et celles de l'alphabet latin qui en ont été formées, tirent leur origine des anciennes lettres phéniciennes, qui sont les mêmes que les samaritaines, dont les Juifs se sont servis avant la captivité de Babylone. Cadmus ne porta que seize lettres [1] en Grèce, auxquelles on en ajouta huit autres dans la suite.

Je reviens à l'histoire des rois d'Égypte, et je les rangerai désormais dans l'ordre qu'Hérodote leur a donné [2].

second volume de *l'Histoire de l'Académie des Inscriptions*.

[1] Les seize lettres que Cadmus porta en Grèce sont : α, β, γ, δ, ε, ι, κ, λ, μ, ν, ο, π, ρ, σ, τ, υ. Palamède, à l'époque de la guerre de Troie, c'est-à-dire plus de 250 ans après Cadmus, ajouta les quatre suivantes : ξ, θ, χ, φ ; et Simonide, long-temps après, inventa les quatre autres, qui sont : η, ω, ζ, ψ. Plin. VIII, cap. 57.)

=Quelques savants, et entre autres M. Larcher, croient que les Grecs avaient une écriture alphabétique avant l'arrivée de Cadmus, et que ce prince apporta seulement quelques lettres nouvelles. (Larcher, *sur Hérodote*, tom. IV, pag. 258.)—L.

[2] Je ne crois pas devoir entrer dans la discussion d'une difficulté qui serait fort embarrassante s'il fallait concilier ici la suite des rois d'Hérodote avec le sentiment d'Ussérius. Celui-ci suppose, avec plusieurs savants, que Sésostris est le fils du roi d'Égypte qui fut submergé dans la mer Rouge, dont le règne, par conséquent, a commencé l'année du monde 1513, et a duré jusqu'à l'année 1547, puisque son règne est de 33 ans. Quand on donnerait 50 ans au règne de Phéron, son fils, il resterait encore plus de 200 ans entre Phéron et Protée, qu'Hérodote dit avoir succédé immédiatement au premier, puisque Protée était du temps du siége de Troie, dont Ussérius met la prise en 2820. Je ne sais pas si c'est parce qu'il a senti cette difficulté que, depuis Sésostris, il ne parle presque plus des rois d'Égypte. Je suppose qu'entre Phéron et Protée il y a eu un grand vide et un long intervalle. En effet Diodore (lib. I, pag. 54) y place plusieurs rois, et il en faut dire autant de quelques-uns des rois suivants.

An. M. 2547
Av. J.C. 1457

Herod. l. 2,
c. III.
Diod. lib. 1,
pag. 54.

Phéron succéda aux états de Sésostris, mais non à sa gloire. Hérodote ne rapporte de lui qu'une action, qui marque combien il avait dégénéré des sentiments religieux de son père. Dans un débordement du Nil, qui fut extraordinaire, et qui passa dix-huit coudées, indigné du dégât qu'il causerait dans le pays, il lança un javelot contre le fleuve, comme pour le châtier; et, s'il en faut croire l'historien, il fut puni lui-même sur-le-champ de son impiété par la perte de la vue.

An. M. 2800
Av. J.C. 1204
Herod. lib. 2,
c. 112-120.

Protée. Il était de Memphis, où, du temps d'Hérodote, on voyait encore son temple, dans lequel il y avait une chapelle dédiée à Vénus l'étrangère : on conjecture que c'était Hélène. Du temps de ce roi, Pâris le Troyen, retournant chez lui avec Hélène, qu'il avait ravie, fut poussé par la tempête à une des embouchures du Nil appelée Canopique. De là il fut conduit à Memphis devant Protée, qui lui reprocha fortement le crime et la lâche perfidie dont il s'était rendu coupable en enlevant la femme de son hôte et avec elle tous les biens qu'il avait trouvés dans sa maison. Il ajouta qu'il ne s'abstenait de le faire mourir, comme son crime le méritait, que parce que les Égyptiens évitaient de souiller leurs mains dans le sang des étrangers; qu'il retiendrait Hélène avec toutes ses richesses, pour les restituer à leur légitime possesseur; que, pour lui, il eût à sortir de ses états dans l'espace de trois jours, faute de quoi il serait traité comme ennemi. La chose fut ainsi exécutée. Pâris continua sa route, et arriva à Troie. L'armée des Grecs l'y suivit de près. Elle commença par sommer les Troyens de leur rendre Hélène et toutes les richesses qu'on avait emportées avec elle. Ils répondirent que ni cette princesse ni ses biens n'étaient point dans leur ville. Quelle apparence en effet, remarque Hérodote, que Priam, ce vieillard si sage, eût mieux aimé voir périr sous ses yeux ses enfants et sa patrie que de donner aux Grecs une satisfaction aussi juste que celle qu'ils lui demandaient? Mais ils eurent beau affirmer avec serment qu'Hélène n'était point dans leur ville, les Grecs, persuadés qu'on se moquait d'eux, persistèrent opiniâtrément à ne les point croire : la Divinité, ajoute encore le même historien, voulant que les Troyens, par la destruction entière de leur ville et de leur empire, apprissent à l'univers effrayé[1], *que les dieux vengent les grands crimes d'une manière éclatante.* Ménélas, à son retour, passa en Égypte chez le roi Protée, qui lui rendit Hélène avec toutes ses richesses. Hérodote prouve, par quelques passages d'Homère, que le voyage de Pâris en Égypte n'était point inconnu à ce poëte.

RHAMPSINIT. Ce qu'Hérodote raconte du trésor que Rhampsinit, le plus riche des rois d'Égypte, fit bâtir, et de sa descente dans les enfers, sent trop la fiction et le roman pour être rapporté ici.

Lib. 2, c. 121-123.

Jusqu'à ce dernier roi, il y avait eu dans le gouvernement de l'Égypte quelque ombre de justice et de modération; mais, sous les deux règnes suivants, la violence et la dureté en prirent la place.

CHÉOPS et CHÉPHREN[2]. Ces deux princes, véritablement frères par la ressemblance de leurs mœurs, semblaient avoir pris à tâche de se signaler à l'envi l'un de l'autre par une impiété ouverte à l'égard des dieux, et

Herod. l. 2, c. 124-128. Diod. lib. 1, pag. 57.

---

[1] « Ὡς τῶν μεγάλων ἀδικημάτων μεγάλαι εἰσὶ καὶ αἱ τιμωρίαι παρὰ τῶν θεῶν. [II. § 120 fin. »]

[2] Son frère. — L.

par une barbare inhumanité à l'égard des hommes. Le premier régna cinquante ans, et l'autre après lui cinquante-six. Ils tinrent les temples fermés pendant tout le temps de leur règne, et défendirent aux Égyptiens, sous de grosses peines, d'offrir des sacrifices. D'un autre côté, ils accablèrent leurs sujets par de durs et d'inutiles travaux, et ils firent périr un nombre infini d'hommes pour satisfaire la folle ambition qu'ils avaient d'immortaliser leur nom par des bâtiments d'une grandeur énorme et d'une dépense sans bornes. Il est remarquable que ces superbes pyramides[1], qui ont fait l'admiration de l'univers, étaient le fruit de l'irréligion et de l'impitoyable dureté de ces princes.

<small>Herod. l. 2, p. 139-140. Diod. p. 58.</small>

MYCÉRINUS. Il était fils de Chéops, mais d'un caractère bien différent. Loin de marcher sur les traces de son père, il détesta sa conduite, et suivit une route tout opposée. Il rouvrit les temples des dieux, rétablit les sacrifices, s'appliqua à soulager les peuples et à leur faire oublier leurs maux passés, et il ne se crut roi que pour rendre la justice à ses sujets et pour leur faire goûter la douceur d'un règne équitable et paisible. Il écoutait leurs plaintes, essuyait leurs larmes, soulageait leur misère, et se regardait moins comme le maître que comme le père des peuples : aussi en était-il infiniment chéri. Toute l'Égypte retentissait de ses louanges, et son nom était par-tout en vénération.

Il semble qu'une conduite si douce et si sage aurait dû lui attirer la protection des dieux. Il en fut tout autrement. Ses malheurs commencèrent par la mort

---

[1] Ce sont les deux plus grandes (suprà, pag. 17), que les voyageurs sont convenus d'appeler *Chéops* et *Chéphren*, du nom des rois qui les ont fait bâtir. —L.

d'une fille unique qu'il aimait tendrement, et qui faisait toute sa consolation. Il lui fit rendre des honneurs extraordinaires, qui subsistaient encore du temps d'Hérodote. Il dit que dans la ville de Saïs on brûlait pendant tout le jour des parfums exquis auprès du tombeau de cette princesse, et que pendant la nuit on y conservait toujours une lampe allumée.

Il apprit par un oracle qu'il ne régnerait que sept ans; et, comme il en fit ses plaintes aux dieux en demandant pourquoi le règne de son père et de son oncle, tous deux également impies et cruels, avait été si heureux et si long; et pourquoi le sien, qu'il avait tâché de rendre le plus équitable et le plus doux qu'il lui avait été possible, devait être si court et si malheureux, il lui fut répondu que cela même en était la cause, parce que la volonté des dieux avait été que le peuple d'Égypte, en punition de ses crimes, fût maltraité et accablé de maux pendant l'espace de cent cinquante ans; et que son règne, qui aurait dû être de cinquante ans comme les précédents, avait été abrégé parce qu'il avait été trop doux. Il bâtit aussi une pyramide, mais bien moindre que celle de son père.

Asychis. Ce fut lui qui établit la loi sur les emprunts, par laquelle il n'est permis à un fils d'emprunter qu'en mettant en gage le corps mort de son père. Cette loi ajoute que, s'il n'a soin de le retirer en rendant la somme empruntée, il sera privé pour toujours, lui et ses enfants, du droit de sépulture. *Herod. l. 2, cap. 136.*

Il se piqua de surpasser tous ses prédécesseurs par la construction d'une pyramide de brique, plus magnifique, si on l'en croit, que toutes celles qu'on avait vues jusque-là. Il y fit graver cette inscription : DONNEZ-VOUS

BIEN DE GARDE DE ME MÉPRISER EN ME COMPARANT AUX AUTRES PYRAMIDES FAITES DE PIERRE. JE LEUR SUIS AUTANT SUPÉRIEURE QUE JUPITER L'EST AUX AUTRES DIEUX.

En supposant que les six règnes précédents, parmi lesquels il y en a plusieurs dont Hérodote ne fixe point la durée, aient été de cent soixante et dix ans, il reste un intervalle de près de trois cents ans jusqu'au règne de Sabacus l'Éthiopien. Je place dans cet intervalle deux ou trois faits que l'Écriture sainte nous fournit.

3 Reg. 3, 1.
An. M. 2991
Av. J.C. 1013

PHARAON, roi d'Égypte, donna sa fille en mariage à Salomon, roi d'Israël, qui la fit venir dans cette partie de Jérusalem appelée la *ville de David*, jusqu'à ce qu'il lui eût bâti un palais.

SÉSAC. Il est appelé autrement *Sésonchis*.

An. M. 3026
Av. J.C. 978.
3. Reg. c. 11,
40, et c. 12.

C'est vers lui que se réfugia Jéroboam pour éviter la colère de Salomon, qui voulait le faire mourir. Jéroboam demeura en Égypte jusqu'à la mort de Salomon, après laquelle il retourna à Jérusalem; et, s'étant mis à la tête des révoltés, il enleva à Roboam, fils de Salomon, dix tribus, dont il se fit déclarer roi.

2 Paral. 12,
1, 9.
An. M. 3033
Av. J.C. 971.

Le même Sésac, la cinquième année du règne de Roboam, marcha contre Jérusalem, parce que les Juifs avaient péché contre le Seigneur. Il avait avec lui douze cents chariots de guerre, et soixante mille hommes de cavalerie. Le peuple qui était venu avec lui ne pouvait se compter; ils étaient tous Libyens, Troglodytes et Éthiopiens. Sésac se rendit maître des plus fortes places du royaume de Juda, et avança jusque devant Jérusalem. Alors le roi et les premiers de la cour ayant imploré la miséricorde du Dieu d'Israël, Dieu leur déclara par son prophète Séméias que, parce qu'ils s'étaient humiliés, il ne les exterminerait point entièrement comme ils l'avaient mérité, mais qu'ils seraient assujettis à Sésac; afin, leur dit-il, qu'ils apprennent quelle différence il y a entre me servir et servir les rois de la terre : *ut sciant distantiam servitutis meæ et servitutis regni terrarum.* Sésac se retira donc de Jérusalem après avoir enlevé les trésors de la maison du Seigneur et ceux du palais du roi. Il emporta tout avec lui, et même les trois cents boucliers d'or que Salomon avait fait faire.

ZARA, roi d'Éthiopie, et sans doute roi d'Égypte en même temps, fit la guerre à Asa, roi de Juda. Son armée était composée d'un million d'hommes et de trois cents chariots de guerre. Asa marcha au-devant de lui, rangea son armée en bataille, et, plein de confiance dans le Dieu qu'il servait : « Seigneur, lui dit-il, c'est
« une même chose, à votre égard, de nous secourir avec
« un petit nombre ou avec un grand. C'est par ce que nous
« nous confions en vous et en votre nom que nous sommes
« venus contre cette multitude. Seigneur, vous êtes
« notre Dieu : ne permettez pas que l'homme l'emporte
« sur vous. » Une prière si pleine de foi fut exaucée. Dieu jeta l'épouvante parmi les Éthiopiens. Ils prirent la fuite, et furent défaits sans qu'il en restât un seul; parce que c'était le Seigneur, dit l'Écriture, qui les taillait en pièces pendant que son armée combattait : *ruerunt usque ad internecionem, quia Domino cædente contriti sunt, et exercitu illius præliante.*

2. Paral. 14, 9-13.
An. M. 3063
Av. J.C. 941.

ANYSIS. Il était aveugle. Sous son règne,

SABACUS, roi d'Éthiopie, excité par un oracle, entra avec une nombreuse armée en Égypte, et s'en rendit maître. Il régna avec beaucoup de douceur et de justice. Au lieu de faire mourir les coupables condamnés à mort par les juges, il les faisait travailler, chacun dans

Herod. l. 2, c. 137-140.
Diod. lib. 1,
pag. 59.

8.

leurs villes, aux réparations des levées sur lesquelles elles étaient situées. Il bâtit plusieurs temples magnifiques; un entre autres dans la ville de Bubaste, dont Hérodote fait une longue et belle description. Après avoir régné cinquante ans, qui était le terme que lui avait marqué l'oracle, il se retira volontairement en Éthiopie, et laissa le trône à Anysis, qui s'était tenu caché pendant tout ce temps dans les marais. On croit que ce Sabacus est le même que SUA, dont Osée, roi d'Israël, implora le secours contre Salmanasar, roi des Assyriens.

<small>4. Reg. 17, 4.
An. M 3279.
Av. J.C. 725.</small>

<small>An. M. 3285.
Av. J. C. 719.</small>
SÉTHON. Il régna quatorze ans. C'est le même[1] que *Sévéchus*, fils de *Sabacon* ou *Sual*, Éthiopien, qui avait régné si long-temps en Égypte. Ce prince, au lieu de s'acquitter des fonctions d'un roi, affectait celles d'un prêtre, s'étant fait consacrer lui-même souverain-pontife de Vulcain. Livré entièrement à la superstition, loin de s'appliquer à défendre ses états par les armes, il fit peu de cas des gens de guerre; et, persuadé qu'il n'aurait jamais besoin de leur secours, il ne se mit point en peine de les ménager, leur ôta leurs priviléges, et alla jusqu'à les dépouiller des fonds de terre que les rois ses prédécesseurs leur avaient assignés.

Il éprouva bientôt leur ressentiment dans une guerre qui lui survint tout-à-coup, et dont il ne se tira que par une protection miraculeuse, si l'on s'en rapporte au récit qu'en fait Hérodote, qui est mêlé de beaucoup de fables. Sannacharib[2], roi des Arabes et des Assyriens, étant entré avec une armée nombreuse en Égypte, les officiers et les soldats égyptiens refusèrent de marcher

---

[1] Rien n'est plus douteux. — L.
[2] Hérodote appelle ainsi ce prince. [II, c. 141.]

contre lui. Le prêtre de Vulcain, réduit à une telle extrémité, eut recours à son dieu, qui lui dit de ne point perdre courage et de marcher hardiment contre les ennemis avec le peu de gens qu'il pourrait ramasser. Il le fit. Un petit nombre de marchands, d'ouvriers, et de gens de la lie du peuple, se joignit à lui. Avec cette poignée de soldats, il s'avança jusqu'à Péluse, où Sannacharib avait établi son camp. La nuit suivante une multitude effroyable de rats se répandit dans le camp des Assyriens, et, y ayant rongé toutes les cordes de leurs arcs et toutes les courroies de leurs boucliers, les mit hors d'état de se défendre. Ainsi désarmés, ils furent obligés de prendre la fuite; et ils se retirèrent après avoir perdu une grande partie de leurs troupes. Séthon, de retour chez lui, se fit ériger une statue dans le temple de Vulcain, où, tenant à sa main droite un rat, il disait, dans une inscription : QU'EN ME VOYANT, ON APPRENNE A RESPECTER LES DIEUX [1].

Il est visible que cette histoire, telle que je la viens de raconter et qu'on la lit dans Hérodote, est une altération de celle qui est rapportée dans le quatrième livre des Rois. On y voit que Sannacharib, roi des Assyriens, après avoir subjugué toutes les nations voisines et s'être rendu maître de toutes les autres villes du royaume de Juda, prit la résolution d'assiéger Ézéchias dans Jérusalem, qui en était la capitale. Les ministres de ce saint roi, malgré son opposition et les remontrances du prophète Isaïe qui promettait une protection assurée de la part de Dieu si l'on ne mettait sa confiance qu'en lui seul, mendièrent secrètement le secours des Égyptiens et des Éthiopiens. Leurs armées, unies ensemble,

Cap. 17, etc.

[1] Ἐς ἐμέ τις ὁρέων εὐσεβὴς ἔστω.

s'avancèrent, dans le temps marqué, vers Jérusalem. L'Assyrien marcha à leur rencontre, les défit en bataille rangée, poursuivit les vaincus jusque dans l'Égypte et la ravagea entièrement. A son retour, la nuit même qui précéda le jour où l'on devait donner l'assaut à la ville de Jérusalem et où tout paraissait désespéré, l'ange exterminateur ravagea le camp des Assyriens, y fit périr par l'épée et par le feu cent quatre-vingt-cinq mille hommes, et montra qu'on avait raison de se fier, comme avait fait Ézéchias, à la parole et aux promesses du Dieu d'Israël.

Voilà la vérité du fait; mais, comme elle était peu honorable pour les Égyptiens, ils ont tâché de la tourner à leur avantage en la déguisant et la corrompant. Cependant les traces de cette histoire, quoique défigurées, doivent paraître précieuses dans un historien d'une aussi haute antiquité et d'un aussi grand poids qu'est Hérodote.

Le prophète Isaïe avait prédit à plusieurs reprises que cette expédition des Égyptiens, concertée, ce semble, avec tant de prudence, conduite avec tant d'habileté, et où les forces de deux puissants empires s'étaient réunies pour secourir les Juifs; Isaïe, dis-je, avait prédit que cette expédition, non-seulement serait inutile à Jérusalem, mais tournerait à la ruine de l'Égypte même, dont les plus fortes villes seraient prises, les terres ravagées, les habitants de tout sexe et de tout âge emmenés captifs. On peut consulter les chapitres 18, 19, 20, 30, 31, etc.

Ussérius et M. Prideaux croient que c'est dans ce temps qu'arriva la ruine de [1] *No-Amon*, cette fameuse

---

[1] La vulgate nomme *Alexandrie* la ville qui est appelée dans l'hébreu

ville dont parle le prophète Nahum, et dont il dit que les habitants avaient été traînés en captivité, que les jeunes enfants avaient été écrasés dans les carrefours de ses rues, et que ses plus grands seigneurs, chargés de chaînes, avaient été partagés par sort entre les vainqueurs. Il marque que tous ces malheurs tombèrent sur elle lorsque *l'Égypte et l'Éthiopie étaient sa force;* ce qui semble désigner assez clairement le temps dont nous parlons, où Tharaca et Séthon étaient unis ensemble. Ce sentiment n'est point sans difficulté, et est contredit par d'habiles gens. Il me suffit d'en avertir le lecteur.

<small>Nahum. 3 8-10.</small>

Jusqu'au règne de Séthon, les prêtres égyptiens comptaient trois cent quarante et une générations d'hommes, ce qui fait onze mille trois cent quarante années, en mettant trois générations d'hommes pour cent ans. Ils comptaient pareil nombre de prêtres et de rois. Ces derniers, soit dieux, soit hommes, s'étaient succédé sans interruption sous le nom de *piromis*, mot égyptien qui signifie *bon et honnête*. Les prêtres égyptiens montrèrent à Hérodote trois cent quarante et un colosses de bois de ces *piromis*, rangés tous en ordre dans une grande salle. C'était la folie des Égyptiens de se perdre dans une antiquité dont aucun autre peuple n'approchât.

<small>Herod. 1 2, cap. 142.</small>

THARACA. C'est celui-là même qui était venu avec une armée d'Éthiopiens au secours de Jérusalem avec Séthon. Quand celui-ci fut mort, après avoir occupé

<small>An. M. 3299 Av. J.C. 705. Afric. apud Syncel. p. 74</small>

No-Amon, parce qu'Alexandrie fut depuis bâtie à la place de cette dernière. M. Prideaux, après Bochard, croit que c'est *Thèbes*, surnommée *Diospolis*. En effet, Amon chez les Égyptiens est le même que Jupiter; mais *Thèbes* n'est point l'endroit où fut bâtie depuis Alexandrie. Il se peut faire qu'il y eût là une autre ville appelée aussi *No-Amon*.

le trône pendant quatorze ans, Tharaca y monta à sa place, et le tint pendant dix-huit. Ce fut le dernier des rois éthiopiens qui régnèrent dans l'Égypte.

Après sa mort, les Égyptiens, ne pouvant s'accorder sur la succession, furent deux ans dans un état d'anarchie accompagné de grands désordres.

DOUZE ROIS[1].

Enfin douze des principaux seigneurs, s'étant ligués ensemble, se saisirent du royaume, et le partagèrent entre eux en douze parties. Ils convinrent de gouverner chacun leur district avec un pouvoir et une autorité égale, sans que jamais l'un songeât à rien entreprendre contre l'autre ni à s'emparer de son gouvernement. Ils crurent devoir faire ensemble cet accord, et le cimenter par les plus terribles serments, pour éviter l'effet d'un oracle qui avait prédit que celui d'entre eux qui aurait fait des libations à Vulcain dans un vase d'airain deviendrait le maître de l'Égypte. Ils régnèrent ensemble pendant quinze ans dans une grande union; et, pour en laisser à la postérité un célèbre monument, ils bâtirent de concert et à frais communs le fameux labyrinthe, qui était un amas de douze grands palais, et qui avait autant de bâtiments sous terre qu'il en paraissait au-dehors. J'en ai fait mention précédemment.

Un jour que les douze rois assistaient ensemble dans le temple de Vulcain à un sacrifice solennel qui s'y

---

[1] Jusqu'ici la chronologie égyptienne, incertaine et interrompue par des lacunes, commence à prendre de la suite et de la certitude. D'après Hérodote, le règne des douze rois est de l'an 673 : ils régnèrent 15 ans; ainsi Psammitique régna seul, à partir de l'an 656, et non pas en 670 : ce prince mourut, après un règne de 39 ans; conséquemment son fils Néchao lui succéda vers 617, comme l'a marqué Rollin (616), p. 124. Les deux dates de 685 et de 670 sont donc fautives. — L.

faisait régulièrement dans un certain temps marqué, les prêtres ayant présenté à chacun d'eux une coupe d'or pour faire les libations, il s'en trouva une de manque, et Psammitique, l'un des douze, sans aucun dessein prémédité, au lieu de coupe prit son casque d'airain, car ils en portaient tous, et s'en servit pour faire les libations. Cette circonstance frappa les autres, et leur rappela dans l'esprit le souvenir de l'oracle dont j'ai parlé. Ils crurent donc se devoir mettre en sûreté contre ses entreprises, et le reléguèrent dans les pays marécageux de l'Égypte [1].

Après que Psammitique y eut passé quelques années, attendant une occasion favorable pour se venger de l'affront qu'il avait reçu, un courrier vint lui dire qu'il était arrivé en Égypte des hommes d'airain : c'étaient des soldats de Grèce, Cariens et Ioniens, que la tempête avait jetés sur les côtes d'Égypte, et qui étaient tout couverts de casques, de cuirasses et d'autres armes d'airain. Psammitique se souvint aussitôt d'un oracle qui lui avait répondu que des hommes d'airain viendraient du côté de la mer à son secours. Il ne douta point que ce n'en fût ici l'accomplissement. Il fit donc amitié avec ces étrangers, les engagea par de grandes promesses à demeurer avec lui, leva sous main d'autres troupes, mit à leur tête ces Grecs, et, ayant attaqué les onze rois, il les défit, et demeura seul maître de l'Égypte.

PSAMMITIQUE. Ce prince, qui devait son salut aux Ioniens et aux Cariens, les établit dans l'Égypte, fermée jusqu'alors aux étrangers, et leur y assigna des bons fonds de terre et des revenus assurés, qui leur firent oublier leur patrie. Il leur donna de jeunes enfants

An. M. 3334
Av. J.C. 670.
Herod. l. 2,
c. 153, 154.

---

[1] Dans la partie septentrionale du Delta, entre les bouches Phatmitique et Sébennytique — L.

égyptiens à élever, à qui ils apprirent leur langue. A cette occasion et par ce moyen, les Égyptiens entrèrent en commerce avec les Grecs; et depuis ce temps aussi l'histoire d'Égypte, jusque-là mêlée de fables pompeuses par l'artifice des prêtres, commence, selon Hérodote, à avoir plus de certitude.

Dès que Psammitique fut affermi sur le trône, il entra en guerre avec le roi d'Assyrie au sujet des limites des deux empires. Cette guerre dura long-temps. Depuis que les Assyriens eurent conquis la Syrie, la Palestine, étant le seul pays qui séparât les deux royaumes, devint entre eux un sujet continuel de discorde, comme elle le fut ensuite entre les Ptolémées et les Séleucides. Ce fut à qui des deux l'aurait, et cette province devint tour à tour le partage du plus fort. Psammitique, se voyant maître paisible de toute l'Égypte et ayant remis toutes choses sur [1] l'ancien pied, crut qu'il était temps de penser aux frontières de son royaume, et de les mettre en sûreté contre l'Assyrien son voisin, dont la puissance augmentait de jour en jour. Il entra pour cet effet à la tête d'une armée dans la Palestine.

Lib. 1, p. 61. Peut-être faut-il placer au commencement de cette guerre ce qu'on lit dans Diodore, que les Égyptiens, indignés de ce que le roi avait placé les Grecs à l'aile droite, par préférence à eux, quittèrent le service au nombre de plus de deux cent mille, et se retirèrent en Éthiopie, où on leur donna un établissement avantageux.

Herod. [l. 2,] cap. 157. Quoi qu'il en soit, Psammitique entra en Palestine. Mais il s'y trouva d'abord arrêté à Azot, une des principales villes du pays, qui lui donna tant de peine, que

---

[1] Cette révolution arriva environ sept ans après la captivité de Manassé, roi de Juda.

ce ne fut qu'après un siége de vingt-neuf ans qu'il s'en rendit maître. C'est le plus long siége dont il soit parlé dans l'histoire ancienne.

Cette place était anciennement une des cinq villes capitales des Philistins. Les Égyptiens, quelque temps auparavant, s'en étant emparés, la fortifièrent si bien, qu'elle devint la plus forte barrière de leur pays de ce côté-là ; en sorte que Sennachérib ne put entrer en Égypte qu'il n'eût premièrement emporté cette place. C'est ce qu'il fit par Tarthan, l'un de ses généraux. Les Assyriens l'avaient conservée jusqu'à ce temps-ci, et ce ne fut qu'après le long siége dont je viens de parler qu'elle revint aux Égyptiens.

En ce temps-là les Scythes, sortis des environs des Palus-Méotides, s'étant jetés dans la Médie, défirent Cyaxare, qui en était roi, et le dépouillèrent de toute la haute Asie, dont ils demeurèrent maîtres pendant vingt-huit ans. Ils poussèrent leurs conquêtes dans la Syrie jusqu'aux frontières d'Égypte. Mais Psammitique alla au-devant d'eux, et fit si bien par ses présents et par ses prières, qu'ils ne passèrent pas plus avant, et délivra ainsi son royaume de ces dangereux ennemis.

Isai. 20, 1. Herod. l. 1, cap. 105.

Jusqu'à son règne les Égyptiens s'étaient toujours crus le plus ancien peuple de la terre. Il voulut s'en assurer par lui-même, et pour cela il employa une expérience fort extraordinaire, si pourtant ce fait doit paraître digne de foi. Il fit élever à la campagne, dans une cabane fermée, deux enfants nés tout récemment de pauvres parents, et il chargea un berger de les faire nourrir par des chèvres (d'autres disent que ce furent des nourrices à qui l'on avait coupé la langue), avec défense de laisser entrer aucune personne dans cette

Herod. l. 2, cap. 2, 3.

cabane, ni de prononcer jamais lui-même devant eux aucune parole. Quand ces enfants furent parvenus à l'âge de deux ans, un jour que le berger entra pour leur donner ce qui leur était nécessaire, ils s'écrièrent tous deux, en étendant les mains vers leur père nourricier, *beccos, beccos*. Le berger, surpris de ce langage, nouveau pour lui, et qu'ils répétèrent dans la suite plusieurs fois, en donna avis au roi, qui se les fit apporter pour être témoin lui-même de la vérité du fait; et ils recommencèrent tous deux en sa présence à bégayer leur petit jargon. Il ne s'agissait plus que de vérifier chez quel peuple ce mot était usité; et il se trouva que c'était chez les Phrygiens, qui appellent ainsi du pain. Ils eurent depuis ce temps-là parmi tous les peuples l'honneur de l'antiquité, ou plutôt de la primauté, que l'Égypte elle-même, quelque jalouse qu'elle en eût toujours été, fut obligée de leur céder, malgré sa longue possession. Comme on amenait à ces enfants des chèvres pour les nourrir, et qu'il n'est point marqué qu'ils fussent sourds, quelques-uns croient qu'ils avaient pu, d'après

[Schol. Apollon. Rhod. 4. 262.] le cri de ces animaux, former ce mot *bec* ou *beccos*[1].

Psammitique mourut l'an vingt-quatrième de Josias, roi de Juda. Il eut pour successeur son fils Néchao.

An. M. 3388. Av. J.C. 616.

NÉCHAO. L'Écriture fait souvent mention de ce prince sous le nom de *Pharaon Néchao*.

Herod. l. 1, cap. 158.

Il entreprit de joindre le Nil à la mer Rouge, en tirant un canal de l'un à l'autre. L'espace qui les sépare est au moins de mille stades, c'est-à-dire de cinquante lieues. Après avoir fait périr six vingt mille hommes dans ce travail, il fut obligé de l'abandonner. L'oracle,

[V. plus haut p. 40, n. 5.]

---

[1] Il est indubitable que telle est l'origine de ce mot, si cette histoire est vraie. — L.

qu'il avait envoyé consulter, lui répondit que, par ce nouveau canal, il ouvrait une entrée aux barbares : c'est ainsi que les Égyptiens appelaient tous les autres peuples.

Néchao réussit mieux dans une autre entreprise. D'habiles mariniers de Phénicie, qu'il avait pris à son service, étant partis de la mer Rouge, avec ordre de découvrir les côtes d'Afrique, en firent heureusement le tour, et retournèrent, la troisième année de leur navigation, en Égypte par le détroit de Gibraltar ; voyage fort extraordinaire pour un temps où l'on n'avait pas encore l'usage de la boussole[1]. Ce voyage fut fait vingt et un siècles avant que Vasquez de Gama, Portugais, eût trouvé, par la découverte du cap de Bonne-Espérance, l'an de notre Seigneur 1497, le même chemin pour aller aux Indes, par lequel ces Phéniciens étaient venus des Indes dans la mer Méditerranée. Herod. l. 4, cap. 42.

Les Babyloniens et les Mèdes, ayant détruit Ninive et avec elle l'empire des Assyriens, devinrent si redoutables, qu'ils s'attirèrent la jalousie de tous leurs voisins. Néchao en fut si alarmé, qu'il s'avança vers l'Euphrate à la tête d'une puissante armée pour arrêter leurs progrès. Josias, ce roi de Juda si recommandable par sa rare piété, voyant qu'il prenait son chemin au travers de la Judée, résolut de s'opposer à son passage. Il amassa dans ce dessein toutes les forces de son royaume, et se posta dans la vallée de Mageddo. (Cette ville était dans la tribu de Manassé, en-deçà du Jourdain ; Hérodote l'appelle *Magdole*[2].) Néchao lui manda par un héraut Joseph. Antiq. lib. 10, cap. 6.
4 Reg. 23, 29, 30.
2. Paral. 35, 20-25.

---

[1] On a nié la possibilité et le fait de ce voyage. Le récit d'Hérodote contient des circonstances qui portent le caractère de la vérité. Les opinions des savants sont encore partagées à cet égard. — L.

[2] La ville appelée *Magdole* par Hérodote était située dans la Basse-

que ce n'était pas à lui qu'il en voulait; qu'il avait d'autres ennemis en vue; qu'il entreprenait cette guerre de la part de Dieu, qui était avec lui; et qu'il lui conseillait de n'y prendre aucune part, de peur qu'elle ne tournât à son désavantage. Josias ne fut point touché de ces raisons. Il voyait qu'une si puissante armée ne manquerait pas de ruiner entièrement son pays par ses seules marches; et d'ailleurs il craignait qu'après la défaite des Babyloniens le vainqueur ne retombât sur lui, et ne lui enlevât une partie de ses états. Il marcha donc à sa rencontre. La bataille se donna; et Josias, non-seulement fut vaincu, mais reçut encore malheureusement une blessure dont il mourut à Jérusalem, où il s'était fait transporter.

Néchao, encouragé par cette victoire, continua sa marche et s'avança vers l'Euphrate. Il battit les Babyloniens; prit Charcamis, grande ville dans ces quartiers-là; et, s'en étant assuré la possession par une bonne garnison qu'il y laissa, il reprit au bout de trois mois le chemin de son royaume.

4. Reg. 23, 33-35.
2. Paral. 36, 1-4.

Comme il apprit en chemin que Joachas s'était fait déclarer roi à Jérusalem sans lui demander son consentement, il lui ordonna de le venir trouver à Rébla en Syrie. Ce prince n'y fut pas plus tôt arrivé, que Néchao le fit mettre aux fers et l'envoya prisonnier en Égypte, où il mourut. De là, poursuivant son chemin, il arriva à Jérusalem, où il établit roi Joakim, un des autres fils de Josias, à la place de son frère, et imposa sur le pays un tribut annuel de cent talents d'argent et un

---

Égypte; elle est conséquemment fort différente de *Mageddo*, ville de Palestine. On croit qu'Hérodote a été trompé par la ressemblance des noms. (LARCHER, *Chron. d'Hérod.* t. VII, p. 114, 115.) — L.

talent d'or ¹. Après quoi il retourna triomphant dans son royaume.

Hérodote, faisant mention de l'expédition de ce roi d'Égypte et de la bataille qu'il gagna à Mageddo, à qui il donne le nom de *Magdole*, dit qu'après la victoire il prit la ville de Cadytis, qu'il représente comme située dans les montagnes de la Palestine, et de la grandeur de Sardes, qui était en ce temps-là, la capitale, non-seulement de la Lydie, mais encore de toute l'Asie mineure. Cette description ne peut convenir qu'à Jérusalem, qui était ainsi située, et qui alors était la seule ville de ces quartiers-là qui pût être comparée à Sardes. Il paraît d'ailleurs par l'Écriture que Néchao, après sa victoire, se rendit maître de cette capitale de Judée; car il y était en personne lorsqu'il donna la couronne à Joakim. Le nom même de *Cadytis*, qui en hébreu signifie *la sainte*², désigne clairement la ville de Jérusalem, comme le prouve le savant M. Prideaux.

Nabopolassar, roi de Babylone, voyant que, depuis la prise de Charcamis par Néchao, toute la Syrie et la Palestine s'étaient détachées de son obéissance, son âge d'ailleurs et ses infirmités ne lui permettant pas d'aller en personne réduire ces rebelles, s'associa à l'empire son fils Nabuchodonosor, et l'envoya à la tête d'une armée dans ces quartiers-là. Ce jeune prince battit celle de Néchao vers l'Euphrate, reprit Charcamis, et fit rentrer dans son obéissance les provinces soulevées, comme Jérémie l'avait prédit. Ainsi il enleva aux Égyptiens tout ce qu'ils possédaient depuis ce qu'on appelait

---

Lib. 2, cap. 159.

I. Part. l. 1, p. 106, etc.

Aɴ. M. 3397
Av. J.C. 607.

Jerem. 46. 2, etc.

4. Reg. 24, 7.

---

¹ Cette somme montait à 330,000 liv.
= 610,000 f. — L.

² Les Arabes appellent encore aujourd'hui la ville de Jérusalem *el-Qods*, la Sainte. — L.

A rivo AEgypti. le *ruisseau d'Égypte* [1] jusqu'à l'Euphrate, ce qui comprend toute la Syrie et toute la Palestine.

Néchao, étant mort après avoir régné seize ans, laissa son royaume à son fils.

An. M. 3404 Av. J.C. 600. Herod. l. 2, cap. 160. PSAMMIS. Son règne fut fort court, et ne dura que six ans. L'histoire ne nous en apprend rien de particulier, sinon que ce prince fit une expédition en Éthiopie.

Ibid. Ce fut vers lui que ceux d'Élide, après avoir établi les jeux olympiques [2], dont ils avaient concerté toutes les règles et toutes les circonstances avec tant d'attention, qu'ils ne croyaient pas qu'on y pût rien ajouter ni y trouver rien à redire, envoyèrent une célèbre ambassade pour savoir ce que penseraient de cet établissement les Égyptiens, qui passaient pour les hommes les plus sages et les plus sensés de tout l'univers. C'était plutôt une approbation qu'un conseil qu'ils venaient chercher. Le roi assembla les anciens du pays. Après qu'ils eurent entendu tout ce qu'on avait à leur dire sur l'institution de ces jeux, ils demandèrent aux Éléens s'ils y admettaient indifféremment citoyens et étrangers : et comme on leur eut répondu que l'entrée en était également ouverte à tous, ils ajoutèrent que les règles de la justice auraient été mieux observées si l'on n'avait admis à ces combats que les étrangers, parce qu'il était fort difficile que les juges, en adjugeant la victoire et le prix, ne fissent pencher la balance du côté de leurs concitoyens.

[1] Ce ruisseau d'Égypte, dont il est si souvent parlé dans l'Écriture, comme servant de borne à la terre promise du côté d'Égypte, n'était pas le Nil, mais une petite rivière qui, coulant au travers du désert qui est entre ces deux pays, passait anciennement pour leur borne commune. C'est jusque-là que s'étendait le pays qui fut promis à la postérité d'Abraham, et qui lui fut ensuite divisé par sort.

[2] Hérodote dit : *Les Éléens qui se vantaient d'avoir établi, pour la célébration des jeux olympiques, les réglements les plus justes*, etc., et non pas *après avoir établi les jeux olympiques*. — L.

APRIÈS. Il est appelé dans l'Écriture *Pharaon Éphrée*, ou *Ophra*. Il succéda à son père Psammis, et régna vingt-cinq ans.

<small>An. M. 3410
Av. J.C. 594.
Jerem. 44, 30.</small>

Pendant les premières années de son règne, il fut aussi heureux qu'aucun de ses prédécesseurs. Il porta ses armes contre l'île de Cypre. Il attaqua par terre et par mer la ville de Sidon, la prit, et se rendit maître de toute la Phénicie et de toute la Palestine.

<small>Herod. l. 2, cap. 161.
Diod lib. 1, pag. 62.</small>

De si prompts succès lui enflèrent extrêmement le cœur. Hérodote rapporte de lui qu'il était devenu si orgueilleux, et tellement infatué de sa grandeur, qu'il se vantait qu'il n'était pas au pouvoir des dieux mêmes de le détrôner, tant il s'imaginait avoir établi solidement sa puissance. C'est par rapport à de tels sentiments qu'Ézéchiel lui met à la bouche ces paroles pleines d'une vanité folle et impie : *La rivière est à moi, c'est moi qui l'ai faite.* Le vrai Dieu lui fit bien sentir dans la suite qu'il avait un maître, et qu'il n'était qu'un homme; et il fit prédire par ses prophètes, long-temps auparavant, tous les maux dont il avait résolu de punir son orgueil.

<small>Ezech. 29, 3.</small>

Peu de temps après qu'Ophra fut monté sur le trône, Sédécias, roi de Juda, lui envoya des ambassadeurs, fit alliance avec lui; et l'année d'après, rompant le serment de fidélité qu'il avait fait au roi de Babylone, il se révolta ouvertement contre lui.

<small>Ezech. 17, 15.</small>

Quelques défenses que Dieu eût faites à son peuple d'avoir recours aux Égyptiens et de mettre en eux sa confiance, et quelque malheureux succès qu'eussent eu les différentes tentatives que les Israélites avaient faites de ce côté-là, l'Égypte leur paraissait toujours une ressource assurée dans leurs dangers, et ils ne pouvaient s'empêcher d'y recourir. C'est ce qui était déjà arrivé sous le saint roi Ézéchias. Isaïe leur disait de la part de Dieu : « Malheur à ceux qui vont en Égypte chercher « du secours, qui mettent leur confiance dans sa cava- « lerie et dans ses chariots, et qui ne s'appuient point « sur le Saint d'Israël, et ne cherchent point l'assistance « du Seigneur !... L'Égyptien est un homme et non pas « un Dieu : ses chevaux ne sont que chair, et non pas « esprit. Le Seigneur étendra sa main, et celui qui don- « nait secours sera renversé par terre ; celui qui espérait « d'être secouru tombera avec lui, et une même ruine « les enveloppera tous. » Ils n'écoutèrent ni le prophète ni le roi, et ne reconnurent la vérité des paroles de Dieu que par une funeste expérience.

Is. cap. 31, v. 1 et 3.

Il en fut de même en cette occasion. Sédécias, malgré les remontrances de Jérémie, voulut faire alliance avec l'Égyptien. Celui-ci, fier de l'heureux succès de ses armes, et ne croyant pas que rien pût resister à sa puissance, se déclara le protecteur d'Israël, et lui promit de le délivrer des mains de Nabuchodonosor. Dieu, irrité qu'un mortel eût osé prendre sa place, s'en expliqua ainsi à un autre prophète : « Fils de « l'homme, tournez le visage contre Pharaon, roi « d'Égypte, et prophétisez tout ce qui lui doit arriver, « à lui et à l'Égypte. Parlez-lui, et dites-lui : Voici ce « que dit le Seigneur notre Dieu : Je viens à vous, « Pharaon, roi d'Égypte, grand dragon, qui vous « couchez au milieu de vos fleuves, et qui dites : Le « fleuve est à moi, et c'est moi-même qui me suis créé. « Je mettrai un frein à vos mâchoires, etc. » Après l'avoir comparé à un roseau qui se brise sous celui qui s'y appuie, et qui lui perce la main, Dieu ajoute : « Je

Ezech. 24, 1-12.

« vais faire tomber la guerre sur vous, et je tuerai
« parmi vous les hommes avec les bêtes. Le pays d'É-
« gypte sera réduit en un désert et en une solitude; et
« ils sauront que c'est moi qui suis le Seigneur, parce
« que vous avez dit : Le fleuve est à moi, et c'est moi
« qui l'ai fait. » Le même prophète continue, dans plusieurs chapitres de suite, à prédire les maux dont
l'Égypte allait être accablée.. Cap. 29, 30,
31, 32.

Sédécias était bien éloigné d'ajouter foi à ces prédictions. Quand il apprit que l'armée des Égyptiens approchait, et qu'il vit Nabuchodonosor lever le siège de
Jérusalem, il se crut délivré, et triomphait déja. Sa
joie fut courte. Les Égyptiens, voyant approcher les
Chaldéens, n'osèrent en venir aux mains avec une
armée si nombreuse et si aguerrie. Ils reprirent le
chemin de leur pays, et abandonnèrent Sédécias à tous
les périls de la guerre où ils l'avaient eux-mêmes en-
gagé. Nabuchodonosor revint devant Jérusalem, y remit An. M. 3416
Av. J.C. 588.
Jerem. 37,
6, 7.
le siége, la prit et la brûla, comme Jérémie l'avait
prédit.

Plusieurs années après, les châtiments dont Dieu An. M. 3430
Av. J.C. 574.
Herod. l. 2,
cap. 161, etc.
Diod. lib. 1,
pag. 62.
avait menacé Apriès, roi d'Égypte, commencèrent à
tomber sur lui; car les Cyrénéens, colonie des Grecs
qui s'était établie en Afrique, entre la Libye et l'É-
gypte, ayant pris et partagé entre eux une grande
partie du pays des Libyens, forcèrent ces peuples dépouillés à se jeter entre les bras de ce prince et à
implorer sa protection. Aussitôt Apriès envoya une
grande armée dans la Libye pour faire la guerre aux
Cyrénéens; mais, cette armée ayant été défaite et
presque toute taillée en pièces, les Égyptiens s'imaginèrent qu'il ne l'avait envoyée dans la Libye que pour

9.

l'y faire périr, afin que, quand il en serait défait, il pût régner plus despotiquement sur ses sujets. Dans cette pensée, ils crurent devoir secouer le joug d'un prince qu'ils regardaient comme leur ennemi. Apriès, ayant appris cette révolte, leur envoya Amasis, un de ses officiers, pour les apaiser et pour les faire rentrer dans leur devoir. Mais, lorsque Amasis eut commencé à parler, ils lui mirent sur la tête un casque pour marque de la royauté, et le proclamèrent roi. Amasis, ayant accepté la couronne qu'ils lui offrirent, demeura avec eux, et les confirma dans leur révolte.

Apriès, à cette nouvelle, encore plus enflammé de colère, envoya Patarbémis, un autre de ses officiers et l'un des principaux seigneurs de sa cour, pour arrêter Amasis et le lui amener. Mais Patarbémis, ne s'étant pas trouvé en état d'enlever Amasis au milieu de cette armée de révoltés dont il était entouré, fut traité à son retour, par Apriès, de la manière la plus indigne et la plus cruelle; car ce prince, sans considérer que ce n'était que faute de pouvoir qu'il n'avait pas exécuté sa commission, lui fit couper le nez et les oreilles. Un outrage si sanglant fait à un homme de ce rang irrita si fort les Égyptiens, que la plupart allèrent se joindre aux mécontents et que la révolte devint générale. Ce soulèvement de ses sujets obligea Apriès de se sauver dans la haute Égypte, où il se maintint pendant quelques années, tandis qu'Amasis occupa tout le reste de ses états.

Les troubles qui agitaient l'Égypte furent une occasion favorable à Nabuchodonosor pour l'attaquer, et ce fut Dieu lui-même qui lui en inspira le dessein. Ce prince, qui, sans le savoir, était l'instrument de la colère de Dieu contre les peuples qu'il voulait châtier, venait de prendre la ville de Tyr, où lui et son armée avaient essuyé des fatigues incroyables. Pour les en récompenser, Dieu leur abandonna l'Égypte. Il est beau de l'entendre lui-même s'expliquer sur ce sujet : il y a peu d'endroits dans l'Écriture plus remarquables que celui-ci, et qui fassent mieux comprendre la souveraine autorité de Dieu sur tous les princes et sur tous les royaumes de la terre. «Fils de l'homme (c'est ainsi *Ezech. 29, 20.* « qu'il parle au prophète Ézéchiel); Nabuchodonosor, « roi de Babylone, m'a rendu, avec son armée, un « grand service au siége de Tyr. Toutes les têtes de ses « gens en ont perdu les cheveux, et toutes les épaules « en sont écorchées; et néanmoins ni lui ni son armée[1] « n'ont point reçu de récompense pour le service qu'ils « m'ont rendu à la prise de Tyr. C'est pourquoi (continue Dieu) je vais donner à Nabuchodonosor, roi « de Babylone, le pays d'Égypte. Il en prendra tout « le peuple, il en fera son butin, et il en partagera les « dépouilles. Son armée recevra ainsi sa récompense, « et il sera payé du service qu'il m'a rendu dans le siége « de cette ville. Je lui ai abandonné l'Égypte, parce « qu'il a travaillé pour moi, dit le Seigneur notre Dieu.» Il enlèvera tout, dit-il par un autre prophète, avec la même facilité qu'un berger se couvre de son manteau. Il se chargera ainsi de tout le butin : il mettra ainsi

---

[1] Pour bien entendre ce qui est dit ici, il faut savoir que Nabuchodonosor essuya des fatigues incroyables dans le siége de Tyr, et que, lorsque les Tyriens se virent pressés, les plus nobles de la ville montèrent sur des vaisseaux avec tout ce qu'ils avaient de plus précieux, et se retirèrent en d'autres îles. Ainsi Nabuchodonosor, ayant pris la ville, n'y trouva rien qui fût digne de récompenser les grands travaux qu'il avait soufferts dans ce siége. (S. Hieron.)

sur ses épaules, et sur celles de ses soldats, toute la dépouille de l'Égypte. *Amicietur terra Ægypti, sicut amicitur pastor pallio suo; et egredietur indè in pace :* nobles expressions, qui montrent avec quelle facilité toute la puissance et toutes les richesses d'un état sont enlevées, quand Dieu le veut, et passent comme un manteau à un nouveau maître, qui n'a qu'à le prendre et à s'en couvrir.

<small>Jerem. 43, 12.</small>

Le roi de Babylone, profitant donc des divisions intestines où la révolte d'Amasis avait jeté ce royaume, marcha de ce côté-là à la tête de son armée. Il subjugua l'Égypte depuis Migdol ou Magdole, qui est à l'entrée du royaume, jusqu'à Syène, qui est à l'autre extrémité, vers les frontières d'Éthiopie. Il y fit par-tout d'horribles ravages, tua un grand nombre d'habitants, et réduisit le pays dans une si grande désolation, qu'il ne put se rétablir de quarante ans. Nabuchodonosor, ayant chargé son armée de dépouilles et soumis tout le royaume, en vint à un accommodement avec Amasis; et, l'ayant confirmé dans la possession du royaume comme son vice-roi, il reprit le chemin de Babylone.

Alors Apriès, sortant du lieu de sa retraite, s'avança vers les côtes de la mer, apparemment du côté de la Libye; et, y ayant pris à sa solde une armée de Cariens, d'Ioniens et d'autres étrangers, il marcha contre Amasis, et lui livra bataille près de la ville de Memphis[1]. Mais, ayant été battu et fait prisonnier, il fut mené à la ville de Saïs, et y fut étranglé dans son propre palais[2].

<small>Herod. l. 2, c. 163 et 169. Diod. lib. 1, pag. 62.</small>

---

[1] Lisez : *près de la ville de Momemphis;* elle était située à plus de 12 lieues au N. de Memphis, sur la branche Canopique, comme je l'ai fait voir ailleurs. (*Trad. de Strabon*, t. V, p. 372.) — L.

[2] Amasis voulait lui conserver la vie; mais les Égyptiens forcèrent

Dieu avait annoncé par ses prophètes, dans un détail étonnant, toutes les circonstances de ce grand événement. C'était lui qui avait brisé la puissance d'Apriès, d'abord si formidable, et qui avait mis l'épée à la main de Nabuchodonosor pour aller punir et humilier cet orgueilleux. « Je viens à Pharaon, roi d'Égypte, dit-il, « et j'achèverai de briser son bras, qui a été fort, mais « qui est rompu, et je lui ferai tomber l'épée de la « main...... Je fortifierai en même temps le bras « du roi de Babylone, et je mettrai mon épée entre « ses mains.... Et ils sauront que c'est moi qui suis le « Seigneur. » Ezech. 30, 22-25.

Il fait le dénombrement de toutes les villes qui doivent être la proie du vainqueur : Taphnis, Péluse, No, appelée dans la Vulgate Alexandrie, Memphis, Héliopolis, Bubaste, etc. Id. v. 14-17.

Il marque en particulier la fin malheureuse du roi, qui doit être livré à ses ennemis. « Je vais livrer, dit- « il, Pharaon Éphrée, roi d'Égypte, entre les mains « de ses ennemis, entre les mains de ceux qui cher- « chent à lui ôter la vie. » Jerem. 44, 30.

En fin il déclare que pendant quarante ans les Égyptiens seront accablés de toutes sortes de maux, et réduits à un état si déplorable, qu'ils n'auront plus à l'avenir aucun prince de leur nation : *et dux de terrâ Ægypti non eritampliùs*. L'événement a justifié cette prédiction, qui a été accomplie par degrés et en différents temps. Peu de temps après l'expiration de ces quarante années, ils devinrent une province des Perses, auxquels leurs rois, quoique originaires du pays, Ezech. 30, 13.

---

ce prince de leur livrer Apriès, qu'ils étranglèrent. —L.

étaient soumis; et la prédiction commença ainsi à s'accomplir. Elle eut son entière exécution à la mort de Nectanébus, dernier roi de race égyptienne. Depuis ce temps-là, les Égyptiens ont toujours été gouvernés par des étrangers : car, après l'extinction du royaume des Perses, ils ont été successivement assujettis aux Macédoniens, aux Romains, aux Sarrasins, aux Mamelucs, et enfin aux Turcs, qui en sont aujourd'hui les maîtres.

An. M. 3654.

Jerem. c. 43 et 44.

Dieu ne fut pas moins fidèle à accomplir ses prédictions à l'égard de ceux de son peuple qui, après la prise de Jérusalem, s'étaient retirés en Égypte contre sa défense, et qui y avaient entraîné Jérémie malgré lui. Dès qu'ils y furent entrés, et qu'ils furent arrivés à Taphnis (c'est la même que Tanis), le prophète, après avoir caché en leur présence, par l'ordre de Dieu, des pierres dans une grotte qui était près du palais du roi, leur déclara que Nabuchodonosor entrerait bientôt en Égypte, et que Dieu établirait son trône dans cet endroit-là même; que ce prince ravagerait tout le pays, et porterait par-tout le fer et le feu; qu'eux-mêmes tomberaient entre les mains de ces cruels ennemis, qui en massacreraient une partie, et traîneraient le reste captif à Babylone; qu'un très-petit nombre seulement échapperait à la désolation commune, et serait enfin rétabli dans sa patrie. Toutes ces prédictions eurent leur accomplissement dans les temps marqués.

An M. 3435
Av. J.C. 569.

In Timæo.
[p. 21, E.]

AMASIS. Après la mort d'Apriès, Amasis devint possesseur paisible de toute l'Égypte, dont il occupa le trône pendant quarante ans. Il était, selon Platon, de la ville de Saïs[1].

---

[1] Selon Hérodote, de la ville de Siouph, qui était probablement voisine de Saïs. — L.

Comme il était de basse naissance, les peuples, dans le commencement de son règne, en faisaient peu de cas, et n'avaient que du mépris pour lui. Il n'y fut pas insensible ; mais il crut devoir ménager les esprits avec adresse, et les rappeler à leur devoir par la douceur et par la raison. Il avait une cuvette d'or, où lui et tous ceux qui mangeaient à sa table se lavaient les pieds. Il la fit fondre, et en fit faire une statue, qu'il exposa à la vénération publique. Les peuples accoururent en foule, et rendirent à la nouvelle statue toutes sortes d'hommages. Le roi, les ayant assemblés, leur exposa à quel vil usage cette statue avait d'abord servi ; ce qui ne les empêchait pas de se prosterner devant elle par un culte religieux. L'application de cette parabole était aisée à faire : elle eut tout le succès qu'il en pouvait attendre ; et les peuples, depuis ce jour, eurent pour lui tout le respect qui est dû à la majesté royale. *Herod. l. 2, cap. 172.*

Il donnait régulièrement tout le matin aux affaires, pour recevoir les placets, donner ses audiences, prononcer des jugements, et tenir ses conseils : le reste du temps était accordé au plaisir ; et comme, dans les repas et dans les conversations, il était d'une humeur extrêmement enjouée, et qu'il poussait, ce semble, la gaîté au-delà des justes bornes, les courtisans ayant pris la liberté de le lui représenter, il leur répondit que l'esprit ne pouvait pas être toujours sérieux et appliqué aux affaires, non plus qu'un arc demeurer toujours tendu. *Ibid. c. 173.*

Ce fut lui qui obligea les particuliers, dans chaque ville, d'inscrire leur nom chez le magistrat, et de marquer de quelle profession ou de quel métier ils vivaient. Solon inséra cette loi dans les siennes.

Il bâtit plusieurs temples magnifiques, principalement à Saïs, qui était le lieu de sa naissance. Hérodote y admirait sur-tout une chapelle faite d'une seule pierre, qui avait au dehors vingt et une coudées de longueur sur quatorze de largeur et huit de hauteur, et un peu moins en dedans. On l'avait apportée d'Éléphantine; et deux mille hommes avaient été occupés pendant trois ans à la voiturer sur le Nil[1].

Amasis considérait fort les Grecs. Il leur accorda de grands priviléges, et permit à ceux qui voudraient s'établir en Égypte d'habiter dans la ville de Naucratis, très-renommée pour son port[2]. Lorsqu'il s'agit de rebâtir le fameux temple de Delphes qui avait été brûlé, réparation qui devait monter à trois cents talents, c'est-à-dire à trois cent mille écus[3], il fournit à ceux de Delphes une somme fort considérable pour les aider à payer leur quote-part, qui était le quart de toute la dépense.

Il fit alliance avec les Cyrénéens, et prit chez eux une femme.

Il est le seul des rois égyptiens qui ait conquis l'île de Cypre, et qui l'ait rendue tributaire.

---

[1] Ce temple *monolithe* (HEROD. II. c. 175) avait en dehors 21 coudées de long (11 met. 87 mill.), 14 de large (7 met. 378 mill.) et 8 de haut (4 met. 216 mill.) : ainsi sa solidité était de 344 mètres cubes (9990 pieds cubes) environ, dont le poids (en supposant à la matière la pesanteur spécifique du marbre) était de 965,720 kilogrammes (1,972,000 livres) : Hérodote en ayant donné les dimensions intérieures, savoir 18 coudées 20 doigts de long, 12 de large et 5 de haut, on voit, par le calcul, que la partie évidée était égale à 165 mètres cubes, pesant 463,092 kilogrammes; ainsi le poids du temple monolithe, probablement travaillé dans la carrière même, était égal à 502,600 kilogrammes ou plus d'un million de livres. Voyez ce que j'ai dit plus haut, p. 15, n. 2, des moyens de transport. — L.

[2] Ville sur la branche Canopique, à environ 16 lieues dans les terres un peu au S. de Damanhour — L.

[3] 1,650,000 f. — L.

Ce fut sous son règne que Pythagore vint en Égypte : il lui était recommandé par le célèbre Polycrate, tyran de Samos, dont il sera parlé ailleurs, et qui était lié d'amitié avec Amasis. Dans le séjour que ce philosophe fit en Égypte, il fut initié dans tous les mystères du pays, et apprit des prêtres tout ce qu'il y avait de plus secret et de plus important dans leur religion. C'est là qu'il puisa sa doctrine de la métempsycose.

Dans l'expédition où Cyrus s'était rendu maître d'une grande partie de la terre, l'Égypte sans doute avait subi le joug comme toutes les autres provinces, et Xénophon le dit formellement au commencement de la Cyropédie. Apparemment qu'après que les quarante années de désolation prédites par le prophète furent expirées, l'Égypte commençant un peu à se rétablir, Amasis secoua le joug et se remit en liberté.

Aussi voyons-nous qu'un des premiers soins de Cambyse, fils de Cyrus, dès qu'il fut monté sur le trône, fut de porter la guerre contre l'Égypte. Quand il y arriva, Amasis venait de mourir, et avait eu pour successeur son fils Psamménit.

An. M. 3479
Av. J.C. 525.

PSAMMÉNIT. Cambyse, après le gain d'une bataille, poursuivit les vaincus jusque dans Memphis, assiégea la place, et la prit en fort peu de temps. Il traita le roi avec douceur, lui laissa la vie, et lui assigna un entretien honorable ; mais, ayant appris qu'il prenait des mesures secrètes pour remonter sur le trône, il le fit mourir. Le règne de Psamménit ne fut que de six mois. Alors toute l'Égypte se soumit au vainqueur. Je rapporterai plus en détail cette histoire lorsque j'exposerai celle de Cambyse.

Ici finit la suite des rois d'Égypte. L'histoire de ce

pays, comme je l'ai déja remarqué, sera confondue avec celle des Perses et des Grecs jusqu'à la mort d'Alexandre. Alors s'élèvera une nouvelle monarchie d'Égypte, fondée par Ptolémée, fils de Lagus, qui sera continuée jusqu'à Cléopatre; et ce dernier espace sera environ de 300 ans. Je traiterai chacune de ces matières dans son temps.

LIVRE SECOND.

HISTOIRE ANCIENNE DES CARTHAGINOIS.

Je diviserai en deux parties ce que j'ai à dire sur les Carthaginois. Dans la première, je donnerai une idée générale des mœurs de ce peuple, de son caractère, de son gouvernement, de sa religion, de sa puissance et de ses richesses. Dans la seconde, après avoir indiqué en peu de mots la manière dont Carthage s'établit et s'accrut, je rapporterai les guerres qui l'ont rendue si célèbre.

PREMIÈRE PARTIE.

CARACTÈRE, MOEURS, RELIGION ET GOUVERNEMENT DES CARTHAGINOIS.

§ Ier. *Carthage formée sur le modèle de Tyr, dont elle était une colonie.*

Les Carthaginois ont reçu des Tyriens, non-seulement leur origine, mais leurs mœurs, leur langage, leurs usages, leurs lois, leur religion, leur goût et leur industrie pour le commerce, comme toute la suite le fera connaître. Ils parlaient le même langage que les Tyriens, et ceux-ci le même que les Cananéens et les Israélites, c'est-à-dire la langue hébraïque, ou du moins une langue qui en était entièrement dérivée. Leurs noms avaient pour l'ordinaire une signification particulière. Hannon signifie *gracieux, bienfaisant*; Didon, *aimable* ou *bien-aimée*; Sophonisbe, *elle gardera bien le secret de son mari*. Ils se plaisaient aussi, par esprit de religion, à faire entrer le nom de Dieu dans les noms qu'ils portaient, selon le génie des Hébreux. Annibal, qui répond à Ananias, signifie : *Baal* (ou *le Seigneur*) *m'a fait grace*; Asdrubal, qui répond à Azarias, signifie : *le Seigneur sera notre secours*. Il en est ainsi des autres noms, Adherbal, Maharbal, Mastanabal, etc. Le mot *Pœni*, d'où vient *punique*, est le même que *Phœni* ou *Phéniciens*, parce qu'ils tiraient leur origine de la Phénicie [1]. On a dans le *Pœnulus* de Plaute une scène en langue punique qui a fort exercé les savants.

Mais ce qu'il y a de plus remarquable ici, c'est l'union étroite qui a toujours subsisté entre les Phéniciens et les Carthaginois [2]. Lorsque Cambyse voulut porter la guerre contre ces derniers, les Phéniciens, qui faisaient la principale force de son armée navale, lui déclarèrent

Bochard, Part. 2, l. 2, cap. 16.

Herod. l. 3, c. 17 et 19.

---

[1] Dans beaucoup de mots, les Latins ont changé la diphthongue *œ* en *u*. Ils disaient originairement *pœnire* pour *punire*, ce qui s'est conservé dans *pœna*; *mœrus* pour *murus* comme on le voit par le mot *pomœrium*; *mœnire* pour *munire*, ce qui s'est conservé dans *mœnia*. Sur les anciennes inscriptions, on lit *œti, lœdos, coira*, pour *uti, ludos, cura*, etc. : de même, ils ont dit *Puni* au lieu de *Pœni*. — L.

[2] L'histoire offre beaucoup d'autres exemples de ce genre. Ils tiennent au droit des métropoles sur les colonies. (V. Heyn. *Opusc. Academic.* t. I, p. 312, seq.) — L.

nettement qu'ils ne pouvaient pas le servir contre leurs compatriotes ; et ce prince fut obligé de renoncer à son dessein. Les Carthaginois, de leur côté, n'oublièrent jamais d'où ils étaient sortis et à qui ils devaient leur origine. Ils envoyaient régulièrement à Tyr, tous les ans, un vaisseau chargé de présents, qui étaient comme un cens et une redevance qu'ils payaient à leur ancienne patrie ; et ils faisaient offrir un sacrifice annuel aux dieux tutélaires du pays, qu'ils regardaient aussi comme leurs protecteurs. Ils ne manquaient jamais à y envoyer les prémices de leurs revenus, aussi-bien que la dîme des dépouilles et du butin qu'ils faisaient sur les ennemis, pour les offrir à Hercule, une des principales divinités de Tyr et de Carthage. Lorsque Tyr fut assiégée par Alexandre, les Tyriens, pour mettre en sûreté ce qu'ils avaient de plus cher, envoyèrent à Carthage leurs femmes et leurs enfants, qui y furent reçus et entretenus, quoique dans le temps d'une guerre fort pressante ; avec une bonté et une générosité telles qu'on aurait pu les attendre des pères et des mères les plus tendres et les plus opulents. Ces marques constantes d'une vive et sincère reconnaissance font plus d'honneur à une nation que les plus grandes conquêtes et les plus glorieuses victoires.

Polyb. pag. 944.
Q. Curt. l. 4, c. 2 et 3.

§ II. *Religion des Carthaginois.*

Il paraît, par plusieurs traits de l'histoire de Carthage, que ses généraux regardaient comme un devoir essentiel de commencer et de finir leurs entreprises par le culte des dieux. Amilcar, père du grand Annibal, avant que d'entrer en Espagne pour y faire la guerre, eut soin d'offrir des sacrifices aux dieux. Son

Liv. lib. 21, n. 1.
Ibid. n. 21.

fils, marchant sur ses traces, avant que de partir de l'Espagne et de marcher contre les Romains, se transporte jusqu'à Cadix pour s'acquitter des vœux qu'il avait faits à Hercule, et il lui en fait de nouveaux si ce dieu favorise son entreprise. Après la bataille de Cannes, lorsqu'il fit savoir cette heureuse nouvelle à Carthage, il recommanda sur-tout qu'on eût soin de rendre aux dieux immortels de solennelles actions de graces pour toutes les victoires qu'il avait remportées : *pro his tantis totque victoriis verum esse grates diis immortalibus agi haberique.*

Lib. 23, n. 11.

Ce n'étaient pas seulement les particuliers qui se piquaient ainsi de faire paraître en toute occasion un soin religieux d'honorer la Divinité; on voit que c'était le génie et le goût de la nation entière.

Lib. 7, pag. 502.

Polybe nous a conservé un traité de paix entre Philippe, fils de Démétrius, roi de Macédoine, et les Carthaginois, où l'on voit d'une manière bien sensible le respect de ceux-ci pour la Divinité, et leur intime persuasion que les dieux assistaient et présidaient aux actions humaines, et sur-tout aux traités solennels qui se faisaient en leur nom, sous leurs yeux et en leur présence. Il y est fait mention de cinq ou six ordres différents de divinités; et ce dénombrement paraît bien extraordinaire dans un acte public comme est un traité de paix entre deux empires. J'en rapporterai les termes mêmes, qui peuvent servir à nous donner quelque idée de la théologie des Carthaginois : *Ce traité a été conclu en présence de Jupiter, de Junon et d'Apollon; en présence du démon ou du génie des Carthaginois* (δαίμονος), *d'Hercule et d'Iolaüs; en présence de Mars, de Neptune, de Triton; en présence des dieux qui accompagnent l'armée des Carthaginois, et du Soleil, de la Lune et de la Terre; en présence des rivières, des prairies et des eaux; en présence de tous les dieux qui possèdent Carthage.* Que dirions-nous maintenant d'un pareil acte, où l'on ferait intervenir les anges et les saints, protecteurs d'un royaume?

Il y avait chez les Carthaginois deux divinités qui y étaient particulièrement adorées, et dont il est à propos de dire ici un mot.

La première était la déesse *Céleste*, appelée aussi *Uranie*, qui est la lune, dont on implorait le secours dans les grandes calamités, sur-tout dans les sécheresses, pour obtenir de la pluie : *ista ipsa virgo cœlestis*, dit Tertullien, *pluviarum polliciatrix*. C'est en parlant de cette déesse et d'Esculape que Tertullien fait aux païens de son temps un défi bien hardi, mais bien glorieux au christianisme, en déclarant que le premier venu des chrétiens obligera ces faux dieux d'avouer hautement qu'ils ne sont que des démons; et en consentant qu'on fasse mourir sur-le-champ ce chrétien, s'il ne vient à bout de tirer cet aveu de la bouche même de leurs dieux : *nisi se dæmones confessi fuerint christiano mentiri non audentes, ibidem illius christiani procacissimi sanguinem fundite*. Saint Augustin parle souvent aussi de cette divinité. « Céleste, dit-il, autrefois « régnait souverainement à Carthage. Qu'est devenu « son règne depuis Jésus-Christ? » *Regnum Cœlestis quale erat Carthagini! ubi nunc est regnum Cœlestis?* C'est sans doute la même divinité que Jérémie appelle *la reine du ciel*, à laquelle les femmes juives avaient grande dévotion, lui adressant des vœux, lui faisant des libations, lui offrant des sacrifices, et lui prépa-

Tertul. Apolog. cap. 23.

S. August. in psalm. 98.

Jerem. c. 7, v. 18; et c. 44 v. 17-25.

rant de leurs propres mains des gâteaux, *ut faciant placentas reginæ cœli*, et dont elles se vantaient d'avoir reçu toutes sortes de biens, pendant qu'elles étaient exactes à lui rendre ce culte; au lieu que, depuis qu'il avait cessé, elles s'étaient vues accablées de toutes sortes de malheurs.

La seconde divinité honorée particulièrement chez les Carthaginois, et à qui l'on offrait des victimes humaines, c'est *Saturne*, connu sous le nom de *Moloch* dans l'Écriture; et ce culte avait passé de Tyr à Carthage. Philon cite un passage de Sanchoniaton, où l'on voit que c'était une coutume à Tyr que, dans les grandes calamités, les rois immolassent leurs fils pour apaiser la colère des dieux, et que l'un d'eux, qui l'avait fait, fut depuis honoré comme un dieu sous le nom de la constellation appelée *Saturne* : ce qui a sans doute donné occasion à la fable qui dit que Saturne avait dévoré ses enfants. Les particuliers, quand ils voulaient détourner quelque grand malheur, en usaient de même, et n'étaient pas moins superstitieux que leurs princes; en sorte que ceux qui n'avaient point d'enfants en achetaient des pauvres, pour n'être pas privés du mérite d'un tel sacrifice. Cette coutume se conserva long-temps chez les Phéniciens et les Cananéens, de qui les Israélites l'empruntèrent, quoique Dieu le leur eût défendu bien expressément. On brûlait d'abord inhumainement ces enfants, soit en les jetant au milieu d'un brasier ardent, tel qu'étaient ceux de la vallée d'Ennon, dont il est si souvent parlé dans l'Écriture; soit en les enfermant dans une statue de Saturne, qui était tout enflammée. Pour étouffer les cris que poussaient ces malheureuses victimes, on faisait retentir pendant cette

Plut. de superst. p. 171.

barbare cérémonie le bruit des tambours et des trompettes. Les mères se faisaient un honneur et un point de religion d'assister à ce cruel spectacle, l'œil sec et sans pousser aucun gémissement; et, s'il leur échappait quelque larme ou quelque soupir, le sacrifice en était moins agréable à la divinité, et elles en perdaient le fruit. Elles portaient la fermeté d'ame, ou plutôt la dureté et l'inhumanité, jusqu'à caresser elles-mêmes et baiser leurs enfants pour apaiser leurs cris, de peur qu'une victime offerte de mauvaise grace et au milieu des pleurs ne déplût à Saturne : *Blanditiis et osculis comprimebant vagitum, ne flebilis hostia immolaretur.* Dans la suite, on se contenta de faire passer les enfants à travers le feu, comme cela paraît par plusieurs endroits de l'Écriture, et très-souvent ils y périssaient.

Tertul. in Apolog.

Minuc. Fel.

Les Carthaginois retinrent jusqu'à la ruine de leur ville cette coutume barbare d'offrir à leurs dieux des victimes humaines; action qui méritait bien plus le nom de *sacrilége* que de *sacrifice* : *sacrilegium veriùs quàm sacrum.* Ils la suspendirent seulement pendant quelques années, pour ne pas s'attirer la colère et les armes de Darius Ier, roi de Perse, qui leur fit défendre d'immoler des victimes humaines, et de manger de la chair de chien. Mais ils revinrent bientôt à leur génie, puisque, du temps de Xerxès, qui succéda à Darius, Gélon, tyran de Syracuse, ayant remporté en Sicile une victoire considérable sur les Carthaginois, parmi les conditions de paix qu'il leur prescrivit, y inséra celle-ci, qu'ils n'immoleraient plus de victimes humaines à Saturne; et sans doute que ce qui l'obligea à prendre cette précaution fut ce qui avait été mis en pratique dans cette occasion-là même par les Carthaginois;

Q. Curt. lib. 4, cap. 3.

Plut. de serâ vindicatione deor. pag. 552. [*Id.* Apopht. p. 174-175.]

Herod. l. 7, cap. 167.

car pendant tout le combat, qui dura depuis le matin jusqu'au soir, Amilcar, fils d'Hannon leur général, ne cessa point de sacrifier aux dieux des hommes tout vivants, et en grand nombre, en les faisant jeter dans un bûcher ardent [1]; et, voyant que ses troupes étaient mises en fuite et en déroute, il s'y précipita lui-même pour ne pas survivre à sa honte, et, comme le dit saint Ambroise en rapportant cette action, pour éteindre par son propre sang ce feu sacrilége qu'il voyait ne lui avoir servi de rien.

Dans des temps de peste [2] ils sacrifiaient à leurs dieux un grand nombre d'enfants, sans pitié pour un âge qui excite la compassion des ennemis les plus cruels, cherchant un remède à leurs maux dans le crime, et usant de barbarie pour attendrir les dieux.

Lib. 20, pag. 756. [Lactant. Institut. I, 21.]

Diodore rapporte un exemple de cette cruauté, qui fait frémir. Dans le temps qu'Agathocle était près de mettre le siége devant Carthage, les habitants de cette ville, se voyant réduits à la dernière extrémité, imputèrent leur malheur à la juste colère de Saturne contre eux, parce qu'au lieu des enfants de la première qualité qu'on avait coutume de lui sacrifier, on avait mis frauduleusement à leur place des enfants d'esclaves et d'étrangers. Pour réparer cette faute, ils immolèrent à Saturne deux cents enfants des meilleures maisons de Carthage; et, outre cela, plus de trois cents citoyens,

[1] « In ipsos, quos adolebat, sese præcipitavit ignes, ut eos vel cruore suo extingueret, quos sibi nihil profuisse cognoverat. » (S. Ambros.)

[2] « Quum peste laborarent, cruentâ sacrorum religione et scelere pro remedio usi sunt. Quippe homines ut victimas immolabant, et impuberes (quæ ætas etiam hostium misericordiam provocat) aris admovebant, pacem deorum sanguine eorum exposcentes, pro quorum vitâ dii maximè rogari solent. » (Justin. lib. 18, cap. 6.)

qui se sentaient coupables de ce prétendu crime, s'offrirent volontairement en sacrifice. Diodore ajoute qu'il y avait une statue d'airain de Saturne, dont les mains étaient penchées vers la terre, de telle sorte que l'enfant qu'on posait sur ces mains tombait aussitôt dans une ouverture et une fournaise pleine de feu.

Est-ce là, dit Plutarque, adorer les dieux? Est-ce avoir d'eux une idée qui leur fasse beaucoup d'honneur, que de les supposer avides de carnage, altérés du sang humain, et capables d'exiger et d'agréer de telles victimes? La religion, dit cet auteur sensé, est environnée de deux écueils également dangereux à l'homme, également injurieux à la Divinité : savoir, de l'impiété et de la superstition. L'une, par affectation d'esprit fort, ne croit rien; l'autre, par une aveugle faiblesse, croit tout. L'impiété, pour secouer un joug et une crainte qui la gêne, nie qu'il y ait des dieux; la superstition, pour calmer aussi ses frayeurs, se forge des dieux selon son caprice, non-seulement amis, mais protecteurs et modèles du crime. Ne valait-il pas mieux, dit-il encore, que Carthage, dès le commencement, prît pour législateurs un Critias, un Diagoras, athées reconnus et se donnant pour tels, que d'adopter une si étrange et si perverse religion? Les Typhons, les géants, ennemis déclarés des dieux, s'ils avaient triomphé du ciel, auraient-ils pu établir sur la terre des sacrifices plus abominables ?

Voilà ce que pensait un païen, du culte carthaginois tel que nous l'avons rapporté. En effet on ne croirait pas le genre humain susceptible d'un tel excès de fureur et de frénésie. Les hommes ne portent point communément dans leur propre fonds un renversement si

Plut. de superst. pag. 169-171.

Id. in Camil. pag. 132.

De superstit. [pag. 171.]

universel de tout ce que la nature a de plus sacré. Immoler, égorger soi-même ses propres enfants, et les jeter de sang-froid dans un brasier ardent! Des sentiments si dénaturés, si barbares, adoptés cependant par des nations entières, et des nations très-policées, par les Phéniciens, les Carthaginois, les Gaulois, les Scythes, les Grecs même et les Romains, et consacrés par une pratique constante de plusieurs siècles, ne peuvent avoir été inspirés que par celui qui a été homicide dès le commencement, et qui ne prend plaisir qu'à la dégradation, à la misère et à la perte de l'homme.

§ III. *Forme du Gouvernement de Carthage.*

Le gouvernement de Carthage était fondé sur des principes d'une profonde sagesse; et ce n'est point sans raison qu'Aristote met cette république au nombre de celles qui étaient les plus estimées dans l'antiquité, et qui pouvaient servir de modèles aux autres. Il appuie d'abord ce sentiment sur une réflexion qui fait beaucoup d'honneur à Carthage, en marquant que, jusqu'à son temps, c'est-à-dire depuis plus de cinq cents ans, il n'y avait eu ni aucune sédition considérable qui en eût troublé le repos, ni aucun tyran qui en eût opprimé la liberté. En effet c'est un double inconvénient des gouvernements mixtes, tels qu'était celui de Carthage, où le pouvoir est partagé entre le peuple et les grands, de dégénérer ou en abus de la liberté par les séditions du côté du peuple, comme cela était ordinaire à Athènes et dans toutes les républiques grecques; ou en oppression de la liberté publique du côté des grands, par la tyrannie, comme cela arriva à Athènes, à Syra-

Arist. lib. 2, de Rep. c. 11.

cuse, à Corinthe, à Thèbes, à Rome même du temps de Sylla et de César. C'est donc un grand éloge pour Carthage d'avoir su, par la sagesse de ses lois, et par l'heureux concert des différentes parties qui composaient son gouvernement, éviter pendant un si long espace d'années deux écueils si dangereux et si communs.

Il serait à souhaiter que quelque auteur ancien nous eût laissé une description exacte et suivie des coutumes et des lois de cette fameuse république. Faute de ce secours, on n'en peut avoir qu'une idée assez confuse et imparfaite, en ramassant différents traits qu'on trouve épars dans les auteurs. C'est un service qu'a rendu à la république des lettres Christophe Hendreich [1]. Son ouvrage m'a été d'un grand secours.

Le gouvernement de Carthage réunissait, comme celui de Sparte et de Rome, trois autorités différentes qui se balançaient l'une l'autre et se prêtaient un mutuel secours : celle des deux magistrats suprêmes, appelés *suffètes* [2]; celle du sénat, et celle du peuple. On y ajouta ensuite le tribunal des cent, qui eurent beaucoup de crédit dans la république.

Polyb. lib. 6, pag. 493.

Suffètes.

Le pouvoir des suffètes ne durait qu'un an [3], et ils étaient à Carthage ce que les consuls étaient à Rome [4].

---

[1] « *Carthago, sive Carthaginiensium respublica*, etc. » Francofurti ad Oderam. An 1664.

[2] Ce nom est dérivé d'un mot qui, chez les Hébreux et les Phéniciens, signifie juges : *shophetim*.

= C'est l'opinion de Bochart (*Chanan I.* 24) et de Selden (*de Diis Syriis. Proleg. c.* 2); bien plus naturelle que celle de Scaliger, qui faisait venir ce nom de *Tzazaph*, il *regarde d'en haut*, dans le même sens que ἔφορος, ἐπίσκοπος, ἐπόπτης. (SCALIGER, *in Fest.* voce *Suffet.*) — L.

[3] « Ut Romæ consules, sic Carthagine quotannis annui bini reges creabantur. » (CORN. NEP. *in Annib.* cap. 7.)

[4] Ou les deux rois à Lacédémone; avec cette différence que leurs fonc-

Souvent même les auteurs leur donnent les noms de *rois*, de *dictateurs*, de *consuls*, parce qu'ils en remplissaient l'emploi. L'histoire ne nous apprend point par qui ils étaient choisis. Ils avaient droit et étaient chargés du soin d'assembler le sénat[1] : ils en étaient les présidents et les chefs : ils y proposaient les affaires et recueillaient les suffrages. Ils présidaient[2] aussi aux jugements qui se rendaient sur les affaires importantes. Leur autorité n'était pas renfermée dans la ville, ni bornée aux affaires civiles ; on leur confiait quelquefois le commandement des armées. Il paraît qu'au sortir de la dignité de *suffètes* on les nommait *préteurs*, qui était une charge considérable, puisque, outre le droit de présidence dans certains jugements, elle leur donnait celui de proposer et de porter de nouvelles lois, et de faire rendre compte à ceux qui étaient chargés du recouvrement des deniers publics, comme on le voit dans ce que Tite-Live nous raconte d'Annibal à ce sujet, et que je rapporterai dans la suite [3].

Liv. lib. 33, n. 46 et 47.

Le sénat.

Le sénat, composé de personnes que leur âge, leur expérience, leur naissance, leurs richesses, et sur-tout leur mérite, rendaient respectables, formait le conseil de l'état, et était comme l'ame de toutes les délibérations publiques. On ne sait point précisément quel était

---

tions ne duraient qu'un an, et qu'ils étaient pris indifféremment dans les plus nobles familles. — L.

[1] « Senatum itaque suffetes, quod velut consulare imperium apud eos erat, vocaverunt. » (Liv. lib. 30, n. 7.)

[2] « Quum suffetes ad jus dicendum consedissent. » (Liv. lib. 34, n. 62.)

[3] Un autre magistrat paraît avoir eu les mêmes fonctions que le *Censeur* à Rome. (Nepos, *in Hamilcare*, § 3.) — L.

le nombre des sénateurs; il devait être fort grand, puisqu'on voit qu'on en tira cent pour former une compagnie particulière, dont j'aurai bientôt lieu de parler. C'était dans le sénat que se traitaient les grandes affaires, qu'on lisait les lettres des généraux, qu'on recevait les plaintes des provinces, qu'on donnait audience aux ambassadeurs, qu'on décidait de la paix ou de la guerre, comme on le voit en plusieurs occasions.

Quand les sentiments étaient uniformes et que tous les suffrages se réunissaient, alors le sénat décidait souverainement et en dernier ressort. Lorsqu'il y avait partage et qu'on ne convenait point, les affaires étaient portées devant le peuple, et dans ce cas le pouvoir de décider lui était dévolu [1]. Il est aisé de comprendre quelle sagesse il y avait dans ce réglement, et combien il était propre à arrêter les cabales, à concilier les esprits, à appuyer et à faire dominer les bons conseils, une compagnie comme celle-là étant extrêmement jalouse de son autorité, et ne consentant pas aisément à la faire passer à une autre. On en voit un exemple mémorable dans Polybe. Lorsque, après la perte de la bataille donnée en Afrique à la fin de la seconde guerre punique, on fit dans le sénat la lecture des conditions de paix qu'offrait le vainqueur, Annibal, voyant qu'un des sénateurs s'y opposait, représenta vivement que, s'agissant du salut de la république, il était de la dernière importance de se réunir, et de ne point renvoyer

Arist. loc. cit.

Polyb. l.15, p. 706 et 707

---

[1] Aristote est plus précis : « Les « rois avec les sénateurs sont maîtres « de porter une affaire au peuple, « ou de ne la point porter, s'ils sont « *tous* d'accord [sur cette affaire]; « sinon, le peuple est aussi appelé « à en décider. » Τοῦ μὲν γὰρ τὸ μὲν προσάγειν, τὸ δὲ μὴ προσάγειν πρὸς τὸν δῆμον οἱ βασιλεῖς κύριοι ΜΕΤΑ τῶν γερόντων, ἂν ὁμογνωμονῶσι ΠΑΝΤΕΣ· εἰ δὲ μὴ, καὶ τούτων ὁ Δῆμος. (*Polit.* II, 8, § 3, ed. Schn.) —L.

une telle délibération à l'assemblée du peuple; et il en vint à bout. Voilà sans doute ce qui, dans les commencements de la république, rendit le sénat si puissant, et ce qui porta son autorité à un si haut point; et le même auteur remarque, dans un autre endroit, que, tant que le sénat fut le maître des affaires, l'état fut gouverné avec beaucoup de sagesse, et que toutes les entreprises eurent un grand succès.

Polyb. l. 6, pag. 494.

Le peuple.

Il paraît, par tout ce que nous avons dit jusqu'ici, que jusqu'au temps d'Aristote, qui fait une si belle peinture et un si magnifique éloge du gouvernement de Carthage, le peuple se reposait volontiers sur le sénat du soin des affaires publiques, et lui en laissait la principale administration : et c'est par là que la république devint si puissante. Il n'en fut pas ainsi dans la suite. Le peuple, devenu insolent par ses richesses et par ses conquêtes, et ne faisant pas réflexion qu'il en était redevable à la prudente conduite du sénat, voulut se mêler aussi du gouvernement, et s'arrogea presque tout le pouvoir. Tout se conduisit alors par cabales et par factions; ce qui fut, selon Polybe, une des principales causes de la ruine de l'état.

Le tribunal des cent.

C'était une compagnie composée de cent quatre personnes, quoique souvent, pour abréger, il ne soit fait mention que de cent. Elle tenait lieu à Carthage, selon Aristote, de ce qu'étaient les éphores à Sparte; par où il paraît qu'elle fut établie pour balancer le pouvoir des grands et du sénat; mais avec cette différence, que les éphores n'étaient qu'au nombre de cinq et qu'ils ne demeuraient qu'un an en charge, au lieu que ceux-ci étaient perpétuels et passaient le nombre de cent. On croit que ces centumvirs sont les mêmes que les cent juges dont parle Justin, qui furent tirés du sénat, et établis pour faire rendre compte aux généraux de leur conduite. Le pouvoir exorbitant de ceux de la famille de Magon, qui, occupant les premières places et se trouvant à la tête des armées, s'étaient rendus maîtres de toutes les affaires, donna lieu à cet établissement. On voulut par là mettre un frein à l'autorité des généraux, laquelle, pendant qu'ils commandaient les troupes, était presque sans bornes et souveraine; et on la rendit soumise aux lois par la nécessité qu'on leur imposa de rendre compte de leur administration à ces juges, au retour de leurs campagnes : *ut hoc metu ita in bello imperia cogitarent, ut domi judicia legesque respicerent.* Parmi ces cent quatre juges, il y en avait cinq qui avaient une juridiction particulière et supérieure à celle des autres : on ne sait pas combien elle durait de temps. Ce conseil des cinq était comme le conseil des dix dans le sénat de Venise. Quand il y vaquait quelque place, c'étaient eux seuls qui avaient le droit de la remplir. Ils avaient droit aussi de choisir ceux qui entraient dans le conseil des cent. Leur autorité était fort grande; et c'est pour cela qu'on avait soin de ne mettre dans cette place que des hommes d'un rare mérite; et l'on ne crut point devoir attacher à leur emploi aucune rétribution ni aucune récompense, le motif seul du bien public devant être assez fort dans l'esprit des gens de bien pour les engager à remplir leurs devoirs avec zèle et fidélité. Polybe, en rappor-

Lib. 19, c. 2.

An. M. 3609. De Carthage, 487.

Justin. *Ibid.*

> Lib. 10, pag. 592.

tant la prise de Carthagène par Scipion, distingue nettement deux compagnies de magistrats établies à Carthage. Il dit que, parmi les prisonniers qu'on fit dans Carthagène, il se trouva deux magistrats du corps des vieillards, ἐκ τῆς γερουσίας (on appelait ainsi la compagnie des cent.), et quinze du sénat, ἐκ τῆς συγκλήτου.

> Lib. 26, n. 15.
> Lib. 30, n. 16.

Tite-Live ne fait mention que de ces quinze derniers sénateurs. Mais dans un autre endroit il nomme les vieillards, et marque qu'ils composaient le conseil le plus respectable de l'état, et qu'ils avaient une grande autorité dans le sénat : *Carthaginienses.... oratores ad pacem petendam mittunt triginta seniorum principes. Id erat sanctius apud illos concilium, maximaque ad ipsum senatum regendum vis.*

Les établissements les plus sages et les mieux concertés dégénèrent peu-à-peu, et font place enfin au désordre et à la licence, qui percent et pénètrent partout. Ces juges, qui devaient être la terreur du crime et le soutien de la justice, abusant de leur pouvoir, qui était presque sans bornes, devinrent autant de petits tyrans, comme nous le verrons dans l'histoire du grand Annibal, qui, pendant sa préture, lorsqu'il fut retourné en Afrique, employa tout son crédit pour réformer un abus si criant; et de perpétuelle qu'était l'autorité de

> An.M. 3802.
> De Carthage 682.

ces juges, la rendit annuelle, environ deux cents ans depuis que la compagnie des cent avait été formée.

Défauts du gouvernement de Carthage.

Aristote, entre quelques autres observations qu'il fait sur le gouvernement de Carthage, y remarque deux grands défauts, fort contraires, selon lui, aux vues d'un sage législateur et aux règles d'une bonne et saine politique.

Le premier de ces défauts consiste en ce qu'on mettait sur la tête d'un même homme plusieurs charges; ce qui était considéré à Carthage comme la preuve d'un mérite non commun. Aristote regarde cette coutume comme très-préjudiciable au bien public. En effet, dit-il, lorsqu'un homme n'est chargé que d'un seul emploi, il est beaucoup plus en état de s'en bien acquitter, les affaires pour-lors étant examinées avec plus de soin et expédiées avec plus de promptitude. On ne voit pas, ajoute-t-il, que, ni dans les troupes, ni dans la marine, on en use de la sorte : un même officier ne commande pas deux corps différents; un même pilote ne conduit pas deux vaisseaux. D'ailleurs le bien de l'état demande que, pour exciter de l'émulation parmi les gens de mérite, les charges et les faveurs soient partagées; au lieu que, lorsqu'on les accumule sur un même sujet, souvent elles produisent en lui une sorte d'éblouissement par une distinction si marquée, et excitent toujours dans les autres la jalousie, les mécontentements, les murmures.

Le second défaut qu'Aristote trouve dans le gouvernement de Carthage, c'est que, pour parvenir aux premiers postes, il fallait, avec du mérite et de la naissance, avoir encore un certain revenu; et qu'ainsi la pauvreté pouvait en exclure les plus gens de bien, ce qu'il regarde comme un grand mal dans un état : car alors, dit-il, la vertu n'étant comptée pour rien, et l'argent pour tout, parce qu'il conduit à tout, l'admiration et la soif des richesses saisit toute une ville et la corrompt; outre que les magistrats et les juges, qui ne le deviennent qu'à grands frais, semblent être en droit de s'en dédommager ensuite par leurs propres mains.

On ne voit, je crois, dans l'antiquité aucune trace qui marque que les dignités, soit de l'état, soit de la judicature, y aient jamais été vénales; et ce que dit ici Aristote des dépenses qui se faisaient à Carthage pour y parvenir tombe sans doute sur les présents par lesquels on achetait les suffrages de ceux qui conféraient les charges [1]; ce qui, comme le remarque aussi Polybe, était fort ordinaire parmi les Carthaginois [2], chez qui nul gain n'était honteux. Il n'est donc pas étonnant qu'Aristote condamne un usage dont il est aisé de voir combien les suites peuvent être funestes.

Mais, s'il prétendait qu'on dût mettre également dans les premières dignités les riches et les pauvres, comme il semble l'insinuer [3], son sentiment serait réfuté par la pratique générale des républiques les plus sages, qui, sans avilir ni déshonorer la pauvreté, ont cru devoir sur ce point donner la préférence aux richesses, parce qu'on a lieu de présumer que ceux qui ont du bien ont reçu une meilleure éducation, pensent plus noblement, sont moins exposés à se laisser corrompre et à faire des bassesses; et que la situation même de leurs affaires les rend plus affectionnés à l'état, plus disposés à y maintenir la paix et le bon ordre, plus intéressés à en écarter toute sédition et toute révolte.

---

[1] Le texte d'Aristote me paraît se prêter difficilement à cette ingénieuse interprétation. Cet auteur parle formellement de la vénalité des charges. (*Polit.* II, 8, § 7, *ed. Schneid.*) — L.

[2] Παρὰ Καρχηδονίοις οὐδὲν αἰσχρὸν τῶν ἀνηκόντων πρὸς κέρδος. (Polyb. lib. 6, pag. 497.)

[3] Aristote semble avoir prévu « l'objection : S'il est nécessaire, « dit-il, de considérer la fortune [en « nommant aux places], à cause du « loisir qu'elle procure, il est mal que « les plus grandes charges de l'état « soient à vendre. » — L.

Aristote, en finissant ses réflexions sur la république de Carthage, approuve fort la coutume [1] qui y régnait d'envoyer de temps en temps des colonies en différents endroits, et de procurer ainsi aux citoyens des établissements honnêtes. Par là on avait soin de pourvoir aux nécessités des pauvres, qui sont, aussi-bien que les riches, membres de l'état; on déchargeait la capitale d'une multitude de gens oisifs et fainéants, qui la déshonorent et souvent lui deviennent dangereux; on prévenait les mouvements et les troubles en éloignant ceux qui y donnent lieu pour l'ordinaire, parce que, mécontents de leur fortune présente, ils sont toujours prêts à remuer et à innover.

§ IV. *Commerce de Carthage, première source de ses richesses et de sa puissance.*

Le commerce était, à proprement parler, l'occupation de Carthage, l'objet particulier de son industrie, son caractère propre et dominant; c'en était la plus grande force et le principal soutien : en un mot, le commerce peut être regardé comme la source de la puissance, des conquêtes, du crédit et de la gloire des Carthaginois. Situés au centre de la Méditerranée, et prêtant une main à l'orient et l'autre à l'occident, ils embrassaient, par l'étendue de leur commerce, toutes les régions connues, et le portaient sur les côtes d'Espagne, de la Mauritanie, des Gaules, au-delà du détroit et des colonnes d'Hercule. Ils allaient par-tout acheter à bon marché le superflu de chaque nation, pour le

[1] Cette coutume existait également dans la plupart des républiques grecques. — L.

convertir à l'égard des autres en un nécessaire qu'ils leur vendaient fort chèrement. Ils tiraient de l'Égypte le fin lin, le papier, le blé, les voiles et les câbles pour les vaisseaux ; des côtes de la mer Rouge, les épiceries, l'encens, les aromates, les parfums, l'or, les perles et les pierres précieuses ; de Tyr et de la Phénicie, la pourpre et l'écarlate, les riches étoffes, les meubles somptueux, les tapisseries, et les différents ouvrages curieux et d'un travail recherché : en un mot, ils allaient chercher en diverses contrées tout ce qui peut fournir aux nécessités, et contribuer aux commodités, au luxe, aux délices de la vie. A leur retour ils rapportaient en échange le fer, l'étain, le plomb, et le cuivre des côtes occidentales ; et par la vente de toutes ces marchandises ils s'enrichissaient aux dépens de toutes les nations, et les mettaient à une espèce de contribution d'autant plus sûre, qu'elle était plus volontaire.

En se rendant ainsi les facteurs et les négociants de tous les peuples, ils étaient devenus les princes de la mer, le lien de l'orient, de l'occident et du midi, et le canal nécessaire de leur communication ; et avaient rendu Carthage la ville commune de toutes les nations que la mer avait séparées, et le centre de leur commerce.

Les plus considérables de la ville ne dédaignaient pas de faire le négoce ; ils s'y appliquaient avec le même soin que les moindres citoyens ; et leurs grandes richesses ne les dégoûtaient jamais de l'assiduité, de la patience et du travail nécessaires pour les augmenter. C'est ce qui leur a donné l'empire de la mer, ce qui a fait fleurir leur république, ce qui l'a mise en état de le disputer à Rome même, et qui l'a portée à un si haut degré de puissance, qu'il fallut aux Romains plus de quarante années d'une guerre cruelle et douteuse pour dompter cette fière rivale. Enfin, Rome triomphante ne crut pouvoir l'assujettir et la subjuguer entièrement qu'en lui ôtant les ressources qu'elle eût encore pu trouver dans le négoce, qui, pendant un si long temps, l'avait soutenue contre toutes les forces de la république.

Au reste, il n'est pas étonnant que Carthage, sortie de la première école du monde pour le commerce, je veux dire de Tyr, y ait eu un succès si prompt et si constant. Les mêmes vaisseaux qui conduisirent ses fondateurs en Afrique, après le transport, leur servirent pour le négoce. Ils commencèrent à s'établir sur les côtes d'Espagne, dans quelques ports qui leur furent ouverts pour y débarquer leurs marchandises. Les commodités et les facilités qu'ils y trouvèrent leur firent naître la pensée de conquérir ces vastes régions ; et dans la suite Carthage la Neuve, ou Carthagène, donna aux Carthaginois en ce pays-là un empire presque égal à celui que l'ancienne possédait en Afrique.

§ V. *Mines d'Espagne, seconde source des richesses et de la puissance de Carthage.*

Diodore remarque avec raison que les mines d'or et d'argent que les Carthaginois trouvèrent en Espagne furent pour eux une source inépuisable de richesses qui les mirent en état de soutenir de si longues guerres contre les Romains. Les naturels du pays avaient longtemps ignoré ces trésors cachés dans le sein de la terre, ou du moins ils en connaissaient peu l'usage et le prix.

Lib. 4, pag. 312, etc.

Les Phéniciens, par l'échange qu'ils faisaient de marchandises de peu de valeur avec ces précieux métaux, profitèrent de l'ignorance de ces peuples, et amassèrent des richesses immenses. Quand les Carthaginois se furent rendus maîtres du pays, ils creusèrent la terre plus avant que n'avaient fait les anciens Espagnols, qui d'abord apparemment s'étaient contentés de ce qu'ils trouvaient sur la superficie; et les Romains, quand ils eurent enlevé l'Espagne aux Carthaginois, ne manquèrent pas de profiter de leur exemple, et tirèrent de ces mines d'or et d'argent de fort grands revenus.

Diod. lib. 4, p. 312, etc.

Le travail pour parvenir à ces mines et pour en tirer l'or et l'argent était incroyable; car les veines de ces métaux paraissent rarement sur la superficie : il fallait les chercher et les suivre dans des profondeurs affreuses, où souvent l'on trouvait de l'eau en quantité, qui arrêtait tout court les ouvriers, et semblait devoir les rebuter pour toujours. Mais la cupidité n'est par moins patiente pour soutenir les fatigues qu'ingénieuse pour trouver des ressources. Dans la suite, par le moyen des pompes qu'Archimède avait inventées dans son voyage en Égypte, les Romains venaient à bout d'élever en haut toute l'eau de ces espèces de puits, et de les mettre à sec. Pour enrichir les maîtres de ces mines, il en coûta la vie à une infinité d'esclaves, qui étaient traités avec la dernière dureté, que l'on faisait travailler malgré eux à coups de bâton, et à qui on ne donnait de repos ni jour ni nuit. Polybe, cité par Strabon, dit que de son temps il y avait quarante mille hommes occupés aux mines qui étaient dans le voisinage de Carthagène, et qu'ils fournissaient chaque jour au peuple romain vingt-

[plus haut, p. 35.]

Strab. l. 3, pag. 147.

cinq mille drachmes ¹, c'est-à-dire douze mille cinq cents livres.

On ne doit pas être surpris de voir les Carthaginois, après les plus grandes défaites, mettre en peu de temps sur pied de nombreuses armées, équiper de grosses flottes, et soutenir pendant plusieurs années des dépenses considérables pour les guerres qu'ils faisaient au loin. Mais il doit paraître bien surprenant que les Romains fissent la même chose, eux dont les revenus étaient fort modiques avant ces grandes conquêtes qui leur assujettirent les peuples les plus puissants, et qui n'avaient aucune ressource ni du côté du trafic, absolument inconnu à Rome, ni du côté des mines d'or et d'argent, fort rares en Italie ², supposé qu'il y en eût, et dont les frais, par cette raison, auraient absorbé tout le profit. Ils trouvaient dans leur vie simple et frugale, dans leur zèle pour le bien public, et dans l'amour du peuple pour la patrie, des fonds non moins prompts ni moins assurés que ceux de Carthage, mais plus honorables à la nation.

§ VI. *La guerre.*

Carthage doit être considérée comme une république marchande tout ensemble et guerrière. Elle était marchande par inclination et par état; elle devint guerrière,

---

¹ Les drachmes dont parle Polybe sont des deniers romains : c'est 20,460 francs par jour, et par an 6,138,000 f., en ne comptant que 300 jours de travail ; ce qui donne pour le produit du travail de chaque esclave 153 f. environ. — L.

² Selon Pline, aucun pays ne l'emporte sur l'Italie par l'abondance des mines de tous métaux (III, 20, p. 177). Mais son assertion paraît hasardée : il faut se souvenir, comme d'un fait capital, que Rome n'a eu que de la monnaie de cuivre, jusqu'en l'année 247 avant J. C. (Voyez mes *Considérations générales sur l'évaluation des monnaies grecques et romaines*, pag. 108.) — L.

d'abord par la nécessité de se défendre contre les peuples voisins, et ensuite par le desir d'étendre son commerce et d'agrandir son empire. Cette double idée nous donne, ce me semble, le vrai plan et le vrai caractère de la république carthaginoise. Nous avons parlé du commerce.

La puissance militaire de Carthage consistait en rois alliés, en peuples tributaires dont elle tirait des milices et de l'argent, en quelques troupes composées de ses propres citoyens, et en soldats mercenaires qu'elle achetait dans les états voisins, sans être obligée ni de les lever, ni de les exercer, parce qu'elle les trouvait tout formés et tout aguerris, choisissant dans chaque pays les troupes qui avaient le plus de mérite et de réputation. Elle tirait de la Numidie une cavalerie légère, hardie, impétueuse, infatigable, qui faisait la principale force de ses armées; des îles Baléares, les plus adroits frondeurs de l'univers; de l'Espagne, une infanterie ferme et invincible; des côtes de Gênes et des Gaules, des troupes d'une valeur reconnue; et de la Grèce même, des soldats également bons pour toutes les opérations de la guerre, propres à servir en campagne ou dans les villes, à faire des siéges ou à les soutenir.

Elle mettait ainsi tout d'un coup sur pied une puissante armée, composée de tout ce qu'il y avait de troupes d'élite dans l'univers, sans dépeupler ses campagnes ni ses villes par de nouvelles levées, sans suspendre les manufactures ni troubler les travaux paisibles des artisans, sans interrompre son commerce, sans affaiblir sa marine. Par un sang vénal elle s'acquérait la possession des provinces et des royaumes, et convertissait les autres nations en instruments de sa grandeur et de sa gloire, sans y rien mettre du sien que de l'argent, que même les peuples étrangers lui fournissaient par son négoce.

Si dans le cours d'une guerre elle recevait quelque échec, ces pertes étaient comme des accidents étrangers qui ne faisaient qu'effleurer extérieurement le corps de l'état sans porter de plaies profondes dans les entrailles mêmes ni dans le cœur de la république. Ces pertes étaient promptement réparées par les sommes qu'un commerce florissant fournissait comme un nerf perpétuel de la guerre, et comme un restaurant de l'état toujours nouveau pour acheter des troupes toujours prêtes à se vendre ; et, par l'étendue immense des côtes dont ils étaient les maîtres, il leur était aisé de lever en peu de temps tous les matelots et les rameurs dont ils avaient besoin pour les manœuvres et le service de la flotte, et de trouver d'habiles pilotes et des capitaines expérimentés pour la conduire.

Mais toutes ces parties fortuitement assorties ne tenaient ensemble par aucun lien naturel, intime, nécessaire ; aucun intérêt commun et réciproque ne les unissait pour en former un corps solide et inaltérable ; aucune ne s'affectionnait sincèrement au succès des affaires et à la prospérité de l'état: On n'agissait pas avec le même zèle et on ne s'exposait pas aux dangers avec le même courage pour une république qu'on regardait comme étrangère, et par là comme indifférente, que l'on aurait fait pour sa propre patrie, dont le bonheur fait celui des citoyens qui la composent.

Dans les grands revers, les rois alliés [1] pouvaient être aisément détachés de Carthage, ou par la jalousie que

---

[1] Comme Syphax et Masinissa.

cause naturellement la grandeur d'un voisin plus puissant que soi, ou par l'espérance de tirer des avantages plus considérables d'un nouvel ami, ou par la crainte d'être enveloppés dans le malheur d'un ancien allié.

Les peuples tributaires, dégoûtés par le poids et la honte d'un joug qu'ils portaient impatiemment, se flattaient pour l'ordinaire d'en trouver un plus doux en changeant de maître : ou, si la servitude était inévitable, ils étaient fort indifférents pour le choix, comme on le verra par plusieurs exemples que cette histoire nous fournira.

Les troupes mercenaires, accoutumées à mesurer leur fidélité sur la grandeur ou sur la durée du salaire, étaient toujours prêtes, au moindre mécontentement ou sur les plus légères promesses d'une plus grosse solde, à passer du côté de l'ennemi qu'elles venaient de combattre, et à tourner leurs armes contre ceux qui les avaient appelées à leur secours.

Ainsi la grandeur de Carthage, qui ne se soutenait que par ces appuis extérieurs, se voyait ébranlée jusque dans ses fondements aussitôt qu'ils lui étaient ôtés; et, si par-dessus cela son commerce, qui faisait son unique ressource, venait à être interrompu par la perte de quelque bataille navale, elle croyait toucher à sa ruine et se livrait au découragement et au désespoir, comme il parut clairement à la fin de la première guerre punique.

Aristote, dans le livre où il marque les avantages et les inconvénients du gouvernement de Carthage, ne la reprend point de n'avoir que des milices étrangères; et il est à croire qu'elle n'est tombée que long-temps après dans ce défaut. Les révoltes arrivées dans les derniers temps dûrent lui apprendre qu'il n'y a rien de plus malheureux qu'un état qui ne se soutient que par les étrangers, où il ne trouve ni zèle, ni sûreté, ni obéissance.

Il n'en était pas ainsi dans la république romaine. Comme elle était sans commerce et sans argent, elle ne pouvait acheter des secours capables de l'aider à pousser ses conquêtes aussi rapidement que Carthage; mais aussi, comme elle tirait tout d'elle-même et que toutes les parties de l'état étaient intimement unies ensemble, elle avait des ressources plus sûres dans ses grands malheurs que n'en avait Carthage dans les siens : et de là vient qu'elle ne songea point du tout à demander la paix après la bataille de Cannes, comme celle-ci l'avait demandée dans un danger moins pressant.

Carthage avait de plus un corps de troupes composé seulement de ses propres citoyens, mais peu nombreux. C'était l'école où la principale noblesse et ceux qui se sentaient plus d'élévation, de talents et d'ambition pour aspirer aux premières dignités, faisaient l'apprentissage de la profession des armes. C'était de leur sein qu'on tirait tous les officiers-généraux qui commandaient les différents corps de troupes, et qui avaient la principale autorité dans les armées. Cette nation était trop jalouse et trop soupçonneuse pour en confier le commandement à des capitaines étrangers. Mais elle ne portait pas si loin que Rome et Athènes sa défiance contre ses citoyens, à qui elle donnait un grand pouvoir, ni ses précautions contre l'abus qu'ils en pouvaient faire pour opprimer leur patrie. Le commandement des armées n'y était point annuel ni fixé à un temps limité comme dans ces deux autres républiques. Plusieurs généraux l'ont conservé pendant un long cours d'années, et jusqu'à la fin de la guerre ou de leur vie, quoiqu'ils demeurassent toujours comptables de leurs actions à la république, et sujets à être révoqués quand, ou une véritable faute, ou un malheur, ou le crédit d'une cabale opposée, y donnait occasion.

§ VII. *Les sciences et les arts.*

On ne peut pas dire que Carthage eût entièrement renoncé à la gloire de l'étude et du savoir. Masinissa, fils d'un roi [1] puissant, qui y fut envoyé pour y être instruit et élevé, fait croire qu'il y avait dans cette ville quelque école propre à donner une bonne éducation. Le grand Annibal, qui en a fait l'honneur en tout genre, n'était pas ignorant dans les belles-lettres, comme on le verra dans la suite. Magon, autre général fort célèbre, n'a pas moins illustré Carthage par ses ouvrages que par ses victoires. Il avait écrit vingt-huit volumes sur l'agriculture; et le sénat romain en fit tant de cas, qu'après la prise de Carthage, lorsqu'il distribuait aux princes d'Afrique les bibliothèques qui s'y trouvèrent (nouvelle preuve que l'érudition n'en était pas absolument bannie), il donna ordre qu'on traduisît en latin ces livres sur l'agriculture, quoique l'on eût déja ceux que Caton avait composés sur la même matière. Nous avons encore une version grecque d'un traité composé en langue punique [2], par Hannon, sur le voyage qu'il avait fait par ordre du sénat, avec une flotte considé-

<small>Corn. Nep. in vit. Annib. cap. 13.

Cic. lib. 1 de Orat. n. 249.
Plin. lib. 18, cap. 3.

Voss. de hist. græc. lib. 4. [p. 513.]</small>

---

[1] Roi des Massyliens en Afrique.
[2] Ce qui nous reste d'Hannon est moins un *traité* qu'une espèce d'inscription (traduite du punique par un auteur inconnu), contenant les principaux faits du voyage, et qu'Hannon aura fait déposer dans un temple à son retour.

Les savants s'accordent assez généralement à placer l'époque du Périple d'Hannon, vers le temps d'Hérodote. — L.

rable, autour de l'Afrique, pour y établir différentes colonies. On croit cet Hannon plus ancien que celui dont il est parlé du temps d'Agathocle.

Clitomaque, appelé en langue punique *Asdrubal*, tient un rang considérable parmi les philosophes. Il succéda au fameux Carnéade, qui avait été son maître, et soutint à Athènes l'honneur de la secte académique. Cicéron [1] lui trouve assez d'esprit pour un Carthaginois, et beaucoup d'ardeur pour l'étude. Il composa plusieurs livres, dans l'un desquels il consolait les malheureux citoyens de Carthage, qui, après la ruine de cette ville, se trouvaient réduits au triste état de captivité.

Plut. de fortun. Alex. pag. 328. Diog. Laert. in Clitom. [IV, § 67.]

Tuscul. Quæst. l. 3, n. 54.

Je pourrais mettre au nombre, ou plutôt à la tête des écrivains qui ont illustré l'Afrique, le célèbre Térence, capable de lui faire seul un honneur infini par l'éclat de sa réputation, s'il n'était évident que, par rapport à ses écrits, Carthage, où il naquit, doit moins être regardée comme sa patrie que Rome, où il fut élevé, et où il puisa cette pureté de style, cette délicatesse, cette élégance, qui l'ont rendu l'admiration de tous les siècles. On conjecture qu'il fut enlevé encore enfant, ou du moins fort jeune, par les Numides, dans les courses qu'ils faisaient sur les terres des Carthaginois, pendant la guerre qu'eurent ensemble ces deux peuples depuis la fin de la seconde guerre punique jusqu'au commencement de la troisième. On le vendit comme esclave à Térentius Lucanus, sénateur romain, qui, après l'avoir fait élever avec beaucoup de soin, l'affranchit, et lui fit porter son nom comme c'était alors la coutume. Il fut uni d'une amitié très-étroite

Suet. in vit. Terent.

---

[1] « Clitomachus, homo et acutus ut Pœnus, et valdè studiosus ac diligens. » (*Academ. quæst.* lib. II, n. 98.)

avec Scipion l'Africain le second, et avec Lélius; et c'était un bruit public à Rome, que ces deux grands hommes lui aidaient à composer ses pièces. Le poëte, loin de se défendre d'un bruit qui lui était si avantageux, s'en fit honneur. Il ne nous reste de lui que six comédies. Quelques auteurs, au rapport de Suétone, qui a écrit sa vie, disent qu'à son retour de Grèce, où il avait fait un voyage, il perdit cent huit pièces qu'il avait traduites de Ménandre, et qu'il ne put survivre à un accident qui devait lui causer une douleur très-sensible. Mais on ne trouve pas que cette particularité de la vie de Térence ait un fondement fort solide. Quoi qu'il en soit, il mourut l'an de Rome 594, sous le consulat de Cn. Cornelius Dolabella et de M. Fulvius, à l'âge de trente-cinq ans; et par conséquent il était né l'an 560.

Il faut pourtant avouer, malgré tout ce que je viens de dire, que la disette d'hommes savants a toujours été grande à Carthage, puisque dans le cours de plus de sept siècles cette puissante république fournit à peine trois ou quatre auteurs connus. Quoiqu'elle eût des liaisons avec la Grèce et avec les nations les plus policées, elle ne s'était pas mise en peine d'en emprunter les belles connaissances, dont l'acquisition n'entrait point dans les vues de son commerce. L'éloquence, la poésie, l'histoire, semblent y avoir été peu connues. Un philosophe carthaginois, parmi les savants, passe presque pour un prodige. Que croirait-on d'un géomètre ou d'un astronome? Je ne sais s'ils faisaient quelque cas de la médecine, si utile à la vie; et de la jurisprudence, si nécessaire à la société.

Au milieu d'une indifférence si marquée pour tous les

ouvrages de l'esprit, l'éducation de la jeunesse ne pouvait être que fort imparfaite et fort grossière. A Carthage toute l'étude, toute la science des jeunes gens se bornait, pour le grand nombre, à écrire et chiffrer, à dresser un registre, à tenir un comptoir, en un mot à ce qui regarde le trafic. Belles-lettres, histoire, philosophie, c'étaient toutes choses peu estimées à Carthage. Elles furent même, dans la suite des temps, interdites par les lois [1], qui défendaient expressément à tout Carthaginois d'apprendre la langue grecque, de peur que par là il ne se mît en état d'entretenir commerce, ou par lettres, ou de vive voix, avec les ennemis.

Que pouvait-on attendre d'une telle disposition ? Aussi ne vit-on jamais parmi eux cette douceur dans la conduite, cette facilité de mœurs, ces sentiments de vertu, que l'éducation a coutume d'inspirer aux nations où elle est cultivée. Il faut que le petit nombre des grands hommes que celle-ci a portés n'aient dû leur mérite qu'à un heureux naturel, qu'à des talents singuliers et à une longue expérience, sans que la culture et l'instruction y aient beaucoup contribué. De là vient que chez ce peuple le mérite des plus grands hommes est terni par de grands défauts, par des vices bas, par des passions cruelles; et il est rare d'y voir briller une vertu sans tache et sans reproche, noble, généreuse, aimable, et soutenue par des principes constants et éclairés, telle qu'on en voit en foule parmi les Grecs et les Romains. On sent bien que je ne parle ici que des vertus païennes, et selon l'idée qu'en avaient les païens.

---

[1] « Factum senatusconsultum ne quis postea Carthaginiensis, aut litteris græcis, aut sermoni studeret; ne aut loqui cum hoste, aut scribere sine interprete posset. » (Just. lib. 2, cap. 5.)

Je ne trouve pas plus de monuments de leur habileté dans les arts moins élevés et moins nécessaires, comme sont la peinture et la sculpture. Je lis qu'ils avaient beaucoup pillé de ces sortes d'ouvrages sur les nations vaincues : mais je n'apprends nulle part qu'ils en eussent beaucoup fait eux-mêmes.

De tout ce que je viens de dire on ne peut s'empêcher de conclure, que le commerce était le goût dominant et le caractère propre de la nation; qu'il faisait comme le fonds de l'état; qu'il était l'ame de la république, et le grand mobile de toutes ses entreprises. Les Carthaginois étaient la plupart de bons négocians, uniquement occupés de leur trafic, poussés par le desir du gain, n'estimant que les richesses, et mettant tous leurs talents aussi-bien que leur principale gloire à en amasser beaucoup, sans en connaître trop la véritable destination, et sans savoir en faire un noble et digne usage.

§ VIII. *Caractères, mœurs, qualités des Carthaginois.*

Dans le dénombrement [1] des différentes qualités que Cicéron attribue aux différentes nations, et par lesquelles il les caractérise, il donne aux Carthaginois, pour caractère dominant, la finesse, l'habileté, l'adresse, l'industrie, la ruse, *calliditas*, qui avait lieu sans doute dans la guerre, mais qui paraissait encore

---

[1] « Quàm volumus licet ipsi nos amemus; tamen nec numero Hispanos, nec robore Gallos, nec calliditate Pœnos, nec artibus Græcos, nec denique hoc ipso hujus gentis ac terræ domestico nativoque sensu Italos ipsos ac Latinos, sed pietate ac religione, atque hàc unâ sapientiâ quòd deorum immortalium numine omnia regi gubernarique perspeximus, omnes gentes nationesque superavimus. » (*De Arusp. resp.* n. 19.)

davantage dans tout le reste de leur conduite, et qui était jointe à une autre qualité fort voisine, qui leur était encore moins honorable. La ruse et la finesse conduisent naturellement au mensonge, à la duplicité, à la mauvaise foi; et en accoutumant insensiblement l'esprit à devenir moins délicat sur le choix des moyens pour parvenir à ses fins, elles le préparent à la fourberie et à la perfidie. C'était [1] encore un des caractères des Carthaginois, et il était si marqué et si connu, qu'il avait passé en proverbe, et que, pour désigner une mauvaise foi, on disait une foi carthaginoise, *fides punica;* et que, pour marquer un esprit fourbe, on n'avait point d'expression ni plus propre ni plus énergique que de l'appeler un esprit carthaginois, *punicum ingenium.*

Le desir excessif d'amasser et l'amour désordonné du gain étaient parmi eux une source ordinaire d'injustices et de mauvais procédés. Un seul exemple en sera la preuve [2]. Pendant une trêve que Scipion avait accordée à leurs instantes prières, des vaisseaux romains battus par la tempête, étant arrivés à la vue de Carthage, furent arrêtés et saisis par ordre du sénat et du peuple, qui ne purent laisser échapper une si belle proie. Ils voulaient gagner à quelque prix que ce fût [3]. Les habitants de Carthage reconnurent, au rap-

---

[1] « Carthaginienses fraudulenti et mendaces.... multis et variis mercatorum advenarumque sermonibus ad studium fallendi quæstûs cupiditate vocabantur. » (Crc. *orat.* 2 *in Rull.* n. 94.)

[2] « Magistratus senatum vocare, populus in curiæ vestibulo fremere, ne tanta ex oculis manibusque amit- teretur præda. Consensum est ut, etc. » (Liv. lib. 30, n. 24.)

[3] Un charlatan avait promis aux habitants de Carthage de leur découvrir à tous leurs plus secrètes pensées, s'ils venaient un certain jour l'écouter. Lorqu'ils furent tous assemblés, il leur dit qu'ils pensaient tous, quand ils vendaient, à vendre

port de saint Augustin, dans une occasion assez particulière, qu'ils conservaient encore quelque chose de ce caractère.

Plut. de ger. rep. p. 799.

Ce n'étaient pas là les seuls défauts des Carthaginois. Ils avaient dans l'humeur et dans le génie quelque chose d'austère et de sauvage, un air hautain et impérieux, une sorte de férocité qui, dans le premier feu de la colère, n'écoutant ni raison, ni remontrance, se portait brutalement aux derniers excès et aux dernières violences. Le peuple, timide et rampant dans la crainte, fier et cruel dans ses emportements, en même temps qu'il tremblait sous ses magistrats, faisait trembler à son tour tous ceux qui étaient dans sa dépendance. On voit ici quelle différence l'éducation met entre une nation et une nation. Le peuple d'Athènes, ville qui a toujours été regardée comme le centre de l'érudition, était naturellement jaloux de son autorité et difficile à manier, mais cependant avait un fonds de bonté et d'humanité qui le rendait compatissant au malheur des autres, et lui faisait souffrir avec douceur et patience les fautes de ses conducteurs. Cléon demanda un jour qu'on rompît l'assemblée où il présidait, parce qu'il avait un sacrifice à offrir et des amis à traiter. Le peuple ne fit que rire, et se leva. A Carthage, dit Plutarque, une telle liberté aurait coûté la vie.

Lib. 22, n. 61.

Tite-Live fait une pareille réflexion au sujet de Terentius Varro, lorsque, revenant à Rome après la ba-

cher; et, quand ils achetaient, à le faire à bon marché. Ils convinrent tous en riant que cela était vrai; et par conséquent ils reconnurent, dit saint Augustin, qu'ils étaient injustes. *Vili vultis emere et carè vendere. In quo dicto levissimi scenici omnes tamen conscientias invenerunt suas, eique vera et tamen improvisa dicenti admirabili favore plauserunt.* (S. August. lib. 13, *de Trinit.* cap. 3.)

taille de Cannes, qui avait été perdue par sa faute, il fut reçu par tous les ordres de l'état, qui allèrent au-devant de lui et le remercièrent de ce qu'il n'avait pas désespéré de la république, lui, dit l'historien, qui aurait dû s'attendre aux derniers supplices s'il avait été général à Carthage, *cui, si Carthaginiensium ductor fuisset, nihil recusandum supplicii foret.* En effet, chez eux il y avait un tribunal établi exprès pour faire rendre compte aux généraux de leur conduite, et on les rendait responsables des événements de la guerre. A Carthage, un mauvais succès était puni comme un crime d'état, et un commandant qui avait perdu une bataille était presque sûr à son retour de perdre la vie à une potence : tant ses habitants étaient d'un caractère dur, violent, cruel, barbare, et toujours prêts à répandre le sang des citoyens, comme celui des étrangers. Les supplices inouïs qu'ils firent souffrir à Régulus en sont une bonne preuve, et leur histoire nous en fournira des exemples qui font frémir.

SECONDE PARTIE.

HISTOIRE DES CARTHAGINOIS.

Tout le temps qui s'est écoulé depuis la fondation de Carthage jusqu'à sa ruine est de sept cents ans, et peut se diviser en deux parties. La première, beaucoup plus longue et beaucoup moins connue, comme cela est ordinaire pour le commencement de tous les états, s'étend jusqu'à la première guerre punique, et renferme cinq cent quatre-vingt-deux ans. La seconde, qui se termine à la destruction de Carthage, n'est que de cent dix-huit ans.

CHAPITRE PREMIER.

FONDATION DE CARTHAGE, ET SES ACCROISSEMENTS JUSQU'A LA PREMIÈRE GUERRE PUNIQUE.

Carthage d'Afrique était une colonie de Tyr, la ville du monde la plus renommée pour le commerce[1]. Long-temps auparavant, Tyr avait déja fait passer dans

---

[1] « Utica et Carthago, ambæ inclytæ, ambæ à Phœnicibus conditæ : illa fato Catonis insignis, hæc suo. » (Pompon. Mel. lib. I, cap. 7.)

le même pays une autre colonie, qui y bâtit la ville d'Utique, célèbre par la mort du second Caton, qu'on appelle ordinairement, pour cette raison, *Caton d'Utique.*

Les auteurs varient beaucoup sur l'époque de l'établissement de Carthage. Il est difficile et peu important d'entreprendre de les concilier : du moins, pour suivre le plan que je me suis proposé dans cet ouvrage, il suffit de savoir, à peu d'années près, le temps où cette ville a été bâtie.

Carthage a duré un peu plus de sept cents ans. Elle a été détruite sous le consulat de Cn. Lentulus et de L. Mummius, l'année 603 de Rome, 3859 du monde, 145 ans avant Jésus-Christ. Ainsi sa fondation peut être placée l'an du monde 3158, pendant que Joas régnait sur Juda, 98 ans avant que Rome fût bâtie, 846 ans avant Jésus-Christ [1]. Liv. Epitome, lib. 51.

L'établissement de Carthage est attribué à Élissa, princesse tyrienne, plus connue sous le nom de Didon. Ithobal, roi de Tyr, et père de la fameuse Jézabel, nommé dans l'Écriture *Ethbaal*, était son bisaïeul. Elle avait épousé Acerbas, son proche parent, appelé Justin. lib. 18, c. 4, 5, 6. App. de bel. pun. pag. 1. Strab. l. 17, pag. 832. Paterc. l. 1, cap. 6.

---

[1] Appien place cette fondation 50 ans avant la guerre de Troie ; ce serait 1259 ans av. J.-C. selon le calcul de la chronique de Paros, et même 1320, suivant le calcul d'Hérodote. Eusèbe, d'après Philistus, met la fondation de Carthage à l'an 804 depuis la vocation d'Abraham (1211 av. J. C.) ; le Syncelle en 1037 ; d'autres auteurs, selon Eusèbe, en 1014 et 1044.

D'un autre côté Timée, place cet événement en 814 ; Velleius Paterculus en 818 ; Justin en 825 ; Tite-Live en 845 ; Ménandre d'Éphèse, en 867 ; Solin en 884.

On peut diviser ces opinions en deux principales : celle qui reporte la fondation de Carthage au-dessus de l'an 1000 ; et celle qui la fait descendre au-dessous de l'an 900. Il est vraisemblable que des différences si grandes viennent de ce qu'on a confondu l'époque de plusieurs fondations successives. — L.

autrement Sicharbas et Sichée, prince extrêmement riche, et avait pour frère Pygmalion, qui régnait à Tyr. Celui-ci ayant fait mourir Sichée, dans le dessein de s'emparer de ses grands biens, Didon trompa la cruelle avarice de son frère, s'étant retirée secrètement avec tous les trésors de Sichée. Après plusieurs courses, elle aborda enfin sur les côtes de la mer Méditerranée, au golfe où était Utique, dans le pays appelé l'*Afrique* proprement dite, à six lieues de Tunis [1], ville aujourd'hui fort connue par ses corsaires, et s'y établit [2] avec sa petite troupe, ayant acheté un terrain des habitants du pays.

Plusieurs de ceux qui demeuraient dans le voisinage, invités par l'attrait du gain, s'y rendirent en foule pour vendre à ces nouveaux-venus les choses nécessaires à la vie, et s'y établirent eux-mêmes peu de temps après. De ces habitants ramassés de différents endroits se forma une multitude fort nombreuse. Ceux d'Utique, qui les regardaient comme leurs compatriotes et comme des gens qui avaient avec eux une origine commune, leur envoyèrent des députés avec de grands présents, et les exhortèrent à construire une ville dans l'endroit même où ils s'étaient d'abord établis. Les na-

---

[1] 120 stades.

[2] Quelques-uns disent que Didon usa d'adresse avec les habitants du pays, et demanda qu'on voulût bien lui vendre, pour l'établissement qu'elle méditait, autant de terrain qu'en pourrait renfermer une peau de bœuf. On ne crut pas devoir lui refuser une grace si petite en apparence. Elle divisa cette peau en lanières fort étroites, et entoura par ce moyen un circuit fort étendu, où elle bâtit une citadelle, qui de là fut appelée *Byrsa*. Mais ce petit conte du cuir de bœuf divisé en lanières est généralement décrié parmi les savants, qui font remarquer que le mot hébreu *bosra*, qui signifie *fortification*, a donné lieu au mot grec *byrsa*, qui est le nom de la citadelle de Carthage.

turels du pays, par un sentiment d'estime et de considération assez ordinaire pour les étrangers, en firent autant de leur côté. Ainsi, tout concourant aux vues de Didon, elle bâtit sa ville, qui fut chargée de payer aux Africains un tribut annuel pour le terrain qu'on avait acheté d'eux, et qui fut appelée *Carthada* [1], Carthage, nom qui, dans la langue phénicienne et dans la langue hébraïque, qui sont fort semblables, signifie *la ville neuve*. On dit que, lorsqu'on en creusait les fondements, il s'y trouva une tête de cheval ; ce qui fut pris pour un bon augure, et comme une marque qu'un jour cette ville serait fort belliqueuse [2].

Cette princesse, dans la suite, fut recherchée en mariage par Iarbas, roi de Gétulie, qui menaçait de lui faire la guerre si elle ne consentait à sa proposition. Didon, qui s'était engagée par serment à ne passer jamais à de secondes noces, ne pouvant se résoudre à violer la foi qu'elle avait jurée à Sichée, demanda du temps comme pour délibérer et pour apaiser les mânes de son premier mari par des sacrifices qu'elle lui offrirait. Ayant donc fait préparer un bûcher, elle monta dessus, et, tirant un poignard qu'elle avait caché sous sa robe, elle se donna la mort.

Virgile a changé beaucoup de choses dans cette histoire, en supposant qu'Énée, son héros, était contemporain de Didon, quoiqu'il se soit écoulé près de trois siècles entre l'un et l'autre, Carthage ayant été bâtie près de trois cents ans après la prise de Troie. On lui

---

[1] Kartha hadath, *ou* hadtha.
[2] Effodère loco signum, quod regia Juno
Monstrârat, caput acris equi : sic nam fore bello
Egregiam, et facilem victu per sæcula gentem.
Virg. Æn. lib. I, v. 447.

pardonne aisément cette licence [1], excusable dans un poëte, qui n'est point astreint à l'exactitude scrupuleuse d'un historien; et l'on admire avec raison le dessein spirituel de Virgile, qui, voulant intéresser à sa poésie les Romains, pour qui il écrivait, trouve le moyen d'y faire entrer la haine implacable de Carthage et de Rome, et en va chercher ingénieusement les semences dans l'origine la plus reculée de ces deux villes rivales.

Carthage, qui avait eu de très-faibles commencements, comme nous l'avons dit, s'accrut d'abord peu-à-peu dans le pays même; mais sa domination ne demeura pas long-temps renfermée dans l'Afrique. Cette ville ambitieuse porta ses conquêtes au-dehors, envahit la Sardaigne, s'empara d'une grande partie de la Sicile, soumit presque toute l'Espagne; et, ayant envoyé de tous côtés de puissantes colonies, elle demeura maîtresse de la mer pendant plus de six cents ans, et se fit un état qui le pouvait disputer aux plus grands empires du monde par son opulence, par son commerce, par ses nombreuses armées, par ses flottes redoutables, et surtout par le courage et le mérite de ses capitaines. La date et les circonstances de plusieurs de ces conquêtes sont peu connues [2]. Je n'en dirai qu'un mot, pour mettre le lecteur au fait, et pour lui donner quelque idée des pays dont il sera souvent parlé dans la suite.

[1] D'après la diversité des opinions sur l'époque de la fondation de Carthage, on voit que Virgile a pu se croire le maître de choisir, entre toutes les dates, celle qui s'accommodait le mieux avec l'économie de son ouvrage : cette date n'est pas aussi dénuée de fondement qu'on se l'imagine, puisque d'habiles critiques donnent la préférence à la date 1255 avant J.-C., qui est à peu-près celle de la guerre de Troie. (GOSSELLIN, *Géogr. systém.* 2, 1, p. 138.) Ainsi le *choix* de Virgile n'est pas une *licence.* — L.

[2] Il existe une lacune de près de 300 ans, dans l'histoire de Carthage, après la mort de Didon. — L.

Conquêtes des Carthaginois en Afrique.

Les premières guerres de Carthage furent pour se délivrer du tribut qu'elle s'était engagée à payer tous les ans aux Africains pour le terrain qui lui avait été cédé. Une telle démarche ne lui fait guère d'honneur. Ce tribut était le titre primordial de son établissement. Il semble qu'elle en voulait couvrir l'obscurité en abolissant ce qui en était la preuve ; mais elle n'y réussit pas pour-lors. Le bon droit était entièrement du côté des Africains : le succès répondit à la justice de leur cause, et la guerre se termina par le paiement du tribut.

Justin. l. 29, cap. 1.

Elle porta ensuite ses armes contre les Maures et les Numides, sur qui elle fit plusieurs conquêtes ; et, devenue plus hardie par ces heureux succès, elle secoua entièrement le joug du tribut qu'elle payait avec peine, et se rendit maîtresse d'une grande partie de l'Afrique.

Id. cap. 2.

Il y eut vers ce temps-là une grande dispute entre Carthage et Cyrène au sujet des limites. Cyrène était une ville fort puissante, située sur le bord de la mer Méditerranée, vers la grande Syrte, qui avait été bâtie par Battus, Lacédémonien.

Sallust. de bell. Jugurt. [c. 78.] Val. Max. lib. 5, cap. 6.

On convint de part et d'autre que deux jeunes gens partiraient en même temps de chacune des deux villes, et que le lieu où ils se rencontreraient servirait de limite aux deux états. Les Carthaginois (c'étaient deux frères nommés Philènes) firent plus de diligence : les autres, prétendant qu'il y avait de la mauvaise foi, et qu'ils étaient partis avant l'heure marquée, refusèrent de s'en tenir à l'accord, à moins que les deux frères, pour écarter tout soupçon de supercherie, ne consentissent à être ensevelis tout vivants dans l'endroit même où s'était faite la rencontre. Ils y consentirent. Les Carthaginois y élevèrent en leur nom deux autels, leur rendirent chez eux les honneurs divins; et depuis ce temps-là ce lieu a été appelé les *Autels des Philènes*, *Arœ Philænorum*, et a servi de borne à l'empire des Carthaginois, qui s'étendait depuis cet endroit jusqu'aux colonnes d'Hercule.

Conquêtes des Carthaginois en Sardaigne, etc.

Strab. lib. 5, pag. 224. Diod. lib. 5, pag. 296.

L'histoire ne nous apprend rien de précis, ni du temps où les Carthaginois entrèrent en Sardaigne, ni de la manière dont ils s'en rendirent les maîtres. Elle fut pour eux d'un grand secours, et, pendant toutes leurs guerres, elle leur fournit toujours des vivres en abondance : elle n'est séparée de l'île de Corse que par un détroit d'environ trois lieues. La partie méridionale, qui était la plus fertile, avait pour capitale *Caralis* ou *Calaris* (maintenant *Cagliari*). A l'arrivée des Carthaginois, les naturels du pays se retirèrent sur les montagnes situées vers le nord, qui sont presque inaccessibles, et d'où on ne put les faire sortir.

Les Carthaginois s'emparèrent aussi des îles Baléares, appelées maintenant *Majorque* et *Minorque*. Le Port-Magon (*Portus Magonis*), qui est dans la dernière, fut ainsi appelé du nom d'un général carthaginois qui,

Liv. lib. 28, n. 37.

le premier, en fit usage et le fortifia. On ne sait point quel était ce Magon. Il y a assez d'apparence que c'était le frère d'Annibal. Encore aujourd'hui ce port est un des plus considérables de la mer Méditerranée.

Diod. lib. 5, pag. 298; et lib. 19, pag. 742.

Ces îles fournissaient aux Carthaginois les plus habiles frondeurs de l'univers, qui leur rendaient de grands services, et dans les batailles et dans les siéges de villes.

Ils lançaient de grosses pierres du poids de plus d'une livre, et quelquefois même des balles de plomb [1], avec une telle force et une telle roideur, qu'ils perçaient les casques, les boucliers, les cuirasses les plus fortes; et de plus, avec tant d'adresse, que presque jamais ils ne manquaient l'endroit qu'ils avaient dessein de frapper. On accoutumait dès l'enfance les habitants des îles Baléares à manier la fronde; et pour cela les mères plaçaient sur une branche d'arbre élevée le morceau de pain destiné au déjeuner des enfants, qui demeuraient à jeun jusqu'à ce qu'ils l'eussent abattu. C'est ce qui a fait appeler ces îles par les Grecs, *Baleares* et *Gymnasiæ*, parce que leurs habitants s'exerçaient de bonne heure à lancer des pierres avec leurs frondes.

Liv. lib. 28, n. 37.

Strab. lib. 3, pag. 167; [et 14. p. 654.]

Conquêtes des Carthaginois en Espagne.

Avant que de parler de ces conquêtes, je crois devoir donner une légère idée de l'Espagne.

L'Espagne se divise en trois parties : la Bœtique, la Lusitanie, la Tarragonaise.

Cluver. lib. 2, cap. 2.

La BOETIQUE[2], ainsi appelée du fleuve Bœtis (le Guadalquivir), était au midi, et contenait ce qu'on appelle maintenant le royaume de Grenade, l'Andalousie, une partie de la nouvelle Castille, et l'Estramadoure. Cadix, appelée par les anciens *Gades* et *Gadira*, est une ville située dans une petite île du même nom, sur la côte occidentale de l'Andalousie, à neuf lieues environ de Gibraltar. On sait qu'Hercule, ayant poussé jusque-là ses conquêtes, s'y arrêta, comme étant parvenu au bout

Strab. lib. 3, pag. 171.

---

[1] « Liquescit excussa glans fundâ, et attritu aeris, velut igne, distillat.» (SENEC. *nat. Quæst.* lib. 2, c. 57.) = On trouvera plus bas (liv. IX, ch. II, § v.) une note détaillée sur les balles de plomb que lançaient les frondeurs des îles Baléares. — L.

[2] Il faut lire par-tout BÆTIQUE et BÆTIS; c'est la véritable orthographe. — L.

du monde. Il y érigea deux colonnes pour servir de monuments à ses victoires, selon la coutume de ces temps-là. Le lieu en a toujours conservé le nom, quoique les colonnes aient été ruinées par l'injure des temps. Les sentiments des auteurs sont fort partagés sur l'endroit où l'on doit placer ces colonnes. La Bœtique était la partie de l'Espagne la plus fertile, la plus riche et la plus peuplée. On y comptait jusqu'à deux cents villes. C'était là qu'habitaient les peuples appelés *Turdetani*, ou *Turduli*. Sur le Bœtis étaient situées trois grandes villes : vers la source, *Castulo;* plus bas, *Corduba* (Cordoue), la patrie de Lucain et des deux Sénèques; enfin *Hispalis* (Séville).

Strab. l. 3, p. 139-142.

La Lusitanie est terminée au couchant par l'Océan, au nord par le fleuve *Durius* (le Duero), et au midi par le fleuve *Anas* (la Guadiana). Entre ces deux fleuves est le Tage. C'est aujourd'hui le Portugal, avec une partie de la nouvelle Castille.

La Tarragonaise renfermait le reste de l'Espagne, c'est-à-dire, les royaumes de Murcie et de Valence, la Catalogne, l'Aragon, la Navarre, la Biscaye, les Asturies, la Galice, le royaume de Léon, et la plus grande partie des deux Castilles. *Tarraco* (Tarragone), ville très-considérable, a donné son nom à cette partie de l'Espagne. Assez près de cette ville est *Barcino* (Barcelone). Son nom fait conjecturer qu'elle a été bâtie par Amilcar, surnommé *Barca*, père du grand Annibal. Les peuples les plus célèbres de la Tarragonaise étaient : *Celtiberi*, placés au-delà de l'Èbre; *Cantabri*, maintenant la Biscaye; *Carpetani*, dont la capitale était Tolède; *Oretani*, etc.

Iberus.

L'Espagne, abondante en mines d'or et d'argent, et

peuplée d'habitants belliqueux, avait de quoi piquer en même temps et l'avarice et l'ambition des Carthaginois, plus marchands encore que conquérants par la constitution même de leur république. Ils savaient sans doute ce que Diodore rapporte des Phéniciens, leurs ancêtres, lesquels, profitant de l'heureuse ignorance où étaient encore les Espagnols des richesses immenses cachées dans les entrailles de leurs terres, leur enlevèrent les premiers ces précieux trésors pour des marchandises de nul prix, qu'ils leur donnaient en échange. Ils prévoyaient aussi que, si ce pays pouvait passer sous leurs lois, il leur fournirait en abondance de bonnes troupes, qui leur serviraient à conquérir les autres nations, comme cela arriva en effet. *Diod. lib. 5, pag. 312.*

Ce qui donna d'abord occasion aux Carthaginois de passer en Espagne, fut le secours qu'ils envoyèrent à ceux de Cadix, qui étaient attaqués par les Espagnols. Cette ville était une colonie de Tyr, aussi-bien qu'Utique et que Carthage, et même plus ancienne que l'une et que l'autre. Les Tyriens, l'ayant bâtie, y établirent le culte d'Hercule, et y construisirent en son honneur un temple magnifique, qui depuis a toujours été fort célèbre. L'heureux succès de cette première expédition des Carthaginois leur fit naître l'envie de porter leurs armes en Espagne. *Justin. lib. 44, c. 5. Diod. lib. 5, pag. 300.*

On ne sait point précisément dans quel temps les Carthaginois entrèrent en Espagne, ni jusqu'où d'abord ils poussèrent leurs conquêtes. Il y a de l'apparence que, dans ces premiers commencements, elles furent fort lentes, parce qu'ils avaient affaire à des peuples très-belliqueux et qui se défendaient avec beaucoup de courage. Ils n'en seraient même jamais venus à bout, *Strab. lib. 3, pag. 158.*

comme l'observe Strabon, si les Espagnols, réunis tous ensemble, avaient formé un corps d'état, et s'étaient prêté un mutuel secours; mais chaque canton, chaque peuple étant entièrement séparé de ses voisins, sans avoir avec eux ni commerce ni liaison, il fallait les dompter les uns après les autres : ce qui, d'un côté, fut la cause de leur perte, mais, de l'autre, faisait traîner les guerres en longueur, et rendait la conquête du pays beaucoup plus difficile[1]. Aussi a-t-on remarqué que, quoique l'Espagne ait été la première province de celles qui sont dans le continent que les Romains aient attaquée, elle est la dernière qu'ils aient domptée ; et elle ne passa entièrement sous leur joug qu'après plus de deux cents ans d'une vigoureuse résistance.

Il paraît, par ce que Polybe et Tite-Live nous disent des guerres d'Amilcar, d'Asdrubal et d'Annibal en Espagne, dont nous parlerons bientôt, qu'avant ce temps les Carthaginois n'y avaient pas fait de grandes conquêtes, et qu'il leur restait encore beaucoup de pays à subjuguer; mais dans l'espace de vingt ans ils achevèrent de s'en rendre presque entièrement maîtres.

Polyb. l. 3, pag. 192; et lib. 1, pag. 9.

Dans le temps qu'Annibal partit pour l'Italie, toute la côte d'Afrique, depuis les Autels des Philènes (*Philænorum Aræ*), qui sont le long de la grande Syrte, jusque vis-à-vis des colonnes d'Hercule, était soumise aux Carthaginois. En passant le détroit, ils avaient subjugué toute la côte occidentale de l'Espagne, le long de l'Océan jusqu'aux Pyrénées. La côte de l'Espagne qui est sur la mer Méditerranée avait été aussi presque entièrement subjuguée par les Carthaginois : c'est là qu'ils

---

[1] « Hispania, prima Romanis inita provinciarum quæ quidem continentis sint, postrema omnium perdomita est. » (Liv. lib. 28, n. 12.)

avaient bâti Carthagène; et ils étaient maîtres de tout ce pays jusqu'à l'Èbre, qui bornait leur domaine. Voilà quelle était pour-lors l'étendue de leur empire. Il était resté dans le cœur du pays quelques peuples qu'ils n'avaient pu soumettre.

Conquêtes des Carthaginois en Sicile.

Les guerres des Carthaginois en Sicile sont plus connues. Je rapporterai ici celles qui se sont faites depuis le règne de Xerxès, qui engagea les Carthaginois à porter leurs armes en Sicile, jusqu'à la première guerre punique. Cet espace renferme près de deux cent vingt ans, depuis l'an du monde 3520 jusqu'à 3738. Dans le commencement de ces guerres, Syracuse, qui était la plus considérable et la plus puissante ville de Sicile, avait mis l'autorité souveraine entre les mains de Gélon, d'Hiéron, de Thrasybule, trois frères qui se succédèrent l'un à l'autre. Après eux, le gouvernement démocratique, c'est-à-dire populaire, y fut établi, et subsista plus de soixante ans. Depuis ce temps-là, ceux qui dominèrent à Syracuse furent les deux Denys, Timoléon et Agathocle. Pyrrhus ensuite fut appelé en Sicile, et n'en demeura maître que pendant fort peu d'années. Tel fut le gouvernement de la Sicile pendant le temps des guerres dont je vais parler. Elles ne contribueront pas peu à faire connaître quelle était la puissance des Carthaginois quand ils commencèrent à entrer en guerre avec les Romains.

La Sicile est la plus grande et la plus considérable de toutes les îles de la mer Méditerranée. Elle est de figure triangulaire, et c'est pour cela qu'elle est appelée *Trinacria* et *Triquetra*. Le côté oriental, qui répond à la mer Ionienne[1] ou de Grèce, s'étend depuis le promontoire ou cap *Pachynum* (Passaro) jusqu'à *Pelorum* (le cap de Pharo). Les villes les plus célèbres sur cette côte sont, *Syracusæ, Tauromenium, Messana*[2]. Le côté septentrional, qui regarde l'Italie, s'étend depuis le cap de Pélore jusqu'au cap *Lilybée* (le cap Boéo). Les villes les plus célèbres sont, *Mylæ, Hymera, Panormus, Eryx, Motya, Lilybæum*. Le côté méridional, qui regarde l'Afrique, s'étend depuis le cap Lilybée jusqu'à Pachynum. Les villes les plus célèbres sont, *Selinus, Agrigentum, Gela, Camarina.* Cette île est séparée de l'Italie par un détroit de quinze cents pas seulement, qu'on appelle *le phare de Messine*, parce qu'il est proche de cette ville. Le trajet de Lilybée en Afrique n'est que de 1500 stades, c'est-à-dire soixante et quinze lieues. Strabon le marque ainsi : mais il faut qu'il y ait erreur dans le chiffre ; et ce qu'il ajoute immédiatement après en est une preuve. Il dit qu'un homme qui avait la vue excellente pouvait, du bord de la Sicile, compter les vaisseaux qui sortaient du port de Carthage. Est-il possible que la vue porte jusqu'à 60 ou 75 lieues? Il faut donc corriger ainsi cet endroit : Le trajet de Lilybée en Afrique n'est que de 25 lieues[3].

Strab. lib. 6, pag. 267.

---

[1] Mer de Sicile : c'est le nom de la portion de mer qui sépare la Sicile de la Grèce. La mer *Ionienne* était plus haut, entre la Grèce et l'Italie. — L.

[2] Ajoutez : *Catana, Megara, Naxos.* — L.

[3] Il ne faut rien changer au texte de Strabon, parce que ce texte est confirmé par deux autres passages du même auteur, dans lesquels la distance de Lilybée à Carthage est également donnée comme étant de 1500 stades (II, p. 122 ; XVII, p. 834). La correction que propose Rollin est donc inadmissible. D'ailleurs, le trajet de Carthage à Lilybée, d'après les observations récentes du capitaine Gauthier, que m'a communiquées M. Buache, de l'Institut, est de 1° 55′ 30″ de l'échelle des latitudes, ou de 38 lieues ½ de 20 au degré ; et non 25 lieues, comme le dit Rollin : cet intervalle,

On ne sait point non plus précisément dans quel temps les Carthaginois commencèrent à porter leurs armes en Sicile[1]. Il est certain seulement qu'ils en possédaient déja quelque partie lorsqu'ils firent avec les Romains un traité, l'année même où les rois furent chassés de Rome et les consuls substitués en leur place, vingt-huit ans avant que Xerxès attaquât la Grèce. Ce traité, qui est le premier dont il soit fait mention entre ces deux peuples, parle de l'Afrique et de la Sardaigne comme appartenant aux Carthaginois, au lieu que, pour la Sicile, les conventions ne tombent que sur les parties de cette île qui leur obéissaient. Par ce traité, il est marqué expressément que les Romains ni leurs alliés ne pourront naviguer au-delà du *Beau-Promontoire*, qui était tout près de Carthage, et que les marchands qui aborderont dans cette ville pour le commerce ne paieront que certains droits qui y sont fixés.

An. M. 3501
Carth. 343.
Rome. 245.
Av. J.C. 503.

Polyb. lib. 3,
pag. 176.

Par ce même traité l'on voit que les Carthaginois étaient attentifs à ne donner aux Romains aucune

converti en stades, est égal à 1602 stades de $833\frac{1}{3}$ au degré : ainsi la mesure de Strabon pèche plutôt en défaut qu'en excès.

Quant à l'impossibilité du fait rapporté par Strabon et par d'autres auteurs, elle est certaine, à ne considérer que la distance des deux points. Dans un mémoire lu à l'Institut, M. Mongez cherche à l'expliquer, en supposant, ce qui est possible, que les Carthaginois, au moment où ils envoyaient du secours à Lilybée, allumaient de grands feux sur les hauteurs voisines de Carthage pour avertir la garnison de Lilybée ; or, on a des exemples que la diffusion de la lumière dans l'atmosphère rend visibles de tels signaux à des distances considérables. Dans cette hypothèse, on conçoit qu'un homme placé sur une vigie élevée, instruit par ces feux du départ des vaisseaux, ait voulu faire croire qu'il les voyait réellement sortir du port de Carthage. — L.

[1] Les auteurs de l'Histoire universelle (T. XII, p. 17, éd. in 4°) trouvent ici une contradiction manifeste avec ce que Rollin a dit un peu plus haut : *ce fut Xerxès qui engagea les Carthaginois à porter leurs armes en Sicile*. La contradiction existerait en effet si Rollin avait dit : *à porter pour la première fois leurs armes en Sicile*. — L.

entrée dans les pays de leur obéissance, ni aucune connaissance de ce qui s'y passait; comme si dès-lors les Carthaginois eussent pris ombrage de la puissance naissante des Romains, et qu'ils eussent déja couvé dans leur sein des semences secrètes de la jalousie et de la défiance qui devaient un jour éclater par des guerres aussi longues que cruelles, et par une animosité et une haine de part et d'autre que la ruine seule de l'un des deux empires pouvait éteindre.

<small>Diod. l. 11, p. 1 et 16-22. An. M. 3520 Av. J.C. 484.</small> Quelques années après ce premier traité, les Carthaginois firent alliance avec Xerxès, roi des Perses. Ce prince, qui ne se proposait rien moins que d'exterminer entièrement les Grecs, qu'il regardait comme des ennemis irréconciliables, ne crut pas pouvoir réussir dans son dessein s'il n'engageait dans son parti les Carthaginois, dont la puissance dès-lors était formidable. Ceux-ci, qui ne perdaient point de vue le dessein qu'ils avaient conçu de s'emparer du reste de la Sicile, saisirent avidement l'occasion favorable qui se présentait d'en achever la conquête. Le traité fut donc conclu. On convint que les Carthaginois attaqueraient avec toutes leurs forces les Grecs établis dans la Sicile et dans l'Italie; pendant que Xerxès en personne marcherait contre la Grèce même.

Les préparatifs de cette guerre durèrent trois ans. L'armée de terre ne montait pas à moins de trois cent mille hommes. La flotte était composée de deux mille vaisseaux [1], et de plus de trois mille petits bâtiments de

---

[1] J'ai peine à croire que cette armée fût aussi nombreuse que le disent Hérodote et Diodore de Sicile. On ne voit pas qu'en aucune autre circonstance les Carthaginois aient mis sur pied une armée de 150,000 hommes, à plus forte raison de 300,000 : et, quant au nombre de 2000 vaisseaux de guerre, on peut en douter, quand on songe que

charge. Amilcar, qui était le capitaine de son temps le plus estimé, partit de Carthage avec ce formidable appareil. Il aborda à Palerme [1], et, après y avoir fait prendre quelque repos à ses troupes, il marcha contre la ville d'Hymère, qui n'en est pas fort éloignée, et en forma le siége. Théron, gouverneur de la place [2], se voyant fort serré, députa à Syracuse vers Gélon, qui s'en était rendu maître. Il accourut aussitôt à son secours avec une armée de cinquante mille hommes de pied, et cinq mille chevaux. Son arrivée rendit le courage et l'espérance aux assiégés, qui, depuis ce temps-là, se défendirent très-vigoureusement.

Gélon était fort habile dans le métier de la guerre, sur-tout pour les ruses. On lui amena un courrier chargé d'une lettre des habitants de Sélinonte, ville de Sicile, pour Amilcar, par laquelle ils lui donnaient avis que la troupe de cavaliers qu'il leur avait demandée arriverait un certain jour. Gélon en choisit dans ses troupes un pareil nombre, qu'il fit partir vers le temps dont on était convenu. Ayant été reçus dans le camp des ennemis comme venant de Sélinonte, ils se jetèrent sur Amilcar, qu'ils tuèrent, et mirent le feu aux vaisseaux. Dans le moment même de leur arrivée, Gélon attaqua avec toutes ses troupes les Carthaginois, qui se défendirent d'abord fort vaillamment; mais, quand ils apprirent la mort de leur général, et qu'ils virent leur

la flotte de Xerxès n'était que de 1200 vaisseaux.

Hérodote ne paraît pas du reste garantir la certitude de ces renseignements; il les rapporte sur la foi des Siciliens eux-mêmes : λέγεται δὲ καὶ τάδε ὑπὸ τῶν ἐν Σικελίῃ οἰκημένων (Hérodote, VII, § 165);
et l'on peut croire que les Siciliens ont grossi le nombre de leurs ennemis pour augmenter la gloire de leur triomphe. — L.

[1] Cette ville est appelée en latin *Panormus*.

[2] Il était tyran d'Agrigente. — L.

flotte en feu, le courage et les forces leur manquant, ils prirent la fuite. Le carnage fut horrible, et il y en eut plus de cent cinquante mille de tués. Les autres, s'étant retirés dans un endroit où ils manquaient de tout, ne purent pas s'y défendre long-temps, et se rendirent à discrétion. Ce combat se donna le jour même de la célèbre action des Thermopyles, où trois cents Spartiates disputèrent, au prix de leur sang, à Xerxès le passage dans la Grèce[1]. Hérodote raconte autrement la mort d'Amilcar. Il dit que le bruit commun parmi les Carthaginois était que ce général, voyant la défaite entière de ses troupes, pour ne point survivre à sa honte, se précipita lui-même dans le bûcher où il avait immolé plusieurs victimes humaines.

Quand on apprit à Carthage la triste nouvelle de la défaite entière de l'armée, la surprise, la douleur, le désespoir, y causèrent un trouble et une alarme qui ne peuvent s'exprimer. Ils croyaient déja voir l'ennemi à leurs portes. C'était le caractère des Carthaginois, de perdre d'abord courage dans les grands revers. Ils députèrent aussitôt vers Gélon pour lui demander la paix, à quelque condition que ce fût : il les écouta avec bonté. La victoire si complète qu'il venait de remporter, loin de le rendre fier et intraitable, n'avait fait qu'augmenter sa modestie et sa douceur, même à l'égard des ennemis. Il leur accorda la paix, exigeant seulement d'eux qu'ils payassent pour frais de la guerre deux mille talents; ce qui revient à six millions de notre monnaie[2]. Il de-

Lib. 7, cap. 167.

---

[1] Hérodote (II, § 166) et Aristote (*Poetic.* § 23) disent au contraire que ce fut le jour même de la bataille de Salamine. Leur témoignage mérite sans doute la préférence. — L.

[2] 11,000,000 francs. — L.

manda aussi qu'ils bâtissent deux temples où l'on exposât en public et où l'on gardât comme en dépôt les conditions du traité. Les Carthaginois crurent que ce n'était point acheter trop cher une paix qui leur était si nécessaire, et qu'ils n'avaient presque pas osé espérer. Giscon, fils d'Amilcar, selon la coutume injuste qu'ils avaient d'imputer aux généraux les mauvais succès de la guerre, et de leur en faire porter la peine, fut puni du malheur de son père, et envoyé en exil. Il passa le reste de sa vie à Sélinonte, ville de Sicile.

Gélon, de retour à Syracuse, convoqua le peuple, et invita tous les citoyens à venir à l'assemblée avec leurs armes. Pour lui, il entra sans armes et sans gardes, et rendit compte de toute la conduite de sa vie. Son discours ne fut interrompu que par des témoignages publics de reconnaissance et d'admiration. Loin d'être traité comme un tyran qui eût opprimé la liberté de sa patrie, il en fut regardé comme le bienfaiteur et le libérateur. Tous, d'un consentement unanime, le proclamèrent roi; et cette dignité, après lui, fut conférée à deux de ses frères.

Après la célèbre défaite des Athéniens devant Syracuse, où Nicias périt avec toute sa flotte, les Ségestains, qui s'étaient déclarés pour eux contre les Syracusains, craignant le ressentiment de leurs ennemis, et se voyant déja attaqués par ceux de Sélinonte, implorèrent le secours des Carthaginois, et se mirent, eux et leur ville, sous leur protection. On délibéra quelque temps à Carthage sur le parti qu'il fallait prendre, l'affaire souffrant de grandes difficultés. D'un côté les Carthaginois desiraient fort se rendre maîtres d'une ville qui était tout-à-fait à leur bienséance; de l'autre ils craignaient la

Diod. l. 13, p. 169-171, et 179-186.
An. M. 3592
Carth. 434.
Rom. 336.
Av. J.C. 412.

puissance et les forces des Syracusains, qui venaient d'exterminer l'armée nombreuse des Athéniens, et qu'une si grande victoire rendait plus formidables que jamais. La passion de s'agrandir l'emporta, et l'on promit du secours aux Ségestains.

On confia le soin de cette guerre à Annibal, lequel avait pour-lors la première dignité de l'état, c'est-à-dire celle de suffète. Il était petit-fils d'Amilcar, qui avait été défait par Gélon, et tué devant Hymère, et fils de Giscon, qui avait été condamné à l'exil. Il partit, animé d'un vif desir de venger sa famille et sa patrie, et d'effacer la honte de la dernière défaite. Son armée et sa flotte étaient très-nombreuses[1]. Il aborda à un lieu appelé *le Puits de Lilybée*[2], qui a donné son nom à la ville bâtie depuis dans le même endroit. Sa première entreprise fut le siége de Sélinonte. L'attaque fut très-vive, et la défense ne le fut pas moins, les femmes même montrant un courage beaucoup au-dessus de leur sexe. Après une longue résistance, la ville fut prise d'assaut et abandonnée au pillage. Le vainqueur exerça les dernières cruautés, sans avoir égard ni au sexe ni à l'âge. Il permit aux habitants qui s'étaient sauvés par la fuite de demeurer dans la ville, après l'avoir démantelée, et de cultiver les terres, à condition de payer un tribut aux Carthaginois. Cette ville subsistait depuis 242 ans.

Hymère, qu'il assiégea ensuite, et qu'il prit aussi d'assaut, après avoir été traitée avec encore plus de

---

[1] Suivant Éphore, il avait 200,000 hommes de pied, 4000 cavaliers (ap. Diod. XIII, § 54): selon Timée, seulement 100,000 en tout (ap. eumd. l. l.); et ce dernier s'accorde avec Xénophon (*Hellen.* I, c. 1, § 27). — L.

[2] Il aborda au cap Lilybée, et campa près du puits de ce nom. — L.

cruauté, fut entièrement rasée 240 ans après sa fondation. Il fit souffrir toutes sortes d'ignominie et de supplices à trois mille prisonniers, et les fit égorger tous dans l'endroit même où son grand-père avait été tué par les cavaliers de Gélon, pour apaiser et satisfaire ses mânes par le sang de ces malheureuses victimes.

Après ces expéditions, Annibal retourna à Carthage. Toute la ville sortit au-devant de lui, et le reçut au milieu des cris de joie et des applaudissements.

Ces heureux succès renouvelèrent le desir et le dessein qu'avaient toujours eus les Carthaginois de se rendre maîtres de la Sicile entière. Trois ans après, ils nommèrent encore pour général Annibal; et, comme il s'excusait sur son grand âge, et refusait de se charger de cette guerre, on lui donna pour lieutenant Imilcon, fils d'Hannon, qui était de la même famille. Les préparatifs de la guerre furent proportionnés au grand dessein que les Carthaginois avaient conçu. La flotte et l'armée se trouvèrent bientôt prêtes, et l'on partit pour la Sicile. Le nombre des troupes montait, selon Timée, à plus de six-vingt mille hommes, et, selon Éphore, à trois cent mille [1]. Les ennemis, de leur côté, s'étaient mis en état de les bien recevoir; et les Syracusains avaient envoyé chez tous leurs alliés pour y lever des troupes, et dans toutes les villes de la Sicile pour les exhorter à défendre courageusement leur liberté.

Diod. l. 13, p. 201-203, 206-211, 226-231.

Agrigente s'attendait à essuyer les premières attaques. C'était une ville puissamment riche, et environnée de

---

[1] Timée, presque toujours en opposition avec Éphore, mérite beaucoup plus de confiance. L'antiquité reprochait à ce dernier peu de véracité : et ce reproche paraît assez confirmé par les passages que Diodore cite de lui. — L.

bonnes fortifications. Elle était située, aussi-bien que Sélinonte, sur la côte de Sicile qui regarde l'Afrique. En effet, Annibal commença la campagne par le siége de cette ville. Ne la jugeant prenable que par un endroit, il tourna tous ses efforts de ce côté-là, fit faire des levées et des terrasses qui allaient jusqu'à la hauteur des murs, et employa à ces ouvrages les décombres et les démolitions des tombeaux qui étaient autour de la ville, et qu'il avait fait abattre pour cet effet. La peste se mit bientôt après dans l'armée, et fit périr un grand nombre de soldats, et le général même. Les Carthaginois crurent que c'était une punition des dieux, qui vengeaient ainsi l'injure faite aux morts, dont plusieurs même s'imaginèrent avoir vu les spectres pendant la nuit. On cessa donc de toucher aux tombeaux, on ordonna des prières selon le rit observé à Carthage, on immola un enfant à Saturne par une superstition inhumaine, et l'on jeta plusieurs victimes dans la mer en l'honneur de Neptune.

Les assiégés, qui d'abord avaient remporté plusieurs avantages, se trouvèrent tellement pressés par la famine, que, se voyant sans espérance et sans ressource, ils prirent le parti d'abandonner la ville : on marqua la nuit suivante pour le départ. On juge aisément quelle fut la douleur de ces pauvres habitants, obligés d'abandonner leurs maisons, leurs richesses, leur patrie; mais la vie leur était plus chère que tout le reste. Jamais spectacle ne fut plus triste. Sans parler des autres, on voyait une troupe de femmes éplorées traîner après elles leurs enfants pour les dérober à la cruauté du vainqueur; mais ce qu'il y eut de plus douloureux fut la nécessité où l'on se trouva de laisser dans la ville les vieillards et les malades, à qui leur état ne permettait ni de fuir ni de se défendre. Ces malheureux exilés arrivèrent à Géla, qui était la ville la plus prochaine, et ils y reçurent tous les soulagements qu'ils pouvaient attendre dans un état si déplorable.

Cependant Imilcon entra dans la ville, et fit égorger tous ceux qui y étaient restés. Le butin fut immense, et tel qu'on peut s'imaginer dans une ville des plus opulentes de la Sicile, qui avait deux cent mille habitants, et qui n'avait jamais souffert de siége, ni par conséquent de pillage. On y trouva un nombre infini de tableaux, de vases, de statues de toutes sortes (car cette ville avait un goût exquis pour ces raretés), et entre autres le fameux taureau de Phalaris, qui fut envoyé à Carthage.

Le siége d'Agrigente avait duré huit mois. Imilcon y fit passer le quartier d'hiver à ses troupes, pour leur donner quelque repos, et au commencement du printemps il en sortit, après avoir ruiné entièrement la ville. Il assiégea ensuite Géla, et la prit malgré le secours qu'y mena Denys le Tyran, qui s'était emparé de l'autorité à Syracuse. Imilcon termina la guerre par un traité qu'il fit avec Denys, dont les conditions furent que les Carthaginois, outre leurs anciennes conquêtes dans la Sicile, demeureraient maîtres du pays des Sicaniens [1], de Sélinonte, d'Agrigente, d'Hymère, comme aussi de celui de Géla et de Camarine, dont les habitants pourraient demeurer dans leurs villes démantelées, en payant tribut aux Carthaginois; que les Léontins, les Messéniens, et tous les Siciliens vivraient selon leurs lois, et conserve-

---

[1] Les Sicaniens et les Siciliens anciennement étaient deux peuples distingués.

raient leur liberté et leur indépendance ; qu'enfin les Syracusains demeureraient soumis à Denys. Imilcon, après la conclusion de ce traité, retourna à Carthage, où la peste fit périr un grand nombre de citoyens.

Diod. l. 14,
p. 268-278.
An. M. 3600
Carth. 442.
Rom. 344.
Av. J.C.404.Denys n'avait conclu la paix avec les Carthaginois que pour se donner le temps d'affermir son autorité naissante, et de travailler aux préparatifs de la guerre qu'il méditait contre eux. Comme il savait combien la puissance de ce peuple était formidable, il n'oublia rien pour se mettre en état de l'attaquer avec succès; et il fut merveilleusement secondé dans son dessein par le zèle de ses peuples. La réputation de ce prince, le desir de s'en faire connaître, l'attrait du gain, et la vue des récompenses qu'il promettait à ceux dont l'industrie se ferait distinguer, attirèrent de toutes parts en Sicile ce qu'il y avait pour-lors de plus habiles ouvriers en tout genre. Syracuse entière était devenue comme un grand atelier, où de tous côtés on était occupé à faire des épées, des casques, des boucliers, des machines de guerre, et à préparer tout ce qui est nécessaire pour la construction et pour l'équipement des vaisseaux. L'invention de ceux à cinq rangs de rames était toute récente : jusque-là on n'avait vu que des vaisseaux à trois rangs de rames, *trirèmes*. Denys animait le travail par sa présence, par des libéralités et des louanges qu'il savait dispenser à propos, et sur-tout par des manières populaires et engageantes, moyens encore plus efficaces que tout le reste pour réveiller l'industrie et l'ardeur des ouvriers, et il faisait souvent manger avec lui ceux qui excellaient dans leur genre [1].

---

[1] « Honos alit artes. »

Quand tout fut prêt, et qu'il eut levé en différents pays un grand nombre de troupes, il convoqua l'assemblée des Syracusains, leur exposa son dessein, et leur représenta que les Carthaginois étaient les ennemis déclarés des Grecs; qu'ils ne se proposaient rien moins que d'envahir toute la Sicile; qu'ils voulaient mettre sous le joug toutes les villes grecques, et que, si l'on n'arrêtait leurs progrès, Syracuse se verrait bientôt elle-même attaquée; que, s'ils ne faisaient point actuellement d'entreprise, on devait leur inaction aux ravages que la peste avait causés parmi eux; que c'était une conjoncture favorable dont il fallait profiter. Quoique la tyrannie et le tyran fussent très-odieux aux Syracusains, la haine contre les Carthaginois l'emporta; et tout le monde, plus touché des motifs d'une politique intéressée que de la justice, applaudit au discours de Denys. Sans aucun sujet de plaintes, sans déclaration de guerre, il abandonna au pillage et à la fureur du peuple les biens et la personne des Carthaginois. Il y en avait un assez grand nombre à Syracuse, qui, sur la foi des traités, y exerçaient le commerce. On courut de tous côtés dans leurs maisons; on pilla leurs effets; on prétendit être suffisamment autorisé pour leur faire souffrir à eux-mêmes toutes sortes d'ignominies et de supplices, en représailles des cruautés qu'ils avaient exercées contre les habitants du pays; et ce pernicieux exemple de perfidie et d'inhumanité fut suivi dans toute l'étendue de la Sicile. Ce fut là comme le signal sanglant de la guerre qu'on leur déclarait. Denys, après avoir ainsi commencé par se faire justice à lui-même, envoya des députés à Carthage, pour demander qu'ils rendissent la liberté à toutes les villes de la Sicile; qu'autrement ils y seraient traités comme ennemis. Cette nouvelle y répandit une grande alarme, sur-tout à cause du pitoyable état où ils se trouvaient.

Denys ouvrit la campagne par le siége de Motya, qui était la place d'armes des Carthaginois en Sicile, et il poussa vivement ce siége, sans qu'Imilcon, qui commandait la flotte ennemie, pût la secourir. Il fit avancer ses machines, battit la place à coups de béliers, approcha des murs les tours à six étages qui étaient portées sur des roues, et qui égalaient la hauteur des maisons, et de là il incommodait fort les assiégés par ses catapultes, machines nouvellement inventées, qui lançaient en grand nombre et avec grande force des traits et des pierres contre les ennemis. La ville enfin, après une longue et vigoureuse résistance, fut prise d'assaut, et tous les habitants passés au fil de l'épée, excepté ceux qui se réfugièrent dans les temples. On abandonna le pillage au soldat. Denys, y ayant laissé une bonne garnison et un gouvernement sûr, retourna à Syracuse.

Diod. l. 14, p. 279-295. Justin. l. 19, c. 2 et 3.

L'année suivante, Imilcon, que les Carthaginois avaient nommé suffète, revint en Sicile avec une armée beaucoup plus nombreuse qu'auparavant [1]. Il aborda à Palerme, recouvra Motya par force, et prit plusieurs autres villes [2]. Animé par ces heureux succès, il marcha vers Syracuse pour en former le siége, menant ses troupes de pied par terre, pendant que sa flotte, sous la conduite de Magon, côtoyait les bords.

L'arrivée d'Imilcon jeta un grand trouble dans la ville. Plus de deux cents vaisseaux, ornés des dépouilles des

---

[1] De 300,000 hommes de pied, de 4000 chevaux, et de 400 chariots, selon Éphore ; et seulement de 100,000 hommes, selon Timée. (Diod. Sic. XIV, § 54). — L.

[2] Entre autres, Messane qu'il rasa, et Catane. — L.

ennemis, et s'avançant en bon ordre, entrèrent comme en triomphe dans le grand port, suivis de cinq cents barques [1]. On vit en même temps arriver d'un autre côté l'armée de terre, composée, selon quelques auteurs, de trois cent mille hommes de pied et de trois mille chevaux. Imilcon fit dresser sa tente dans le temple même de Jupiter : le reste de l'armée campa à douze stades, c'est-à-dire à un peu plus d'une demi-lieue de la ville. S'en étant approché, il présenta la bataille aux habitants, qui se donnèrent bien de garde de l'accepter. Content d'avoir tiré des Syracusains l'aveu de leur faiblesse et de sa supériorité, il retourna dans son camp, ne doutant point que bientôt il ne dût se rendre maître de la ville, et la regardant déja comme une proie assurée et qui ne pouvait lui échapper. Pendant trente jours il fit le dégât des terres voisines, et ruina tout le pays. Il se rendit maître du faubourg d'Acradine, et pilla les temples de Cérès et de Proserpine. Pour fortifier son camp, il abattit tous les tombeaux qui étaient autour de la ville, et entre autres celui de Gélon et de Démarète sa femme, qui était d'une magnificence extraordinaire.

Ces heureux succès ne furent pas d'une longue durée. Tout l'éclat de ce triomphe anticipé s'évanouit en un moment, et montra à tous les mortels, dit l'historien, que quiconque s'élève insolemment par l'orgueil, tôt ou tard abattu par une force supérieure, sera forcé de reconnaître sa faiblesse. Lorsque Imilcon, maître de presque toutes les villes de Sicile, s'attendait à mettre le comble à ses victoires par la prise de Syracuse, la maladie contagieuse se mit dans son armée, et y fit des

---

[1] Le texte de Diodore est ici corrompu. — L.

ravages incroyables. On était dans le fort de l'été; et la chaleur, cette année, était très-grande. La contagion commença par les Africains, qui mouraient à tas, sans qu'on pût les secourir. D'abord on enterrait les morts; mais le nombre en augmentant tous les jours, et le mal se communiquant promptement, les cadavres demeurèrent sans sépulture, et les malades sans secours. Cette peste était accompagnée de symptômes extraordinaires, de cruelles dyssenteries, de fièvres violentes, de déchirements d'entrailles, de douleurs aiguës par tout le corps, de frénésie même et de fureur, en sorte qu'ils se jetaient sur quiconque venait à leur rencontre, et le mettaient en pièces.

Denys ne laissa pas échapper une occasion si favorable d'attaquer les ennemis. Plus qu'à demi vaincus par la peste, ils ne firent pas grande résistance. Les vaisseaux furent, pour la plupart, ou pris par l'ennemi, ou consumés par le feu. Tous les habitants de Syracuse, vieillards, femmes, enfants, sortirent en foule de la ville pour être témoins d'un événement qui leur paraissait tenir du miracle. Ils levaient les mains au ciel pour remercier les dieux protecteurs de leur ville, et vengeurs de la sainteté des temples et des tombeaux violés indignement par ces barbares. La nuit étant survenue, chacun se retira de son côté. Imilcon profita de ce moment de relâche, et envoya vers Denys pour lui demander la permission d'emmener avec lui à Carthage le peu qui lui restait de troupes, en lui offrant trois cents talents [1], qui étaient tout l'argent qu'il avait de reste. Il ne put obtenir cette permission que pour les seuls Carthaginois,

---

[1] Trois cent mille écus. = 1,650,000 francs. — L.

avec lesquels il se sauva de nuit, laissant tous les autres soldats à la discrétion de l'ennemi.

Voilà l'état dans lequel ce chef des Carthaginois, si fier quelques moments auparavant, se retira de Syracuse. Plaignant amèrement son sort, et encore plus celui de la république, il accusait avec insulte et emportement les dieux, seuls auteurs de son infortune; « car l'ennemi, disait-il, peut bien se réjouir de nos maux, mais non s'en glorifier. Vainqueurs des Syracusains, la peste seule a pu nous vaincre. » Sa grande douleur, et qui le touchait le plus vivement, était d'avoir survécu à tant de braves guerriers qui étaient morts les armes à la main; « mais, ajoutait-il, la suite fera connaître si c'est la crainte de la mort, ou le désir de ramener dans leur patrie les restes malheureux de mes citoyens, qui m'a fait survivre à la perte de tant de généreux soldats. » En effet, dès qu'il fut arrivé à Carthage, qu'il trouva dans une désolation qui ne se peut exprimer, il entra dans sa maison, en ferma les portes sur lui sans vouloir y admettre personne, pas même ses enfants; et se donna la mort par un prétendu courage que les païens admiraient, mais qui n'en avait que le nom, et qui cachait dans le fond un véritable désespoir.

Un nouveau surcroît de malheurs accabla cette ville infortunée. Les Africains, de tout temps pleins de haine contre Carthage, mais irrités alors jusqu'à la fureur de ce qu'on avait laissé leurs compatriotes à Syracuse, en les livrant à la boucherie, s'assemblent comme des forcenés, sonnent l'alarme, prennent les armes, et, après s'être saisis de Tunis, marchent contre Carthage au nombre de plus de deux cent mille hommes. La ville se crut perdue. On regarda ce nouvel incident comme un effet et comme une suite de la colère des dieux, qui poursuivait les coupables jusque dans Carthage même. Comme ses habitants portaient la superstition à l'excès, sur-tout dans les calamités publiques, on songea avant tout à apaiser les dieux. Cérès et Proserpine étaient des divinités inconnues jusque-là dans le pays. Pour réparer l'outrage qui leur avait été fait par le pillage de leurs temples, on leur érigea de magnifiques statues, on leur donna pour prêtres les personnes les plus qualifiées de la ville, on leur offrit des sacrifices et des victimes selon le rit grec, et l'on n'omit rien de ce qu'ils croyaient pouvoir leur rendre ces déesses propices. Après ce premier soin, on songea à la défense de la ville. Heureusement pour les Carthaginois cette armée nombreuse était sans chef, c'est-à-dire, comme un corps sans ame : nulles provisions, nulles machines de guerre; point de discipline ni de subordination : chacun voulait commander ou se conduire à son gré. La division s'étant donc mise parmi ces troupes, et la famine augmentant tous les jours de plus en plus, ils se retirèrent chacun dans son pays, et délivrèrent Carthage d'une grande alarme.

Rien ne rebutait les Carthaginois, et ils faisaient toujours de nouvelles tentatives sur la Sicile. Magon, leur général, qui était un des deux suffètes, perdit une grande bataille, où il fut tué [1]. Les chefs des Carthaginois demandèrent la paix, qui leur fut accordée à ces conditions, qu'ils sortiraient de toutes les villes de la Sicile, et qu'ils paieraient tous les frais de cette guerre. Ils parurent les accepter; mais, ayant représenté qu'ils ne pouvaient livrer les villes sans l'ordre

---

[1] Son armée était de 80,000 hommes. — L.

de leur ville, ils obtinrent une trêve assez longue pour envoyer à Carthage. On y profita de cet intervalle pour lever et exercer de nouvelles troupes, à qui l'on donna pour chef Magon, fils de celui qui venait d'être tué. Il était tout jeune, mais il avait beaucoup de mérite et de réputation. Dès qu'il fut arrivé en Sicile, et que le temps de la trêve fut expiré, il donna une bataille contre Denys, où Leptine, l'un de ses généraux, fut tué, et où il demeura sur la place, du côté des Syracusains, plus de quatorze mille hommes. Le fruit de cette victoire fut une paix honorable, qui laissait les Carthaginois en possession de tout ce qu'ils avaient dans la Sicile, en y ajoutant même quelques places, et qui leur assignait mille talents pour les frais de la guerre, c'est-à-dire trois millions de livres [1].

Ce fut à-peu-près vers ce temps-là qu'à l'occasion d'un citoyen de Carthage qui avait écrit en grec à Denys pour lui donner avis du départ de l'armée carthaginoise, il fut défendu, par arrêt du sénat, aux Carthaginois d'apprendre à écrire ou à parler la langue grecque, pour les mettre hors d'état d'avoir aucun commerce avec les ennemis, soit par lettre, soit de vive voix.

Justin.
lib. 2, cap. 5.

Carthage eut bientôt après une nouvelle secousse à essuyer. La peste se répandit dans la ville, et y fit de grands ravages. Des terreurs paniques et de violents transports de frénésie saisissaient tout-à-coup les malades. Ils sortaient brusquement de leurs maisons les armes à la main, comme si l'ennemi se fût emparé de la ville, et tuaient ou blessaient tous ceux qu'ils trou-

Diod. l. 15, pag. 344.

---

[1] 5,500,000 francs. — L.

vaient à leur rencontre. Les Africains et ceux de Sardaigne voulurent profiter de l'occasion pour secouer un joug qu'ils portaient avec peine; mais les uns et les autres furent domptés, et rentrèrent dans l'obéissance. Une entreprise que Denys forma en Sicile, dans le même temps et par les mêmes vues, ne lui réussit pas mieux. Il mourut quelque temps après, et eut pour successeur son fils, qui porta le même nom.

Nous avons déja rapporté un premier traité conclu entre les Romains et les Carthaginois. Il y en eut un second, qu'Orose dit avoir été conclu la 402ᵉ année de la fondation de Rome, et par conséquent vers le temps dont nous parlons. Ce second traité contenait à-peu-près les mêmes conditions que le premier, excepté que ceux de Tyr et d'Utique y étaient nommément compris, et joints aux Carthaginois.

Polyb. l. 3, pag. 178.

Après la mort du premier Denys, il y eut de grands troubles à Syracuse. Denys le Jeune, qui en avait été chassé, s'y rétablit à main armée, et y exerça de grandes cruautés. Une partie des citoyens implora le secours d'Icétès, tyran des Léontins, qui était originaire de Syracuse. La conjoncture de ces troubles parut très-favorable aux Carthaginois pour s'emparer de la Sicile, et ils y envoyèrent une grosse flotte. Dans cette extrémité, ceux d'entre les Syracusains qui étaient les mieux intentionnés eurent recours aux Corinthiens, qui les avaient déja souvent aidés dans leurs périls, et qui d'ailleurs étaient les peuples de la Grèce les plus déclarés contre la tyrannie, et les plus vifs défenseurs de la liberté. Les Corinthiens leur envoyèrent Timoléon. C'était un homme d'un rare mérite, et qui avait signalé son zèle pour le bien public, en affranchissant

Diod. l. 16, p. 459-572. Plut. in Timol. An. M. 3656 Carth. 498. Rom. 400. Av. J. C. 348.

sa patrie du joug de la tyrannie aux dépens de sa propre famille. Il partit avec dix vaisseaux seulement, et, étant arrivé à Rhége, il éluda par un heureux stratagème la vigilance des Carthaginois, qui, ayant été avertis de son départ et de son dessein par Icétès, voulaient l'empêcher de passer en Sicile.

Timoléon n'avait guère plus de mille soldats avec lui. Avec cette poignée de gens, il marche hardiment au secours de Syracuse. Sa petite troupe se grossit à mesure qu'il avance. Les Syracusains se trouvaient dans un étrange état, et avaient perdu toute espérance. Ils voyaient les Carthaginois maîtres du port; Icétès, de la ville; Denys, de la citadelle. Heureusement, dès que Timoléon fut arrivé, Denys, qui était sans ressource, lui remit entre les mains la citadelle avec toutes les troupes, les armes et les vivres qui y étaient, et il se sauva par son moyen à Corinthe. Timoléon avait fait représenter adroitement aux soldats étrangers, qui, selon le défaut que nous avons remarqué dans le gouvernement de Carthage, faisaient la principale force de l'armée de Magon, et qui même pour la plupart étaient de Grèce, qu'il était bien étrange que des Grecs travaillassent à rendre les barbares maîtres de la Sicile, d'où ils passeraient bientôt dans la Grèce; car enfin pouvait-on s'imaginer que les Carthaginois fussent venus de si loin uniquement pour établir Icétès tyran à Syracuse? Ces discours s'étant répandus dans le camp, Magon fut saisi de frayeur; et, comme il ne cherchait qu'un prétexte pour se retirer, supposant que les troupes étaient prêtes à le trahir et à l'abandonner, il fit sortir sa flotte du port, et cingla vers Carthage. Icétès, après son départ, ne put pas tenir long-temps contre les Corinthiens :

ainsi ils demeurèrent seuls maîtres de toute la ville.

Dès que Magon fut arrivé à Carthage, on lui fit son procès. Il prévint le supplice par une mort volontaire. Son corps fut attaché à une potence, et exposé en spectacle au peuple. On leva de nouvelles troupes, et l'on fit partir pour la Sicile une flotte plus nombreuse encore que la précédente. Elle était composée de deux cents vaisseaux, sans compter mille barques de transport ; et l'armée montait à plus de soixante et dix mille hommes. Ils abordèrent à Lilybée, sous la conduite d'Amilcar et d'Annibal, et résolurent d'aller d'abord attaquer les Corinthiens. Timoléon ne les attendit pas, et marcha à leur rencontre. Mais la consternation était si grande à Syracuse, que, de toutes les troupes qui y étaient, il n'y eut que trois mille Syracusains qui le suivirent, et quatre mille étrangers ; encore de ces derniers il y en eut mille qui, par crainte, l'abandonnèrent dans le chemin. Il ne perdit point courage, et, ayant exhorté le reste de ses troupes à combattre vaillamment pour le salut et la liberté de leurs alliés, il les mena contre l'ennemi, dont il savait que le rendez-vous était près d'une petite rivière appelée Crimise. Il paraissait de la folie à aller attaquer une armée si nombreuse avec quatre ou cinq mille hommes d'infanterie seulement, et mille chevaux ; mais Timoléon, qui savait que la bravoure conduite par la prudence l'emporte sur le nombre, comptait sur le courage de ses soldats, qui paraissaient déterminés à périr plutôt que de céder, et qui demandaient avec ardeur qu'on les menât contre l'ennemi. L'événement justifia ses vues et son espérance. La bataille se donna : les Carthaginois furent mis en déroute. Il y eut de leur côté plus de dix mille hommes de tués, parmi lesquels il se trouva trois mille citoyens de Carthage, ce qui causa dans cette ville un grand deuil et une grande consternation. Leur camp fut pris, et l'on y trouva des richesses immenses : on fit aussi un grand nombre de prisonniers.

Timoléon, avec les nouvelles de sa victoire, envoya à Corinthe les plus belles armes qui se trouvèrent parmi le butin ; car il voulait que sa ville fût louée et admirée de tous les hommes, lorsqu'ils verraient que c'était la seule de toutes les villes de Grèce où les plus beaux temples étaient ornés, non de dépouilles grecques, ni d'offrandes teintes encore du sang de la nation, et dont la vue ne pouvait que renouveler un souvenir funeste, mais de dépouilles barbares, qui, par de belles inscriptions, faisaient connaître en même temps et le courage et la reconnaissance religieuse de ceux qui les avaient remportées : car elles disaient *que les Corinthiens, et Timoléon leur général, après avoir affranchi du joug des Carthaginois les Grecs établis dans la Sicile, avaient appendu ces armes dans les temples pour en rendre aux dieux des actions de graces immortelles.* Plut. pag. 248-250.

Après cela, Timoléon, laissant dans le pays ennemi les troupes étrangères pour achever de piller et de ravager toutes les terres des Carthaginois, s'en retourna à Syracuse. En arrivant, il bannit de la Sicile les mille soldats qui l'avaient abandonné en chemin, et il les fit sortir de Syracuse avant le coucher du soleil, sans en tirer d'autre vengeance.

Cette victoire des Corinthiens fut suivie de la prise de plusieurs villes, ce qui obligea les Carthaginois à demander la paix.

Autant que les apparences du succès les rendaient

prompts à faire de grands efforts et à mettre sur pied de puissantes armées de terre et de mer, et que la prospérité leur faisait user de la victoire avec insolence et avec cruauté, autant une adversité imprévue les jetait dans le découragement, leur faisait perdre tout d'un coup de vue toutes leurs ressources, et leur inspirait la bassesse d'aller demander quartier à des ennemis peu considérables, et d'en accepter sans honte les conditions les plus dures et les plus humiliantes. Celles qu'on leur imposa ici, en leur accordant la paix, furent : qu'ils ne tiendraient que les terres qui étaient au-delà du fleuve Halycus [1]; qu'ils laisseraient la liberté à tous ceux du pays d'aller s'établir à Syracuse avec leurs familles et leurs biens; et qu'il ne conserveraient avec les tyrans ni alliance ni intelligence.

{Justin. lib. 21, c. 4.} Il paraît que c'est à peu près dans le temps dont nous venons de parler qu'arriva à Carthage ce qu'on lit dans Justin. Hannon, l'un de ses citoyens les plus puissants, forma le dessein de se rendre maître de la république, en faisant périr tout le sénat. Il choisit pour cette cruelle exécution le jour même des noces de sa fille, où il devait donner chez lui un repas aux sénateurs, et les faire tous empoisonner. La chose fut découverte. On n'osa pas punir un crime si horrible, tant était grand le crédit du coupable; on se contenta de le prévenir et de le détourner par un décret qui défendait en général la trop grande magnificence des noces, et mettait certaines bornes aux dépenses qu'on y pourrait faire. Voyant que

---

[1] Cette rivière n'est pas loin d'Agrigente; elle est nommée *Lycus* dans Diodore [XVI, § 82] et dans Plutarque [in *Timol.*, p. 252 D.]; mais on croit que c'est une faute.

= Cela est certain. Diodore donne ailleurs le vrai nom de cette rivière (XV, § 17, XXIII, eclog. 9; XXIV, § 1). — L.

la ruse lui avait mal réussi, il songea à employer la force ouverte en armant tous les esclaves. Il fut encore découvert; et, pour éviter la punition, il se retira avec vingt mille esclaves armés dans un château extrêmement fortifié, et de là il tâcha d'engager dans sa révolte les Africains et le roi des Maures, mais en vain. Il fut pris et conduit à Carthage. Après qu'on l'eut battu de verges, on lui arracha les yeux, on lui brisa les bras et les cuisses, on le fit mourir à la vue du peuple, et l'on attacha à la potence son corps tout déchiré de coups. Ses enfants et tous ses parents, quoiqu'ils n'eussent pris aucune part à sa conspiration, en eurent à son supplice. On les condamna tous à la mort, afin de ne laisser personne dans sa famille en état ou d'imiter son crime, ou de venger sa mort. Tel était le génie de Carthage : toujours sévère et excessive dans ses punitions, elle les portait aux dernières rigueurs, et les étendait jusque sur les innocents, sans consulter ni l'équité, ni la modération, ni la reconnaissance.

J'ai maintenant à parler des guerres que soutinrent les Carthaginois, tant dans la Sicile que dans l'Afrique même, contre Agathocle qui, pendant plusieurs années, leur donna beaucoup d'exercice. {Diod. l. 19, p. 651-656, 710-712-737 743-760. Justin. l. 2, cap. 116. An. M. 3685 Carth. 527. Rom. 429. Av. J.C. 319.}

Cet Agathocle était Sicilien, d'une naissance obscure et d'une condition très-basse. Soutenu d'abord par les forces des Carthaginois, il avait envahi la souveraine autorité dans Syracuse, et en était devenu le tyran. Dans les commencements ils réprimèrent ses entreprises, et Amilcar leur chef le fit consentir à un traité qui mettait la paix dans la Sicile. Mais il n'en garda pas long-temps les conditions et il se déclara bientôt contre les Carthaginois mêmes, qui, sous la conduite d'Amilcar, remportèrent sur lui une victoire [1] considérable, après laquelle il fut obligé de se renfermer dans Syracuse. Les Carthaginois l'y poursuivirent, et formèrent le siége de cette importante place, dont la prise devait les rendre maîtres de toute la Sicile.

Agathocle, qui leur était beaucoup inférieur en force, et qui d'ailleurs se voyait abandonné par tous les alliés à cause de sa cruauté inouïe, conçut un dessein si hardi et si impraticable selon toutes les apparences, que, même après l'exécution et le succès, il paraît encore presque incroyable : c'était de porter la guerre en Afrique, et d'aller assiéger Carthage, lui qui ne pouvait ni se défendre en Sicile, ni soutenir le siége de Syracuse. Le profond secret qu'il garda n'est pas moins étonnant que l'entreprise même. Il ne s'ouvrit à personne sur son dessein, et se contenta de déclarer au peuple qu'il avait imaginé un moyen sûr de le tirer du péril où il était; qu'il ne s'agissait que de supporter avec patience, pendant un court intervalle, les incommodités du siége; qu'au reste il laissait à ceux qui ne pourraient se résoudre à prendre ce parti la liberté de sortir de la ville. Il n'en sortit que seize cents personnes. Il y laissa son frère Antandre, avec assez de troupes et de vivres pour faire une bonne défense. Il accorda la liberté à tous les esclaves qui étaient en âge de porter les armes, et, après leur avoir fait prêter serment, il les joignit à ses troupes. Il n'emporta que cinquante talents [2] pour les besoins présents, bien assuré de trouver dans le pays ennemi tout ce qui lui serait nécessaire. Il partit donc avec deux de ses fils, Archagathe

---

[1] C'était proche du fleuve et de la ville d'Hymère.

[2] Cinquante mille écus. = 257,000 francs. — L.

et Héraclide, sans qu'aucun sût où la flotte devait faire voile. Ils croyaient tous qu'on les mènerait dans l'Italie ou dans la Sardaigne pour y faire du butin, ou vers les côtes de la Sicile qui appartenaient à l'ennemi, pour en faire le dégât. Les Carthaginois, surpris d'un départ si inopiné, se mirent en état de l'empêcher; mais Agathocle se déroba à leur poursuite, et prit le large.

Il ne découvrit son dessein que lorsqu'on fut abordé en Afrique. Là, ayant assemblé ses troupes, il leur exposa ses raisons en peu de mots. Il leur représenta que l'unique moyen de délivrer leur patrie était de porter la guerre dans le pays ennemi; qu'il les menait, eux qui étaient aguerris et intrépides, contre des citoyens amollis et énervés par les délices d'une vie oisive et voluptueuse; que les habitants du pays, accablés du joug d'une servitude également dure et honteuse, au premier bruit de leur arrivée, viendraient en foule se joindre à eux; que la hardiesse seule de leur projet déconcerterait les Carthaginois, qui ne s'attendaient à rien moins qu'à voir l'ennemi à leurs portes; qu'enfin jamais entreprise ne procurerait plus d'avantages et ne ferait plus d'honneur que celle-ci, puisque toutes les richesses de Carthage seraient la récompense des vainqueurs, et que tous les siècles parleraient avec éloge et avec admiration de leur courage. Tous les soldats, se croyant déja maîtres de Carthage, applaudirent à son discours. Une seule chose les inquiétait, c'était l'éclipse de soleil qui était arrivée précisément à leur départ. Les peuples alors, même les plus policés, connaissaient peu la cause de ces phénomènes extraordinaires de la nature, et étaient accoutumés par leurs devins à en tirer des conjectures superstitieuses et arbitraires, qui servaient souvent à régler les plus grandes entreprises. Agathocle rassura ses soldats en leur faisant entendre que ces sortes de defaillances des astres marquaient toujours un changement dans l'état présent; qu'ainsi le bonheur des Carthaginois allait prendre fin, et qu'il passerait de leur côté.

Voyant les soldats bien disposés, il exécuta presque dans le même temps une seconde entreprise encore plus hardie et plus hasardeuse que n'avait été la première, par laquelle il les avait transportés en Afrique; ce fut de brûler entièrement la flotte qui les y avait amenes. Plusieurs raisons le déterminèrent à prendre un parti si extrême. Il n'avait aucun bon port en Afrique où il pût mettre ses vaisseaux en sûreté. Les Carthaginois, étant maîtres de la mer, n'auraient pas manqué de venir bientôt s'emparer sans résistance de sa flotte : s'il avait laissé tout ce qu'il fallait de troupes pour la defendre, il aurait trop affaibli son armée, d'ailleurs assez mediocre, et il se serait mis hors d'état de tirer aucun avantage de cette diversion inopinée, qui dépendait uniquement d'un succès prompt et éclatant; enfin, il voulait mettre ses soldats dans la nécessité de vaincre, en ne leur laissant d'autre ressource que la victoire. Il fallait bien du courage pour prendre une telle résolution. Il y avait préparé les officiers, qui lui étaient tous dévoués, et suivaient en tout ses impressions. On le vit donc paraître tout d'un coup dans l'assemblée avec une couronne sur la tête et un habit éclatant, dans l'équipage d'un homme qui se prépare à une cérémonie de religion. Alors prenant la parole : « Lorsque nous partîmes de Syracuse, dit-il, et

« que l'ennemi nous poursuivait vivement, dans cette
« funeste extrémité, j'eus recours à Proserpine et à
« Cérès, divinités protectrices de la Sicile, et je leur
« promis, si elles nous délivraient d'un danger si pres-
« sant, de brûler en leur honneur tous nos vaisseaux
« dès que nous serions arrivés ici. Aidez-moi, soldats,
« à m'acquitter de mon vœu : les déesses sauront bien
« nous dédommager de ce sacrifice. » En même temps,
le flambeau à la main, il s'avance à grands pas vers le
vaisseau qu'il montait, et y met lui-même le feu. Tous
les officiers en font autant chacun de leur côté, et sont
suivis du soldat. Les trompettes sonnaient de toutes
parts, et toute l'armée retentissait de cris de joie et
d'applaudissements. En un moment la flotte fut brûlée.
On n'avait pas laissé aux soldats le temps de réfléchir
sur la proposition qu'on leur faisait ; une ardeur aveugle
et impétueuse les avait tous entraînés. Mais, lorsqu'ils
furent un peu revenus à eux-mêmes, et que, mesurant
dans leur esprit cette vaste étendue de mer qui les séparait de leur patrie, ils se virent dans un pays ennemi, sans ressource et sans aucun moyen d'en sortir,
une noire tristesse et un morne silence succédèrent à
ces marques de joie et à ces acclamations qui avaient
été générales dans toute l'armée.

Agathocle ne laissa pas non plus ici le temps aux réflexions. Il conduisit sur-le-champ son armée vers une
place qu'on appelait *la Grande-Ville*[1], qui était du domaine de Carthage. Le pays qui y conduisait était le lieu
du monde le plus délicieux et le plus agréable à la vue.
On voyait de tous côtés de grandes prairies entrecou-

---

[1] *Mégalopolis :* Rollin aurait dû conserver ce nom, comme ceux de *Néapolis*, *Tripolis*, etc. — L.

pées de ruisseaux agréables, et couvertes de toutes sortes de troupeaux; des maisons de campagne bâties avec une magnificence extraordinaire; de belles avenues plantées d'oliviers et d'autres arbres fruitiers de toute espèce; des jardins d'une vaste étendue, et entretenus avec un soin et une propreté qui faisait plaisir à l'œil. Cette vue ranima les soldats : ils arrivèrent pleins de courage à la Grande-Ville, qu'ils emportèrent d'emblée, et s'y enrichirent du butin qui leur fut abandonné. Tunis ne fit pas plus de résistance : cette place n'était pas fort éloignée de Carthage.

L'alarme y fut grande quand on apprit que l'ennemi était dans le pays, et avançait à grandes journées vers la ville. L'arrivée d'Agathocle fit conclure que les armées des Carthaginois avaient été defaites devant Syracuse, et leur flotte entièrement dissipée. Le peuple court en desordre dans la place publique : le sénat s'assemble à la hâte et tumultuairement. On délibère sur les moyens de sauver la ville. Il n'y avait point de troupes sur pied qu'on pût opposer à l'ennemi, et le danger présent ne permettait pas d'attendre celles qu'on pourrait lever à la campagne et chez les alliés. Il fut donc résolu, après bien des avis, d'armer les citoyens. Le nombre de troupes monta à quarante mille hommes d'infanterie, mille chevaux et deux mille chariots armés en guerre. On en donna le commandement à Hannon et à Bomilcar, quoique, par des intérêts de famille, ils fussent divisés entre eux. Ils marchèrent aussitôt à l'ennemi, et, l'ayant atteint, rangèrent leur armée en bataille. Les troupes d'Agathocle ne montaient qu'à treize ou quatorze mille hommes. On donna le signal, le combat fut très-rude. Hannon, avec sa cohorte sacrée (c'était l'élite des troupes carthaginoises), soutint long-temps les Grecs, et les enfonça même quelquefois; mais enfin, accablé d'une grêle de pierres, et percé de coups, il tomba mort. Bomilcar aurait pu rétablir le combat; mais il avait des raisons secrètes et personnelles de ne pas procurer la victoire à sa patrie. Ainsi il jugea à propos de se retirer avec ses troupes, et il fut suivi du reste de l'armée, qui se vit obligée malgré elle de céder à l'ennemi. Agathocle, après l'avoir poursuivie pendant quelque temps, revint sur ses pas, et pilla le camp des Carthaginois. On y trouva vingt mille paires de menottes, dont ils s'étaient fournis, comptant sûrement qu'ils feraient beaucoup de prisonniers. Le fruit de la victoire fut la prise d'un grand nombre de places, et la révolte de plusieurs habitants du pays qui se joignirent au vainqueur.

Cette descente d'Agathocle en Afrique fit naître sans doute dans l'esprit de Scipion l'idée de tenter contre la même république, et en partant du même lieu, une semblable entreprise. Aussi, en répondant à Fabius, qui taxait de témérité le dessein qu'il avait de porter la guerre de Sicile en Afrique, il ne manqua pas de citer l'exemple d'Agathocle, pour montrer que souvent l'unique moyen de se débarrasser d'un ennemi trop pressant, c'est de passer dans son pays, et qu'on se sent un tout autre courage en attaquant qu'en se défendant. *Liv. lib. 28, n. 43.*

Pendant que les Carthaginois étaient ainsi pressés par leurs ennemis, ils reçurent une ambassade de Tyr. Elle venait implorer leur secours contre Alexandre-le-Grand, qui était tout près d'emporter cette ville, qu'il assiégeait depuis long-temps [1]. L'extrémité où étaient *Diod. l. 17, p.519 Quint. Curt. lib. 4, cap. 3.*

---

[1] Le fait peut être vrai; mais le synchronisme est faux. La prise de Tyr par Alexandre est de l'an 330 avant J.C. et le siége de Carthage par Aga-

réduits leurs compatriotes (car ils les appelaient ainsi) les toucha aussi vivement que leur propre danger. Étant hors d'état de les secourir, ils se crurent au moins obligés de les consoler, et députèrent vers eux trente de leurs principaux citoyens, pour leur témoigner la douleur où ils étaient de ne pouvoir leur envoyer de troupes dans un besoin si pressant. Les Tyriens, déchus de l'unique espérance qui leur restait, ne perdirent pourtant point courage. Ils remirent entre les mains de ces députés leurs femmes, leurs enfants et tous les vieillards de la ville ; et, délivrés d'inquiétude pour ce qu'ils avaient de plus cher au monde, ils ne songèrent plus qu'à se défendre avec courage, préparés à tout événement. Carthage reçut cette troupe désolée avec toutes les marques possibles d'amitié ; et rendit à des hôtes si chers et si dignes de compassion tous les services qu'ils auraient pu attendre des pères les plus affectionnés et des mères les plus tendres.

Quinte-Curce place l'ambassade de Tyr vers les Carthaginois pendant que les Syracusains ravageaient l'Afrique, et lorsqu'ils s'étaient avancés jusqu'aux portes de Carthage ; mais l'expédition d'Agathocle contre l'Afrique ne peut pas se concilier avec le siége de Tyr, qui lui est antérieur de plus de vingt ans.

Elle songea en même temps à chercher un remède aux maux dont elle était elle-même accablée. On regarda l'état présent de la république comme un effet de la colère des dieux ; et on reconnut l'avoir justement méritée, sur-tout par rapport à deux divinités à l'égard desquelles on avait manqué aux devoirs prescrits par la

---

thocle est de l'an 308. Alexandre était mort depuis 16 ans. Quinte-Curce a fait un anachronisme d'environ 22 ans. — L.

religion, et observés autrefois avec beaucoup d'exactitude. C'était une coutume à Carthage, aussi ancienne que la ville même, d'envoyer tous les ans à Tyr, d'où elle tirait son origine, la dîme de tous les revenus de la république, et d'en faire une offrande à Hercule, le patron et le protecteur des deux villes. Le domaine, et par conséquent le revenu de Carthage, s'étant augmenté considérablement depuis un certain temps, on avait diminué la portion du dieu, et il s'en fallait bien qu'on lui envoyât la dîme en entier. Le scrupule les saisit: ils reconnurent et avouèrent publiquement leur mauvaise foi et leur sacrilége avarice; et, pour expier leur faute, ils envoyèrent à Tyr un grand nombre de présents et de petites chapelles des dieux, toutes d'or, dont le prix montait à une grande somme.

Un autre violement de la religion, qui ne parut pas moins considérable à leur superstition inhumaine que le premier, causa aussi de grands scrupules. Anciennement on immolait à Saturne les enfants des meilleures maisons de Carthage. Ils se reprochèrent d'avoir manqué de rendre à cette divinité tous les honneurs qu'ils lui croyaient dus, et d'avoir usé de fraude et de mauvaise foi à son égard en offrant à la place des enfants de qualité, d'autres enfants de pauvres ou d'esclaves, qu'on achetait dans cette vue. Pour expier une si étrange impiété, on immola à ce dieu sanguinaire deux cents enfants tirés des plus nobles maisons de la ville; et plus de trois cents personnes, qui se sentaient coupables d'un crime si affreux, s'offrirent elles-mêmes en sacrifice pour éteindre par leur sang la colère des dieux.

Après ces expiations, on dépêcha vers Amilcar en Sicile pour lui porter les nouvelles de ce qui était arrivé en Afrique, et le presser d'envoyer du secours. Il donna ordre aux députés de garder un profond silence sur la victoire d'Agathocle, et répandit un bruit tout contraire, assurant que ce général avait été entièrement défait avec toutes ses troupes, et que sa flotte avait été prise par les Carthaginois; et, pour confirmer ce bruit, il montrait les ferrements des vaisseaux, qu'on avait eu soin de lui envoyer. On ne douta point dans la ville que cette nouvelle ne fût vraie : le grand nombre songeait déja à se rendre et à capituler, lorsqu'une galère à trente rames, qu'Agathocle avait fait construire à la hâte, arriva dans le port, et parvint, non sans peine et sans danger, jusqu'aux assiégés. La nouvelle de la victoire d'Agathocle se répandit bientôt dans toute la ville, et rendit la joie et le courage à tous les habitants. Amilcar fit un dernier effort pour emporter la ville d'assaut, et fut repoussé avec perte. Il leva le siége, et envoya cinq mille hommes de secours à sa patrie. Quelque temps après, ayant repris le siége, et croyant surprendre les Syracusains en les attaquant de nuit, son dessein fut découvert, et il tomba vif entre les mains des ennemis, qui lui firent souffrir les derniers supplices. La tête d'Amilcar fut envoyée sur-le-champ à Agathocle. Il s'approcha aussitôt du camp des ennemis, et y répandit une consternation générale en leur montrant la tête de ce commandant, qui leur marquait en quel état étaient leurs affaires de Sicile.

Diod. pag. 767-769.

Aux ennemis étrangers s'en joignit un domestique, plus dangereux et plus à craindre que les autres : c'était Bomilcar leur général, et qui actuellement exerçait la première magistrature. Il songeait depuis long-temps à se faire tyran dans Carthage, et à s'y procurer une

Diod. p. 779-781. Justin. lib. 22, c. 7.

autorité souveraine. Il crut que les troubles présents lui en offriraient une occasion favorable. Il entre donc dans la ville, et, soutenu par un petit nombre de citoyens complices de sa révolte, et par une troupe de soldats étrangers, il se fait déclarer tyran, et commence en effet à montrer qu'il l'était véritablement, en égorgeant sans pitié tout ce qu'il rencontre de citoyens dans les rues. Un grand tumulte s'étant élevé dans la ville, on crut d'abord que c'était l'ennemi qui y était entré par trahison : mais, lorsqu'on eut reconnu que c'était Bomilcar, la jeunesse s'arma pour repousser le tyran, et du haut des toits on accabla ses gens de traits et de pierres. Quand il vit une armée en forme marcher contre lui, il se retira avec sa troupe sur un lieu élevé, dans le dessein de s'y bien défendre, et de vendre chèrement sa vie. Pour épargner le sang des citoyens, on leur fit promettre à tous, sans exception, une amnistie générale, s'ils quittaient leurs armes. Il se rendirent à cette condition, et on leur tint parole, excepté à Bomilcar leur chef. Les Carthaginois, sans avoir égard à leur serment, le condamnèrent à mort, et l'attachèrent à une croix, où ils lui firent souffrir les plus cruels supplices. Du haut de sa potence, comme d'un tribunal, il harangua le peuple, et se crut en droit de lui reprocher avec force son injustice, son ingratitude et sa perfidie, en faisant le dénombrement de beaucoup d'illustres généraux dont il avait payé les services par une mort infâme. Il expira sur la croix en leur faisant ces reproches.

Agathocle avait engagé dans son parti un puissant roi de Cyrène, nommé Ophellas, dont il avait flatté l'ambition par de magnifiques espérances, en lui faisant entendre que, content pour lui-même de la Sicile, il lui

Diod. pag. 777-779, et 791-802. Justin. l. 22, c. 7 et 8.

laisserait l'empire de l'Afrique. Comme les plus grands crimes ne lui coûtaient rien lorsqu'il espérait en pouvoir tirer quelque utilité, dès que ce prince lui eut amené son armée, il le fit périr par une perfidie sans exemple, afin de se rendre maître de ses troupes. Plusieurs peuples étaient entrés dans son alliance. Il avait sous son pouvoir un grand nombre de places fortes. Voyant les affaires d'Afrique en bon état, il crut devoir songer à celles de Sicile, et il y passa, ayant laissé le commandement des troupes à son fils Archagathe. Sa renommée et le bruit de ses conquêtes l'y avaient précédé. Quand on sut qu'il y était arrivé, plusieurs villes se rendirent à lui ; mais les mauvaises nouvelles qu'il reçut d'Afrique l'obligèrent bientôt d'y retourner. Son absence avait tout changé ; et, quelque effort qu'il fît, il ne put y rétablir ses affaires. Toutes ses places s'étaient rendues à l'ennemi ; les Africains avaient quitté son parti ; il avait perdu une partie de ses troupes ; ce qui lui en restait n'était pas en état de tenir tête aux Carthaginois, et il ne pouvait les transporter en Sicile, parce qu'il manquait de vaisseaux, et que les ennemis étaient maîtres de la mer ; il ne pouvait espérer ni paix, ni traité de la part des barbares, qu'il avait insultés d'une manière si outrageante, étant le premier qui eût osé faire une descente dans leur pays. Dans cette extrémité, il ne songea plus qu'à sauver sa vie. Après plusieurs aventures, lâche déserteur de son armée, et cruel traître de ses enfants, qu'il abandonnait à la boucherie, il se déroba par la fuite aux maux qui le menaçaient, et arriva avec un petit nombre de personnes à Syracuse. Ses soldats, se voyant ainsi trahis, égorgèrent ses enfants et se rendirent à l'ennemi. Lui-même fit bientôt après une fin misérable, et termina par une mort cruelle une vie remplie de crimes[1].

On peut aussi placer ici un autre fait rapporté par Justin. Le bruit des conquêtes d'Alexandre-le-Grand fit craindre aux Carthaginois qu'il ne songeât à tourner ses armes du côté de l'Afrique. Le malheur de Tyr, d'où ils tiraient leur origine, et qu'il venait de détruire; l'établissement d'Alexandrie, qu'il avait bâtie sur les confins de l'Afrique et de l'Égypte, comme pour opposer à Carthage une ville rivale; les prospérités non interrompues de ce prince, qui ne mettait point de bornes ni à son ambition, ni à son bonheur, tout cela leur donnait de justes alarmes. Pour découvrir ses sentiments et sonder ses pensées, Amilcar, surnommé Rhodanus, feignant d'avoir été chassé de sa patrie par les cabales de ses ennemis, passa dans le camp d'Alexandre, à qui il fut présenté, par le moyen de Parménion, et lui offrit ses services. Le roi le reçut fort bien, et eut plusieurs entretiens avec lui. Amilcar ne manqua pas de mander à ses compatriotes tout ce qu'il avait pu découvrir. Cependant, quand il fut revenu à Carthage, après la mort d'Alexandre, il fut traité comme un traître qui avait vendu sa patrie au roi, et mis à mort par une sentence qui prouvait également l'ingratitude et la cruauté des Carthaginois.

Justin l. 21, cap. 6.

Il me reste à parler des guerres que les Carthaginois soutinrent en Sicile du temps de Pyrrhus, roi d'Épire. Les Romains, à qui les desseins de ce prince ambitieux n'étaient pas inconnus, pour se fortifier contre les entreprises qu'il pourrait faire en Italie, avaient renouvelé

Polyb. l. 3, pag. 180. An. M. 3727 Carth. 569. Rom., 471. Av. J.C. 277.

---

[1] Il mourut empoisonné par Ménon qui fit aussi massacrer Archagathe, fils d'Agathocle, et voulut ensuite usurper l'autorité à Syracuse. —L.

leurs traités avec les Carthaginois, qui, de leur côté, ne craignaient pas moins qu'il ne passât en Sicile. On ajouta aux conditions des traités précédents qu'en cas de guerre de la part de Pyrrhus les deux peuples se prêteraient mutuellement du secours.

<small>Justin. l. 18, cap. 2.</small> La prévoyance des Romains n'avait pas été vaine. Pyrrhus tourna ses armes contre l'Italie, et y remporta plusieurs victoires. Les Carthaginois, en conséquence du dernier traité, se crurent obligés de secourir les Romains, et leur envoyèrent une flotte de six-vingts vaisseaux, commandée par Magon. Ce général, ayant été admis à l'audience du sénat, lui marqua la part que ses maîtres prenaient à la guerre qu'ils avaient appris qu'on leur suscitait, et il leur offrit ses services. Le sénat témoigna sa reconnaissance pour la bonne volonté des Carthaginois, mais, pour le présent, n'accepta point leur secours.

<small>Ibid.</small> Magon, quelques jours après, se transporta près de Pyrrhus, sous prétexte de pacifier ses différends au nom des Carthaginois, mais en effet pour le sonder et pour pressentir ses desseins au sujet de la Sicile, où le bruit commun était qu'il avait résolu de passer. Ils craignaient également que Pyrrhus ou les Romains ne prissent connaissance des affaires de cette île, et n'y fissent passer des troupes.

En effet les Syracusains, assiégés depuis quelque temps par les Carthaginois, avaient envoyé députés sur députés vers Pyrrhus pour le presser de venir à leur secours. Ce prince avait une raison particulière de prendre les intérêts de Syracuse, ayant épousé Lanassa, fille d'Agathocle, dont il avait eu un fils nommé Alexandre. Il partit enfin de Tarente, passa le détroit, et entra en Sicile. Ses conquêtes d'abord y furent si rapides, qu'il ne resta dans toute l'île, aux Carthaginois, qu'une seule ville, qui était Lilybée. Il en forma le siége; mais il fut bientôt obligé de le lever, tant il y trouva de résistance; et d'ailleurs on le pressait de retourner en Italie, où sa présence était absolument nécessaire. Elle ne l'était pas moins en Sicile; et, dès qu'il en fut sorti, elle retourna à ses anciens maîtres. Ainsi il perdit cette île avec autant de rapidité qu'il l'avait conquise. Quand il se fut embarqué, tournant les yeux vers la Sicile : ¹ *Oh! le beau champ de bataille*, dit-il à ceux qui étaient autour de lui, *que nous laissons là aux Carthaginois et aux Romains!* Et sa prédiction se vérifia bientôt.

Plut. in Pyrrh. pag. 398.

Après son départ, la première magistrature de Syracuse fut déférée à Hiéron; et dans la suite on lui accorda d'un commun consentement le nom et l'autorité de roi, tant on se trouvait bien sous son gouvernement. Il fut chargé de la guerre contre les Carthaginois, et remporta sur eux plusieurs avantages; mais des intérêts communs réunirent les Carthaginois et les Syracusains contre un nouvel ennemi qui commençait à paraître en Sicile et qui leur donnait aux uns et aux autres de vives et de justes alarmes : c'étaient les Romains, qui, débarrassés de tous les ennemis qu'ils avaient eu à combattre jusque-là dans l'Italie même, se virent enfin en état de porter leurs armes au-dehors,

---

¹ Οἵαν ἀπολείπομεν, ὦ φίλοι, Καρχηδονίοις καὶ Ῥωμαίοις παλαίςραν. Le mot grec est beau. En effet, la Sicile fut comme *une palestre* où les Carthaginois et les Romains s'exercèrent dans le métier de la guerre, et semblèrent, pendant plusieurs années, *lutter* les uns contre les autres.

et d'y jeter les fondements de cette vaste domination, dont il est vraisemblable que dès-lors ils avaient conçu l'idée et formé le projet. La Sicile était trop à leur bienséance pour ne pas songer à s'y établir. Ils saisirent avidement une occasion favorable d'y passer, qui se présenta pour-lors à eux, et qui causa leur rupture avec les Carthaginois, et donna lieu à la première guerre punique. C'est ce que nous exposerons plus au long, en rapportant les causes de cette guerre.

CHAPITRE II.

HISTOIRE DE CARTHAGE, DEPUIS LA PREMIÈRE GUERRE PUNIQUE JUSQU'A SA DESTRUCTION.

Le plan que je me suis proposé ne me permet pas d'entrer dans un détail exact des guerres entre Rome et Carthage, ce qui appartient plutôt à l'histoire romaine, à laquelle je n'ai point dessein de toucher, si ce n'est en passant et par occasion. Je n'en rapporterai donc que ce qui me paraîtra le plus propre à donner une juste idée de la république dont j'entreprends de parler, en m'arrêtant principalement sur ce qui regarde les Carthaginois mêmes, et sur ce qui s'est passé de plus important en Sicile, en Espagne et en Afrique; ce qui ne laisse pas d'avoir une assez grande étendue.

J'ai déja remarqué que, depuis la première guerre punique jusqu'à la destruction de Carthage, il s'était écoulé cent dix-huit ans. Tout ce temps peut se diviser en cinq parties, ou cinq intervalles.

I. La première guerre punique dure vingt-quatre ans.   24

II. L'intervalle entre la première et la seconde guerre punique est aussi de vingt-quatre ans.   24

III. La seconde guerre punique dure dix-sept ans.   17

IV. L'intervalle entre la seconde et la troisième est de quarante-neuf ans.   49

V. La troisième guerre punique, terminée par la destruction de Carthage, ne dure que quatre ans et quelques mois.   4

                   118

ARTICLE PREMIER.

Première guerre punique.

Voici quelle fut l'occasion de la première guerre punique. Des soldats campaniens, qui étaient à la solde d'Agathocle, tyran de Sicile, étant entrés comme amis dans la ville de Messine, égorgèrent bientôt après une partie des citoyens, chassèrent les autres, épousèrent leurs femmes, envahirent tous leurs biens, et demeurèrent seuls maîtres de cette place, qui était fort importante. Ils prirent le nom de *Mamertins* [1]. A leur exemple, et par leur secours, une légion romaine [2] traita de la même sorte la ville de Rhége, située vis-à-vis de Messine, à l'autre côté du détroit; et ces deux

Polyb. lib. 1 pag. 5.

An. M. 3724. Rom. 468. Av. J.C. 280.

---

[1] Selon Festus, ce nom venait du mot *Mamers* qui, dans la langue campanienne, signifie *Mars*. — L.

[2] Cette légion était composée de *Campaniens*, commandés par Décius Jubellius *Campanien*. Ce fait n'est pas indifférent. Il explique la révolte de la légion, de concert avec les Mamertins de Messine. — L.

villes perfides, se soutenant mutuellement dans la suite, se rendirent formidables à leurs voisins, sur-tout celle de Messine, qui devint fort puissante, et causa beaucoup d'inquiétude, tant aux Syracusains qu'aux Carthaginois, qui étaient maîtres d'une partie de la Sicile. Dès que les Romains se virent délivrés des ennemis qu'ils avaient eus jusque-là sur les bras, et surtout de Pyrrhus, ils songèrent à punir le crime de leurs citoyens, qui s'étaient établis à Rhége d'une manière si injuste et si cruelle depuis près de dix ans. Ils prirent la ville, et tuèrent pendant l'attaque la plus grande partie des habitants, que le désespoir avait fait combattre jusqu'à la mort. Il n'en resta que trois cents, qui furent conduits à Rome, et qui, après avoir été battus de verges dans la place publique, furent tous décapités. La vue des Romains, dans cette exécution sanglante, était de justifier auprès des alliés leur bonne foi et leur innocence. Rhége, sur-le-champ, fut restituée à ses véritables maîtres. Les Mamertins, considérablement affaiblis, tant par la chûte de leurs alliés que par les échecs qu'ils avaient soufferts de la part des Syracusains, qui venaient de choisir Hiéron pour leur roi, crurent devoir songer à leur sûreté; mais la division se mit parmi les habitants. Les uns livrèrent la citadelle aux Carthaginois, les autres appelèrent à leur secours les Romains, résolus de leur livrer la ville.

Polyb. l. 1, pag. 9-11.

L'affaire fut mise en délibération dans le sénat romain, qui, en l'envisageant par ses différentes faces, y trouva de la difficulté. D'un côté, il paraissait honteux et indigne de la vertu romaine de prendre ouvertement la défense de traîtres et de perfides, qui étaient précisément dans le même cas que ceux de Rhége, qu'on venait de punir si sévèrement. D'un autre côté, il était de la dernière importance d'arrêter les progrès des Carthaginois, qui, non contents des conquêtes qu'ils avaient faites en Afrique et en Espagne, s'étaient encore rendus maîtres de presque toutes les îles de la mer de Sardaigne et d'Étrurie, et le deviendraient bientôt certainement de la Sicile entière, si on leur abandonnait Messine : or, de là en Italie la distance n'était pas grande; et c'était en quelque sorte inviter un ennemi si puissant à y passer, que de lui en ouvrir ainsi l'entrée. Ces raisons, quelque fortes qu'elles fussent, ne purent déterminer le sénat à se déclarer pour les Mamertins, et les motifs d'honneur et de justice l'emportèrent ici sur ceux de l'intérêt et de la politique. Mais le peuple ne fut pas si délicat; dans l'assemblée qui se tint à ce sujet, il fut résolu qu'on secourrait les Mamertins. Le consul Appius Claudius partit sur-le-champ avec son armée, et traversa hardiment le détroit, après avoir trompé par une ingénieuse ruse la vigilance du général des Carthaginois. Ceux-ci, moitié par ruse, moitié par force, furent chassés de la citadelle, et la ville aussitôt fut remise entre les mains du consul. Les Carthaginois firent pendre leur chef pour avoir livré si facilement la citadelle, et ils se préparèrent à assiéger la ville avec toutes leurs troupes. Hiéron y joignit les siennes; mais le consul, les ayant battus séparément, fit lever le siége et ravagea impunément tout le pays voisin, les ennemis n'osant plus paraître devant lui. Ce fut là la première expédition des Romains hors de l'Italie.

An. M. 3741
Carth. 583.
Rom. 485.
Av. J.C. 263.
Front. [Strateg. I. 4, 11.]

On doute [1] si les motifs qui portèrent les Romains à

---

[1] M. le chevalier Folard examine cette question dans ses Remarques sur Polybe. (Liv. 1, pag. 16.)
= Quel doute peut-il y avoir sur

passer en Sicile étaient bien purs et bien conformes à la justice. Quoi qu'il en soit, leur passage en Sicile, et le secours donné à ceux de Messine, est comme le premier pas qui devait les conduire un jour à ce haut point de gloire et de grandeur où ils parvinrent dans la suite.

<small>Polyb. l. 1, pag. 15-19.</small>

Hiéron s'étant accommodé avec les Romains, et ayant fait alliance avec eux, les Carthaginois tournèrent tous leurs soins sur la Sicile, et y envoyèrent de nombreuses armées. Ils choisirent pour place d'armes Agrigente.

<small>An. M. 3743. Rom. 487.</small>

Les Romains les y attaquèrent, et, après un siège de sept mois et le gain d'une bataille, ils se rendirent maîtres de la ville.

<small>Pag. 20.</small>

Quelque avantageuses que fussent cette victoire et la conquête d'une place si importante, ils sentirent bien que, tant que les Carthaginois demeureraient maîtres de la mer, les villes maritimes de l'île se déclareraient toujours pour eux, et que jamais ils ne pourraient venir à bout de les en chasser. D'ailleurs, ils souffraient avec peine que l'Afrique demeurât paisible et tranquille pendant que l'Italie était infestée par les fréquentes incursions de l'ennemi. Ils songèrent donc pour la première fois à bâtir une flotte et à disputer l'empire de la mer aux Carthaginois. L'entreprise était hardie, et pouvait sembler téméraire; mais elle montre quel était le courage et la grandeur d'ame des Romains. Ils n'avaient pas alors une seule felouque en propre; et, pour passer d'Italie en Sicile, ils avaient été obligés d'emprunter des vaisseaux de leurs voisins. Ils n'avaient aucun usage de la marine; ils n'avaient point d'ouvriers qui sussent

---

les motifs de la conduite des Romains en cette occasion? Évidemment c'est l'ambition qui l'a emporté sur la justice. Polybe convient lui-même de tous les reproches qu'on peut leur faire (III, c. 26, § 6). — L.

construire des bâtiments; ils ne connaissaient pas même la forme des quinquérèmes, c'est-à-dire des galères à cinq rangs de rames, qui faisaient alors la force principale des flottes. Mais heureusement, l'année précédente, ils en avaient pris une, qui leur servit de modèle. Ils se mirent donc, avec une ardeur et une industrie incroyables, à en bâtir de pareilles; et, pendant qu'ils étaient occupés à ce travail, d'un autre côté on amassait des rameurs, on les formait à une manœuvre qui jusque-là leur avait été absolument inconnue; et, assis sur des bancs au bord de la mer, dans le même ordre qu'on l'est dans les vaisseaux, on les accoutumait, comme s'ils eussent été actuellement à la chiourme, et qu'ils eussent eu en main des rames, à s'élancer en arrière en retirant leurs bras, puis à les repousser en avant pour recommencer le même mouvement, et cela tous ensemble, de concert, et dans le même instant, dès qu'on leur en donnait le signal. On construisit, dans l'espace de deux mois, cent galères à cinq rangs de rames, et vingt à trois rangs. Après qu'on eut exercé pendant quelque temps les rameurs dans les vaisseaux mêmes, la flotte se mit en mer, et alla chercher l'ennemi. Elle était commandée par le consul Duilius.

Quand on fut à la vue des Carthaginois, près des côtes de Myle, on se prépara au combat. Comme les galères des Romains, construites grossièrement et à la hâte, n'étaient pas fort agiles, ni faciles à manier, ils suppléèrent à cet inconvénient par une machine [1] qui fut inventée sur-le-champ, et que depuis on a appelée

Polyb. l. 1, pag. 22.
An. M. 3745
Rom. 489.

---

[1] Polybe fait une description fort détaillée de cette machine. Il y a plusieurs sortes de corbeaux. On peut voir la dissertation de M. Folard (Polyb. liv. 1, pag. 83, etc.).

corbeau, par le moyen de laquelle ils accrochaient les vaisseaux des ennemis, passaient dedans malgré eux, et en venaient aussitôt aux mains. On donna le signal du combat. La flotte des Carthaginois était composée de cent trente vaisseaux, et commandée par Annibal [1]. Il montait une galère à sept rangs de rames, qui avait appartenu à Pyrrhus. Les Carthaginois, pleins de mépris pour des ennemis à qui la marine était absolument inconnue, et qui n'oseraient pas sans doute les attendre, s'avancent fièrement, moins pour combattre que pour recueillir les dépouilles dont ils se croyaient déjà maîtres. Ils furent pourtant un peu étonnés de ces machines qu'ils voyaient élevées sur la proue de chaque vaisseau, et qui étaient nouvelles pour eux; mais ils le furent bien plus quand ces mêmes machines, abaissées tout d'un coup, et lancées avec force contre leurs vaisseaux, les accrochèrent malgré eux, et, changeant la forme du combat, les obligèrent à en venir aux mains, comme si on eût été sur terre. Ils ne purent soutenir l'attaque des Romains. Le carnage fut horrible. Les Carthaginois perdirent quatre-vingts vaisseaux, parmi lesquels était celui du général, qui se sauva avec peine dans une chaloupe.

Une victoire si considérable et si inespérée enfla extrêmement le courage des Romains, et semblait avoir doublé leurs forces pour continuer cette guerre. Ils rendirent des honneurs extraordinaires au consul Duilius. Il fut le premier de tous les Romains à qui le triomphe naval fut accordé. On lui érigea une colonne rostrale [2] avec une belle inscription : cette colonne subsiste encore à Rome.

[1] Ce n'est pas le grand Annibal.   [2] On appelait ces colonnes *rostra-*

Pendant les deux années qui suivirent, les Romains se fortifièrent toujours de plus en plus sur mer par plusieurs combats qu'ils y donnèrent, et par les heureux succès qu'ils y eurent. Ils ne les regardaient que comme des essais et des préparatifs pour une entreprise qu'ils avaient dans l'esprit, qui était de porter la guerre en Afrique, et d'aller attaquer les Carthaginois dans leur propre pays. Il n'y avait rien que ceux-ci craignissent davantage; et, pour détourner un coup si dangereux, ils résolurent de donner bataille à quelque prix que ce fût.

Polyb. l. 1, pag. 24.

Les Romains avaient nommé pour consuls M. Atilius Régulus et L. Manlius. Leur flotte était de trois cent trente vaisseaux, et portait cent quarante mille hommes, chaque vaisseau ayant trois cents rameurs, et six-vingts combattants. Celle des Carthaginois, commandée par Hannon et Amilcar, avait vingt vaisseaux de plus, et plus de monde aussi à proportion. Les deux flottes se trouvèrent en présence près d'Ecnome en Sicile. On ne pouvait envisager deux flottes et deux armées si nombreuses, ni être témoin des mouvements extraordinaires qui se faisaient pour se préparer au combat, sans être saisi de quelque frayeur, dans la vue du danger qu'allaient courir deux des plus puissants peuples de la terre. Comme le courage, aussi-bien que les forces, était égal des deux côtés, le combat fut opiniâtre, et le succès long-temps douteux; mais enfin les Carthaginois furent vaincus. Plus de soixante de leurs vaisseaux furent pris, et trente coulés à fond. Les Romains

Pag. 25.
An. M. 3749.
Rom. 493.

tæ, à cause des becs, des éperons des vaisseaux dont elles étaient ornées, *rostra*.

en perdirent vingt-quatre, dont aucun ne tomba entre les mains des ennemis.

<small>Polyb. lib. 1, pag. 30.</small>

Le fruit de cette victoire fut, comme l'avaient projeté les Romains, de faire voile en Afrique, après avoir radoubé les vaisseaux, et les avoir remplis de tous les préparatifs nécessaires pour soutenir une longue guerre dans un pays étranger. Ils abordèrent heureusement en Afrique, et commencèrent par se rendre maîtres d'une ville nommée *Clypea*, qui avait un bon port. De là, après avoir dépêché des courriers à Rome pour donner avis de leur débarquement et pour recevoir les ordres du sénat, ils se répandirent dans le plat pays, y firent un dégât épouvantable, emmenèrent un grand nombre de troupeaux et vingt mille captifs.

<small>An. M. 3750. Rom. 494.</small>

Le courrier cependant, étant revenu de Rome, apporta les ordres du sénat, qui avait jugé à propos de continuer à Régulus, sous la qualité de *proconsul*, le commandement des armées d'Afrique, et de rappeler son collègue avec une grande partie de la flotte et des troupes, ne laissant à Régulus que quarante vaisseaux, quinze mille hommes de pied, et cinq cents chevaux. C'était renoncer visiblement au fruit que l'on pouvait attendre de la descente en Afrique, que de réduire les forces du consul à un si petit nombre de vaisseaux et de troupes.

<small>Val. Max. lib. 4, c. 4.</small>

On comptait beaucoup à Rome sur l'habileté et le courage de Régulus. La joie y fut universelle quand on sut que le commandement dans l'Afrique lui avait été continué. Lui seul en fut affligé lorsqu'il reçut cette nouvelle. Il écrivit à Rome pour demander avec instance qu'on lui envoyât un successeur. Sa principale raison était que, la mort de son fermier ayant donné lieu à un de ses mercenaires d'enlever tous les instruments de labour, sa présence était nécessaire pour faire valoir ce petit fonds de terre, qui seul faisait subsister sa famille. Il n'était que de sept arpens. Le sénat se chargea de faire cultiver ses terres aux dépens du public, de fournir à la subsistance de sa femme et de ses enfants, de le dédommager des pertes qu'il avait faites par le vol du mercenaire. Heureux siècle, où la pauvreté était ainsi en honneur, et se trouvait jointe au plus rare mérite et aux premières dignités de l'état! Régulus, déchargé des soins domestiques, ne songea plus qu'à bien remplir ceux d'un général.

Après avoir enlevé plusieurs châteaux, il entreprit le siége d'Adis, une des plus fortes places du pays. Les Carthaginois, ne pouvant plus souffrir qu'on ravageât ainsi impunément leurs terres, se mirent enfin en campagne, et marchèrent vers l'ennemi pour lui faire lever le siége. Dans ce dessein, ils se postèrent sur une colline qui commandait le camp des Romains, et d'où ils pouvaient fort les incommoder, mais dont la situation rendait inutile une partie de leurs troupes; car la principale force des Carthaginois consistait dans la cavalerie et les éléphants, qui ne sont d'usage que dans les plaines. Régulus ne leur laissa pas le temps d'y descendre; et, pour profiter de la faute essentielle qu'avaient faite les généraux carthaginois, les attaqua dans ce poste, et, après une faible résistance de leur part, les mit en déroute, pilla le camp, ravagea tous les lieux circonvoisins : puis, ayant pris Tunis, place importante et qui l'approchait de Carthage, il y fit camper son armée.

Polyb. l. 1, p. 31-36.

L'alarme fut extrême parmi les ennemis; tout leur avait mal réussi jusque-là. Ils avaient été battus par terre et par mer; plus de deux cents places s'étaient rendues au vainqueur. Les Numides faisaient encore plus de ravage dans la campagne, que les Romains. Ils s'attendaient à chaque moment à se voir assiégés dans la capitale. Les paysans, s'y réfugiant de tous côtés avec leurs femmes et leurs enfants pour y chercher leur sûreté, augmentèrent le trouble, et firent craindre la famine en cas de siége. Régulus, dans la crainte qu'un successeur ne vînt lui enlever la gloire de ses heureux succès, fit faire quelques propositions de paix aux vaincus; mais elles leur parurent si dures, qu'ils ne purent y prêter l'oreille. Comme il ne doutait point que bientôt il ne fût maître de Carthage, il n'en rabattit rien; et, par un éblouissement que causent presque toujours les succès grands et inopinés, il les traita avec hauteur, prétendant qu'ils devaient regarder comme une grace tout ce qu'il leur laissait, en ajoutant avec une sorte d'insulte : [1] *qu'il faut, ou savoir vaincre, ou savoir se soumettre au vainqueur.* Un traitement si dur et si fier les révolta, et ils prirent la résolution de périr plutôt les armes à la main que de rien faire qui fût indigne de la grandeur de Carthage.

Réduits à cette fatale extrémité, il leur arriva fort à propos de Grèce un renfort de troupes auxiliaires [2], qui avaient à leur tête Xanthippe, Lacédémonien, élevé dans la discipline de Sparte, et qui avait appris l'art militaire dans cette excellente école. Quand il se

---

[1] Δεῖ τοὺς ἀγαθοὺς ἢ νικᾶν, ἢ εἴκειν τοῖς ὑπερέχουσιν. [DIODOR. *Eclog.* lib. 23, cap. 3.]

[2] Troupes qu'ils avaient chargé un officier carthaginois de lever en Grèce. (POLYB. I, 32.) — L.

fut fait raconter toutes les circonstances de la dernière bataille, qu'il eut vu clairement pourquoi on l'avait perdue, qu'il eut connu par lui-même en quoi consistaient les principales forces de Carthage, il dit hautement, et le répéta souvent dans les conversations qu'il eut avec les autres officiers, que, si les Carthaginois avaient été vaincus, ils ne devaient s'en prendre qu'à l'incapacité de leurs chefs. Ces discours furent rapportés au conseil public; on en fut frappé : on le pria de vouloir bien s'y rendre. Il appuya son sentiment de raisons si fortes et si convaincantes, qu'il rendit palpables à tout le monde les fautes qu'avaient commises les généraux; et il fit voir aussi clairement qu'en gardant une conduite opposée, on pouvait non-seulement mettre le pays en sûreté, mais en chasser l'ennemi. Un tel discours fit renaître dans les esprits le courage et l'espérance. On le pria, et on le força en quelque sorte d'accepter le commandement de l'armée. Quand on vit, dans les exercices qu'il fit faire aux troupes tout près de la ville, la manière dont il s'y prenait pour les ranger en bataille, pour les faire avancer ou reculer au premier signal, pour les faire défiler avec ordre et promptitude, en un mot, pour leur faire faire toutes les évolutions et tous les mouvements que demande l'art militaire, on fut tout étonné, et l'on avoua que tout ce que Carthage jusque-là avait eu de plus habiles chefs n'étaient que des ignorants en comparaison de celui-ci.

Officiers et soldats, tout était dans l'admiration; et, ce qui est bien rare, la jalousie n'en empêcha point l'effet, la crainte du danger présent et l'amour de la patrie étouffant sans doute dans les esprits tout autre sentiment. A la morne consternation qui s'était répandue dans les troupes, succédèrent tout d'un coup la joie et l'allégresse. Elles demandaient à grands cris et avec empressement qu'on les menât droit à l'ennemi, assurées, disaient-elles, de vaincre sous leur nouveau chef, et d'effacer la honte des défaites passées. Xanthippe ne laissa pas refroidir leur ardeur. La vue de l'ennemi ne fit que l'augmenter. Lorsqu'il n'en fut plus éloigné que de douze cents pas, il crut devoir tenir conseil de guerre, pour faire honneur aux officiers carthaginois en les consultant. Tous, d'un consentement unanime, s'en rapportèrent uniquement à son avis : la bataille fut donc résolue pour le lendemain.

L'armée des Carthaginois était composée de douze mille hommes de pied, de quatre mille chevaux, et d'environ cent éléphants. Celle des Romains, autant qu'on le peut conjecturer par ce qui précède (car Polybe ne le marque point ici), avait quinze mille fantassins et trois cents chevaux.

Il est beau de voir aux prises deux armées peu nombreuses comme celles-ci, mais composées de braves soldats, et commandées par des généraux très-habiles. Dans ces actions tumultueuses où de part et d'autre on compte des deux ou trois cent mille combattants, il ne se peut qu'il n'y ait beaucoup de confusion; et il est difficile, à travers mille événements, où le hasard, pour l'ordinaire, semble avoir plus de part que le conseil, de démêler le vrai mérite des commandants et les véritables causes de la victoire. Ici rien n'échappe à la curiosité du lecteur, qui envisage clairement l'ordonnance des deux armées; qui croit presque entendre les ordres que donnent les chefs; qui suit tous les mouvements et toutes les démarches des troupes; qui touche, pour ainsi dire, au doigt et à l'œil toutes les fautes qui se font de part et d'autre, et qui par là est en état de juger certainement à quoi l'on doit attribuer le gain et la perte de la bataille. Le succès de celle-ci, quoiqu'elle paraisse peu considérable par le petit nombre des combattants, devait décider du sort de Carthage.

Voici quelle était la disposition des deux armées: Xanthippe mit à la tête ses éléphants sur une même ligne; derrière, à quelque distance, il rangea en phalange, qui ne faisait qu'un même corps, l'infanterie composée de Carthaginois: pour les troupes étrangères qui étaient à leur solde, une partie fut mise à la droite, entre la phalange et la cavalerie; et l'autre, composée de soldats armés à la légère, fut rangée par pelotons à la tête des deux ailes de cavalerie.

Du côté des Romains, comme ce qui les épouvantait le plus était les éléphants, Régulus, pour remédier à cet inconvénient, distribua les troupes armées à la légère sur une ligne, à la tête des légions; après elles il plaça les cohortes les unes derrière les autres, et mit sa cavalerie sur les deux ailes. En donnant ainsi au corps de bataille moins de front et plus de profondeur, il prenait, à la vérité, de justes mesures contre les éléphants (dit Polybe); mais il ne remédiait point à l'inégalité de la cavalerie, qui, du côté des ennemis, était beaucoup supérieure à la sienne.

Les deux armées, ainsi rangées, n'attendaient que le signal. Xanthippe ordonne de faire avancer les éléphants pour enfoncer les rangs des ennemis, et commande aux deux ailes de la cavalerie de prendre en flanc les Romains. Ceux-ci, en même temps, après avoir jeté de grands cris selon leur coutume, et fait grand bruit avec leurs armes, marchent contre l'ennemi. Leur cavalerie ne tint pas long-temps, elle était trop inférieure à celle des Carthaginois. L'infanterie de la gauche, pour éviter le choc des éléphants, et faire voir combien elle craignait peu les soldats étrangers qui faisaient la droite dans l'infanterie ennemie, l'attaque, la renverse, et la poursuit jusqu'au camp. De ceux qui étaient opposés aux éléphants, les premiers furent foulés aux pieds et écrasés en se défendant vaillamment; le reste du corps de bataille fit ferme quelque temps à cause de sa profondeur. Mais, lorsque les derniers rangs, enveloppés par la cavalerie, furent contraints de tourner face pour faire tête aux ennemis, et que ceux qui avaient forcé le passage au travers des éléphants rencontrèrent la phalange des Carthaginois, qui n'avait point encore chargé et qui était en bon ordre, les Romains furent mis en déroute de tous côtés, et entièrement défaits. La plupart furent écrasés sous le poids énorme des éléphants; le reste, sans sortir de son rang, fut criblé des traits de la cavalerie. Il n'y en eut qu'un petit nombre qui prirent la fuite: mais, comme c'était dans un pays plat, les éléphants et la cavalerie en tuèrent une grande partie. Cinq cents ou environ, qui fuyaient avec Régulus, furent faits prisonniers. Les Carthaginois perdirent en cette occasion huit cents soldats étrangers, qui étaient opposés à l'aile gauche des Romains; et, de ceux-ci, il ne se sauva que les deux mille qui, en poursuivant l'aile droite des ennemis, s'étaient tirés de la mêlée: tout le reste demeura sur la place, à l'exception de Régulus et de ceux qui furent pris avec lui. Les deux mille qui avaient échappé au carnage se retirèrent à Clypea, et furent sauvés comme par miracle.

Les Carthaginois, après avoir dépouillé les morts, rentrèrent triomphants dans Carthage, traînant après eux le général des Romains et cinq cents prisonniers. Leur joie fut d'autant plus grande, que quelques jours auparavant ils s'étaient vus à deux doigts de leur perte. Hommes et femmes, jeunes gens et vieillards, tous se répandirent dans les temples pour rendre aux dieux d'immortelles actions de graces; et ce ne furent, pendant plusieurs jours, que festins et réjouissances.

Xanthippe, qui avait eu tant de part à cet heureux changement, prit le sage parti de se retirer bientôt après, et de disparaître, de peur que sa gloire, jusque-là pure et entière, après ce premier éclat éblouissant qu'elle avait jeté, ne s'amortît peu-à-peu, et ne le mît en butte aux traits de l'envie et de la calomnie, toujours dangereux, mais encore plus dans un pays étranger, où l'on se trouve seul, sans parents, sans amis, et destitué de tout secours.

Polybe dit qu'on racontait autrement le départ de Xanthippe, et promet de l'exposer ailleurs; mais cet endroit n'est pas parvenu jusqu'à nous. On lit dans Appien que les Carthaginois, piqués d'une basse et noire jalousie de la gloire de Xanthippe, et ne pouvant soutenir cette pensée, qu'ils étaient redevables à Sparte de leur salut, sous prétexte de le reconduire par honneur dans sa patrie avec une nombreuse escorte de vaisseaux, donnèrent ordre sous main à ceux qui les conduisaient de faire périr en chemin le général lacédémonien et tous ceux qui l'accompagnaient; comme s'ils avaient

De bel. pun. pag. 3o.

pu ensevelir avec lui dans les eaux, et le souvenir du service qu'il leur avait rendu, et la noirceur du crime qu'ils commettaient à son égard [1].

Lib. 1, p. 36 et 37.

Cette bataille, dit Polybe, quoique moins considérable que beaucoup d'autres, peut nous donner de salutaires instructions; et c'est là, ajoute-t-il, le solide fruit de l'histoire.

Premièrement, doit-on beaucoup compter sur son bonheur après ce qui arrive ici à Régulus? Fier de sa victoire, et inexorable à l'égard des vaincus, à peine daigne-t-il les écouter; et lui-même bientôt après il tombe entre leurs mains. Annibal fit faire la même réflexion à Scipion, lorsqu'il l'exhortait à ne se pas laisser éblouir par l'heureux succès de ses armes [2]. Régulus, lui disait-il, aurait été un des plus rares modèles de courage et de bonheur qu'il y ait jamais eu, si, après la victoire qu'il remporta dans le même pays où nous sommes, il avait voulu accorder à nos pères la paix qu'ils lui demandaient; mais, pour n'avoir pas su mettre un frein à son ambition, et ne s'être pas contenu dans de justes bornes, plus son élévation était grande, plus sa chute fut honteuse.

En second lieu, on reconnaît bien ici la vérité de ce que dit Euripide; qu'*un sage conseil vaut mieux que*

---

[1] Ni Polybe, ni Tite Live, ni Florus, ni Eutrope, ne font mention de ce trait d'ingratitude, rapporté seulement par Appien et par Zonaras qui l'a copié ; certes, les historiens latins, s'ils l'avaient connu, n'auraient pas laissé échapper une aussi belle occasion de couvrir d'un opprobre éternel ces ennemis du nom romain, envers lesquels ils montrent d'ailleurs une haine si violente et presque toujours si injuste. — L.

[2] « Inter pauca felicitatis virtutisque exempla M. Atilius quondam in hâc eâdem terrâ fuisset, si victor pacem petentibus dedisset patribus nostris. Sed non statuendo tandem felicitati modum, nec cohibendo efferentem se fortunam, quantò altiùs elatus erat, eò fœdiùs corruit. » (Liv. lib. 30.)

mille bras[1]. Un seul homme, dans cette occasion, change toute la face des affaires. D'un côté, il met en fuite des troupes qui paraissaient invincibles; de l'autre, il rend le courage à une ville et à une armée qu'il avait trouvées dans la consternation et dans le désespoir.

Voilà, remarque Polybe, l'usage qu'il faut faire de ses lectures; car, y ayant deux voies de profiter et d'apprendre, l'une par sa propre expérience, et l'autre par celle d'autrui, il est bien plus sage et plus utile de s'instruire par les fautes des autres que par les siennes.

Je reviens à Régulus, pour achever ce qui le regarde, dont il est fâcheux que nous ne trouvions plus rien dans Polybe [2]. Après avoir été retenu quelques années en prison, il fut envoyé à Rome pour y proposer l'échange des prisonniers. On lui avait fait prêter serment de revenir en cas qu'il ne réussît point. Il exposa au sénat le sujet de son voyage. Invité par la compagnie à dire son avis, il répondit qu'il ne pouvait le faire comme sénateur, ayant perdu cette qualité, aussi-bien que celle de citoyen romain, depuis qu'il était tombé entre les mains des ennemis : mais il ne refusa pas de dire, comme particulier, ce qu'il pensait. La conjoncture

App. de bel. punic. p. 2 et 3.
Cic. lib. 3, de Off. num. 99 et 100;
[Orat. in Pison. c. 19.]
Aul. Gel. lib. 6, cap. 4.
Senec. ep. 98.
An. M. 3755
Rom. 499.

---

[1] Ὡς ἕν σοφὸν βούλευμα τὰς πολ- λὰς χεῖρας νικᾷν.
= C'est ainsi que Polybe a cité. Mais le passage de la tragédie d'Antiope (maintenant perdu), cité par Stobée (*Serm.* LII), et par Plutarque (*An seni gerenda sit Resp.* p. 790), est conçu de cette manière :

Σόφον γὰρ ἓν βούλευμα τὰς πολλὰς χέρας
Νικᾷ· σὺν ὄχλῳ δ' ἀμαθία πλέον κακόν.
— L.

[2] Ce silence de Polybe est regardé de plusieurs savants comme un préjugé contre une grande partie de ce qu'on rapporte de Régulus, depuis sa prise.
= Voyez à ce sujet une excellente note de Paulmier de Grentesmenil (*Exercit. in auct. Græc.* p. 151, sq.); il montre assez clairement que le supplice de Régulus est un conte. — L.

était délicate. Tout le monde était touché du malheur d'un si grand homme. Il n'avait, dit Cicéron, qu'à prononcer un mot pour recouvrer, avec sa liberté, ses biens, ses dignités, sa femme, ses enfants, sa patrie; mais ce mot lui paraissait contraire à l'honneur et au bien de l'état. Il déclara donc nettement qu'on ne devait point songer à faire l'échange des prisonniers : qu'un tel exemple aurait des suites funestes à la république : que des citoyens qui avaient eu la lâcheté de livrer leurs armes à l'ennemi étaient indignes de compassion, et incapables de servir leur patrie : que, pour lui, à l'âge où il était, on ne devait compter sa perte pour rien; au lieu qu'ils avaient entre leurs mains plusieurs généraux carthaginois dans la vigueur de l'âge, et capables de rendre encore à leur patrie de grands services pendant plusieurs années. Ce ne fut point sans peine que le sénat se rendit à un avis si généreux, et qui était sans exemple. Cet illustre exilé partit donc de Rome pour retourner à Carthage, sans être touché, ni de la vive douleur de ses amis, ni des larmes de sa femme et de ses enfants; et cependant il n'ignorait pas à quels supplices il était réservé. En effet, dès que les ennemis le virent de retour sans avoir obtenu l'échange, il n'y eut point de tourments que leur barbare cruauté ne lui fît souffrir. Ils le tenaient long-temps resserré dans un noir cachot, d'où, après lui avoir coupé les paupières, ils le faisaient sortir tout-à-coup pour l'exposer au soleil le plus vif et le plus ardent. Ils l'enfermèrent ensuite dans une espèce de coffre tout hérissé de pointes, qui ne lui laissaient aucun moment de repos ni jour ni nuit. Enfin, après l'avoir ainsi long-temps tourmenté par une cruelle insomnie, ils l'attachèrent à une croix, qui était

Horat. l. 3, od. 5. [v. 13, seq.]

un supplice ordinaire chez les Carthaginois, et l'y firent périr. Telle fut la fin de ce grand homme : en lui dérobant quelques jours ou quelques années de vie, elle couvrit ses ennemis d'une honte éternelle.

L'échec reçu en Afrique ne découragea point les Romains. Ils firent de plus grands préparatifs que jamais pour réparer cette perte, et mirent en mer, la campagne suivante, trois cent soixante vaisseaux. Les Carthaginois allèrent à leur rencontre avec une flotte de deux cents vaisseaux. Ils furent battus dans le combat qui se donna à la vue de la Sicile, et perdirent cent quatorze vaisseaux, qui furent pris par les Romains. Ceux-ci passèrent en Afrique pour y recueillir le peu de soldats qui avaient échappé à la poursuite des ennemis après la défaite de Régulus, et qui s'étaient défendus avec beaucoup de courage dans Clypea, où on les avait assiégés inutilement. Polyb. l. 1 pag. 37.

On est encore ici étonné que les Romains, après une victoire si considérable, et avec une flotte si nombreuse, viennent en Afrique uniquement pour en tirer une petite garnison, au lieu qu'ils auraient pu en tenter la conquête, que Régulus, avec beaucoup moins de troupes, avait presque entièrement achevée.

Les Romains, à leur retour, furent accueillis d'une horrible tempête, qui fit périr presque toute leur flotte. Le même malheur leur arriva encore l'année suivante. Ils se consolèrent de cette double perte par le gain d'une bataille contre Asdrubal, où ils prirent près de cent quarante éléphants [1]. Quand cette nouvelle fut portée Polyb. l. 1, pag. 38-40.
Pag. 41 et 42

---

[1] Polybe ne parle que de dix éléphants pris avec leurs conducteurs. Diodore de Sicile en porte le nombre à 60 (lib. XXIII, eclog. xiv.)
— L.

à Rome, elle y répandit une grande joie, non-seulement parce que la perte des éléphants avait extrêmement diminué les forces de l'ennemi, mais sur-tout parce qu'elle avait rendu le courage aux troupes de terre, qui, depuis la défaite de Régulus, n'avaient osé tenter aucun combat, tant la crainte de ces redoutables animaux avait saisi généralement tous les esprits. On crut donc qu'il fallait faire de plus grands efforts que jamais pour mettre fin, s'il se pouvait, à une guerre qui durait depuis quatorze ans. Les deux consuls partirent avec une flotte de deux cents vaisseaux, et, étant arrivés en Sicile, ils formèrent le hardi dessein d'attaquer Lilybée. C'était la plus forte place qu'eussent les Carthaginois, dont la perte devait entraîner après elle celle de tout ce qui leur restait dans l'île, et laisser aux Romains un libre passage en Afrique.

Pag. 44-50.   On conçoit aisément quelle fut l'ardeur de part et d'autre, soit pour l'attaque, soit pour la défense. Imilcon commandait dans la place : il avait dix mille hommes de troupes, sans compter les habitants; et Annibal, fils d'Amilcar, lui en amena bientôt autant de Carthage, ayant passé avec un courage intrépide au travers de la flotte ennemie, et étant entré heureusement dans le port. Les Romains n'avaient point perdu de temps. Ayant fait avancer leurs machines, ils abattirent plusieurs tours à coups de bélier; et, gagnant tous les jours un nouveau terrain, ils allaient toujours en avant, en sorte que les assiégés, se trouvant fort serrés, commencèrent à craindre. Le commandant sentit bien que l'unique moyen de sauver la ville était de mettre le feu aux machines des assiégeants. Ayant donc disposé ses troupes pour cette entreprise, il les fit sortir dès la pointe du jour, portant des flambeaux à la main, avec des étoupes et toutes sortes de matières combustibles, et attaqua en même temps toutes les machines. Les Romains firent des efforts extraordinaires pour les repousser : le combat fut des plus sanglants. Chacun, de part et d'autre, tenait ferme dans son poste, et mourait plutôt que de le quitter. Enfin, après une longue résistance et un furieux carnage, les assiégés sonnèrent la retraite, et laissèrent les Romains maîtres de leurs ouvrages. Cette affaire finie, Annibal se mit en mer pendant la nuit, et, dérobant sa marche, prit la route de Drépane, où était Adherbal, chef des Carthaginois. Drépane est une place avantageusement située, avec un beau port, à six-vingts stades [1] de Lilybée, et que les Carthaginois eurent toujours fort à cœur de conserver.

Les Romains, animés par cet heureux succès, recommencèrent l'attaque avec encore plus d'ardeur qu'auparavant, sans que les assiégés osassent penser à faire une seconde tentative pour brûler les machines, tant la première les avait rebutés par la perte qu'ils y avaient faite ; mais, un vent très-violent s'étant levé tout-à-coup, quelques soldats mercenaires en donnèrent avis au commandant, lui représentant que c'était une occasion tout-à-fait favorable pour mettre le feu aux machines des assiégeants, d'autant plus que le vent donnait de leur côté, et ils s'offrirent pour cette expédition : leur offre fut acceptée ; on leur fournit tout ce qui était nécessaire pour cette entreprise. En un moment le feu prit à toutes les machines, sans qu'il fût possible aux Romains d'y remédier, parce que, dans cet incendie qui était devenu presque général en fort peu de temps,

---

[1] Six lieues. = Quatre lieues de 20 au degré. — L.

le vent portait dans leurs yeux les étincelles et la fumée, et les empêchait de discerner où il fallait appliquer le secours ; au lieu que les autres voyaient clairement où ils devaient porter leurs coups et jeter le feu. Cet accident fit perdre aux Romains l'espérance de pouvoir emporter la place de vive force. Ils changèrent donc le siége en blocus, entourèrent la ville par une bonne contrevallation, et répandirent leur armée dans tous les environs, résolus d'attendre du temps ce qu'ils se voyaient hors d'état d'exécuter par une voie plus courte.

Polyb. l. 1,
pag. 50.Quand on apprit à Rome ce qui se passait au siége de Lilybée, et qu'une partie des troupes y avait péri, cette fâcheuse nouvelle, loin d'abattre les esprits, sembla renouveler l'ardeur et le courage des citoyens. Chacun se hâtait de porter son nom pour se faire enrôler. On leva en peu de temps une armée de dix mille hommes, qui, ayant passé le détroit, alla par terre se joindre aux assiégeants.

Pag. 51.
An. M. 3756
Rom. 500.En même temps le consul P. Claudius Pulcher forma le dessein d'aller attaquer Adherbal dans Drépane. Il se tenait comme sûr de le surprendre, parce qu'après la perte que les Romains venaient de faire à Lilybée, l'ennemi ne pourrait plus s'imaginer qu'ils songeassent à se mettre en mer. Sur cette espérance il fait partir de nuit la flotte pour mieux couvrir son dessein ; mais il avait affaire à un chef actif et appliqué, dont il ne put tromper la vigilance, et qui ne lui laissa pas à lui-même le temps de ranger ses vaisseaux en bataille, mais l'attaqua vivement pendant que la flotte était encore en désordre et en confusion. La victoire fut complète du côté des Carthaginois ; il ne s'échappa de la flotte romaine que trente vaisseaux, qui, étant auprès du consul, prirent la fuite avec lui, en se dégageant le mieux qu'ils purent le long du rivage : tout le reste, au nombre de quatre-vingt-treize, tomba avec l'équipage en la puissance des Carthaginois, à l'exception de quelques soldats qui s'étaient sauvés du débris de leurs vaisseaux. Cette victoire fit chez les Carthaginois autant d'honneur à la prudence et à la valeur d'Adherbal, qu'elle couvrit de honte et d'ignominie le consul romain.

Son collègue Junius ne fut ni plus prudent, ni plus heureux que lui, et perdit par sa faute toute sa flotte. Cherchant à couvrir son malheur par quelque exploit considérable, il ménagea des intelligences secrètes dans Éryx [1], et se fit livrer la ville. Sur le sommet de la montagne était le temple de Vénus Érycine, le plus beau sans contredit et le plus riche de tous les temples de la Sicile. La ville était située un peu au-dessous de ce sommet, et l'on n'y pouvait monter que par un chemin très-long et très-escarpé. Junius plaça une partie de ses troupes sur le sommet, et le reste au pied de la montagne, et crut, après ces précautions, n'avoir rien à craindre ; mais Amilcar, surnommé *Barca*, père du fameux Annibal, trouva le moyen d'entrer dans la ville, qui était entre les deux camps des ennemis, et de s'y établir. De ce poste si avantageux il ne cessait de harceler les Romains, ce qui dura pendant deux ans. On a peine à concevoir comment les Carthaginois purent se défendre, attaqués comme ils étaient et d'en haut et d'en bas, et ne pouvant recevoir de convois que par un seul endroit de mer dont ils étaient maîtres. C'est par de tels coups, autant et peut-être plus que par le

Pag. 54-59.

---

[1] Ville et montagne de Sicile.

gain d'une bataille, qu'on connaît l'habileté et la sage hardiesse d'un commandant.

<small>Polyb. l. 1, pag. 59-62.</small>

Cinq années se passèrent sans que, de part et d'autre, il se fît rien de considérable. Les Romains avaient cru qu'avec leurs seules troupes de terre ils pourraient terminer le siége de Lilybée; mais, voyant qu'il traînait en longueur, ils revinrent à leur premier plan, et firent des efforts extraordinaires pour armer une nouvelle flotte. L'argent manquait au trésor public; le zèle des particuliers y suppléa, tant l'amour de la patrie dominait dans les esprits : chacun, selon ses forces, contribua à la dépense commune, et, sur la foi publique, n'hésita point à faire les avances pour une expédition d'où dépendaient la gloire et la sûreté de l'état. L'un équipait seul un vaisseau à ses frais; d'autres se joignaient deux ou trois ensemble pour en faire autant : en fort peu de temps il y en eut deux cents de prêts. On en donna le commandement au consul Lutatius, qui, sans perdre de temps, se mit en mer. La flotte ennemie s'était retirée en Afrique. Il s'empara donc sans peine de tous les postes avantageux qui étaient aux environs de Lilybée; et, comme il prévoyait qu'il en faudrait bientôt venir à un combat, il n'oublia rien de tout ce qui pouvait en assurer le succès, et employa tout le temps qui lui restait à exercer sur mer les soldats et les matelots.

<small>An. M. 3763 Rom. 507.</small>

En effet, il apprit bientôt que la flotte ennemie approchait. Elle était commandée par Hannon, qui aborda à une petite île nommée *Hiera*, qui était vis-à-vis de Drépane. Son dessein était d'approcher d'Éryx avant que d'être aperçu des Romains, pour y décharger ses vivres, y prendre un renfort de troupes, et faire monter Barca sur sa flotte, afin que celui-ci le secondât dans la bataille qui allait se donner. Mais le consul, qui se douta bien de ce qu'il voulait faire, le prévint, et, ayant ramassé tout ce qu'il avait de meilleures troupes, il s'avança vers une petite île, voisine de l'autre, qu'on appelait *Éguse*[1]. Il indiqua le combat pour le lendemain. Dès la pointe du jour il s'y prépara. Malheureusement le vent était favorable aux ennemis. Il hésita quelque temps s'il hasarderait la bataille; mais, voyant que la flotte carthaginoise, quand on aurait déchargé les vivres, deviendrait plus légère et plus propre pour l'action, et que d'ailleurs elle serait considérablement fortifiée par les troupes et par la présence de Barca, il prit son parti sur-le-champ, et, malgré le mauvais temps, il alla attaquer l'ennemi. Le consul avait des troupes d'élite, de bons matelots qui avaient été fort exercés, d'excellents vaisseaux construits sur le modèle d'une galère qu'on avait prise quelque temps auparavant sur les ennemis, et qui était la plus accomplie qu'on eût jamais vue en ce genre. C'était tout le contraire du côté des Carthaginois. Comme depuis quelques années ils s'étaient vus seuls maîtres de la mer, et que les Romains n'osaient paraître devant eux, ils les comptaient pour rien, et se regardaient eux-mêmes comme invincibles. Au premier bruit du mouvement que ceux-ci se donnèrent, Carthage avait mis en mer une flotte équipée à la hâte, et où tout sentait la précipitation : soldats et matelots, tous mercenaires, de nouvelle levée, sans expérience, sans courage, sans zèle pour la patrie, comme sans intérêt pour la cause commune. Il y parut bien dans le combat : ils ne purent

---

[1] On appelle aussi ces îles *Égates*.

pas soutenir la première attaque. Cinquante de leurs vaisseaux furent coulés à fond, et soixante-dix furent pris avec tout l'équipage. Le reste, à la faveur d'un vent qui se leva fort à propos pour eux, se retira vers la petite île d'où ils étaient partis. Le nombre des prisonniers passa dix mille. Le consul s'avança aussitôt vers Lilybée, et joignit ses troupes à celles des assiégeants.

Polyb. l. 1, pag. 63.

Quand cette nouvelle fut portée à Carthage, elle y causa d'autant plus de surprise et d'effroi, qu'on s'y était moins attendu. Le sénat ne perdit point courage, mais il se voyait absolument hors d'état de continuer la guerre. Les Romains tenant la mer, il n'était plus possible d'envoyer ni vivres ni secours aux armées de Sicile. Ils dépêchèrent donc au plus tôt vers Barca, qui y commandait, et laissèrent à sa prudence de prendre tel parti qu'il jugerait à propos. Tant qu'il avait vu quelque rayon d'espérance, il avait fait tout ce qu'on pouvait attendre du courage le plus intrépide et de la sagesse la plus consommée; mais, ne lui restant plus de ressource, il députa vers le consul pour traiter de la paix : la prudence, dit Polybe, consistant à savoir et résister et céder à propos. Lutatius savait combien le peuple romain était las de cette guerre, qui avait épuisé ses forces et ses finances, et il n'avait pas oublié les malheureuses suites de la hauteur inexorable et imprudente de Régulus; il ne se rendit donc point difficile, et dicta le traité suivant : *Il y aura, si le peuple romain l'approuve, amitié entre Rome et Carthage, aux conditions qui suivent : Les Carthaginois évacueront la Sicile; ils ne feront point la guerre à Hiéron, et ne porteront point les armes contre les*

Syracusains ni contre leurs alliés; ils rendront aux Romains, sans rançon, tous les prisonniers qu'ils ont faits sur eux; ils leur paieront, dans l'espace de vingt ans, deux mille deux cents talents euboïques d'argent[1]. Il est bon de remarquer en passant la simplicité, la précision, la clarté de ce traité, qui dit tant de choses en si peu de mots, et qui règle en peu de lignes tous les intérêts de deux puissants peuples et de leurs alliés sur terre et sur mer.

Quand on eut porté ces conditions à Rome, le peuple, ne les approuvant point, envoya dix députés sur les lieux pour terminer l'affaire en dernier ressort. Ils ne changèrent rien dans le fond du traité. Ils abrégèrent seulement les termes du paiement, en les réduisant à dix années, ajoutèrent mille talents à la somme qui avait été marquée, qui seraient payés sur-le-champ, et exigèrent des Carthaginois qu'ils sortiraient de toutes les îles qui sont entre l'Italie et la Sicile. La Sardaigne n'y était pas comprise; mais elle leur fut aussi enlevée par un autre traité qui se fit quelques années après.

Polyb. l. 3, pag. 182.

Ainsi fut terminée une des plus longues guerres dont il soit parlé dans l'histoire, puisqu'elle dura vingt-quatre ans entiers, sans interruption. L'ardeur opiniâtre à disputer de l'empire fut égale de part et d'autre : même fermeté, même grandeur d'ame, et dans les projets, et dans l'exécution. Les Carthaginois l'emportaient par la science de la marine, par l'habileté dans la construction

An. M. 3763
Carth. 605.
Rome, 507.
Av. J.C. 241.

---

[1] Cette somme monte à peu près à celle de six millions cent quatre-vingt mille livres.
= Le talent euboïque, comme on le pense, est le même que le talent attique; les 2200 talents euboïques valent environ 11,000,000 fr. — L.

des vaisseaux, par l'adresse et la facilité avec laquelle ils faisaient les manœuvres, par l'expérience des pilotes; par la connaissance des côtes, des plages, des rades, des vents; par l'abondance des richesses capables de fournir à toutes les dépenses d'une rude et longue guerre. Les Romains n'avaient aucun de ces avantages; mais le courage, le zèle pour le bien public, l'amour de la patrie, une noble émulation pour la gloire, leur tenaient lieu de tout ce qui leur manquait d'ailleurs. On est étonné de les voir, tout neufs et inexpérimentés qu'ils sont dans la marine, non-seulement tenir tête à la nation du monde la plus habile et la plus puissante sur mer, mais gagner contre elle plusieurs batailles navales. Nulles difficultés, nuls malheurs, n'étaient capables de les décourager. Ils n'auraient pas fait certainement la paix dans les mêmes circonstances où nous venons de voir que les Carthaginois la demandèrent. Une seule campagne malheureuse les abat; plusieurs n'ébranlèrent point les Romains.

Pour les soldats, nulle comparaison entre ceux de Rome et ceux de Carthage, les premiers l'emportant infiniment pour le courage. Parmi les chefs, Amilcar, surnommé Barca, fut sans contredit celui de tous qui se distingua le plus et par sa bravoure et par sa prudence.

GUERRE DE LIBYE, OU CONTRE LES MERCENAIRES.

Polyb. l. 1, pag. 65-89.

A la guerre que les Carthaginois soutinrent contre les Romains, en succéda [1] immédiatement une autre bien

---

[1] La même année que finit la première guerre punique.

moins longue, mais infiniment plus dangereuse, qui se fit dans le cœur même de l'état, et qui fut accompagnée d'une cruauté et d'une barbarie dont on a vu peu d'exemples : c'est celle que les Carthaginois eurent à soutenir contre les soldats mercenaires qui avaient servi sous eux en Sicile, et qu'on appelle ordinairement la guerre d'Afrique ou de Libye. Elle ne dura que trois ans et demi, mais elle fut bien sanglante. Voici quelle en fut l'occasion.

Aussitôt après que le traité avec les Romains eut été conclu, Amilcar, ayant conduit dans Lilybée les troupes qui étaient à Éryx, déposa le commandement, et laissa à Giscon, gouverneur de la place, le soin de faire passer les troupes en Afrique. Celui-ci, comme s'il eût prévu ce qui devait arriver, ne les fit pas partir toutes ensemble, mais les envoya par petits corps et par bandes, afin que, les premiers venus étant payés de ce qui leur était dû pour leur solde, on pût les renvoyer chez eux avant l'arrivée des autres. Cette conduite marquait beaucoup de sagesse : mais à Carthage on n'en fit pas tant paraître. Comme l'état était épuisé par les dépenses d'une longue guerre et par la somme de près de trois millions qu'il avait fallu payer comptant aux Romains en signant le traité de paix, on ne se pressa pas de payer les troupes à mesure qu'elles arrivaient ; mais on crut devoir attendre les autres, dans l'espérance d'obtenir d'elles, lorsqu'elles seraient toutes ensemble, une remise d'une partie de la paie qui leur était due : et ce fut là une première faute.

Polyb. l. 1, pag. 66.

On voit ici le génie d'un état composé de négocians, qui connaissent tout le prix de l'argent, mais qui connaissent peu le mérite des services de gens de guerre, qui marchandent le sang des troupes comme tout le reste, et qui vont toujours au bon marché. Dans une telle république, le besoin passé, nulle reconnaissance pour les secours qu'on a reçus.

Ces soldats, qui entrèrent la plupart dans Carthage, étant accoutumés à une grande licence, causèrent beaucoup de désordre dans la ville : de sorte que, pour y remédier, on proposa à leurs chefs de les conduire tous dans une petite ville voisine nommée Sicca, en leur fournissant de quoi y subsister, jusqu'à ce que, le reste de leurs compagnons étant arrivé, on payât toutes les troupes, et qu'on les renvoyât : seconde faute.

Une troisième fut de ne pas vouloir leur permettre de laisser à Carthage leurs bagages, leurs femmes et leurs enfants, comme ils le demandaient, et qui auraient été de leur part comme autant d'ôtages, mais de les forcer malgré eux de les emmener à Sicca.

Quand ils y furent tous assemblés, comme ils avaient beaucoup de loisir, ils commencèrent à compter les paies qu'on leur devait, les faisant monter beaucoup plus haut qu'elles ne devaient aller. Ils y ajoutaient aussi les promesses magnifiques qu'on leur avait faites en différentes occasions, quand on les exhortait à faire leur devoir; et ils prétendaient les faire entrer en ligne de compte. Hannon, qui était alors gouverneur de l'Afrique, et qu'on leur avait envoyé, leur proposa, vu le mauvais état de la république et l'épuisement où elle se trouvait, de faire quelque remise sur ce qui leur était dû, et de se contenter qu'on leur en payât seulement une partie. Il est aisé de juger comment cette proposition fut reçue. Ce ne furent que plaintes, que murmures, que cris insolents et séditieux. Ces troupes étaient composées de différentes nations, qui ne s'entendaient point les unes les autres, et à qui il n'était pas possible de faire entendre raison quand une fois elles étaient mutinées. Il y avait des Espagnols, des Gaulois, des Liguriens, des habitants des îles Baléares, des Grecs, la plupart transfuges ou esclaves, et sur-tout un fort grand nombre d'Africains. Transportés de colère, ils partent sur-le-champ, marchent vers Carthage, au nombre de plus de vingt mille, et vont camper à Tunis, qui n'était pas fort loin de la ville.

Les Carthaginois reconnurent alors, mais trop tard, la faute qu'ils avaient faite. Il n'y eut point de bassesse où ils ne descendissent pour tâcher d'adoucir ces furieux, et point de perfidie que ceux-ci n'employassent pour tirer d'eux de l'argent. Quand on leur avait accordé un point, ils faisaient une nouvelle chicane et une nouvelle demande. La paie était-elle réglée, quoiqu'on l'eût portée au-delà des conventions, il fallait encore les dédommager des pertes qu'ils disaient avoir faites, soit par la mort de leurs chevaux, soit par le prix excessif du blé, qui leur avait coûté fort cher en certains temps, et leur donner les récompenses qu'on leur avait promises. Comme rien ne finissait, les Carthaginois les engagèrent avec assez de peine à s'en rapporter à l'avis de quelqu'un des généraux qui avaient commandé en Sicile. Ils choisirent Giscon, qui leur était fort agréable, et dont ils avaient toujours été contents. Il leur parla d'une manière douce et insinuante, les fit souvenir du long temps qu'ils avaient servi sous les Carthaginois, des sommes considérables qu'ils en avaient reçues, et leur accorda presque toutes leurs demandes.

On était près de conclure le traité, lorsque deux

séditieux remplirent de tumulte tout le camp. L'un était Spendius, de Capoue[1], qui avait été esclave à Rome, et était passé chez les ennemis. Il était d'une grande taille, et d'une hardiesse encore plus grande. La crainte qu'il avait de retomber entre les mains de son maître, qui n'aurait pas manqué de le faire pendre, comme c'était la coutume, le porta à rompre l'accord. Il était soutenu d'un second, nommé Mathos[2], qui avait beaucoup contribué d'abord à faire soulever les troupes. Ils représentèrent aux Africains que, dès que leurs compagnons seraient retournés chez eux, se trouvant seuls dans leur pays, ils deviendraient les victimes de la colère des Carthaginois, qui se vengeraient sur eux de la révolte commune. Il n'en fallut pas davantage pour les faire entrer en fureur : ils choisirent pour chefs Spendius et Mathos. Quiconque entreprenait de leur faire des remontrances était mis à mort. Ils courent à la tente de Giscon, pillent l'argent destiné pour le paiement des troupes, l'entraînent lui-même en prison avec tous ceux de sa suite, après les avoir traités avec la dernière indignité. Toutes les villes d'Afrique, à qui ils avaient envoyé des députés pour les exhorter à se mettre en liberté, se rangèrent de leur parti, excepté deux seulement, Utique et Hippacra[3], dont sur-le-champ ils formèrent le siége.

Jamais Carthage ne s'était vue dans un si grand danger. Les Carthaginois tiraient leur subsistance

---

[1] Polybe dit simplement qu'il était Campanien, Καμπανός. Rollin a-t-il confondu ce mot avec Καπυανός, qui signifie *de Capoue ?* — L.

[2] Africain, né libre (Polyb.) — L.

[3] Le nom de *Hippacra*, Ἱππάκρα, est formé par élision de Ἵππου ἄκρα, *cap du cheval.* C'est le nom ancien de *Hippo-Diarrhytos* ou *Zarytos*, appelée aussi *Hippône*, ville au N.O. de Carthage, sur l'emplacement actuel de *Bona* (Schweigh. *ad Appian.* t. III, p. 480). — L.

chacun en particulier du revenu de leurs terres, et les dépenses publiques des tributs que payait l'Afrique. Or tout cela leur manquait en même temps, et se tournait même contre eux. Ils se trouvaient sans armes, sans troupes ni de terre ni de mer, sans aucun des préparatifs nécessaires, soit pour soutenir un siége, soit pour équiper une flotte; et, ce qui mettait le comble à leur malheur, sans aucune espérance de secours étranger de la part de leurs amis ou de leurs alliés.

Ils pouvaient en un certain sens s'imputer à eux-mêmes l'abandonnement où ils se voyaient réduits. Pendant la guerre précédente, ils avaient traité avec une extrême dureté les peuples d'Afrique, exigeant d'eux des tributs excessifs, ne faisant aucun quartier aux plus pauvres et aux plus misérables, témoignant beaucoup d'estime, non pour ceux des gouverneurs qui traitaient avec le plus de douceur les peuples, mais pour ceux qui en tiraient de plus grosses sommes; et tel avait été Hannon. Aussi ne fallut-il pas beaucoup d'efforts pour porter les Africains à la révolte. Au premier signal elle éclata, et en un moment devint générale. Les femmes, qui souvent avaient eu la douleur de voir emmener en prison leurs maris et leurs pères faute de paiement, étaient les plus animées, et elles se dépouillèrent avec joie de tous leurs ornements pour fournir aux frais de la guerre; de sorte que les chefs de la sédition, après avoir payé aux soldats tout ce qu'ils leur avaient promis, se trouvèrent encore dans l'abondance : grand exemple, dit Polybe, de la manière dont il faut traiter les peuples, en ne songeant pas seulement au présent, mais en prévoyant l'avenir.

Dans quelque détresse que fussent alors les Carthaginois, ils ne perdirent pas courage, et firent des efforts extraordinaires. Le commandement de l'armée fut donné à Hannon.

On leva des troupes de terre et de mer, de pied et de cheval; on fit prendre les armes à tous les citoyens capables de les porter; on fit venir de tous côtés des mercenaires; on équipa tout ce qui restait de vaisseaux à la république.

Les séditieux, de leur côté, ne montraient pas moins d'ardeur. Nous avons déjà dit qu'ils avaient formé le siège des deux seules places qui avaient refusé de se joindre à eux. Leur armée s'était grossie jusqu'au nombre de soixante-dix mille hommes. Après en avoir fait des détachements pour ces deux sièges, ils établirent leur camp à Tunis, et jetaient la terreur, approchant fréquemment de ses murs, soit le jour, soit la nuit.

Hannon s'était avancé au secours d'Utique, et y avait remporté un avantage considérable, qui aurait pu être décisif, s'il en avait su profiter; mais, étant entré dans la ville, et ne songeant qu'à s'y divertir, les mercenaires, qui s'étaient retirés sur une hauteur voisine couverte de bois, ayant appris ce qui se passait, survinrent tout d'un coup, trouvèrent les soldats débandés de côté et d'autre, prirent et pillèrent le camp, et profitèrent de tout ce qu'on avait apporté de Carthage pour le secours des assiégés. Ce ne fut pas la seule faute qu'il commit : et, dans de telles conjonctures, les choses sont bien plus funestes. On mit donc à sa place Amilcar, surnommé *Barca*. Il répondit à l'idée qu'on avait conçue de lui, et commença par faire lever aux séditieux le siège d'Utique; puis il s'avança contre l'armée qui était près de Carthage, en défit une partie, et s'empara de presque tous les postes avantageux qu'elle occupait. Ces heureux succès ranimèrent le courage des Carthaginois.

L'arrivée d'un jeune seigneur numide, nommé Naravase, qui, par estime pour la personne et le mérite de Barca, vint se joindre à lui avec deux mille Numides, lui fut d'un grand secours. Encouragé par ce renfort, il attaqua les séditieux, qui le tenaient resserré dans un vallon, en tua dix mille, et en fit quatre mille prisonniers. Le jeune Numide se distingua fort dans ce combat. Barca reçut dans ses troupes ceux des prisonniers qui voulurent s'y enrôler, et laissa aux autres la liberté d'aller où ils voudraient, à condition qu'ils ne porteraient jamais les armes contre les Carthaginois, faute de quoi, s'ils étaient jamais pris, ils seraient punis du dernier supplice. Cette conduite fait voir la sagesse de ce général : il jugea que cet expédient était plus utile qu'une sévérité outrée. En effet, lorsqu'il s'agit d'une multitude mutinée, dont la plupart ont été entraînés par les plus échauffés, ou arrêtés par la crainte des plus furieux, la clémence réussit presque toujours.

Spendius, le chef des révoltés, craignit que cette douceur affectée de Barca ne lui fît perdre beaucoup de ses gens; il crut donc devoir, par quelque coup éclatant, leur ôter toute pensée et toute espérance de rentrer en grace avec l'ennemi. Dans cette vue, après leur avoir lu des lettres supposées, où on lui donnait avis d'une trahison secrète concertée entre quelques-uns de leurs camarades et Giscon, pour le sauver de la prison où il était retenu depuis assez de temps, il leur fit prendre la barbare résolution de le massacrer lui et tous les autres prisonniers ; et quiconque osait proposer seulement un parti plus doux était sur-le-champ immolé à leur fureur. On tire donc de la prison ce chef infortuné, avec sept cents prisonniers qui y étaient enfermés avec lui, et on les fait venir à la tête du camp. Giscon est exécuté le premier, et tous les autres de suite. On leur coupe les mains, on leur brise les cuisses, on les enfouit tout vivants dans une fosse. Les Carthaginois envoyèrent demander leurs corps pour leur rendre les derniers devoirs : on les leur refusa, et on leur déclara que, si désormais on envoyait encore quelque héraut ou quelque député, il souffrirait le même supplice. En effet, sur-le-champ il fut arrêté, par un consentement général, que tout Carthaginois qui tomberait entre leurs mains serait traité de la sorte; et, pour les alliés, qu'ils seraient renvoyés après qu'on leur aurait coupé les mains : et cela fut ponctuellement exécuté dans la suite.

Dans le temps que les Carthaginois commençaient, ce semble, à respirer, plusieurs accidents fâcheux les replongèrent dans un nouveau danger. La division se mit parmi leurs chefs; une tempête fit périr les vivres qu'on leur apportait par mer, et dont ils avaient un extrême besoin. Mais ce qui leur fut le plus sensible, fut la défection subite des deux seules villes qui leur étaient demeurées fidèles, et qui, dans tous les temps, avaient eu un attachement inviolable à la république : c'étaient Utique et Hippacra. Ces villes tout d'un coup, sans aucune raison, sans même aucun prétexte, passèrent du côté des révoltés, et, transportées comme eux de fureur et de rage, commencèrent par égorger le commandant et la garnison qui étaient venus à leur secours, et portèrent l'inhumanité jusqu'à refuser leurs corps morts aux Carthaginois qui les redemandaient.

Les séditieux, animés par ces heureux succès, allèrent mettre le siége devant Carthage; mais ils furent bientôt obligés de le lever : ils ne laissèrent pas de continuer la guerre. Ayant ramassé toutes leurs troupes et celles de leurs alliés, au nombre de plus de cinquante mille hommes, ils côtoyaient l'armée d'Amilcar, observant de se tenir toujours sur les hauteurs et d'éviter les plaines, où l'ennemi avait trop d'avantage à cause de sa cavalerie et des éléphants. Amilcar, plus habile qu'eux dans le métier de la guerre, ne leur donnait aucune prise sur lui, profitait de toutes leurs fautes, leur enlevait souvent des quartiers, pour peu que leurs gens s'écartassent, et les harcelait en mille manières; et tous ceux qui tombaient entre ses mains étaient exposés aux bêtes. Enfin il les surprit lorsqu'ils s'y attendaient le moins, et les enferma dans un poste d'où il leur fut impossible de se retirer. N'osant hasarder le combat, et ne pouvant pas prendre la fuite, ils se mirent à fortifier leur camp, et à l'environner de fossés et de retranchements. Mais un ennemi intérieur et bien plus formidable les pressait vivement : c'était la faim, qui fut telle, qu'ils en vinrent à se manger les uns les autres; la divine providence, dit Polybe, vengeant ainsi la barbare inhumanité dont ils avaient usé à l'égard des autres. Aucune ressource ne leur restait. Ils savaient à quels supplices ils étaient destinés, s'ils tombaient vifs entre les mains de l'ennemi. Après les cruautés qu'ils avaient commises, il ne leur venait pas même dans l'esprit de parler de paix et d'accommodement. Ils avaient envoyé vers leurs troupes qui étaient restées à Tunis, pour demander du secours, mais inutilement. La famine cependant augmentait tous les jours : ils avaient commencé par manger les prisonniers, puis les esclaves; enfin, il ne leur restait plus que leurs concitoyens. Alors les chefs, ne pouvant plus soutenir les plaintes et les cris de la multitude qui menaçait de les égorger, s'ils ne se rendaient, allèrent eux-mêmes trouver Amilcar, dont ils avaient obtenu un sauf-conduit. Les conditions du traité furent que les Carthaginois prendraient à leur choix dix personnes parmi les révoltés, pour les traiter comme il leur plairait, et que les autres seraient renvoyés chacun avec un seul habit. Quand le traité fut signé, ces chefs eux-mêmes furent arrêtés, et demeurèrent entre les mains des Carthaginois, qui montrèrent clairement dans cette occasion qu'ils ne se piquaient pas beaucoup de bonne foi. Les révoltés, ayant appris qu'on avait arrêté leurs chefs, ne sachant rien de la convention qu'on avait faite, et soupçonnant qu'on les avait trahis, prirent les armes : mais Amilcar les ayant enveloppés de toutes parts, et ayant fait avancer contre eux les éléphants, ils furent tous écrasés ou égorgés au nombre de plus de quarante mille.

L'effet de cette victoire fut la réduction de presque toutes les villes d'Afrique, qui rentrèrent aussitôt dans leur devoir. Amilcar, sans perdre de temps, marcha contre Tunis, qui, depuis le commencement de la guerre, avait servi de retraite aux révoltés, et avait été leur place d'armes. Il l'environna d'un côté, pendant qu'Annibal, qui commandait avec lui, l'assiégeait de l'autre : puis, s'approchant des murs, et faisant élever des potences, il y attacha et fit mourir Spendius, chef des révoltés, et ceux qu'on avait arrêtés avec lui. Mathos, l'autre chef, qui commandait dans la place, vit par là ce qui lui était préparé, et il en devint encore plus attentif à se bien défendre. S'apercevant qu'Annibal, comme sûr de la victoire, agissait en tout fort négligemment, il fait une sortie, attaque ses retranchements, tue un grand nombre de Carthaginois, en fait plusieurs prisonniers, et entre autres Annibal leur chef, et se rend maître de tout le bagage : puis, détachant de la potence Spendius, il fait mettre à sa place Annibal, après lui avoir fait souffrir des tourments inouïs, et immole autour du corps de l'autre trente des plus considérables citoyens de Carthage, comme autant de victimes de sa vengeance. Il semble qu'entre les deux partis il y avait une espèce de défi à qui ferait paraître plus de cruauté.

Barca, qui pour-lors était éloigné de son camp, n'avait appris que fort tard le danger de son collègue; et d'ailleurs il était hors d'état de courir promptement à son secours, parce que le chemin qui séparait les deux camps était impraticable. Ce fâcheux accident causa une grande consternation dans Carthage. On a pu remarquer, dans tout le cours de cette guerre, une alternative continuelle de prospérités et d'adversités, de confiance et d'alarme, de joie et de douleur : tant les événements, de part et d'autre, ont été variés et peu constants.

On crut dans Carthage devoir faire un dernier effort ; on arma tout ce qui restait de jeunesse capable de servir. On envoya Hannon pour collègue à Amilcar, et on députa en même temps trente sénateurs pour conjurer, au nom de la république, ces deux chefs, qui jusque-là avaient été brouillés ensemble, d'oublier les querelles passées, et de sacrifier leurs ressentiments au bien de l'état. Ils le firent sur-le-champ, s'embrassèrent mutuellement, et se réconcilièrent sincèrement et de bonne foi.

Depuis ce temps-là tout réussit du côté des Carthaginois; et Mathos, qui, dans toutes les entreprises qu'il avait tentées, avait toujours eu du dessous, crut enfin devoir hasarder une bataille : c'est ce qu'on souhaitait le plus. De part et d'autre chacun exhorta ses troupes comme pour une action qui allait décider pour toujours de leur sort : on en vint aux mains. La victoire ne fut pas long-temps disputée; les révoltés cédèrent bientôt. Presque tous les Africains furent tués : le reste se rendit. Mathos fut pris en vie et conduit à Carthage. Toute l'Afrique aussitôt rentra dans l'obéissance, excepté les deux villes perfides qui s'étaient révoltées en dernier lieu; mais elles furent bientôt obligées de se rendre à discrétion.

Alors l'armée victorieuse revint à Carthage, et y fut reçue avec les cris de joie et les applaudissements de toute la ville. Mathos et les siens, après avoir servi d'ornement au triomphe, furent menés au supplice; et terminèrent, par une mort également honteuse et douloureuse, une vie souillée par les trahisons les plus noires et par les cruautés les plus barbares. Ainsi finit la guerre contre les mercenaires, après avoir duré trois ans et quatre mois. Elle fournit, dit Polybe, une grande instruction à tous les peuples, et leur apprend à ne pas employer dans les armées un plus grand nombre d'étrangers que de citoyens, et à ne pas se reposer de la défense de l'état sur des troupes qui n'y sont attachées ni par l'affection ni par l'intérêt.

J'ai différé exprès jusqu'ici à parler de ce qui se

passa en Sardaigne dans le même temps, et qui fut comme une dépendance et une suite de la guerre que les Carthaginois soutinrent en Afrique contre les mercenaires. On y vit les mêmes secousses de révolte et les mêmes excès de cruauté, comme si un vent de discorde et de fureur eût soufflé d'Afrique en Sardaigne.

Dès qu'on y apprit ce qu'avaient fait Spendius et Mathos, les mercenaires qui étaient dans cette île secouèrent, à leur exemple, le joug de l'obéissance. Ils commencèrent par égorger Bostar, leur commandant, et tout ce qu'il y avait de Carthaginois avec lui. On avait envoyé à sa place un autre général : toutes les troupes qu'il avait amenées se rangèrent du côté des séditieux, le mirent lui-même en croix; et dans toute l'étendue de l'île on fit main-basse sur les Carthaginois, en leur faisant souffrir des tourments inouïs. Ayant attaqué toutes les places l'une après l'autre, ils se rendirent en peu de temps maîtres de tout le pays : mais, la division s'étant mise entre eux et les habitants de l'île, les mercenaires en furent entièrement chassés, et se réfugièrent en Italie. C'est ainsi que les Carthaginois perdirent la Sardaigne, île d'une grande importance par son étendue, par sa fertilité, et par le grand nombre de ses habitants.

Les Romains, depuis leur traité avec les Carthaginois, s'étaient toujours conduits à leur égard avec beaucoup de justice et de modération. Une querelle passagère au sujet de quelques marchands romains qu'on avait arrêtés à Carthage, parce qu'ils portaient des vivres aux ennemis, les avait brouillés; mais les Carthaginois, à la première demande, leur ayant renvoyé leurs citoyens, les Romains, qui se piquaient en tout de générosité et de justice, leur avaient rendu leur première amitié, les avaient servis en tout ce qui dépendait d'eux, avaient défendu à leurs marchands de porter des vivres ailleurs que chez les Carthaginois, et avaient même refusé pour-lors de prêter l'oreille aux propositions que leur faisaient les révoltés de Sardaigne, qui les invitaient à venir s'emparer de l'île.

Mais dans la suite ils ne furent pas si délicats; et il serait difficile d'appliquer ici le témoignage avantageux que César rend à leur bonne foi dans Salluste. « [1] Quoique dans toutes les guerres d'Afrique, dit-il, les Carthaginois eussent fait quantité d'actions de mauvaise foi pendant la paix et pendant la trêve, les Romains n'en usèrent jamais de la sorte à leur égard, plus attentifs à ce qu'exigeait d'eux leur gloire qu'à ce que la justice leur permettait contre leurs ennemis. »

An. M. 3767
Carth. 609.
Rom. 511.
Av. J.C. 237.

Les mercenaires, qui s'étaient retirés, comme nous l'avons dit, en Italie, déterminèrent enfin les Romains à passer dans la Sardaigne pour s'en rendre maîtres. Les Carthaginois l'apprirent avec douleur, prétendant que la Sardaigne leur appartenait à bien plus juste titre qu'aux Romains. Ils se mirent donc en état de tirer une prompte et juste vengeance de ceux qui avaient fait soulever l'île contre eux : mais les Romains, sous prétexte que ces préparatifs se faisaient contre eux, et non contre les peuples de Sardaigne, leur déclarèrent la guerre. Les Carthaginois, épuisés en toutes manières, et qui, à peine, commençaient à respi-

---

[1] «Bellis punicis omnibus, quum sæpè Carthaginienses et in pace et per inducias multa nefanda facinora fecissent, nunquam ipsi per occasionem talia fecère : magis quod se dignum foret, quàm quod in illos jure fieri posset, quærebant. » (Sallust. *in bello Catilin.*)

rer, n'étaient point en état de la soutenir. Il fallut donc s'accommoder au temps, et céder au plus fort. On fit un nouveau traité, par lequel ils abandonnaient la Sardaigne aux Romains, et s'obligeaient à leur payer de nouveau douze cents talents[1], pour se rédimer de la guerre qu'on voulait leur faire; et c'est cette injustice de la part des Romains qui fut la véritable cause de la seconde guerre punique, comme nous le dirons dans la suite.

[Polyb. l. III, cap. 1, 27, § 7.]

SECONDE GUERRE PUNIQUE.

La seconde guerre punique que j'entreprends de traiter est une des plus mémorables dont il soit parlé dans l'histoire, et des plus dignes de l'attention d'un lecteur curieux, soit par la hardiesse des entreprises, et par la sagesse des mesures dans l'exécution; soit par l'opiniâtreté des efforts des deux peuples rivaux, et par la promptitude des ressources dans leurs plus grands revers; soit par la variété des événements inopinés, et par l'incertitude de l'issue d'une longue et cruelle guerre; soit enfin par la réunion des plus beaux modèles en tout genre de mérite, et des leçons les plus instructives que puisse donner l'histoire, tant pour la guerre que pour la politique et l'art de gouverner. Jamais villes ou nations plus puissantes, ou du moins plus belliqueuses, ne combattirent ensemble; et jamais celles dont il s'agit ici ne s'étaient vues dans un plus haut degré de puissance et de gloire. Rome et Carthage étaient alors, sans contredit, les deux premières villes du monde. Ayant déjà mesuré leurs forces dans la première guerre

Liv. lib. 21, n. 1.

---

[1] Douze cent mille écus. = 6,600,000 francs. — L.

punique, et fait essai de leur habileté dans l'art de combattre, elles se connaissaient parfaitement de part et d'autre. Dans cette seconde guerre, le sort des armes fut tellement balancé, et les succès si mêlés de vicissitudes et de variétés, que le parti qui triompha fut celui qui s'était trouvé le plus près du danger de périr. Quelque grandes que fussent les forces des deux peuples, on peut presque dire que leur haine mutuelle l'était encore plus : les Romains, d'un côté, ne pouvant voir sans indignation que les vaincus osassent les attaquer; et les Carthaginois, de l'autre, étant irrités à l'excès de la manière également dure et avare dont ils prétendaient que le vainqueur en avait usé à leur égard.

Le plan que je me suis proposé ne me permet pas d'entrer dans un détail exact de cette guerre, qui eut pour théâtre l'Italie, la Sicile, l'Espagne, l'Afrique, et qui a plus de rapport encore à l'histoire romaine qu'à celle que je traite ici. Je m'arrêterai donc principalement à ce qui regarde les Carthaginois, et je m'appliquerai sur-tout à faire connaître, autant qu'il me sera possible, le génie et le caractère d'Annibal, le plus grand homme de guerre qui ait peut-être jamais été chez les anciens.

Causes éloignées et prochaines de la seconde guerre punique.

Avant que de parler de la déclaration de la guerre entre les Romains et les Carthaginois, je crois devoir en exposer les véritables causes, et marquer comment cette rupture entre les deux peuples se prépara de loin.

Lib. 3, p. 162-168.

Ce serait se tromper grossièrement, dit Polybe, que

de regarder la prise de Sagonte par Annibal comme la véritable cause de la seconde guerre punique. Le regret qu'eurent les Carthaginois d'avoir cédé trop facilement la Sicile par le traité qui termina la première guerre punique; l'injustice et la violence des Romains, qui profitèrent des troubles excités dans l'Afrique pour enlever encore la Sardaigne aux Carthaginois, et pour leur imposer un nouveau tribut; les heureux succès et les conquêtes de ces derniers dans l'Espagne : voilà qu'elles furent les véritables causes de la rupture du traité[1], comme Tite-Live, suivant en cela le plan de Polybe, l'insinue en peu de mots dès le commencement de son histoire de la seconde guerre punique.

En effet Amilcar, surnommé *Barca*, souffrait avec peine le dernier traité que le malheur des temps avait obligé les Carthaginois d'accepter; et il songea à prendre de loin de justes mesures pour se mettre en état de le rompre à la première occasion favorable.

Dès que les troubles d'Afrique furent apaisés, il fut chargé d'une expédition contre les Numides; et, après y avoir donné de nouvelles preuves de son habileté et de son courage, il mérita qu'on lui confiât le commandement de l'armée qui devait agir en Espagne. Annibal, son fils, qui n'avait alors que neuf ans, demanda avec empressement de l'y suivre, et employa pour cela les caresses ordinaires à cet âge, langage puissant sur l'esprit d'un père qui aimait tendrement son fils. Amilcar ne put donc lui refuser cette grace; et, après lui avoir

Polyb. l. 2, pag. 90.

Id. lib. 3, pag. 167.
Liv. lib. 21, n. 1.

---

[1] « Angebant ingentis spiritûs virum Sicilia Sardiniaque amissæ : nam et Siciliam nimis celeri desperatione rerum concessam ; et Sardiniam inter motum Africæ fraude Romanorum, stipendio etiam superimposito, interceptam. » (Liv. lib. 21, *n.* 1.)

fait prêter serment sur les autels qu'il se déclarerait l'ennemi des Romains dès qu'il le pourrait, il l'emmena avec lui.

Amilcar avait toutes les qualités d'un grand général, joignant des manières douces et insinuantes à un courage invincible et à une prudence consommée. Il soumit en peu de temps la plupart des peuples d'Espagne, soit par la force des armes, soit par les charmes de sa douceur; et, après y avoir commandé pendant neuf ans, il fit une fin digne de lui, en mourant glorieusement dans une bataille [1] pour le service de sa patrie.

Polyb. l. 2,
pag. 101.
An. M. 3776
Rom. 520.

Les Carthaginois nommèrent à sa place Adrusbal, son gendre. Celui-ci, pour s'assurer du pays, bâtit une ville, que l'avantage de sa situation, la commodité de ses ports, ses fortifications, l'abondance de ses richesses procurée par la facilité du commerce, rendirent une des plus considérables villes du monde : il l'appela Carthage-la-Neuve, et nous l'appelons aujourd'hui Carthagène.

A toutes les démarches de ces deux grands généraux, il était aisé de voir qu'ils avaient en tête un grand dessein qu'ils ne perdaient point de vue, et pour l'exécution duquel ils préparaient tout de loin. Les Romains s'en aperçurent bien, et ils se reprochèrent à eux-mêmes la lenteur et l'engourdissement qui les avaient tenus comme endormis pendant que l'ennemi faisait en Espagne de rapides progrès, qui pourraient un jour tourner contre eux. L'attaquer de force, et lui arracher ses conquêtes, aurait bien été de leur goût; mais la crainte d'un autre ennemi non moins formidable, qu'ils

---

[1] Contre les Vectons, peuple d'Espagne (Nepos, *in Hamilc.* c. IV, § 2). — L.

appréhendaient de voir au premier jour à leurs portes (c'étaient les Gaulois), ne leur permettait pas d'éclater. Ils employèrent donc la voie des négociations, et conclurent un traité avec Asdrubal, dans lequel, sans s'expliquer sur le reste de l'Espagne, on se contentait de marquer que les Carthaginois ne pourraient point s'avancer au-delà de l'Èbre.

Asdrubal cependant poussait toujours ses conquêtes, mais en se tenant dans les bornes dont on était convenu; et, s'attachant à gagner les principaux du pays par ses manières honnêtes et engageantes, il avançait encore plus les affaires de Carthage par la voie de la persuasion que par celle de la force ouverte. Mais malheureusement, après avoir gouverné l'Espagne pendant huit ans, il fut tué en trahison par un Gaulois, qui se vengea ainsi de quelque mécontentement particulier qu'il en avait reçu. *Polyb. l. 2, pag. 123. Liv. lib. 21, n. 2.*

Trois ans avant sa mort, il avait écrit à Carthage pour demander qu'on lui envoyât Annibal, qui était alors âgé de vingt-deux ans. La chose souffrit quelque difficulté. Le sénat était partagé par deux puissantes factions, qui, dès le temps d'Amilcar, avaient déja commencé à suivre des vues opposées dans la conduite des affaires de l'état. L'une avait pour chef Hannon, à qui sa naissance, son mérite et son zèle pour le bien de l'état, donnaient une grande autorité dans les délibérations publiques; et elle était d'avis en toute occasion de préférer une paix sûre, et qui conservait toutes les conquêtes d'Espagne, aux événements incertains d'une guerre onéreuse, qu'elle prévoyait devoir un jour se terminer par la ruine de la patrie. L'autre faction, qu'on appelait la faction *Barcine*, parce qu'elle soutenait les *Liv. lib. 21, n. 3 et 4. An. M. 3783. Rom. 530.*

intérêts de Barca et de ceux de sa famille, avait ajouté à l'ancien crédit qu'elle avait dans la ville la réputation que les exploits signalés d'Amilcar et d'Asdrubal lui avaient donnée, et elle était ouvertement déclarée pour la guerre. Quand il s'agit donc de délibérer dans le sénat sur la demande d'Asdrubal, Hannon représenta qu'il était dangereux d'envoyer de si bonne heure à l'armée un jeune homme qui avait déjà toute la fierté et le caractère impérieux de son père, et qui, par cette raison, avait un besoin particulier d'être retenu long-temps sous les yeux des magistrats et sous le pouvoir des lois, pour apprendre à obéir, et à ne pas se croire supérieur à tous les autres. Il finit en disant qu'il craignait que cette étincelle, qui commençait à s'allumer, n'excitât un jour un grand incendie. Ses remontrances furent vaines; la faction Barcine l'emporta, et Annibal partit pour l'Espagne.

Dès qu'il y fut arrivé, il attira sur lui les regards de toute l'armée, et l'on crut voir revivre en lui Amilcar son père. C'était le même feu dans les yeux, la même vigueur martiale dans l'air du visage, les mêmes traits et les mêmes manières; mais ses qualités personnelles le firent encore plus estimer. Il ne lui manquait presque rien de ce qui forme les grands hommes : patience invincible dans le travail, sobriété étonnante dans le vivre, courage intrépide dans les plus grands dangers, présence d'esprit admirable dans le feu même de l'action, et, ce qui est surprenant, un génie souple, également propre à obéir et à commander; en sorte qu'on ne pouvait dire de qui il était plus aimé, des troupes ou du général : il servit trois campagnes sous Asdrubal.

Polyb. l. 3, p 168-169

Quand celui-ci fut mort, les suffrages de l'armée et

ceux du peuple se réunirent pour mettre Annibal à sa place. Je ne sais même si pour-lors, ou environ dans ce temps, la république, pour lui donner plus de crédit et d'autorité, ne le nomma pas suffète, qui était la première dignité de l'état, et que l'on conférait quelquefois aux généraux. C'est Cornélius Népos qui nous apprend cette particularité, lorsque, parlant de la préture qui fut donnée au même Annibal après son retour à Carthage, et la conclusion de la paix, il dit que ce fut vingt-deux ans depuis qu'il avait été nommé roi : « *Hic, ut rediit, prætor factus est, postquàm rex fuerat anno secundo et vigesimo.* »

{Liv. lib. 21, n. 3-5. An. M. 3784 Carth. 626. Rom. 528.}

{In vita Anuib. c. 7.}

Dès le moment qu'il eut été nommé général, comme si l'Italie lui fût échue en partage, et qu'il fût déja chargé de porter la guerre contre Rome, il tourna secrètement toutes ses vues de ce côté-là, et ne perdit point de temps, pour n'être point prévenu par la mort comme l'avaient été son père et son beau-frère. Il prit en Espagne plusieurs villes de force, et subjugua plusieurs peuples; et, quoique l'armée ennemie, composée de plus de cent mille hommes, passât de beaucoup la sienne, il sut choisir si bien son temps et ses postes, qu'il la défit et la mit en déroute. Après cette victoire, rien ne lui résista. Cependant il ne toucha point encore à Sagonte [1], évitant avec soin de donner aux Romains aucune occasion de lui déclarer la guerre avant qu'il eût pris toutes les mesures qu'il

---

[1] Cette ville était située en-deçà de l'Èbre, par rapport aux Carthaginois, assez près de l'embouchure de cette rivière, dans le pays où il était permis aux Carthaginois de porter leurs armes; mais Sagonte, comme alliée des Romains, était, en vertu de ce titre, exceptée par le traité. = La ville de Sagonte, à 25 lieues au S. de l'embouchure de l'Èbre, est appelée en latin *Saguntum*, en grec Ζάκανθα, nom dans lequel se conserve presque intact celui de Ζάκυνθος, *Zacynthe*, dont cette ville était une colonie. — L.

jugeait nécessaires pour une si grande entreprise : et en cela il suivait le conseil que lui avait donné son père. Il s'appliqua sur-tout [1] à gagner le cœur des citoyens et des alliés, et à s'attirer leur confiance en leur faisant part avec largesse du butin qu'il prenait sur l'ennemi, en leur payant exactement tout ce qui leur était dû de leur solde pour le passé : précaution sage, et qui ne manque jamais de produire son effet dans le temps.

Les Sagontins, de leur côté, sentant bien le danger dont ils étaient menacés, firent savoir aux Romains combien Annibal avançait ses conquêtes. Ceux-ci nommèrent des députés pour aller s'informer par eux-mêmes, sur les lieux, de l'état présent des affaires, avec ordre de porter leurs plaintes à Annibal, en cas qu'ils le jugeassent à propos, et, supposé qu'il ne leur donnât point satisfaction, d'aller à Carthage pour le même sujet.

Cependant Annibal forma le siége de Sagonte, prévoyant de grands avantages dans la prise de cette ville. Il comptait que par là il ôterait toute espérance aux Romains de faire la guerre dans l'Espagne; que cette nouvelle conquête assurerait toutes celles qu'il y avait déja faites; que, ne laissant point d'ennemis derrière lui, sa marche en serait plus sûre et plus tranquille; qu'il amasserait là de l'argent pour l'exécution de ses desseins; que le butin que les soldats en remporteraient les rendrait plus vifs et plus ardents à le suivre; qu'enfin, avec les dépouilles qu'il enverrait à Carthage, il se gagnerait la bienveillance des citoyens. Animé pas ces grands motifs, il n'épargnait rien pour presser le siége;

---

[1] « Ibi largè partiendo prædam, stipendia præterita cum fide exsolvendo, cunctos civium sociorumque animos in se firmavit. » (Liv., lib. 21, n. 5.)

il donnait lui-même l'exemple aux troupes, se trouvant à tous les travaux, et s'exposant aux plus grands dangers.

On apprit bientôt à Rome que Sagonte était assiégée. Au lieu de voler à son secours, on perdit encore le temps en vaines délibérations, et en députations qui ne le furent pas moins. Annibal fit savoir à ceux qui le venaient trouver de la part des Romains qu'il n'avait pas le temps de les entendre. Les députés se rendirent donc à Carthage, où ils ne furent pas mieux reçus, la faction Barcine l'ayant emporté sur les plaintes des Romains et sur les remontrances d'Hannon.

Pendant tous ces voyages et toutes ces délibérations, le siége continuait avec beaucoup d'ardeur. Les Sagontins étaient réduits à la dernière extrémité, et manquaient de tout. On parla d'accommodement ; mais les conditions qu'on leur proposait leur parurent si dures, qu'ils ne purent se résoudre à les accepter. Avant que de rendre une dernière réponse, les principaux des sénateurs, ayant porté dans la place publique tout leur or et leur argent, et celui qui appartenait en commun à l'état, le jetèrent dans le feu qu'ils avaient fait allumer pour cet effet, et s'y précipitèrent eux-mêmes. Dans le même temps, une tour que les béliers frappaient depuis long-temps étant tombée tout-à-coup avec un bruit épouvantable, les Carthaginois entrèrent dans la ville par la brèche, s'en rendirent maîtres en peu de temps, et égorgèrent tous ceux qui étaient en âge de porter les armes. Malgré l'incendie, le butin fut fort grand. Annibal ne se réservait rien des richesses que lui procuraient ses victoires, mais les appliquait uniquement au succès de ses entreprises. Aussi Polybe remarque-t-il que la prise de Sagonte lui servit à réveiller l'ardeur du

[Polyb. III, c. 17, § 10. Diod. sic. XXV, ecl. v. Appian bell. Hispan. c. 12.]

soldat par la vue du riche butin qu'il venait de faire, et par l'espérance de celui qu'il se promettait pour l'avenir; et à achever de gagner les principaux de Carthage, par les présents qu'il leur fit des dépouilles.

<small>Polyb. p. 174-175. Liv. lib. 21, n. 16 et 17.</small>

Il est difficile d'exprimer quelle fut à Rome la douleur et la consternation, quand on y apprit la triste nouvelle de la prise et du cruel sort de Sagonte. La compassion que l'on eut pour cette ville infortunée; la honte d'avoir manqué à secourir de si fidèles alliés; une juste indignation contre les Carthaginois, auteurs de tous ces maux; de vives alarmes sur les conquêtes d'Annibal, que les Romains croyaient déjà voir à leurs portes; tous ces sentiments causèrent un si grand trouble, qu'il ne fut pas possible, dans les premiers moments, de prendre aucune résolution, ni de faire autre chose que de s'affliger et de répandre des larmes sur la ruine d'une ville[1] qui avait été la malheureuse victime de son inviolable attachement pour les Romains, et de l'imprudente lenteur dont ceux-ci avaient usé à son égard. Quand les esprits furent un peu revenus à eux, on convoqua l'assemblée du peuple; et la guerre contre les Carthaginois y fut résolue.

Déclaration de la guerre.

<small>Polyb. pag. 187. Liv. lib. 21, n. 18-19.</small>

Pour ne manquer à aucune formalité, on envoya des députés à Carthage pour savoir si c'était par ordre de la république que Sagonte avait été assiégée, et, en ce cas, pour lui déclarer la guerre; ou pour demander qu'on leur livrât Annibal, s'il avait entrepris ce siége

---

[1] « Sanctitate disciplinæ, quâ fidem socialem usque ad perniciem suam coluerunt. » (Liv. lib. 21, n. 7.)

de son autorité. Comme ils virent que dans le sénat on ne répondait point précisément à leur demande, l'un d'eux, montrant un pan de sa robe qui était plié : *Je porte ici*, dit-il d'un ton fier, *la paix et la guerre; c'est à vous de choisir l'une des deux*. Sur la réponse qu'on lui fit qu'il pouvait lui-même choisir : *Je vous donne donc la guerre*, dit-il, en déployant le pli de sa robe. *Nous l'acceptons de bon cœur, et la ferons de même*, répliquèrent les Carthaginois avec la même fierté : ainsi commença la seconde guerre punique.

Si l'on en impute la cause à la prise de Sagonte, tout le tort, dit Polybe, était du côté des Carthaginois, qui ne pouvaient, sous aucun prétexte raisonnable, assiéger une ville comprise certainement, comme alliée de Rome, dans le traité qui défendait aux deux peuples d'attaquer réciproquement leurs alliés. Mais, si l'on remonte plus haut, et qu'on aille jusqu'au temps où la Sardaigne fut enlevée par force aux Carthaginois, et où, sans aucune raison, on leur imposa un nouveau tribut, il faut avouer, remarque le même Polybe, que sur ces deux points la conduite des Romains est tout-à-fait inexcusable, comme fondée uniquement sur l'injustice et sur la violence ; et que, si les Carthaginois, sans chercher de vains circuits et de frivoles prétextes, avaient demandé nettement satisfaction sur ces deux griefs, et, en cas de refus, déclaré la guerre à Rome, toute la raison et toute la justice auraient été de leur côté.

Polyb. l. 3, p. 184 et 185

L'espace, entre la fin de la première guerre punique et le commencement de la seconde, fut de vingt-quatre ans.

Commencement de la seconde guerre punique.

<small>Polyb. l. 3, pag. 187.
Liv. lib. 21, n. 21 et 22.
An. M 3787
Carth. 629.
Rom. 531.
Av. J.C. 217.</small>

Quand la guerre fut résolue et déclarée de part et d'autre, Annibal, qui pour-lors était âgé de vingt-six ou vingt-sept ans, avant que de faire éclater son grand dessein, songea à pourvoir à la sûreté de l'Espagne et de l'Afrique; et, dans cette vue, il fit passer les troupes de l'une dans l'autre, en sorte que les Africains servaient en Espagne, et les Espagnols en Afrique. Il en usa ainsi, persuadé que ces soldats, éloignés chacun de leur patrie, seraient plus propres au service, et d'ailleurs lui demeureraient plus fidèlement attachés, se servant comme d'otages les uns aux autres. Les troupes qu'il laissa en Afrique montaient environ à quarante mille hommes, dont il y en avait douze cents de cavalerie; celles d'Espagne à un peu plus de quinze mille, parmi lesquels il y avait deux mille cinq cent cinquante chevaux. Il laissa à son frère Asdrubal le commandement des troupes d'Espagne, avec une flotte de près de soixante vaisseaux pour garder les côtes, et lui donna de sages conseils sur la manière dont il devait se conduire, soit par rapport aux Espagnols, soit par rapport aux Romains, s'ils venaient l'attaquer.

<small>Lib. 3, p. 192 et 193</small>

Avant qu'Annibal partît pour son expédition, Tite-Live remarque qu'il alla à Cadix pour s'acquitter des vœux qu'il avait faits à Hercule, et qu'il lui en fit de nouveaux pour obtenir un heureux succès dans la guerre où il allait s'engager. Polybe nous donne en peu de mots une idée fort nette de l'espace des lieux que devait traverser Annibal pour arriver en Italie. On compte depuis Carthagène, d'où il partit, jusqu'à l'Èbre, deux mille deux cents stades (110 lieues)[1]; depuis l'Èbre jusqu'à Emporium, petite ville maritime qui sépare l'Espagne des Gaules, selon Strabon, seize cents stades (80 lieues); depuis Emporium jusqu'au passage du Rhône, pareil espace de seize cents stades (80 lieues); depuis le passage du Rhône jusqu'aux Alpes, quatorze cents stades (70 lieues); depuis les Alpes jusque dans les plaines de l'Italie, douze cents stades (60 lieues) : ainsi, depuis Carthagène jusqu'en Italie, l'espace est de huit mille stades, c'est-à-dire, de quatre cents lieues.

Lib. 3, pag 199.

Annibal avait long-temps auparavant pris de sages précautions pour connaître la nature et la situation des lieux par où il devait passer; pour pressentir la disposition des Gaulois à l'égard des Romains [2]; pour gagner, par des présents, leurs chefs, qu'il savait être fort intéressés; et pour s'assurer de l'affection et de la fidélité d'une partie des peuples. Il n'ignorait pas que le passage des Alpes lui coûterait beaucoup de peine; mais il savait qu'il n'était pas impraticable, et cela lui suffisait.

Polyb. l. 3, p. 188 et 189.

---

[1] Polybe dit 2600 stades, ἑξακόσιοι στάδιοι πρὸς δισχιλίους, c'est-à-dire 260 milles géographiques, ou 86 lieues $\frac{2}{3}$,

Ci..... 2600 stades, ou	86 lieues	$\frac{2}{3}$.
Plus.. 1600 ———	53 —	$\frac{1}{3}$.
Plus.. 1600 ———	53 —	$\frac{1}{3}$.
Plus.. 1400 ———	46 —	$\frac{2}{3}$.
Plus.. 1200 ———	40 —	»
Total. 8400 stades, ou 280 lieues.		

Polybe donne, en nombre rond, *environ 9000 stades*. Comme cet auteur a le soin de dire que la route était marquée de 8 en 8 stades par des bornes milliaires, on voit que les stades dont il est question sont des stades grecs, dits olympiques, dont 8 étaient compris dans un mille romain, et 600 dans un degré; conséquemment il en faut 10 pour un mille géographique, et 30 pour une lieue de 20 au degré. — L.

[2] « Audierunt præoccupatos jam ab Annibale Gallorum animos esse: sed ne illi quidem ipsi satis mitem gentem fore, ni subindè auro, cujus avidissima gens est, principum animi concilientur. » (Liv. lib. 21, n. 20.)

Dès que le printemps fut venu, Annibal se mit en marche, et partit de Carthagène, où il avait passé le quartier d'hiver. Son armée, pour-lors, était composée de plus de cent mille hommes, dont il y en avait douze mille de cavalerie : il menait près de quarante éléphants. Ayant passé l'Èbre, il subjugua en peu de temps les peuples qui se rencontrèrent sur sa marche, et perdit assez de monde dans cette expédition. Il laissa Hannon pour commander dans tout le pays entre l'Èbre et les Pyrénées, avec onze mille hommes, et leur confia les bagages de ceux qui devaient le suivre. Il en renvoya autant, chacun dans son pays, s'assurant par là de leur bonne volonté quand il aurait besoin de recrues, et montrant aux autres une espérance certaine de retour quand ils le voudraient. Il passe donc les Pyrénées, et s'avance jusqu'au bord du Rhône avec cinquante mille hommes de pied et neuf mille chevaux : armée formidable, moins par le nombre que par la valeur des troupes, qui avaient servi plusieurs années en Espagne, et qui y avaient appris le métier de la guerre sous les plus habiles capitaines qu'eût jamais eus Carthage.

Passage du Rhône.

Annibal, arrivé [1] environ à quatre journées de l'embouchure du Rhône, entreprit de le passer, parce qu'en cet endroit le fleuve n'avait que la simple largeur de son lit. Il acheta des habitants du pays tous les canots et toutes les petites barques, qu'ils avaient en assez grand nombre à cause de leur commerce; il fit construire aussi à la hâte une quantité extraordinaire de bateaux,

---

[1] Un peu au-dessus d'Avignon.

de nacelles, de radeaux. A son arrivée il avait trouvé les Gaulois postés sur l'autre bord, et bien disposés à lui disputer le passage. Il n'était pas possible de les attaquer de front. Il commanda un détachement considérable de ses troupes sous la conduite d'Hannon, fils de Bomilcar, pour aller passer le fleuve plus haut; et, afin de dérober sa marche et son dessein à la connaissance des ennemis, il le fit partir de nuit. La chose réussit comme il l'avait projetée [1] : ils passèrent le fleuve le lendemain, sans trouver aucune résistance.

Ils se reposèrent le reste du jour, et pendant la nuit ils s'avancèrent à petit bruit vers l'ennemi. Le matin, quand ils eurent donné les signaux dont on était convenu, Annibal se mit en état de tenter le passage. Une partie des chevaux, tout équipés, était dans les bateaux, afin que les cavaliers pussent, à la descente, attaquer sur-le-champ les ennemis : les autres passaient à la nage aux deux côtés des bateaux, du haut desquels un homme seul tenait les brides de trois ou quatre chevaux. Les fantassins étaient ou sur des radeaux, ou dans de petites barques, et dans des espèces de petites gondoles, qui n'étaient autre chose que des troncs d'arbres qu'ils avaient eux-mêmes creusés. On avait rangé les grands bateaux sur une même ligne, au haut du courant, pour rompre la rapidité des flots, et rendre le passage plus aisé au reste de la petite flotte. Quand les Gaulois la virent s'avancer sur le fleuve, ils poussèrent, selon leur coutume, des cris et des hurlements épouvantables, heurtèrent leurs boucliers les uns contre les

---

[1] On croit que ce fut entre Roquemaure et le Pont-Saint-Esprit.
= Un peu au-dessus de Roquemaure, à 9 ou 10,000 toises au N. d'Avignon. La date de ce passage est du 28 au 30 Septembre. L.

autres, en les élevant au-dessus de leurs têtes, et lancèrent force traits ; mais ils furent bien étonnés quand ils entendirent derrière eux un grand bruit, qu'ils aperçurent le feu qu'on avait mis à leurs tentes, et qu'ils se sentirent attaqués vivement en tête et en queue. Ils ne trouvèrent de sûreté que dans la fuite, et se retirèrent dans leurs villages. Le reste des troupes passa ensuite fort tranquillement.

Il n'y eut que les éléphants qui causèrent beaucoup d'embarras. Voici comme on s'y prit pour les faire passer ; ce ne fut que le jour suivant. On avança du bord du rivage dans le fleuve un radeau long de deux cents pieds, et large de cinquante, qui était fortement attaché au rivage par de gros câbles, et tout couvert de terre, en sorte que ces animaux, en y entrant, s'imaginaient marcher à l'ordinaire sur la terre. De ce premier radeau ils passaient dans un second, construit de la même sorte, mais qui n'avait que cent pieds de longueur, et qui tenait au premier par des liens faciles à délier. On faisait marcher à la tête les femelles : les autres éléphants les suivaient ; et, quand ils étaient passés dans le second radeau, on le détachait du premier, et on le conduisait à l'autre bord en le remorquant par le secours des petites barques ; puis il venait reprendre ceux qui étaient restés. Quelques-uns tombèrent dans l'eau, mais ils arrivèrent comme les autres sur le rivage, sans qu'il s'en noyât un seul.

Marche qui suivit le passage du Rhône.

Polyb. l. 3, p. 200-202. Liv. lib. 21, n. 31, 32.

Les deux consuls romains étaient partis dès le commencement du printemps, chacun pour sa province : P. Scipion pour l'Espagne, avec soixante vaisseaux, deux légions romaines, quatorze mille fantassins, et douze cents chevaux des alliés ; Tib. Sempronius pour la Sicile, avec cent soixante vaisseaux, deux légions, seize mille hommes d'infanterie et dix-huit cents chevaux des alliés. La légion pour-lors, chez les Romains, était de quatre mille hommes de pied et de trois cents chevaux. Sempronius avait fait des préparatifs extraordinaires à Lilybée, ville et port de Sicile, dans le dessein de passer tout d'un coup en Afrique. Scipion, pareillement, avait compté de trouver encore Annibal en Espagne, et d'y établir le théâtre de la guerre. Il fut bien étonné, quand, arrivant à Marseille, il apprit qu'Annibal était au bord du Rhône, et songeait à le passer. Il détacha trois cents cavaliers pour aller reconnaître l'énnemi ; et Annibal, de son côté, dès qu'il eut appris que Scipion était à l'embouchure du Rhône, envoya, pour le même effet, cinq cents Numides, pendant qu'on était occupé à faire passer les éléphants.

Dans le même temps, ayant fait assembler l'armée, il donna une audience publique, par le moyen d'un truchement, à un des princes de la Gaule située vers le Pô, qui venait l'assurer, au nom de la nation, qu'on l'attendait avec impatience; que les Gaulois étaient prêts à se joindre à lui pour marcher contre les Romains : et il s'offrait à conduire l'armée par des endroits où elle trouverait des vivres en abondance. Quand le prince se fut retiré, Annibal parla aux troupes, fit valoir extrêmement cette députation d'une nation gauloise, releva par de justes louanges la bravoure qu'elles avaient montrée jusque-là, et les exhorta à soutenir dans la suite leur réputation et leur gloire. Les soldats, pleins d'ardeur et de courage, levèrent tous ensemble les mains, et témoignèrent qu'ils étaient prêts à le suivre par-tout où il les mènerait. Il marqua le départ pour le lendemain; et, après avoir fait des vœux et des supplications aux dieux pour le salut de tous les soldats, il les renvoya, en leur recommandant de prendre de la nourriture. et du repos.

Les Numides revinrent dans ce moment : ils avaient rencontré le détachement des Romains, et l'avaient attaqué. Le choc fut très-rude, et le carnage fort grand, eu égard au nombre. Il resta sur la place, du côté des Romains, cent soixante hommes, et de l'autre plus de deux cents; mais l'honneur de cette action demeura aux premiers, les Numides ayant cédé le champ de bataille, et s'étant retirés [1]. Cette première action fut prise comme un présage du sort de cette guerre, et elle sembla promettre aux Romains un heureux succès, mais qui leur coûterait bien cher, et qui leur serait bien disputé. De part et d'autre, ceux qui étaient restés du combat, et qui avaient été à la découverte, retournèrent vers leurs chefs pour leur en porter des nouvelles.

Annibal partit le lendemain, comme il l'avait déclaré, et traversa la Gaule par le milieu des terres, en s'avançant vers le septentrion; non que ce chemin fût le plus court pour arriver aux Alpes, mais parce qu'en l'éloignant de la mer il lui faisait éviter la rencontre de Scipion, et favorisait le dessein qu'il avait d'entrer en Italie avec toutes ses forces, sans les avoir affaiblies par aucun combat.

---

[1] « Hoc principium simulque omen belli, ut summâ rerum prosperum eventum, ita haud sanè incruentam ancipitisque certaminis victoriam Romanis portendit. » (Liv. lib. 21, n. 29.)

Quelque diligence que fît Scipion, il n'arriva à l'endroit où Annibal avait passé le Rhône que trois jours après qu'il en était parti. Désespérant de pouvoir l'atteindre, il retourna à sa flotte, et se rembarqua, résolu de l'aller attendre à la descente des Alpes; mais, afin de ne pas laisser l'Espagne sans défense, il y envoya son frère Cnéius avec la plus grande partie de ses troupes, pour faire tête à Asdrubal, et partit aussitôt pour Gênes, destinant l'armée qui était dans la Gaule vers le Pô, pour l'opposer à celle d'Annibal.

Celui-ci, après une marche de quatre jours, arriva à une espèce d'île formée par le confluent [1] de deux rivières qui se joignent en cet endroit [2]. Là il fut pris

---

[1] Le texte de Polybe, tel que nous l'avons, et celui de Tite-Live, mettent cette ile au confluent de la Saône et du Rhône, c'est-à-dire à l'endroit où Lyon a été bâti. C'est une faute visible. Il y avait dans le grec Σκώρας, et l'on a substitué à ce mot ὁ Ἄραρος. Jacq. Gronove dit avoir vu dans un manuscrit de Tite-Live, *Bisarar*, ce qui montre qu'il faut lire, *Isara Rhodanusque amnes*, au lieu de *Arar Rhodanusque*, et que l'île en question est formée par le confluent de l'Isère et du Rhône. La situation des Allobroges, dont il est parlé ici, en est une preuve évidente.

= Les variantes de Polybe sur cet important passage donnent τῇ δὲ ΣΚΩΡΑΣ, ΣΚΟΡΑΣ, et dans quatre manuscrits τῇ δὲ ΣΚΑΡΑΣ. Lucas Holstenius a dit ingénieusement que ΣΚΑΡΑΣ ou CΚΑΡΑC est un mot mal lu, pour ΟΙCΑΡΑC, les copistes ayant confondu le C avec O, ce qui leur arrive souvent, et lié ensemble les deux IC, pour en former la lettre K : cette correction est d'autant plus certaine que l'article Ὁ manquait devant le mot ΣΚΑΡΑΣ ; car on lisait : τῇ μὲν γὰρ ὁ Ῥοδανὸς, τῇ δὲ ΣΚΑΡΑC; il est clair qu'il aurait fallu au moins τῇ δὲ ὁ ΣΚΑΡΑC : or, la correction donne ΟΙCΑΡΑC ou ὁ Ἰσάρας : M. Schweighæuser a inséré cette correction dans le texte de Polybe.

Quant aux variantes de Tite-Live, elles donnent *pervenit ibi Ara* ou *Ibique Arar* ou *ibi Arar*, ou *Pervenit Bisarar* : de la comparaison de ces variantes il résulte évidemment *pervenit : ibi Isarar* ou *Isara*, qui est la vraie leçon. — L.

[2] Sorte de triangle, dit Polybe, borné d'un côté par le Rhône, de l'autre par l'Isère, assez semblable au Delta d'Égypte. Ce pays est maintenant occupé en très-grande partie par le département de l'Isère; le reste par celui de la Drôme, et une portion de la Savoie. — L.

pour arbitre entre deux frères qui se disputaient le royaume. Celui à qui il l'adjugea fournit à toute l'armée des vivres, des habits et des armes. C'était le pays des Allobroges : on appelait ainsi les peuples qui occupent maintenant les diocèses de Genève, de Vienne et de Grenoble. Sa marche fut assez tranquille jusqu'à ce qu'il fut arrivé à la Durance ; et il s'avança de là au pied des Alpes sans trouver d'obstacle.

Passage des Alpes.

Polyb. l. 3, p. 203-208. Liv. lib. 21, n. 32-37.

La vue de ces montagnes, qui semblaient toucher au ciel, qui étaient couvertes par-tout de neige ; où l'on ne découvrait que quelques cabanes informes, dispersées ça-et-là, et situées sur des pointes de rochers inaccessibles ; que des troupeaux maigres et transis de froid ; que des hommes chevelus, d'un aspect sauvage et féroce : cette vue, dis-je, renouvela la frayeur qu'on en avait déja conçue de loin, et glaça de crainte tous les soldats. Quand on commença à y monter, on aperçut les montagnards, qui s'étaient emparés des hauteurs, et qui se préparaient à disputer le passage : il fallut s'arrêter. S'ils s'étaient cachés dans une embuscade, dit Polybe, et qu'après avoir laissé aux troupes le temps de s'engager dans quelque mauvais pas, ils fussent venus tout d'un coup fondre sur elles, l'armée était perdue sans ressource. Annibal apprit qu'ils ne gardaient ces hauteurs que de jour, après quoi ils se retiraient : il s'en empara de nuit. Quand les Gaulois revinrent de grand matin, ils furent fort surpris de voir leurs postes occupés par l'ennemi ; mais ils ne perdirent pas courage. Accoutumé à grimper sur ces roches, ils attaquent les Carthaginois qui s'étaient mis en marche, et les harcèlent de tous côtés. Ceux-ci avaient en même temps à combattre contre l'ennemi, et à lutter contre la difficulté des lieux, où ils avaient peine à se soutenir; mais le grand désordre fut causé par les chevaux, et les bêtes de somme chargées du bagage, qui, effrayées des cris et des hurlements des Gaulois, que les montagnes faisaient retentir d'une manière horrible, et blessées quelquefois par les montagnards, se renversaient sur les soldats, et les entraînaient avec elles dans les précipices qui bordaient le chemin. Annibal, sentant bien que la perte seule de ses bagages pouvait faire périr son armée, vint au secours des troupes en cet endroit, et, ayant mis en fuite les ennemis, continua sa marche sans trouble et sans danger, et arriva à un château qui était la place la plus importante du pays. Il s'en rendit maître, aussi-bien que de tous les bourgs voisins, où il trouva de grands amas de blé et beaucoup de bestiaux, qui servirent à nourrir son armée pendant trois jours [1].

Après une marche assez paisible, on eut un nouveau danger à essuyer. Les Gaulois, feignant de vouloir profiter du malheur de leurs voisins, qui s'étaient mal trouvés d'avoir entrepris de s'opposer au passage des troupes, vinrent saluer Annibal, lui apportèrent des vivres, s'offrirent à lui servir de guides, et lui laissèrent des ôtages pour assurance de leur fidélité. Annibal ne s'y fia que médiocrement. Les éléphants et les chevaux

---

[1] Annibal côtoya la rive gauche de l'Isère, puis la rive gauche du Drac, jusqu'à S. Bonnet, à l'entrée du département des Hautes-Alpes; de là il gagna la Durance, qu'il remonta tantôt sur la rive droite, tantôt sur la rive gauche, jusqu'au-dessus de Briançon; et il atteignit le col du mont Genèvre, entre le 26 et le 30 octobre. On peut voir la discussion de cette route dans deux dissertations que j'ai insérées au journal des savants (année 1819, *Janvier*, p. 22—36; et *Décembre*, p. 733—762). — L.

marchaient à la tête : il suivait avec le gros de son infanterie, attentif et prenant garde à tout. On arriva dans un défilé fort étroit et roide, commandé par une hauteur où les Gaulois avaient caché une embuscade. Elle en sortit tout-à-coup, attaqua les Carthaginois de tous côtés, roulant contre eux des pierres d'une grandeur énorme. Ils auraient mis l'armée entièrement en déroute, si Annibal n'eût fait des efforts extraordinaires pour la tirer de ce mauvais pas.

Enfin, le neuvième jour, il arriva sur le sommet des Alpes. L'armée y passa deux jours à se reposer et à se refaire de ses fatigues, après quoi elle se remit en marche. Comme on était déja en automne, il était tombé récemment beaucoup de neige, qui couvrait tous les chemins, ce qui jeta le trouble et le découragement parmi les troupes. Annibal s'en aperçut; et, s'étant arrêté sur une hauteur d'où l'on découvrait toute l'Italie, il leur montra les campagnes fertiles [1] arrosées par le Pô, auxquelles il touchait presque, ajoutant qu'il ne fallait plus qu'un léger effort pour y arriver. Il leur représenta qu'une ou deux batailles allaient finir glorieusement leurs travaux, et les enrichir pour toujours en les rendant maîtres de la capitale de l'empire romain. Ce discours, plein d'une si flatteuse espérance, et soutenu de la vue de l'Italie, rendit l'allégresse et la vigueur aux troupes abattues. On continua donc de marcher; mais la route n'en était pas devenue plus aisée : au contraire, comme c'était en descendant, la difficulté et le danger augmentaient; car les chemins étaient presque par-tout escarpés, étroits, glissants, en sorte que les soldats ne pouvaient se soutenir en marchant, ni s'arrêter lorsqu'ils

[1] Du Piémont.

avaient fait un mauvais pas, mais tombaient les uns sur les autres, et se renversaient mutuellement.

On arriva en un endroit plus difficile que tout ce qu'on avait rencontré jusque-là : c'était un sentier déja fort roide par lui-même, et qui, l'étant encore devenu davantage par un nouvel éboulement des terres, montrait un abyme qui avait plus de mille pieds de profondeur. La cavalerie s'y arrêta tout court. Annibal, étonné de ce retardement, y accourut, et vit qu'en effet il était impossible de passer outre. Il songea à prendre un long détour et à faire un grand circuit; mais la chose ne se trouva pas moins impossible. Comme, sur l'ancienne neige qui était durcie par le temps, il en était tombé depuis quelques jours une nouvelle qui n'avait pas beaucoup de profondeur, les pieds d'abord, y entrant facilement, s'y soutenaient; mais, quand celle-ci, par le passage des premières troupes et des bêtes de somme, fut fondue, on ne marchait que sur la glace, où tout était glissant, où les pieds ne trouvaient point de prise, et où, pour peu qu'on fît un faux pas et qu'on voulût s'aider des genoux ou des mains pour se retenir, on ne rencontrait plus ni branches ni racines pour s'y attacher. Outre cet inconvénient, les chevaux, frappant avec effort la glace pour se retenir, et y enfonçant leurs pieds, ne pouvaient plus les en retirer, et y demeuraient pris comme dans un piége. Il fallut donc chercher un autre expédient.

Annibal prit le parti de faire camper et reposer son armée pendant quelque temps sur le sommet de cette colline, qui avait assez de largeur, après en avoir fait nettoyer le terrain, et ôter toute la neige qui le couvrait, tant la nouvelle que l'ancienne, ce qui coûta des peines infinies. On creusa ensuite, par son ordre, un chemin dans le rocher même, et ce travail fut poussé avec une ardeur et une constance étonnantes. Pour ouvrir et élargir cette route, on abattit tous les arbres des environs; et, à mesure qu'on les coupait, le bois était rangé autour du roc, après quoi on y mettait le feu. Heureusement il faisait un grand vent, qui alluma bientôt une flamme ardente : de sorte que la pierre devint aussi rouge que le brasier même qui l'environnait. Alors Annibal, si l'on en croit Tite-Live (car Polybe n'en dit rien), fit verser dessus une grande quantité de vinaigre[1], qui, s'insinuant dans les veines du rocher entr'ouvert par la force du feu, le calcina et l'amollit. De cette sorte, en prenant un long circuit, afin que la pente fût plus douce, on pratiqua le long du rocher un chemin qui donna un libre passage aux troupes, aux bagages, et même aux éléphants. On employa quatre jours à cette opération. Les bêtes de somme mouraient

---

[1] Plusieurs rejettent ce fait comme supposé. Pline ne manque pas d'observer la force du vinaigre pour rompre des pierres et des rochers. *Saxa rumpit infusum, quæ non ruperit ignis antecedens* (lib. 23, c. 1). C'est pourquoi il appelle le vinaigre *succus rerum domitor* (lib. 33, cap. 2). Dion, en parlant du siége de la ville d'Éleuthère, dit qu'on en fit tomber les murailles par la force du vinaigre (lib. 36, pag. 8). Apparemment ce qui arrête ici est la difficulté, où Annibal dut être, de trouver dans ces montagnes la quantité de vinaigre nécessaire pour cette opération.

= Évidemment c'est en cela que consiste la difficulté : car on ne nie pas que le vinaigre ne décompose la pierre calcaire lorsqu'elle est calcinée par le feu : mais cette difficulté est insoluble. On a cru que cette fable est de l'invention de Tite-Live ; je ne le pense pas. C'est probablement une de ces traditions populaires qui durent leur origine à l'étonnement dont la marche merveilleuse d'Annibal avait frappé tous les esprits. Polybe en effet reproche aux historiens d'Annibal, d'accueillir de ces traditions mensongères pour rendre leur narration plus attachante et plus dramatique (POLYB. III, c. 47, § 6). Appien lui-même ne dédaigne pas de rapporter cette fable (*Bell. Annib.* § 4). Il n'est donc pas surprenant que Tite-Live l'ait insérée dans son histoire. — L.

de faim, car on ne trouvait rien pour elles dans ces montagnes toutes couvertes de neige. On arriva enfin dans des endroits cultivés et fertiles, qui fournirent abondamment du fourrage aux chevaux, et toutes sortes de nourritures aux soldats.

Entrée dans l'Italie.

L'armée d'Annibal, lorsqu'elle entra en Italie, était beaucoup inférieure en nombre à ce qu'elle était quand il partit de l'Espagne, où nous avons vu qu'elle montait à près de soixante mille hommes. Sur la route elle avait fait de grandes pertes, soit dans les combats qu'il fallut soutenir, soit au passage des rivières. En quittant le Rhône, elle était encore de trente-huit mille hommes de pied et de plus de huit mille chevaux : le passage des Alpes la diminua de près de la moitié. Il ne restait plus à Annibal que douze mille Africains, huit mille Espagnols d'infanterie, et six mille chevaux : c'est lui-même qui l'avait marqué sur une colonne près du promontoire Lacinien. Il y avait cinq mois et demi qu'il était parti de la Nouvelle-Carthage, en comptant les quinze jours que lui avait coûté le passage des Alpes, lorsqu'il planta ses étendards dans les plaines du Pô (à l'entrée du Piémont) : on pouvait être alors dans le mois de septembre.

Polyb. l. 3, pag. 209 et 212-214. Liv. lib. 21, n. 39.

Son premier soin fut de donner quelque repos à ses troupes, qui en avaient un extrême besoin. Lorsqu'il les vit en bon état, les peuples du territoire de Turin [1] ayant refusé de faire alliance avec lui, il alla camper devant la principale de leurs villes, l'emporta en trois

---

[1] Les Taurins, qui habitaient au pied du Mont Genèvre, jusqu'aux bords du Pô. — L.

jours, et fit passer au fil de l'épée tous ceux qui lui avaient été opposés. Cette expédition jeta une si grande terreur parmi les barbares, qu'ils vinrent tous d'eux-mêmes se rendre à discrétion. Le reste des Gaulois en aurait fait autant, si la crainte de l'armée romaine qui approchait ne les eût retenus. Annibal alors jugea qu'il n'y avait point de temps à perdre, qu'il fallait avancer dans le pays, et hasarder quelque exploit qui pût établir la confiance parmi les peuples qui auraient envie de se déclarer pour lui.

Cette rapidité extraordinaire d'Annibal étonna Rome, et y jeta une grande alarme. Sempronius reçut ordre de quitter la Sicile pour venir au secours de sa patrie; et P. Scipion, l'autre consul, s'avança à grandes journées vers l'ennemi, passa le Pô, et alla camper près du Tésin[1].

Combat de cavalerie près du Tésin.

Polyb. l. 3, p. 214-218.
Liv. lib. 21, n. 39-47.

Les armées étant en présence, les chefs de part et d'autre haranguent leurs soldats avant que d'en venir aux mains. Scipion[2], après avoir représenté à ses troupes la gloire de leur patrie et les exploits de leurs ancêtres, les avertit que la victoire est entre leurs mains, puisqu'ils n'auront affaire qu'à des Carthaginois, si souvent vaincus, réduits à être leurs tributaires pendant vingt ans, et accoutumés depuis long-temps à être presque leurs esclaves; que l'avantage qu'ils ont remporté contre l'élite de la cavalerie carthaginoise[3] est un

---

[1] C'est une petite rivière de l'Italie, dans la Lombardie.
= C'est une grande rivière qui sort du lac Majeur, et se jette dans le Pô.
— L.

[2] Il avait débarqué à Pise, en Étrurie, ramenant ses troupes de Marseille (v. plus haut, p. 287).

[3] Scipion veut parler du succès

gage assuré du succès du reste de toute la guerre ; qu'Annibal, au passage des Alpes, vient de perdre la meilleure partie de son armée; que ce qui lui en reste est épuisé par la faim, le froid, les fatigues et la misère; qu'il leur suffira de se montrer pour mettre en fuite des troupes qui ressemblent plus à des spectres qu'à des hommes ; qu'enfin la victoire est devenue nécessaire, non-seulement pour couvrir l'Italie, mais pour sauver Rome même, du sort de laquelle le combat va décider, et qui n'a point d'autre armée à opposer aux ennemis.

Annibal, pour se mieux faire entendre à des soldats d'un esprit grossier, parle à leurs yeux avant que de parler à leurs oreilles, et ne songe à les persuader par des raisons qu'après les avoir remués par le spectacle. Il offre des armes à plusieurs des prisonniers montagnards, les fait combattre deux à deux à la vue de son armée, promettant la liberté et des présents magnifiques à ceux qui sortiraient vainqueurs. La joie avec laquelle ces barbares courent au combat sur de pareils motifs donne occasion à Annibal de tracer plus vivement à ses gens, par ce qui vient de se passer à leurs yeux, une image sensible de leur situation présente, qui, en leur ôtant tous les moyens de reculer en arrière, leur impose une nécessité absolue de vaincre ou de mourir, pour éviter les maux infinis préparés à ceux qui seront assez lâches pour céder aux Romains. Il étale à leurs yeux la grandeur des récompenses, la conquête de toute l'Italie, le pillage de Rome, cette ville si riche et si opulente, une victoire illustre, une gloire immortelle. Il rabaisse

---

des 300 cavaliers romains contre les 500 cavaliers numides, envoyés par Annibal en reconnaissance, lors du passage du Rhône (v. plus haut, p. 285). — L.

la puissance romaine, dont le vain éclat ne doit point éblouir des guerriers comme eux, qui sont venus des colonnes d'Hercule jusque dans le cœur de l'Italie, au travers des nations les plus féroces. Pour ce qui le regarde personnellement, il ne daigne pas se comparer avec un Scipion, général de six mois, lui, presque né, du moins nourri, dans la tente d'Amilcar son père ; vainqueur de l'Espagne, de la Gaule, des habitants des Alpes, et, ce qui est beaucoup plus, vainqueur des Alpes mêmes. Il excite leur indignation contre l'insolence des Romains, qui ont osé demander qu'on le leur livrât avec les soldats qui avaient pris Sagonte ; et il pique leur jalousie contre l'orgueil insupportable de ces maîtres impérieux, qui croient que tout leur doit obéir, et qu'ils ont droit d'imposer des lois à toute la terre.

Après ces discours de part et d'autre, on se prépare au combat. Scipion, ayant jeté un pont sur le Tésin, fit passer ses troupes. Deux mauvais présages avaient jeté le trouble et l'alarme dans son armée. Les Carthaginois étaient pleins d'ardeur : Annibal leur fait de nouvelles promesses ; et, ayant fendu avec une pierre la tête de l'agneau qu'il immolait, il prie Jupiter de l'écraser de même, s'il ne donnait à ses soldats les récompenses qu'il venait de leur promettre.

Scipion fait marcher à la première ligne les gens de trait avec la cavalerie gauloise, forme la seconde ligne de l'élite de la cavalerie des alliés, et avance au petit pas. Annibal marche au-devant de lui avec toute sa cavalerie, plaçant au centre la cavalerie à frein, et la numide [1] sur les ailes, pour envelopper l'ennemi.

---

[1] Les Numides ne mettaient à leurs chevaux ni frein, ni bride, ni selle. = Il paraît que leurs chevaux n'avaient qu'une muserolle, à laquelle

Les chefs et la cavalerie ne demandant qu'à combattre, on commence à charger. Au premier choc, les soldats de Scipion, armés à la légère, eurent à peine lancé leurs premiers traits, qu'épouvantés par la cavalerie carthaginoise, qui venait sur eux, et craignant d'être foulés aux pieds par les chevaux, ils plièrent, et s'enfuirent par les intervalles qui séparaient les escadrons. Le combat se soutint long-temps à forces égales : de part et d'autre beaucoup de cavaliers mirent pied à terre, de sorte que l'action devint d'infanterie comme de cavalerie. Pendant ce temps-là les Numides enveloppent l'ennemi, et fondent par les derrières sur ces gens de trait qui d'abord avaient échappé à la cavalerie, et les écrasent sous les pieds de leurs chevaux. Les troupes qui étaient au centre des Romains avaient combattu jusque-là avec beaucoup de valeur : de part et d'autre il était resté sur la place bien du monde, et plus même du côté des Carthaginois; mais les troupes romaines furent mises en désordre par l'attaque des Numides, qui les prirent en queue, et sur-tout par la blessure du consul, qui le mit hors d'état de combattre: ce général fut tiré des mains des ennemis par le courage de son fils, qui n'avait pour-lors que dix-sept ans, et qui mérita ensuite le surnom d'*Africain*, pour avoir terminé glorieusement cette guerre.

Le consul, blessé dangereusement, se retira en bon ordre, et fut conduit dans son camp par un gros de cavaliers qui le couvraient de leurs armes et de leurs corps : le reste des troupes l'y suivit. Il se hâta d'arri-

---

était attachée une bride. C'est là ce que Virgile a entendu par *Numidæ infreni* (*Æneid.* IV, 41): — L.

ver au Pô, le fit passer à son armée, et rompit le pont : ce qui empêcha Annibal de l'atteindre.

On convient qu'Annibal dut cette première victoire à sa cavalerie, et on jugea dès-lors qu'elle faisait la principale force de son armée, et que pour cette raison les Romains devaient éviter les plaines larges et découvertes, telles que sont celles qui se trouvent entre le Pô et les Alpes.

Aussitôt après la journée du Tésin, tous les Gaulois du voisinage s'empressèrent à l'envi de venir se rendre à Annibal, de le fournir de munitions, et de prendre parti dans ses troupes; et ce fut là, comme Polybe l'a déjà fait remarquer, la principale raison qui obligea ce sage et habile général, malgré le petit nombre et la faiblesse de ses troupes, de hasarder une bataille, qui était devenue pour lui d'une absolue nécessité, dans l'impuissance où il était de retourner en arrière quand il l'aurait voulu, parce qu'il n'y avait qu'une bataille qui pût faire déclarer en sa faveur les Gaulois, dont le secours était l'unique ressource qui lui restât dans la conjoncture présente.

Bataille de la Trébie.

Polyb. l. 3, p. 220-227.
Liv. lib. 21, n. 51-56.

Le consul Sempronius, sur les ordres du sénat, était revenu de Sicile à Rimini[1]. De là il marcha vers la Trébie, petite rivière de la Lombardie, qui se jette dans le Pô un peu au-dessus de Plaisance, où il joignit ses troupes avec celles de Scipion. Annibal s'approcha du camp des Romains, dont il n'était plus séparé que par la petite rivière. La proximité des armées donnait

---

[1] Appelée alors *Ariminium*. — L.

lieu à de fréquentes escarmouches, dans l'une desquelles Sempronius, à la tête d'un corps de cavalerie, remporta contre un parti de Carthaginois un avantage assez peu considérable, mais qui augmenta beaucoup la bonne opinion que ce général avait naturellement de son mérite.

Ce léger succès lui paraissait une victoire complète. Il se vantait d'avoir vaincu l'ennemi dans un genre de combat où son collègue avait été défait, et d'avoir par là relevé le courage abattu des Romains. Déterminé à en venir au plus tôt à une action décisive, il crut, pour la bienséance, devoir consulter Scipion, qu'il trouva d'un avis entièrement contraire au sien. Celui-ci représentait que, si l'on donnait aux nouvelles levées le temps de s'exercer pendant l'hiver, on en tirerait plus de service la campagne suivante; que les Gaulois, naturellement légers et inconstants, se détacheraient peu à peu d'Annibal; que, sa blessure étant guérie, sa présence pourrait être de quelque utilité dans une affaire générale : enfin il le priait instamment de ne point passer outre.

Quelque solides que fussent ces raisons, Sempronius ne put les goûter : il voyait sous ses ordres seize mille Romains et vingt mille alliés, sans compter la cavalerie; c'était le nombre où montait en ce temps-là une armée complète, lorsque les deux consuls se trouvaient joints ensemble : l'armée ennemie était à peu près de pareil nombre. La conjoncture lui paraissait tout-à-fait favorable. Il disait hautement que tous demandaient la bataille, excepté son collègue, qui, devenu par sa blessure plus malade de l'esprit que du corps, ne pouvait souffrir qu'on parlât de combat. Mais enfin, était-il juste de laisser languir tout le monde avec lui? Qu'attendait-il davantage? Espérait-il qu'un troisième consul et qu'une nouvelle armée viendraient à son secours? Il tenait de pareils discours, et parmi les soldats, et jusque dans la tente de Scipion. Le temps de l'élection des nouveaux généraux, qui approchait, lui faisait craindre qu'on ne lui envoyât un successeur avant qu'il eût pu terminer la guerre, et il croyait devoir profiter de la maladie de son collègue pour s'assurer à lui seul tout l'honneur de la victoire. Comme il ne cherchait pas le temps des affaires, dit Polybe, mais le sien, il ne pouvait manquer de prendre de mauvaises mesures. Il donna donc ordre aux soldats de se tenir prêts à combattre.

C'était tout ce que desirait Annibal, qui avait pour maxime qu'un général qui s'est avancé dans un pays ennemi ou étranger, et qui a formé une entreprise extraordinaire, n'a de ressource qu'en soutenant toujours les espérances des alliés par quelque nouvel exploit : d'ailleurs, sachant qu'il n'aurait affaire qu'à des troupes de nouvelle levée, qui étaient sans expérience, il desirait profiter de l'ardeur des Gaulois, qui demandaient le combat, et de l'absence de Scipion, à qui sa blessure ne permettait pas d'y assister. Il ordonna donc à Magon de se mettre en embuscade avec deux mille hommes, tant cavalerie qu'infanterie, sur les bords escarpés du petit ruisseau[1] qui séparait les deux camps, et de se tenir caché parmi les arbrisseaux, qui y étaient en grande quantité. Souvent une embuscade est plus sûre dans un terrain plat et uni, mais fourré comme était celui-là, que dans des bois, parce qu'on s'en défie

---

[1] Il paraît que par le mot Ῥεῖ-θρον, Polybe entend un *ravin*; c'est dans le lit de ce ravin, dont les bords étaient élevés, qu'Annibal plaça son embuscade. — L.

moins. Il fit ensuite passer la Trébie aux cavaliers numides, avec ordre de s'avancer dès le point du jour jusqu'aux portes du camp des ennemis pour les attirer au combat, et de repasser la rivière en se retirant, pour engager les Romains à la passer aussi. Ce qu'il avait prévu ne manqua pas d'arriver. Le bouillant Sempronius envoya d'abord contre les Numides toute sa cavalerie, puis six mille hommes de trait, qui furent bientôt suivis de tout le reste de l'armée. Les Numides lâchèrent le pied à dessein : les Romains les poursuivirent avec chaleur, et passèrent la Trébie sans résistance, mais non sans beaucoup souffrir, ayant de l'eau jusque sous les aisselles, parce qu'ils trouvèrent le ruisseau [1] enflé par les torrents qui y étaient tombés des montagnes voisines pendant la nuit. On était pour-lors vers le solstice d'hiver, c'est-à-dire en décembre; il neigeait ce jour-là même, et faisait un froid glaçant. Les Romains étaient sortis à jeun, et sans avoir pris aucune précaution; au lieu que les Carthaginois, par l'ordre d'Annibal, avaient bu et mangé sous leurs tentes, avaient mis leurs chevaux en état, s'étaient frottés d'huile, et revêtus de leurs armes auprès du feu.

On en vint aux mains en cet état. Les Romains se défendirent assez long-temps et avec assez de courage; mais la faim, le froid, la fatigue, leur avaient ôté la moitié de leurs forces. La cavalerie carthaginoise, qui surpassait de beaucoup la romaine en nombre et en vigueur, l'enfonça et la mit en fuite. Le désordre se mit bientôt aussi dans l'infanterie. L'embuscade, étant sortie à propos, vint fondre tout-à-coup sur elle par

---

[1] Il s'agit de la Trébie, et non du *ruisseau*. Il semble que Rollin n'a pas bien entendu Polybe en cet endroit. — L.

les derrières, et acheva la déroute. Un gros de troupes, au nombre de plus de dix mille hommes, eut le courage de se faire jour à travers les Gaulois et les Africains, dont ils firent un grand carnage; et, ne pouvant ni secourir les leurs, ni retourner au camp, dont la cavalerie numide, la rivière et la pluie ne leur permettaient pas de reprendre le chemin, ils se retirèrent en bon ordre à Plaisance : la plupart des autres qui restèrent périrent sur les bords de la rivière, écrasés par les éléphants et par la cavalerie. Ceux qui purent échapper allèrent joindre le gros dont nous avons parlé. Scipion se rendit aussi à Plaisance la nuit suivante. La victoire fut complète du côté des Carthaginois, et la perte peu considérable, si ce n'est que le froid, la pluie, la neige, leur firent périr beaucoup de chevaux, et de tous les éléphants on n'en put sauver qu'un seul.

<small>Polyb. l. 3, p. 228-229. Liv. lib. 21, n. 60-61.</small> Cette campagne et la suivante furent plus heureuses pour les Romains en Espagne. Cn. Scipion la subjugua jusqu'à l'Èbre, défit Hannon, et le fit prisonnier.

<small>Polyb. pag. 229.</small> Annibal profita des quartiers d'hiver pour faire reposer ses troupes, et pour gagner les habitants du pays. Dans cette vue, après avoir déclaré aux prisonniers qu'il avait faits sur les alliés des Romains qu'il n'était pas venu pour leur faire la guerre, mais pour remettre les Italiens en liberté, et pour les défendre contre les Romains, il les renvoya tous sans rançon dans leur patrie.

<small>Liv. lib. 21, n. 58.</small> A peine l'hiver était-il fini, qu'il prit le chemin de la Toscane, où il se hâtait de passer pour deux grandes raisons; la première était pour éviter les effets de la mauvaise volonté des Gaulois, qui se lassaient du long séjour de l'armée carthaginoise sur leurs terres, et

qui souffraient avec impatience de porter tout le poids d'une guerre dans laquelle ils n'étaient entrés que pour la faire chez leurs ennemis communs ; la seconde, pour augmenter, par une démarche hardie, la réputation de ses armes parmi tous les peuples d'Italie, en portant la guerre jusque dans le voisinage de Rome, et pour ranimer l'ardeur de ses troupes et des Gaulois ses alliés par le pillage des terres ennemies. Mais il fut attaqué au passage de l'Apennin d'une horrible tempête, qui lui fit perdre beaucoup de monde. Le froid, la pluie, les vents, la grêle, semblaient avoir conjuré sa ruine, en sorte que ce que les Carthaginois avaient souffert au passage des Alpes leur paraissait moins affreux. De là il retourna à Plaisance, où il donna contre Sempronius, qui était aussi revenu de Rome, un second combat : la perte fut à peu près égale de part et d'autre.

Ce fut dans ce même quartier d'hiver qu'il s'avisa d'un stratagème vraiment carthaginois. Il était environné de peuples légers et inconstants ; la liaison qu'il avait contractée avec eux était encore toute récente ; il avait à craindre que, changeant à son égard de dispositions, ils ne lui dressassent des piéges, et n'attentassent sur sa vie. Pour la mettre en sûreté, il fit faire des perruques et des habits pour toutes les différentes sortes d'âge : il prenait tantôt l'un, tantôt l'autre, et se déguisait si souvent, que non-seulement ceux qui ne le voyaient qu'en passant, mais ses amis même, avaient peine à le reconnaître.

Polyb. Ibid. Liv. lib. 22, n. 1. Appian. in bell. Annib. pag. 316.

On avait nommé à Rome pour consuls Cn. Servilius et C. Flaminius. Annibal ayant appris que celui-ci était déja arrivé à Arretium, ville de la Toscane, crut devoir

Polyb. l. 3, p. 230-231. Liv. lib. 22, n. 2.

hâter sa marche pour l'atteindre au plus tôt. De deux chemins qu'on lui indiqua, il prit le plus court, quoiqu'il fût très-difficile et presque impraticable, parce qu'il fallait passer à travers un marais. L'armée y souffrit des fatigues incroyables. Pendant quatre jours et trois nuits, elle eut le pied dans l'eau, sans pouvoir prendre un moment de sommeil. Annibal lui-même, monté sur le seul éléphant qui lui restait, eut bien de la peine à en sortir. Les veilles continuelles, jointes aux vapeurs grossières qui s'exhalaient de ce lieu marécageux, et à l'intempérie de la saison, lui firent perdre un œil [1].

Bataille de Trasimène.

Annibal, après être sorti, presque contre toute espérance, de ce pas dangereux, et avoir fait prendre quelque repos à ses troupes, alla camper entre Arretium et Fésule, dans le territoire le plus riche et le plus fertile de la Toscane. Il s'attacha d'abord à connaître le caractère de Flaminius, pour tirer avantage de son faible; ce qui, selon Polybe, doit faire la principale étude d'un général d'armée. Il apprit que c'était un homme entêté de son mérite, entreprenant, hardi, impétueux, avide de gloire. Pour [2] le précipiter de plus en

---

[1] Cette partie de la marche d'Annibal a offert aux critiques de grandes difficultés : ils ont fait errer ce général dans les Apennins, depuis Bologne jusqu'à *Fesulæ*, de la manière la plus invraisemblable. Je pense qu'Annibal se rendit directement de Plaisance, à travers l'Apennin, par Pontremoli, Sarzani, Lucques; et que les marais dans lesquels il fut forcé de s'engager, sont ceux que l'Arno formait dans toute la partie inférieure de son cours. Ceux qui se sont autorisés des ossements d'éléphants fossiles qu'on a trouvés dans certains lieux des Apennins, pour établir qu'Annibal y avait passé, n'ont pas songé que, selon Polybe, un *seul* de ses éléphants put échapper au froid, lors de la bataille de la Trébie. — L.

[2] « Apparebat ferociter omnia ac

plus dans ces vices, qui lui étaient naturels, il commença à irriter sa témérité par le dégât et les incendies qu'il fit faire à sa vue dans toute la campagne.

Flaminius n'était pas d'humeur à rester tranquille dans son camp, quand même Annibal serait demeuré en repos; mais, quand il vit qu'on ravageait à ses yeux les terres des alliés, il crut que c'était une honte pour lui qu'Annibal pillât impunément l'Italie, et s'avançât sans trouver de résistance vers les murailles mêmes de Rome. Il rejeta avec mépris les sages avis de ceux qui lui conseillaient d'attendre son collègue, et de se contenter pour le présent d'arrêter les ravages de l'ennemi.

Cependant Annibal avançait toujours vers Rome, ayant Cortone à sa gauche, et le lac de Trasimène à sa droite. Quand il vit que le consul le suivait de près, dans le dessein de le combattre, pour l'arrêter dans sa marche, ayant reconnu que le terrain était propre à donner bataille, il ne songea aussi, de son côté, qu'aux moyens de la donner. Le lac de Trasimène et les montagnes de Cortone forment un défilé fort serré, au-delà duquel on entre dans un vallon assez spacieux, bordé des deux côtés, dans sa longueur, par des hauteurs assez grandes, et fermé dans le débouché, qui est à l'autre extrémité, par une colline escarpée et de difficile accès. C'est sur cette colline qu'Annibal alla camper avec le gros de son armée, après avoir traversé tout le vallon, et avoir posté l'infanterie légère en em-

---

præpropere acturum. Quoque pronior esset in sua vitia, agitare eum atque irritare Pœnus parat. » (Liv. lib. 22, n. 3.)

buscade sur les collines à droite, et fait couler une partie de sa cavalerie derrière les éminences, jusque vers l'entrée du défilé par où Flaminius devait nécessairement passer. En effet, ce général, qui suivait l'ennemi avec chaleur pour le combattre, étant arrivé à la vue du défilé près du lac, fut obligé de s'y arrêter, parce que la nuit approchait; mais il y entra le lendemain dès la pointe du jour.

Annibal l'ayant laissé avancer avec toutes ses troupes plus de la moitié du vallon, et voyant l'avant-garde des Romains assez près de lui, donna le signal du combat, et envoya ordre à ses troupes de sortir de leur embuscade pour fondre en même temps sur l'ennemi de tous côtés. On peut juger du trouble des Romains.

Ils n'étaient pas encore rangés en bataille, et n'avaient pas préparé leurs armes, lorsqu'ils se virent pressés par-devant, par-derrière, et par les flancs. Le désordre se met en un moment dans tous les rangs. Flaminius, seul intrépide dans une consternation si universelle, ranime ses soldats de la main et de la voix, et les exhorte à se faire un passage par le fer à travers les ennemis; mais le tumulte qui règne par-tout, les cris affreux des ennemis, et le brouillard qui s'était élevé, empêchent qu'on ne puisse ni le voir ni l'entendre. Cependant, lorsqu'ils aperçurent qu'ils étaient enfermés de tous côtés, ou par les ennemis, ou par le lac, l'impossibilité de se sauver par la fuite rappela leur courage, et l'on commença à combattre de tous côtés avec une animosité étonnante. L'acharnement fut si grand dans les deux armées, que personne ne sentit un tremblement de terre qui arriva dans cette contrée, et qui renversa des villes entières. Dans cette confusion, Flaminius ayant été tué par un Gaulois insubrien, les Romains commencèrent à plier, et prirent ensuite ouvertement la fuite. Un grand nombre, cherchant à se sauver, se précipita dans le lac : d'autres, ayant pris le chemin des montagnes, se jetèrent eux-mêmes au milieu des ennemis qu'ils voulaient éviter. Six mille seulement s'ouvrirent un passage à travers les vainqueurs, et se retirèrent en un lieu de sûreté; mais ils furent arrêtés et faits prisonniers le lendemain. Il y eut quinze mille Romains de tués dans cette bataille. Environ dix mille se rendirent à Rome par différents chemins. Annibal renvoya les Latins, alliés des Romains, sans rançon. Il fit chercher inutilement le corps de Flaminius pour lui donner la sépulture. Il mit ensuite ses troupes en quartier de rafraîchissement, et rendit les derniers devoirs aux principaux de son armée qui étaient restés sur le champ de bataille au nombre de trente. De son côté, la perte ne fut en tout que de quinze cents hommes, la plupart Gaulois.

Annibal dépêcha alors un courrier à Carthage, pour y porter la nouvelle des heureux succès qu'il avait eus jusque-là en Italie. Elle y causa une joie infinie pour le présent, fit concevoir de merveilleuses espérances pour l'avenir, et ranima le courage de tous les citoyens. Ils s'appliquèrent avec une ardeur incroyable à prendre des mesures pour envoyer en Italie et en Espagne tous les secours capables d'y soutenir les affaires.

A Rome, au contraire, la douleur et l'alarme furent universelles, quand le préteur, du haut de la tribune aux harangues, eut prononcé ces mots en présence du peuple : *Nous avons perdu une grande bataille.* Le sénat, uniquement occupé du bien public, crut que, dans un si grand malheur et dans un danger si pressant, il fallait avoir recours à des remèdes extraordinaires. On nomma pour dictateur Quintus Fabius, personnage aussi distingué par sa sagesse que par sa naissance. A Rome, dès qu'on avait nommé un dictateur, toute autorité cessait, excepté celle des tribuns du peuple. On lui donna pour général de la cavalerie Marcus Minucius. C'était la seconde année de la guerre.

Conduite d'Annibal par rapport à Fabius.

Polyb. l. 3, p. 239-255.
Liv. lib. 22, n. 9-30.

Annibal, après la bataille de Trasimène, ne jugeant pas encore à propos de s'approcher de Rome, se contenta de battre la campagne et de ravager le pays. Il traversa l'Ombrie et le Picénum, et arriva dans le territoire d'Adria [1], après dix jours de marche. Il fit dans cette route un riche butin. Ennemi implacable des Romains, il avait ordonné que l'on fît main-basse sur tout ce qui s'en rencontrerait en âge de porter les armes; et, ne trouvant d'obstacle nulle part, il s'avança jusque dans la Pouille, en abandonnant au pillage les pays qui se trouvaient sur sa route, et faisant par-tout le dégât, pour forcer les peuples à quitter l'alliance des Romains, et pour apprendre à toute l'Italie que Rome découragée lui cédait la victoire.

Fabius, suivi de Minucius et de quatre légions, était parti de Rome pour aller chercher l'ennemi, mais dans la ferme résolution de ne lui donner aucune prise sur lui, de ne pas faire un seul mouvement sans avoir bien reconnu les lieux, et de ne point hasarder de bataille qu'il ne fût assuré du succès.

[1] Petite ville qui a donné son nom à la mer Adriatique.

Dès que les deux armées furent en présence, Annibal, pour jeter l'épouvante dans les troupes romaines, ne manqua pas de leur présenter la bataille en s'avançant jusque auprès des retranchements de leur camp; mais, quand il vit que tout y était calme, il se retira, blâmant en apparence la lâcheté de ses ennemis, à qui il reprochait d'avoir enfin perdu cette valeur martiale si naturelle à leurs pères, mais outré au fond de voir qu'il avait affaire à un général si différent de Sempronius et de Flaminius, et que les Romains, instruits par leur défaite, avaient enfin trouvé un chef capable de tenir tête à Annibal.

Dès ce moment il comprit qu'il n'aurait point à craindre d'attaques vives et hardies de la part du dictateur, mais une conduite prudente et mesurée, qui pourrait le jeter dans de très-grands embarras. Restait à savoir si le nouveau général aurait assez de fermeté pour suivre constamment le plan qu'il paraissait s'être tracé. Il essaya donc de l'ébranler par les divers mouvements qu'il faisait, par le ravage des terres, par le pillage des villes, par l'incendie des bourgs et des villages. Tantôt il décampait avec précipitation, tantôt il s'arrêtait tout d'un coup dans quelque vallon détourné pour voir s'il ne pourrait point le surprendre en rase campagne : mais Fabius conduisait ses troupes par des hauteurs, sans perdre de vue Annibal; ne s'approchant jamais assez de l'ennemi pour en venir aux mains, mais ne s'en éloignant pas non plus tellement, qu'il pût lui échapper. Il tenait exactement ses soldats dans son camp, ne les laissant jamais sortir que pour les fourrages, où il ne les envoyait qu'avec de fortes escortes. Il n'engageait que de légères escarmouches, et avec tant de précaution, que ses troupes y avaient toujours l'avantage. Par ce moyen il rendait insensiblement au soldat la confiance que la perte de trois batailles lui avait ôtée, et il le mettait en état de compter comme autrefois sur son courage et sur son bonheur.

Annibal, après avoir fait un butin immense dans la Campanie, où il était demeuré assez long-temps, décampa pour ne point consumer les provisions qu'il avait amassées, et dont il se réservait l'usage pour la saison où la terre n'en fournit plus. D'ailleurs, il ne pouvait plus demeurer dans un pays de vignobles et de vergers, plus agréable pour le spectacle qu'utile pour la subsistance d'une armée, où il se serait vu réduit à passer ses quartiers d'hiver entre des marais, des rochers et des sables, pendant que les Romains auraient tiré abondamment leurs convois de Capoue et des plus riches contrées de l'Italie : il prit donc le parti d'aller s'établir ailleurs.

Fabius jugea bien qu'Annibal serait obligé de prendre pour son retour le même chemin par lequel il était venu, et qu'il serait facile de l'inquiéter dans sa marche. Il commence par s'assurer de Casilin, petite ville située sur le Vulturne, qui séparait les terres de Falerne de celles de Capoue, en y jetant un corps de troupes assez considérable : il détache quatre milles hommes pour s'emparer du seul défilé par lequel Annibal pouvait sortir ; puis, selon sa coutume ordinaire, il va se poster avec le reste de l'armée sur les hauteurs qui bordaient le chemin.

Les Carthaginois arrivent, et campent dans la plaine au pied des montagnes. Pour ce coup, le rusé Carthaginois tomba dans le même piége qu'il avait tendu à Flaminius au défilé de Trasimène ; et il semblait ne pouvoir jamais se tirer de ce mauvais pas, n'y ayant qu'une seule issue, dont les Romains étaient les maîtres. Fabius, comptant que sa proie ne pouvait point lui échapper, ne délibérait plus que sur la manière de s'en saisir. Il se flattait, avec assez d'apparence, de terminer la guerre par cette seule action ; cependant il jugea à propos de remettre l'attaque au lendemain.

Annibal reconnut qu'on employait contre lui ses propres artifices [1]. C'est dans de pareilles conjonctures qu'un commandant a besoin d'une présence d'esprit et d'une fermeté d'ame non communes pour envisager le péril dans toute son étendue sans s'effrayer, et pour imaginer de sûres et de promptes ressources sans délibérer. Le général carthaginois sur-le-champ fait assembler une grande quantité de bœufs, jusqu'au nombre de deux mille, et commande qu'on attache à leurs cornes de petits faisceaux de sarment. Vers le milieu de la nuit, y ayant fait mettre le feu, il fait pousser ces animaux à grands coups vers le sommet des montagnes sur lesquelles étaient campés les Romains. Lorsque la flamme eut pénétré jusqu'au vif, ces animaux, que la douleur rendait furieux, se dispersèrent de tous côtés, communiquant le feu aux buissons et aux arbrisseaux qu'ils rencontraient. Cet escadron d'une nouvelle espèce était soutenu par un bon nombre de soldats armés à la légère, qui avaient ordre de s'emparer du sommet de la montagne, et de charger les ennemis en cas qu'ils les y rencontrassent. Tout réussit comme Annibal l'avait prévu. Les Romains qui gardaient le défilé,

---

[1] « Nec Annibalem fefellit suis se artibus peti. » (Liv.)

voyant que les feux gagnaient les collines qui les commandaient, et croyant que c'était Annibal qui marchait de ce côté-là à la faveur des flambeaux pour se sauver, quittent leur poste, et accourent vers les hauteurs pour lui en disputer le passage. Le gros de l'armée, qui ne savait que penser de tout ce tumulte, et Fabius lui-même, n'osant faire aucun mouvement dans les ténèbres de la nuit de peur de surprise, attendent le retour du jour. Annibal saisit ce moment, fait traverser à ses troupes et au butin le défilé qui était sans garde, et sauve son armée d'un piége où un peu plus de vivacité de la part de Fabius aurait pu le faire périr, ou du moins l'affaiblir considérablement. Il est beau de savoir tirer avantage de ses fautes mêmes, et de les faire servir à sa propre gloire.

L'armée carthaginoise reprit le chemin de la Pouille, toujours poursuivie et harcelée par celle des Romains. Le dictateur, obligé de faire un voyage à Rome pour quelque cérémonie de religion, conjura, avant que de partir, le général de la cavalerie de ne faire aucune entreprise pendant son absence. Minucius ne fit aucun cas ni de ses avis ni de ses prières, et, à la première occasion qui se présenta, pendant qu'une partie des troupes d'Annibal était allée au fourrage, il attaqua le reste, et remporta quelque avantage. Il en écrivit aussitôt à Rome comme d'une victoire considérable. Cette nouvelle, jointe à ce qui était arrivé tout récemment au passage des défilés, excita des plaintes et des murmures contre la lente et timide circonspection de Fabius. Enfin la chose en vint à ce point, que le peuple lui égala en pouvoir son général de cavalerie; ce qui était sans exemple. Il apprit cette nouvelle en chemin; car il était parti de Rome, pour ne point être témoin oculaire de ce qui se tramait contre lui : sa constance n'en fut point ébranlée [1]. Il savait bien qu'en partageant l'autorité dans le commandement on n'avait pas partagé l'habileté dans le métier de la guerre : cela parut bientôt.

Minucius, tout fier de l'avantage qu'il venait de remporter sur son collègue, proposa qu'ils commandassent chacun leur jour, ou même un plus long espace de temps. Fabius rejeta ce parti, qui aurait exposé toute l'armée au danger pendant le temps qu'elle aurait été commandée par Minucius; il aima mieux partager les troupes, pour être en état de conserver au moins la partie qui lui serait échue.

Annibal, parfaitement instruit de tout ce qui se passait dans le camp romain, eut une grande joie d'apprendre la division des deux chefs. Il eut soin de présenter un appât et de tendre un piége à la témérité de Minucius; celui-ci ne manqua pas d'y donner tête baissée, et engagea la bataille sur une colline où l'on avait caché une embuscade. Ses troupes furent mises en désordre, et allaient être taillées en pièces, lorsque Fabius, averti par les premiers cris des blessés : « Courons, dit-il à ses soldats, au secours de Minucius; « allons arracher aux ennemis la victoire, et à nos « citoyens l'aveu de leur faute. » Il arriva fort à propos, et obligea Annibal de sonner la retraite. Ce dernier, en se retirant, disait « que cette nuée qui depuis long- « temps paraissait sur le haut des montagnes avait en- « fin crevé avec un grand fracas, et causé un grand « orage. » Un service si important, et placé dans une

---

[1] « Satis fidens haudquaquàm cum imperii jure artem imperandi æquatam. » (Liv. lib. 22, n. 26.)

telle conjoncture, ouvrit les yeux à Minucius; il reconnut son tort, rentra sur-le-champ dans le devoir et l'obéissance, et montra qu'il est quelquefois plus glorieux de savoir réparer ses fautes que de n'en point commettre.

État des affaires en Espagne.

Polyb. l. 3, p. 245-250. Liv. lib. 22, n. 19-22.

Au commencement de cette même campagne, Cn. Scipion, étant venu fondre tout d'un coup sur la flotte des Carthaginois, commandée par Amilcar, la défit, prit vingt-cinq vaisseaux, et remporta un grand butin. Cette victoire fit comprendre aux Romains qu'ils devaient donner une attention particulière aux affaires d'Espagne, d'où Annibal pouvait tirer des secours considérables et d'argent et de troupes. Ils y envoyèrent une flotte, et en donnèrent le commandement à P. Scipion, qui, s'étant joint à son frère après son arrivée en Espagne, rendit de très-grands services à la république. Jusqu'alors les Romains n'avaient osé passer l'Èbre : ils avaient cru assez faire de gagner l'amitié des peuples d'en-deçà, et de la fortifier par des alliances. Mais sous Publius ils traversèrent ce fleuve, et portèrent leurs armes bien au-delà.

Ce qui contribua le plus à avancer leurs affaires, fut la trahison d'un Espagnol qui était à Sagonte. Annibal y avait laissé en dépôt les ôtages des peuples de l'Espagne : c'étaient les enfants des familles les plus distinguées du pays. Abélox, c'était le nom de cet Espagnol, persuada à Bostar, qui commandait dans la place, de renvoyer ces jeunes gens dans leur patrie, pour attacher par là plus fortement les peuples au parti des Carthaginois : il fut chargé lui-même de cette commission. Il les conduisit aux Romains, qui les remirent ensuite entre les mains de leurs parents, et gagnèrent leur amitié par un présent si agréable.

Bataille de Cannes.

Au printemps suivant on élut à Rome pour consuls C. Térentius Varron et L. Émilius Paulus. On fit dans cette campagne (c'était la troisième de la seconde guerre punique) ce qui ne s'était jamais pratiqué jusqu'alors, qui fut de composer l'armée de huit légions, chacune de cinq mille hommes, sans les alliés; car, comme nous l'avons déja dit, les Romains ne levaient jamais que quatre légions, dont chacune était environ de quatre mille hommes et de trois cents [1] chevaux : ce n'était que dans les conjonctures les plus importantes qu'ils y mettaient cinq mille des uns et quatre cents des autres. Pour les troupes des alliés, leur infanterie était égale à celle des légions; mais il y avait trois fois plus de cavalerie. On donnait ordinairement à chaque consul la moitié des troupes des alliés, et deux légions, pour agir séparément; et il était rare que l'on se servît de toutes ces forces en même temps pour la même expédition. Ici les Romains emploient non-seulement quatre, mais huit légions; tant l'affaire leur paraît importante. Le sénat voulut même que les deux consuls de l'année précédente, Servilius et Atilius, servissent dans l'armée en qualité de proconsuls; mais le dernier ne le put faire à cause de son grand âge.

Varron, en partant de Rome, avait déclaré haute-

Polyb. l. 3,
p. 255-268.
Liv. lib. 22,
n. 34-54.
An. M. 3789
Rom. 533.

---

[1] Polybe ne met que deux cents chevaux dans chaque légion; mais Juste-Lipse croit que c'est ou une erreur de l'historien, ou une faute du copiste.

ment que, dès le premier jour qu'il rencontrerait l'ennemi, il donnerait le combat, et terminerait la guerre, ajoutant qu'elle ne finirait point tant qu'on mettrait des Fabius à la tête des armées. Un avantage assez considérable qu'il remporta sur les Carthaginois, dont près de dix-sept cents demeurèrent sur la place, augmenta encore sa fierté et sa hardiesse. Annibal regarda cette perte comme un véritable gain pour lui, persuadé qu'elle servirait d'appât pour amorcer la témérité du consul, et pour l'engager dans une action : il en avait un besoin extrême. On sut depuis qu'il était réduit à une telle disette de vivres, qu'il ne lui était pas possible de subsister encore dix jours. Les Espagnols songeaient déjà à l'abandonner. C'en était fait de lui et de son armée, si sa bonne fortune ne lui eût envoyé Varron.

Les armées, après plusieurs mouvements, se trouvèrent en présence près de Cannes, petite ville située dans l'Apulie, sur le fleuve Aufide. Comme Annibal était campé dans une plaine fort unie et toute découverte, et que sa cavalerie était de beaucoup supérieure à celle des Romains, Émilius ne jugea pas à propos d'engager le combat dans cet endroit : il voulait qu'on attirât l'ennemi dans un terrain où l'infanterie pût avoir le plus de part à l'action. Son collègue, général sans expérience, fut d'un avis contraire; et c'est le grand inconvénient d'un commandement partagé par deux généraux, entre lesquels la jalousie, ou l'antipathie d'humeur, ou la diversité de vues, ne manquent guère de mettre la division.

Les troupes, de part et d'autre, s'étaient contentées pendant quelque temps de faire de légères escarmouches. Enfin, un jour que Varron commandait, car le commandement roulait de jour à autre entre les deux consuls; tout se prépara au combat des deux côtés. Émilius n'avait point été consulté; mais, quoiqu'il désapprouvât extrêmement la conduite de son collègue, comme il ne pouvait l'empêcher, il le seconda du mieux qu'il lui fut possible.

Annibal, après avoir fait convenir ses troupes que, quand on leur aurait donné le choix d'un terrain propre pour combattre, supérieures comme elles étaient en cavalerie, elles n'en pouvaient pas choisir de plus favorable : « Rendez donc graces aux dieux, leur dit-il, « d'avoir amené ici les ennemis pour vous en faire « triompher; et sachez-moi gré aussi d'avoir réduit les « Romains à la nécessité de combattre. Après trois « grandes victoires consécutives, que faut-il pour vous « inspirer de la confiance, que le souvenir de vos propres « exploits? Les combats précédents vous ont rendus « maîtres du plat pays : par celui-ci, vous le deviendrez « de toutes les villes, et, j'ose le dire, de toutes les ri- « chesses et de la puissance des Romains. Il n'est plus « question de parler, il faut agir. J'espère de la pro- « tection des dieux que vous verrez dans peu l'effet de « mes promesses. »

Les deux armées étaient bien inégales en nombre. Il y avait dans celle des Romains, en comptant les alliés, quatre-vingt mille hommes de pied, et un peu plus de six mille chevaux; et dans celle des Carthaginois quarante mille hommes de pied, tous fort aguerris, et dix mille chevaux. Émilius commandait à la droite des Romains, Varron à la gauche; Servilius, l'un des deux consuls de l'année précédente, était au centre. Annibal, qui savait profiter de tout, s'était posté de manière que le vent vulturne, qui se lève dans un certain temps réglé, devait souffler directement contre le visage des Romains pendant le combat, et les couvrir de poussière; et, ayant appuyé sa gauche sur la rivière d'Aufide et distribué sa cavalerie sur les ailes, il forma son corps de bataille, en plaçant l'infanterie espagnole et gauloise au centre, et l'infanterie africaine, pesamment armée, moitié à leur droite et moitié à leur gauche, sur une même ligne avec la cavalerie. Après cette disposition, il se mit à la tête de ce corps d'infanterie espagnole et gauloise, et, l'ayant tiré de la ligne, il marcha en avant pour commencer le combat, en arrondissant son front à mesure qu'il approchait de l'ennemi, et en allongeant ses flancs en espèce de demi-cercle, afin de ne point laisser d'intervalle entre son corps et le reste de la ligne composée de l'infanterie pesante, qui ne s'était point ébranlée.

On en vint bientôt aux mains; et les légions romaines qui étaient aux deux ailes, voyant leur centre vivement attaqué, s'avancèrent pour prendre l'ennemi en flanc. Le corps d'Annibal, après une vigoureuse résistance, se voyant pressé de toutes parts, céda au nombre, et se retira par l'intervalle qu'il avait laissé dans le centre de la ligne. Les Romains l'y ayant suivi pêle-mêle avec chaleur, les deux ailes de l'infanterie africaine, qui était fraîche, bien armée et en bon ordre, s'étant tout d'un coup, par une demi-conversion, tournées vers ce vide dans lequel les Romains, déja fatigués, s'étaient jetés en désordre et en confusion, les chargèrent des deux côtés avec vigueur, sans leur donner le temps de se reconnaître ni leur laisser de terrain pour se former. Cependant les deux ailes de la cavalerie

venaient de battre celles des Romains, qui leur étaient
fort inférieures; et, n'ayant laissé à la poursuite des
escadrons rompus et défaits que ce qu'il fallait pour en
empêcher le ralliement, elles vinrent fondre par-derrière sur l'infanterie romaine, qui, étant en même temps
enveloppée de toutes parts par la cavalerie et l'infanterie
des ennemis, fut toute taillée en pièces, après avoir fait
des prodiges de valeur. Émilius, qui avait été couvert
de blessures dans le combat, fut tué ensuite par un
gros d'ennemis qui ne le reconnurent point, et avec lui
deux questeurs, vingt-un tribuns militaires, plusieurs
hommes consulaires ou qui avaient été préteurs, Servilius, consul de l'année précédente, et Minucius, qui
avait été maître de la cavalerie sous Fabius, et quatre-vingts sénateurs. Il demeura sur la place plus de
soixante-dix mille hommes [1]; et les Carthaginois,
acharnés contre l'ennemi, ne cessèrent de tuer, jusqu'à ce qu'Annibal, dans la plus grande ardeur du
carnage, se fut écrié plusieurs fois : *Arrête, soldat;
épargne le vaincu* [2]. Dix mille hommes, qui avaient été
laissés à la garde du camp, se rendirent prisonniers de
guerre après la bataille. Le consul Varron se retira à
Venouse, accompagné seulement de soixante-dix cavaliers; et quatre mille hommes [3] environ se sauvèrent
dans les villes voisines. Du côté d'Annibal, la victoire
fut complète; et il la dut principalement, aussi-bien
que les précédentes, à la supériorité de sa cavalerie.

---

[1] Tite-Live diminue beaucoup le nombre des morts, qu'il ne fait monter qu'à quarante-trois mille environ; mais Polybe est plus digne de foi.

[2] « Duo maximi exercitus cæsi ad hostium satietatem, donec Annibal diceret militi suo : Parce ferro. » (FLOR. lib. 1, cap. 6.)

[3] Le texte de Polybe porte 3000.
— L.

Il y perdit quatre mille Gaulois, quinze cents tant Espagnols qu'Africains, et deux cents chevaux.

Maharbal, l'un des généraux carthaginois, voulait que, sans perdre de temps, l'on marchât droit à Rome, promettant à Annibal de le faire souper, à cinq jours de là, dans le Capitole. Et sur ce que celui-ci répliqua qu'il fallait prendre du temps pour délibérer sur cette proposition [1], « Je vois bien, dit Maharbal, que les « dieux n'ont pas donné au même homme tous les ta- « lents à-la-fois. Vous savez vaincre, Annibal; mais vous « ne savez pas profiter de la victoire. »

On prétend que ce délai sauva Rome et l'empire. Plusieurs, et Tite-Live entre autres, le reprochent à Annibal comme une faute capitale. Quelques-uns sont plus réservés, et ne peuvent se résoudre à condamner, sans des preuves bien claires, un si grand capitaine, qui, dans tout le reste, n'a jamais manqué ni de prudence pour prendre le bon parti, ni de vivacité et de promptitude pour exécuter. Ils sont encore retenus par l'autorité, ou du moins par le silence de Polybe, qui, en parlant des grandes suites qu'eut cette mémorable journée, convient que, parmi les Carthaginois, on conçut de grandes espérances d'emporter Rome d'emblée ; mais, pour lui, il ne s'explique point sur ce qu'il eût fallu faire à l'égard d'une ville fort peuplée, extrêmement aguerrie, bien fortifiée, et défendue par une garnison de deux légions ; et il ne laisse nulle part entrevoir qu'un tel projet fût praticable, ni qu'Annibal eût tort de ne l'avoir point tenté.

En effet, en examinant les choses de plus près, on

---

[1] « Tum Maharbal : Non omnia nimirùm eidem dii dedêre. Vincere scis, Annibal; victoriâ uti nescis. » (Liv. lib. 22, n. 51.)

ne voit pas que les règles communes de la guerre permissent de l'entreprendre. Il est constant que toute l'infanterie d'Annibal avant la bataille ne montait qu'à quarante mille hommes; qu'étant diminuée de six mille hommes qui avaient été tués dans l'action, et d'un plus grand nombre sans doute qui avait été blessé et mis hors de combat, il ne lui restait que vingt-six ou vingt-sept mille hommes de pied en état d'agir, et que ce nombre ne pouvait suffire pour faire la circonvallation d'une ville aussi étendue que Rome, et coupée par une rivière, ni pour l'attaquer dans les formes, n'ayant ni machines, ni munitions, ni aucune des choses nécessaires pour un siége. Par la même raison, Annibal, après le succès de Trasimène, tout victorieux qu'il était, avait attaqué inutilement Spolette : et, un peu après la bataille de Cannes, il avait été contraint de lever le siége d'une petite ville sans nom et sans force. On ne peut disconvenir que, si, dans l'occasion dont il s'agit, il avait échoué, comme il devait s'y attendre, il aurait ruiné sans ressource toutes ses affaires [1]. Mais il faudrait être du métier, et peut-être du temps même de l'action, pour juger sainement de ce fait. C'est un ancien procès sur lequel il ne sied bien qu'aux connaisseurs de prononcer.

Liv. lib. 22, n. 9. Liv. lib. 23. n. 18.

Annibal, aussitôt après la bataille de Cannes, avait dépêché son frère Magon pour porter à Carthage la nouvelle de sa victoire, et pour demander du secours afin de terminer la guerre. Lorsque Magon fut arrivé, il fit en plein sénat un discours magnifique sur les

Liv. lib. 23. n. 11-14.

---

[1] Ces réflexions, pleines de justesse, rappellent le jugement de Montesquieu, qui justifie également Annibal des reproches qu'on avait faits à sa conduite. (*Grand. et décad. des Romains*, ch. IV.) — L.

exploits de son frère et sur les grands avantages qu'il avait remportés contre les Romains ; et, pour faire juger de la grandeur de la victoire par quelque chose de sensible, en parlant en quelque sorte aux yeux, il fit répandre au milieu du sénat un boisseau d'anneaux d'or qu'on avait tirés des doigts des nobles romains qui avaient été tués à la bataille de Cannes. Il termina sa harangue par demander de l'argent, des vivres et de nouvelles troupes. Tous les assistants ressentirent une joie extraordinaire ; et Imilcon, partisan d'Annibal, croyant que c'était là une belle occasion d'insulter Hannon, chef de la faction contraire, lui demanda s'il était encore mécontent de la guerre qu'on avait entreprise contre les Romains, et s'il croyait qu'on leur dût livrer Annibal. Hannon, sans s'émouvoir, lui répondit qu'il était toujours dans les mêmes sentiments, et que les victoires dont on parlait, supposé qu'elles fussent véritables, ne lui pouvaient donner de joie qu'autant qu'on s'en servirait pour faire une paix avantageuse : puis il entreprit de prouver que ces grands exploits que l'on faisait sonner si haut n'étaient que chimériques et imaginaires. « J'ai « taillé en pièces, disait-il, en reprenant le discours de « Magon, les armées romaines : envoyez-moi des soldats. « Que demanderiez-vous autre chose si vous aviez été « vaincu ? Je me suis deux fois rendu maître du camp « ennemi, plein apparemment de toutes sortes de pro- « visions : envoyez-moi des vivres et de l'argent. Tien- « driez-vous un autre langage, si vous-même aviez « perdu votre camp ? » Ensuite il demanda à Magon si quelqu'un des peuples latins s'était venu rendre à Annibal, si les Romains lui avaient fait quelques propositions de paix. Magon ayant été forcé d'avouer qu'il

n'en était rien : « Nous avons donc, reprit Hannon, la
« guerre dans l'Italie aussi forte que jamais. » Sa conclusion fut qu'il ne fallait leur envoyer ni hommes ni
argent. Comme la faction d'Annibal était la plus puissante, on n'eut aucun égard aux remontrances d'Hannon, qui furent regardées comme l'effet de sa jalousie
et de sa prévention : il fut ordonné qu'on ferait incessamment des levées d'hommes et d'argent pour envoyer
à Annibal les secours qu'il demandait. Magon partit sur-
le-champ pour lever en Espagne vingt-quatre mille
hommes d'infanterie et quatre mille chevaux ; mais ce
secours fut arrêté dans la suite, et envoyé d'un autre
côté : tant la faction contraire était appliquée à traverser
les desseins d'un général qu'elle ne pouvait souffrir [1].
Pendant qu'à Rome on remerciait un consul qui avait fui
de n'avoir pas désespéré de la république, à Carthage
on savait presque mauvais gré à Annibal de la victoire
qu'il venait de remporter. Hannon ne lui pouvait pardonner les avantages d'une guerre entreprise contre
son avis. Plus jaloux de l'honneur de ses sentiments
que du bien de l'état, plus ennemi du général des Carthaginois que des Romains, il n'oubliait rien pour empêcher les succès qu'on pouvait avoir, ou pour ruiner
ceux qu'on avait eus.

Quartier d'hiver passé à Capoue par Annibal.

La journée de Cannes soumit à Annibal les plus
puissants peuples d'Italie, attira dans son parti ceux de
la grande Grèce avec la ville de Tarente, et détacha
des Romains leurs plus anciens alliés, entre lesquels

Liv. lib. 23,
n. 4 et 18

[1] De Saint-Évremond.

Capoue tenait le premier rang. C'était une ville que la bonté de son terroir, sa situation avantageuse et la longue paix dont elle jouissait, avaient rendue fort riche et fort puissante. Le luxe et les délices, qui sont une suite ordinaire de l'opulence, avaient corrompu l'esprit de tous ses citoyens, déjà portés par leur inclination naturelle au plaisir et à la débauche.

[1] Annibal choisit cette ville pour y passer son quartier d'hiver. Ce fut là que cette armée, qui avait essuyé les plus grands travaux et bravé les périls les plus affreux sans y succomber, fut vaincue par l'abondance et les délices, dans lesquelles elle se plongea avec d'autant plus d'avidité, qu'elle n'y était point accoutumée. Leurs courages s'amollirent si fort pendant ce séjour, que, s'ils se soutinrent encore quelque temps, ce fut plutôt par l'éclat de leurs victoires passées que par leurs forces présentes. Quand Annibal tira ses soldats de cette ville, on eût dit que c'étaient d'autres hommes, tout différents de ce qu'ils avaient été jusque-là. Accoutumés à demeurer dans des maisons commodes, à vivre dans l'abondance et dans l'oisiveté, ils ne pouvaient plus souffrir la faim, la soif, les longues marches, les veilles, ni les autres travaux de la guerre : outre qu'ils ne savaient plus ce que c'était que d'obéir aux officiers, ni de garder aucune discipline.

Je ne fais ici que copier Tite-Live. Si on l'en croit, le séjour de Capoue est, dans la vie d'Annibal, une grande tache, et il prétend que ce général fit en cela

---

[1] « Ibi partem majorem hiemis exercitum in tectis habuit, adversùs omnia humana mala, sæpè ac diù durantem, bonis inexpertum atque insuetum. Itaque quos nulla mali vicerat vis, perdidère nimia bona ac voluptates immodicæ : et eò impensiùs, quò avidiùs ex insolentiâ in eas se merserant. » (Liv. lib. 23, n. 18.)

une faute incomparablement plus grande que quand, après le gain de la bataille, il manqua d'aller à Rome [1]; car ce délai, dit Tite-Live, pouvait paraître avoir seulement différé sa victoire, au lieu que cette dernière faute le mit absolument hors d'état de vaincre. En un mot, comme Marcellus sut bien le dire dans la suite [2], ce que Cannes avait été aux Romains, Capoue le fut aux Carthaginois et à leur général. Là se perdit leur vertu guerrière et leur attachement à la discipline; là disparut et leur gloire passée, et l'espérance presque sûre que leur montrait l'avenir. En effet, depuis ce jour, les affaires d'Annibal allèrent toujours en décadence, la fortune se rangea du côté de la prudence, et la victoire sembla s'être réconciliée avec les Romains.

Je ne sais si tout ce que dit ici Tite-Live des suites funestes qu'eurent les quartiers d'hiver passés par l'armée carthaginoise dans cette ville délicieuse est bien juste et bien fondé. Quand on examine avec soin toutes les circonstances de cette histoire, on a de la peine à se persuader qu'il faille attribuer le peu de progrès qu'eurent les armes d'Annibal dans la suite au séjour de Capoue : c'en est bien une cause, mais la moins considérable; et la bravoure avec laquelle ses troupes battirent depuis ce temps-là des consuls et des préteurs, prirent des villes à la vue des Romains, maintinrent leurs conquêtes et restèrent encore quatorze ans en Italie sans en pouvoir être chassées, tout cela porte

---

[1] « Illa enim cunctatio distulisse modò victoriam videri potuit, hic error vires ademisse ad vincendum. » (Liv. lib. 23, n. 18.)

[2] « Capuam Annibali Cannas fuisse. Ibi virtutem bellicam, ibi militarem disciplinam, ibi præteriti temporis famam, ibi spem futuri extinctam. » (Liv. lib. 23, n. 45.)

assez à croire que Tite-Live exagère les pernicieux effets des délices de Capoue.

Liv. lib. 23, n. 23. La véritable cause de la chute des affaires d'Annibal, c'est le défaut de recrues et de secours de la part de sa patrie. Après l'exposé de Magon, le sénat de Carthage avait jugé nécessaire, pour pousser les conquêtes d'Italie, d'y envoyer d'Afrique un renfort considérable de cavalerie numide, quarante éléphants, mille talents[1], qui font trois millions, et d'acheter en Espagne vingt mille hommes de pied et quatre mille chevaux pour en renforcer leurs armées d'Espagne et d'Italie ; néanmoins Magon n'en put obtenir que douze mille fantassins, avec deux mille cinq cents chevaux ; et même, quand il fut près de partir pour l'Italie avec cette troupe, si fort au-dessous de celle qu'on lui avait promise, il fut contre-mandé pour passer en Espagne. Annibal, après de si grandes promesses, ne reçut donc ni infanterie, ni cavalerie, ni éléphants, ni argent, et il fut absolument abandonné à ses ressources personnelles : son armée se trouvait réduite à vingt-six mille hommes de pied et à neuf mille chevaux. Comment, avec une armée si affaiblie, pouvoir occuper dans un pays étranger tous les postes nécessaires, contenir les nouveaux alliés, maintenir les conquêtes, en faire de nouvelles, et tenir la campagne avec avantage contre deux armées des Romains qui se renouvelaient tous les ans ? Voilà la véritable cause de la décadence des affaires d'Annibal et de la ruine de celles de Carthage. Si nous avions l'endroit où Polybe avait parlé sur cette matière, nous verrions sans doute qu'il avait plus insisté sur cette cause que sur les délices de Capoue.

Ibid. n. 32.

---

[1] 5,500,000 francs. — L.

Affaires d'Espagne et de Sardaigne.

Les deux Scipions avaient toujours le commandement de l'Espagne, et y faisaient d'assez grands progrès, lorsque Asdrubal, qui seul paraissait capable de leur résister, reçut ordre de Carthage de passer en Italie au secours de son frère. Avant que de quitter la province, il écrivit au sénat pour lui faire connaître la nécessité qu'il y avait d'envoyer en sa place un général qui pût tenir tête aux Romains. On y envoya Imilcon avec une armée, et Asdrubal se mit en chemin avec la sienne pour aller joindre son frère. La première nouvelle de son départ avait rangé la plus grande partie des Espagnols sous le pouvoir des Scipions. Ces deux généraux, animés par un si grand succès, se mirent en devoir de lui fermer la sortie de la province. Ils considéraient le danger auquel seraient exposés les Romains, si, ayant déjà bien de la peine à résister au seul Annibal, les deux frères venaient à leur tomber sur les bras avec deux puissantes armées : ils le poursuivirent donc dans sa marche, et l'obligèrent, malgré lui, à combattre. Asdrubal fut vaincu ; et, loin de pouvoir passer dans l'Italie, il ne se vit pas même en état de demeurer en sûreté dans l'Espagne.

Liv. lib. 23,
n. 26-30 et n.
32-40, 41.
An. M. 3790
Rom. 534.

Les Carthaginois ne réussirent pas mieux dans la Sardaigne. Prétendant profiter de quelques révoltes qu'ils y avaient excitées, il y perdirent douze mille hommes dans une bataille contre les Romains, qui firent encore un grand nombre de prisonniers, parmi lesquels furent Asdrubal, surnommé *Calvus*; Hannon et Magon [1], distingués par leur naissance et par leurs emplois militaires.

[1] Ce n'était pas le frère d'Annibal.

Mauvais succès d'Annibal. Siéges de Capoue et de Rome [1].

An. M. 3791
Rom. 535.
Liv. lib. 23,
n. 41-46; lib.
25, n. 22; lib.
26, n. 5-16.

Depuis le séjour d'Annibal à Capoue, les affaires des Carthaginois en Italie ne se soutinrent plus avec le même éclat. M. Marcellus, d'abord comme préteur, ensuite comme consul, eut beaucoup de part à ce changement. Il harcelait Annibal en toute occasion, il lui enlevait des quartiers, il lui faisait lever des siéges; il le battit même en plusieurs rencontres, en sorte qu'il fut appelé *l'épée de Rome*, comme Fabius en avait été nommé *le bouclier*.

An. M. 3793
Rom. 537.

Ce qui fut le plus sensible au général carthaginois, fut de voir Capoue assiégée par les Romains. Pour ne point perdre son crédit parmi ses alliés, en négligeant de soutenir ceux qui y tenaient le premier rang, il vola au secours de cette ville, en fit approcher ses troupes, attaqua les Romains, leur donna plusieurs combats

An. M. 3794
Rom. 538.

pour leur faire lever le siége. Enfin, voyant que toutes ses tentatives étaient inutiles, pour faire une puissante diversion il marcha brusquement vers Rome. Il ne désespérait pas que, s'il pouvait, dans la première surprise, s'emparer de quelque quartier de la ville, le danger où serait la capitale n'obligeât les généraux romains de lever le siége de Capoue pour accourir avec toutes leurs troupes au secours de leur patrie : du moins il se flattait que, si, pour continuer le siége, ils partageaient leurs forces, leur affaiblissement pour-

---

[1] Rollin passe sous silence plusieurs faits qu'il raconte avec détail dans une autre partie de son histoire ancienne, et dans l'histoire Romaine (livre quinzième). — L.

rait faire naître aux assiégés ou à lui quelque occasion de les battre. Rome fut étonnée, mais non déconcertée. Sur ce que l'un des sénateurs proposa de rappeler toutes les armées au secours de Rome, Fabius [1] remontra qu'il serait honteux de se laisser effrayer et de changer de dessein aux moindres mouvements d'Annibal. On se contenta de faire revenir, avec une partie de l'armée, l'un des deux commandants qui étaient au siége : ce fut Q. Fulvius, proconsul. Annibal, après avoir fait quelques ravages, rangea son armée en bataille devant la ville, et les consuls en firent autant. Chacun se disposait à bien faire son devoir dans un combat dont Rome devait être le prix, lorsqu'une tempête violente obligea les deux partis de se retirer. Ils ne furent pas plutôt rentrés dans leur camp, que le temps devint calme et serein. La même chose arriva plusieurs fois de suite; en sorte qu'Annibal, croyant qu'il y avait dans cet événement quelque chose de surnaturel [2], dit, au rapport de Tite-Live, que tantôt la fortune, et tantôt la volonté lui manquait pour se rendre maître de Rome.

Mais ce qui le surprit étrangement et l'effraya le plus, c'est qu'il apprit que, pendant qu'il était campé à une des portes de Rome, les Romains avaient fait sortir par une autre des recrues pour l'armée d'Espagne, et que le champ dans lequel il s'était campé avait été vendu dans le même temps, sans que cette circonstance eût rien diminué de son prix. Un mépris

---

[1] « Flagitiosum esse terreri ac circumagi ad omnes Annibalis comminationes. » (Liv. lib. 26, n. 8.)

[2] « Audita vox Annibalis fertur, Potiundæ sibi urbis Romæ, modò mentem non dari, modò fortunam. » (Liv. lib. 26, n. 11.)

si marqué le piqua vivement : il fit mettre aussi à l'encan les boutiques d'orfèvres qui étaient autour de la place publique à Rome. Après cette bravade, il se retira, et pilla en passant le riche temple de la déesse Féronie.

Capoue, ainsi abandonnée à elle-même, ne tint pas long-temps. Après que ceux de ses sénateurs qui avaient eu le plus de part à la révolte, et qui, par cette raison, n'attendaient aucun quartier de la part des Romains, se furent donné à eux-mêmes la mort d'une manière tout-à-fait tragique, la ville se rendit à discrétion. [1] Le succès de ce siège, qui fut décisif par les suites heureuses qu'il eut, et qui rendit pleinement aux Romains la supériorité sur les Carthaginois, montra en même temps combien la puissance romaine était formidable quand elle entreprenait de punir des alliés infidèles, et combien peu il fallait compter sur Annibal pour la défense de ceux qu'il avait reçus sous sa protection.

Défaite et mort des deux Scipions en Espagne.

Liv. lib 23, n. 32-39. An. M. 3793 Rom. 537.

La face des affaires était bien changée en Espagne. Les Carthaginois y avaient trois armées : l'une était commandée par Asdrubal, fils de Giscon; l'autre par Asdrubal, fils d'Amilcar; la troisième, sous la conduite de Magon, s'était jointe au premier Asdrubal. Les deux Scipions, Cnéus et Publius, crurent devoir diviser leurs troupes pour attaquer les ennemis séparément; et c'est ce qui fut la cause de leur perte. Ils

---

[1] « Confessio expressa hosti, quanta vis in Romanis ad expetendas pœnas ab infidelibus sociis, et quàm nihil in Annibale auxilii ad receptos in fidem tuendos esset. » (Liv. lib. 26, n. 16.)

convinrent que Cnéus, avec un petit nombre de Romains et trente mille Celtibériens, irait contre Asdrubal, fils d'Amilcar, pendant que Publius, avec le reste des troupes, composées de Romains et d'alliés d'Italie, marcherait contre les deux autres généraux.

Publius fut accablé le premier. Aux deux chefs qu'il avait en tête s'était joint Masinissa, fier des victoires qu'il venait de remporter contre Syphax, et il devait bientôt être suivi par Indibilis, prince puissant en Espagne. On en vint aux mains. Les Romains, attaqués en même temps de tous côtés, se défendirent courageusement, tant qu'ils eurent leur général à leur tête : mais, lorsqu'il eut été tué, le peu qui avait échappé au carnage prit la fuite.

Les trois armées victorieuses partirent aussitôt pour aller contre Cnéus, et pour terminer la guerre par sa défaite. Il était déja plus qu'à demi vaincu par la désertion de ses alliés, qui avaient tous abandonné son parti[1], et qui laissèrent aux chefs romains cette importante instruction, de ne souffrir jamais que dans leur armée le nombre de leurs propres troupes fût inférieur à celui des troupes étrangères. Il eut quelque pressentiment de la mort et de la défaite de son frère en voyant les ennemis arriver en si grand nombre. Il ne lui survécut pas long-temps, et fut tué dans le combat. Ces deux grands hommes furent également pleurés par leurs citoyens et par leurs alliés, et les Espagnes les regrettèrent à cause de leur justice et de leur modération.

[1] « Id quidem cavendum semper romanis ducibus erit, exemplaque hæc verè pro documentis habenda : ne ità externis credant auxiliis, ut non plus sui roboris suarumque propriè virium in castris habeant. » (Liv. n. 33.)

La perte de ces vastes pays paraissait inévitable pour les Romains ; mais la valeur d'un simple officier, nommé *L. Marcius*, chevalier romain, les leur conserva. Bientôt après on y envoya le jeune Scipion, qui vengea bien la mort de son père et de son oncle, et y rétablit entièrement les affaires des Romains.

Défaite et mort d'Asdrubal.

Polyb. l. 11, p. 622-625. Liv. lib. 27, n. 35-39-51. An. M. 3798 Rom. 542.

Un échec inopiné acheva de ruiner en Italie toutes les mesures et toutes les espérances d'Annibal. Les consuls de cette année, la onzième de la seconde guerre punique (car je passe beaucoup d'événements pour abréger), étaient C. Claudius Néron et M. Livius. Celui-ci avait pour département la Gaule cislapine, où il devait s'opposer à Asdrubal, qu'on disait être près de passer les Alpes : l'autre commandait dans le pays des Brutiens et dans la Lucanie, c'est-à-dire dans l'extrémité opposée de l'Italie, et là il tenait tête à Annibal.

Le passage des Alpes ne coûta presque point de peine à Asdrubal, parce qu'il trouva le chemin frayé par son frère, et tous les peuples disposés à le recevoir. Quelque temps après il dépêcha des courriers vers Annibal : ils furent arrêtés. Néron apprit par les lettres dont ils étaient chargés qu'Asdrubal devait se joindre à son frère dans l'Ombrie : il jugea que, dans une conjoncture aussi importante qu'était celle-là, d'où dépendait le salut de l'état, il était permis de se mettre au-dessus [1] des règles ordinaires pour le service et le bien même de la république; et il crut devoir faire un coup hardi et imprévu, capable de jeter la terreur dans l'esprit des

---

[1] Il était défendu à un général de sortir de la province qui lui était assignée, et de passer dans celle d'un autre.

ennemis, en se hâtant d'aller joindre son collègue pour attaquer brusquement Asdrubal avec leurs forces réunies. Ce dessein, à bien examiner toutes les circonstances, ne doit pas être facilement taxé d'imprudence : c'était sauver l'état que d'empêcher la jonction des deux frères. On ne hasardait pas beaucoup, en supposant même qu'Annibal dût être informé de l'absence du consul. Sur son armée de quarante-deux mille hommes, il n'en avait pris que sept mille pour son détachement, qui étaient à la vérité l'élite des troupes, mais qui n'en faisaient qu'une très-petite partie ; le reste était demeuré dans le camp bien fortifié et bien retranché : était-il à craindre qu'Annibal attaquât et forçât un bon camp défendu par trente-cinq mille hommes?

Néron partit sans avertir ses soldats de son dessein. Lorsqu'il eut fait assez de chemin pour le leur découvrir sans danger, il leur dit qu'il les menait à une victoire certaine : que dans la guerre tout dépendait de la renommée : que le bruit seul de leur arrivée déconcerterait les Carthaginois : qu'au reste ils auraient tout l'honneur de cette action.

Ils marchèrent avec une diligence extraordinaire. La jonction se fit de nuit et sans multiplier les camps, pour mieux tromper l'ennemi. Les troupes nouvellement arrivées se joignirent à celles de Livius. L'armée du préteur Porcius était campée tout près de celle du consul. Dès le matin du lendemain on tint conseil. Livius était d'avis de donner quelques jours de repos aux troupes; Néron le pria de ne point rendre téméraire par le délai une entreprise que la promptitude seule pouvait faire réussir, et de profiter de l'erreur de leurs ennemis, tant absents que présents : on donna donc le signal pour la bataille. Asdrubal, s'étant avancé aux premiers rangs, reconnut à plusieurs marques qu'il était arrivé de nouvelles troupes, et il ne douta point que ce ne fussent celles de l'autre consul : d'où il conjectura qu'il fallait que son frère eût reçu quelque perte considérable, et craignit fort d'être venu trop tard à son secours.

Après ces réflexions il fit sonner la retraite. Son armée se mit en marche avec assez de désordre. La nuit survint; et, ses guides l'ayant abandonné, il ne sut quelle route tenir. Il suivait au hasard les bords du fleuve Métaure, et il se mettait en devoir de le passer, lorsqu'il fut joint par les trois armées ennemies : il jugea, dans cette extrémité, qu'il lui était impossible d'éviter le combat, et il fit tout ce qu'on pouvait attendre de la présence d'esprit et du courage d'un grand capitaine. Il prit tout d'un coup un poste avantageux, et rangea ses troupes dans un terrain étroit, qui lui donnait lieu de placer sa gauche, composée des troupes les plus faibles, de manière qu'elle ne pouvait être ni attaquée de front, ni prise en flanc, et de donner à son corps de bataille et à sa droite plus de profondeur que de front. Après cette disposition faite à la hâte, il se mit au centre, et marcha le premier pour attaquer la gauche des ennemis, bien convaincu qu'il s'agissait de tout, et qu'il fallait où vaincre, ou mourir. L'action dura long-temps, et on combattit de part et d'autre avec beaucoup d'opiniâtreté. Asdrubal sur-tout mit dans cette journée le comble à la gloire qu'il s'était déja acquise par un grand nombre de belles actions. Il mena ses soldats épouvantés et tremblants au combat, contre un ennemi qui les surpassait en nombre et en confiance; il les anima par ses paroles, il les soutint par son exemple, il employa les prières et les menaces pour ramener les fuyards, jusqu'à ce qu'enfin, voyant que la victoire se déclarait pour les Romains, et ne pouvant survivre à tant de milliers d'hommes qui avaient quitté leur patrie pour le suivre, il se jeta au milieu d'une cohorte romaine, où il périt en digne fils d'Amilcar, et en digne frère d'Annibal.

Ce combat fut pour les Carthaginois le plus sanglant de toute cette guerre; et, soit par la mort du chef, soit par le carnage qui fut fait des troupes carthaginoises, il servit comme de représailles pour la journée de Cannes. Il fut tué du côté des Carthaginois cinquante-cinq mille hommes [1], et il y en eut six mille de pris. Les Romains perdirent huit mille hommes. Ils étaient si las de tuer, que, quelqu'un étant venu avertir Livius qu'il était aisé de tailler en pièces un gros d'ennemis qui s'enfuyait : « Il est bon, dit-il, qu'il en reste quelques-uns « pour porter aux Carthaginois la nouvelle de leur dé-« faite. »

Néron se mit en marche dès la nuit même qui suivit le combat. Par-tout où il passait, les cris de joie et les applaudissements prirent la place de l'inquiétude et de la frayeur qu'il y avait laissées en venant. Il arriva à son camp le sixième jour. La tête d'Asdrubal jetée dans le camp des Carthaginois apprit à leur chef le funeste sort de son frère. Annibal reconnut à ce cruel coup la for-

---

[1] La perte, selon Polybe, fut beaucoup moindre, et ne monta qu'à dix mille hommes. = Il ajoute que la perte des Romains fut de 2000 hommes (XI, c. 3, § 3). — L.

tune de Carthage. « C'en est fait, dit-il [1], je ne lui en-
« verrai plus de superbes courriers. En perdant Asdru-
« bal, je perds toute mon espérance et tout mon
« bonheur. » Il se retira ensuite dans l'extrémité du
pays des Brutiens, où il ramassa toutes ses troupes, qui
eurent beaucoup de peine à y subsister, parce qu'il ne
ne recevait aucun convoi de Carthage.

*Scipion se rend maître de toute l'Espagne. Il est
nommé consul, et passe en Afrique. Annibal y
est rappelé.*

Polyb. l. 11,
p. 650; et
l. 14, p. 677-
687; et l. 15,
p. 689-694.
Liv. lib. 28,
n. 1-4, 16,
38, 40-46; l.
29, n. 24-36;
l. 30, n. 20-
28.
An. M. 3799
Rom. 543.

Le sort des armes ne fut pas plus heureux pour les
Carthaginois en Espagne. La sage vivacité du jeune
Scipion y avait rétabli entièrement les affaires des Romains, comme la courageuse lenteur de Fabius l'avait
fait auparavant en Italie. Les trois chefs des Carthaginois, qui y commandaient de nombreuses armées,
savoir Asdrubal, fils de Giscon, Hannon et Magon,
ayant été défaits en plusieurs rencontres par les troupes
romaines, Scipion enfin se rendit maître de l'Espagne,
et la soumit tout entière aux Romains. Ce fut pour-
lors que Masinissa, prince très-puissant en Afrique, se
rangea de leur côté : Syphax, au contraire, embrassa
le parti des Carthaginois.

An. M. 3800
Rom. 544.

Scipion, étant retourné à Rome, y fut nommé consul ; il avait pour-lors trente ans. On lui donna pour

---

[1] Horace le fait parler ainsi dans la belle ode où il décrit cette défaite :

Carthagini jam non ego nuncios
Mittam superbos. Occidit, occidit
Spes omnis et fortuna nostri
Nominis, Asdrubale interempto.
(Hor. lib. 4. Od. 4.) [V. 69.]

collègue P. Licinius Crassus. Le département du premier fut la Sicile, avec permission de passer en Afrique, s'il le jugeait à propos : il partit le plus promptement qu'il put pour sa province. L'autre devait commander dans le pays où Annibal s'était retiré.

La prise de Carthagène, où Scipion avait fait paraître toute la prudence, tout le courage, toute l'habileté qu'on peut attendre des plus grands capitaines, et la conquête de l'Espagne entière, étaient plus que suffisantes pour immortaliser son nom : mais il ne les avait regardées que comme des degrés et des préparatifs qui devaient le conduire à une plus grande entreprise; c'était la conquête de l'Afrique. Il y passa en effet, et y établit le théâtre de la guerre.

Le ravage des terres, le siége d'Utique, une des plus fortes places de l'Afrique, la défaite entière des deux armées de Syphax et d'Asdrubal, dont Scipion brûla le camp, et ensuite la prise de Syphax même, qui était la plus puissante ressource des Carthaginois, tout cela les obligea à songer enfin à la paix. Ils députèrent pour cet effet trente des principaux sénateurs, choisis dans cette compagnie qui était si puissante à Carthage, et qu'on nommait le *conseil des cent.* Dès qu'ils furent admis dans la tente du général romain, ils se prosternèrent tous par terre (c'était la coutume du pays), lui parlèrent avec beaucoup de soumission, rejetant la cause de tous leurs malheurs sur Annibal, et promirent de la part du sénat une aveugle obéissance à tout ce qu'ordonnerait le peuple romain. Scipion leur répondit que, quoiqu'il fût venu dans l'Afrique pour vaincre et non pour faire la paix, il la leur accorderait cependant, à condition qu'ils rendraient aux Romains leurs prisonniers et leurs transfuges; qu'ils feraient sortir leurs armées de l'Italie et des Gaules; qu'ils n'entreraient plus en Espagne; qu'ils se retireraient de toutes les îles qui sont entre l'Italie et l'Afrique; qu'ils livreraient aux vainqueurs tous leurs vaisseaux, excepté vingt; qu'ils donneraient cinq cent mille boisseaux [1] de froment, et trois cent mille boisseaux d'orge; et qu'ils paieraient la somme de cinq mille talents [2], c'est-à-dire quinze millions. Que, si ces conditions les accommodaient, ils pourraient envoyer des ambassadeurs au sénat. Ils feignirent d'y donner les mains; mais en effet ils ne cherchaient qu'à gagner du temps jusqu'au retour d'Annibal. On accorda une trève aux Carthaginois, qui firent partir sur-le-champ leurs députés pour Rome, et qui envoyèrent en même temps vers Annibal pour lui ordonner de revenir en Afrique.

An. M. 3802
Rom. 546.

Il était pour lors retiré dans les extrémités de l'Italie, comme nous l'avons déjà dit. C'est là que lui furent portés les ordres de Carthage, qu'il ne put entendre sans pousser des soupirs, et sans presque verser des larmes, frémissant de colère de se voir ainsi forcé d'abandonner sa proie. Jamais exilé ne témoigna plus de regret en quittant son pays natal, qu'Annibal en sortant d'une terre ennemie. Il tourna souvent les yeux vers les côtes de l'Italie, accusant les dieux et les hommes de son malheur, en prononçant contre lui-même, dit

---

[1] Boisseaux romains, c. a. d. *modius*. Le modius vaut le quinzième de notre setier (v. mes *Considérations sur les Monnaies*, p. 118): il s'agit donc ici de 33,333 setiers (52,000 hectolitres) de froment; et de 20,000 setiers (31,200 hectolitres) d'orge. — L.

[2] Environ 27,500,000 francs : selon d'autres, dit Tite-Live, on leur imposa 5000 livres d'argent, et non 5000 talents. La somme est bien différente; car la livre romaine était la 80ᵉ partie du talent : il ne s'agirait donc que de 331,250 francs. Cette somme paraît trop faible. — L.

Tite-Live[1], mille exécrations de ce qu'au sortir de la bataille de Cannes, il n'avait pas conduit à Rome ses soldats encore tout fumants du sang des Romains.

A Rome, le sénat, fort mécontent des mauvaises excuses qu'employaient les députés de Carthage pour justifier leur république, et de l'offre absurde qu'ils faisaient en son nom de s'en tenir au traité de Lutatius, crut devoir renvoyer la décision du tout à Scipion, qui, étant sur les lieux, pouvait mieux juger de ce que demandait le bien de l'état.

Vers ce même temps, le préteur Octavius, passant de Sicile en Afrique avec deux cents vaisseaux de charge, fut attaqué près de Carthage par une furieuse tempête qui dissipa toute sa flotte. Le peuple de la ville, ne pouvant se résoudre à laisser échapper de ses mains une si riche proie, demande à grands cris qu'on fasse sortir la flotte carthaginoise pour s'en emparer. Le sénat, après une faible résistance, y consent. Asdrubal, étant sorti du port, se saisit de la plupart des vaisseaux romains, et les amena à Carthage, malgré la trève qui subsistait encore.

Scipion envoya des députés au sénat de Carthage pour en faire ses plaintes : on y eut peu d'égard. L'approche d'Annibal leur avait rendu le courage, et leur avait fait concevoir de grandes espérances; il s'en fallut peu même que le peuple ne maltraitât les députés. Ils demandèrent une escorte pour s'en retourner en sûreté; elle leur fut accordée, et deux vaisseaux de la république les accompagnèrent. Mais les magistrats, qui ne voulaient point de paix, et qui étaient déterminés à re-

---

[1] Tite-Live suppose toujours que ce délai était une faute essentielle pour Annibal, dont lui-même se repentit dans la suite.

commencer la guerre, firent dire sous main à Asdrubal, qui était avec sa flotte près d'Utique, de faire attaquer la galère romaine lorsqu'elle serait arrivée au fleuve Bagrada, tout près du camp des Romains, où l'escorte avait ordre de les laisser. Il le fit, et détacha contre les ambassadeurs deux galères. Ils se sauvèrent pourtant, non sans peine ni sans danger.

Ce fut un nouveau sujet de guerre entre les deux peuples, plus animés, ou plutôt plus acharnés que jamais l'un contre l'autre : les Romains, par le desir de venger une si noire perfidie ; les Carthaginois, par la persuasion où ils étaient qu'il n'y avait plus de paix à attendre pour eux.

Dans ce temps-là même, Lélius et Fulvius, chargés des pleins pouvoirs que le sénat et le peuple romain envoyaient à Scipion, arrivent au camp, et avec eux les députés carthaginois. Carthage ayant non-seulement rompu la trève, mais violé le droit des gens dans la personne des ambassadeurs romains, il était naturel d'user de représailles contre les députés carthaginois. Mais Scipion [1], considérant plus ce que demandait la générosité romaine que ce que méritait la perfidie carthaginoise, pour ne point s'éloigner des principes de sa nation ni de son propre caractère, renvoya les députés sans leur faire aucun mal. Une modération si étonnante dans de telles conjonctures effraya et fit rougir Carthage même, et donna à Annibal une nouvelle estime pour un chef qui n'opposait à la mauvaise

---

[1] Ἐσκοπεῖτο παρ' αὑτῷ συλλογιζόμενος, οὐχ οὕτω τὶ δέον παθεῖν Καρχηδονίους, ὡς τὶ δέον ἦν πρᾶξαι Ῥωμαίους. (Polyb. lib. 15, p. 693.)

« Dixit Scipio se nihil nec institutis populi romani nec suis moribus indignum in iis facturum. » (Liv. lib. 30, n. 25.)

foi de ses ennemis qu'une droiture et une noblesse d'ame encore plus dignes d'admiration que toutes ses vertus guerrières.

Cependant Annibal, pressé par ses citoyens, avançait dans le pays. Il arriva à Zama, qui est à cinq journées de Carthage, et il y fit camper ses troupes : il envoya de là des espions pour observer la contenance des Romains. Scipion, les ayant surpris, loin de les punir, les fit promener par tout son camp ; et, après leur en avoir fait remarquer soigneusement toute la disposition, il les renvoya à Annibal. Celui-ci sentait bien d'où partait une si noble assurance ; après tout ce qui lui était arrivé, il ne comptait plus sur le retour de sa fortune. Pendant que tout le monde l'exhortait à donner la bataille, il était le seul qui songeât à la paix ; il espérait la faire à des conditions plus raisonnables, se trouvant à la tête d'une armée, et le sort des armes pouvant encore paraître incertain. Il envoya donc demander une entrevue à Scipion : on convint du temps et du lieu.

Entrevue d'Annibal et de Scipion en Afrique, suivie du combat.

Ces deux capitaines, non-seulement les plus illustres de leur temps, mais dignes d'être mis en parallèle avec ce qu'il y avait jamais eu de plus grands princes et de plus fameux généraux, s'étant rendus au lieu marqué, demeurèrent quelque temps en silence, comme étonnés à la vue l'un de l'autre, et comme saisis d'une mutuelle admiration. Enfin Annibal prit le premier la parole, et, après avoir loué Scipion d'une manière

Polyb. l. 15,
p. 694-703.
Liv. lib. 30,
n. 29-35.
An. M. 3803
Rom. 547.

fine et délicate, il lui fit une vive peinture des désordres de la guerre, et des maux qu'elle avait causés tant aux victorieux qu'aux vaincus : il l'exhorta à ne pas se laisser éblouir par l'éclat de ses victoires. Il lui représenta que, quelque heureux qu'il eût été jusque-là, il devait appréhender l'inconstance de la fortune; que, sans en chercher bien loin des exemples, il en était lui-même, qui lui parlait, une preuve éclatante; que Scipion était alors ce qu'Annibal avait été à Trasimène et à Cannes; qu'il profitât de l'occasion mieux qu'il n'avait fait lui-même, en faisant la paix dans un temps où il était maître des conditions. Il finit en déclarant que les Carthaginois voulaient bien céder aux Romains la Sicile, la Sardaigne, l'Espagne, et toutes les îles qui sont entre l'Afrique et l'Italie; qu'il fallait bien se résoudre, puisque les dieux en ordonnaient ainsi, à se renfermer dans les bords de l'Afrique, tandis qu'ils verraient les Romains faire respecter leurs lois jusque dans les régions les plus éloignées.

Scipion répondit en moins de paroles, mais avec non moins de dignité. Il reprocha aux Carthaginois la perfidie avec laquelle ils venaient de piller quelques galères romaines avant que la trève fût expirée : il rejeta sur eux seuls et sur leur injustice tous les maux qu'avaient entraînés les deux guerres. Après avoir remercié Annibal des conseils qu'il lui donnait sur l'incertitude des événements humains, il finit en l'avertissant de se préparer au combat, s'il n'aimait mieux accepter les conditions qu'il avait déja proposées, auxquelles néanmoins on en ajouterait encore quelques-unes pour punir les Carthaginois d'avoir rompu la trève.

Annibal ne put se résoudre à accepter ces conditions,

et on se sépara dans le dessein de décider du sort de Carthage par une action générale. Chacun des généraux exhorta donc ses troupes à combattre vaillamment. Annibal faisait le dénombrement des victoires qu'il avait remportées sur les Romains, des chefs qu'il avait tués, des armées qu'il avait taillées en pièces. Scipion représentait aux siens la conquête des Espagnes, les succès qu'il avait eus en Afrique, et l'aveu que les ennemis faisaient de leur faiblesse en venant demander la paix ; [1] et il disait tout cela d'un air et d'un ton de vainqueur. Jamais motifs ne furent plus puissants pour porter des troupes à bien combattre. Ce jour allait mettre le comble à la gloire de l'un ou de l'autre des chefs, et décider qui de Rome ou de Carthage donnerait la loi aux nations.

Je n'entreprends point de décrire l'ordre de la bataille ni la valeur des deux armées. Il est aisé d'imaginer que deux capitaines si expérimentés n'oublièrent rien de ce qui pouvait contribuer à la victoire. Les Carthaginois, après un combat fort opiniâtre, furent enfin obligés de prendre la fuite, laissant vingt mille des leurs sur le champ de bataille ; et les Romains firent un pareil nombre de prisonniers. Annibal se sauva pendant le tumulte ; et, étant entré dans Carthage, il avoua qu'il était vaincu sans ressource, et que la ville n'avait plus d'autre parti à prendre que de demander la paix, à quelques conditions que ce fût. Scipion lui donna de grands éloges, principalement sur son habileté à prendre les avantages, à disposer son armée, à donner ses ordres dans le combat ; et il as-

---

[1] « Celsus hæc corpore, vultuque ita læto, ut vicisse jam crederes, dicebat. » (Liv. lib. 30, n. 32.)

sura qu'Annibal s'était surpassé lui-même dans cette journée, quoique le succès n'eût pas répondu à son courage ni à sa prudence.

Pour lui, il sut bien profiter de sa victoire et de la consternation des ennemis. Il ordonna à un de ses lieutenants de mener son armée de terre à Carthage, pendant que lui-même allait y conduire la flotte.

Il n'en était pas éloigné, lorsqu'il rencontra un vaisseau couvert de banderoles et de branches d'olivier, qui portait dix ambassadeurs, choisis d'entre les plus considérables de la ville, et chargés d'aller implorer sa clémence. Il les renvoya sans réponse, avec ordre de le venir trouver à Tunis, où il devait s'arrêter. Les députés de Carthage vinrent au nombre de trente trouver Scipion au lieu marqué, et lui demandèrent la paix en des termes très-soumis. Il assembla son conseil : la plupart étaient assez d'avis qu'il prît et rasât Carthage, et qu'il en traitât les habitants avec la dernière sévérité ; mais la vue du temps que durerait le siége d'une ville si bien fortifiée, et la crainte qu'avait Scipion qu'on ne lui envoyât un successeur pendant qu'il serait occupé à ce siége, le firent pencher vers la douceur.

Paix conclue entre les Carthaginois et les Romains. Fin de la seconde guerre punique.

Polyh. l. 15, p. 704-707. Liv. lib. 30, n. 36-44.

Les conditions de paix qu'il leur dicta furent, que les Carthaginois vivraient libres en conservant leurs lois, aussi-bien que les villes et les terres qu'ils possédaient en Afrique avant cette guerre; qu'ils rendraient aux Romains tous les transfuges, les esclaves et les prisonniers qu'ils avaient à eux; qu'ils leur livreraient tous leurs vaisseaux, à l'exception de dix à trois rangs de rames; qu'ils livreraient aussi tous les éléphants qu'ils avaient alors, et qu'ils n'en dresseraient plus dorénavant pour la guerre; que toute guerre hors de l'Afrique leur serait absolument interdite, et que, dans l'Afrique même, ils ne pourraient la faire sans la permission du peuple romain; qu'ils restitueraient à Masinissa tout ce qu'ils avaient pris sur lui ou sur ses ancêtres; qu'ils fourniraient des vivres et paieraient la solde aux troupes auxiliaires des Romains, jusqu'à ce que leurs députés fussent de retour de Rome; qu'ils paieraient aux Romains dix mille talents euboïques [1] d'argent, en cinquante paiements d'année en année; qu'ils donneraient cent ôtages [2] au choix de Scipion. Pour leur donner le temps d'envoyer à Rome, il convint de leur accorder une trêve, à condition qu'ils rendraient les vaisseaux qu'ils avaient pris à l'occasion de la première, sans quoi ils ne devaient espérer ni trêve ni paix.

Quand les députés furent de retour à Carthage, ils exposèrent au sénat les conditions que Scipion leur avait dictées. Alors Giscon, qui les trouvait insupportables, se leva, et fit un discours pour détourner ses citoyens d'une paix si honteuse. Annibal, indigné qu'on

---

[1] Dix mille talents attiques feraient trente millions. Dix mille talents euboïques font un peu plus de vingt-huit millions trente-trois mille livres; parce que, selon Budée, le talent euboïque ne vaut que cinquante-six mines, et quelque chose de plus; au lieu que le talent attique vaut soixante mines.
= 10,000 talents euboïques valent 55,000,000 francs. Le cinquantième, que les Carthaginois s'engageaient à payer annuellement, est de 1,100,000 francs. — L.

[2] Ils ne devaient pas avoir moins de 14 ans, ni plus de 30: on trouve une circonstance analogue dans le traité des Romains avec les Étoliens. (POLYB. XXII, 15, 10.) — L.

écoutât tranquillement un tel harangueur, prit Giscon par le bras, et le jeta en bas de son siége. Une démarche si violente, et bien éloignée du goût d'une ville libre comme était Carthage, excita un murmure universel. Annibal en fut troublé, et sur-le-champ s'excusa. « Sorti « de cette ville à l'âge de neuf ans, leur dit-il, et n'y « étant revenu qu'après trente-six ans d'absence, j'ai eu « tout le temps de m'instruire dans l'art militaire, et je « me flatte d'y avoir assez bien réussi. Pour vos lois et « vos coutumes, on ne doit pas être surpris que je les « ignore ; et c'est de vous que je veux les apprendre. » Il s'étendit ensuite sur la nécessité indispensable où ils étaient de faire la paix. Il ajouta qu'on devait remercier les dieux de ce que les Romains voulaient bien l'accorder, même à ces conditions ; et il leur montra de quelle importance il était de se réunir dans le sénat, et de ne point donner lieu, par le partage des sentiments, à porter devant le peuple une affaire de cette nature. Tout le monde revint à son avis, et la paix fut acceptée. Le sénat satisfit Scipion sur les vaisseaux qu'il avait redemandés ; et, après avoir obtenu de lui une trève de trois mois, il fit partir des ambassadeurs pour Rome.

Quand ils y furent arrivés, le sénat leur donna audience ; ils étaient tous recommandables par leur âge et leur dignité. Asdrubal, surnommé *Hœdus*, toujours ennemi d'Annibal et de sa faction, parla le premier ; et, après avoir excusé autant qu'il put le peuple de Carthage, en rejetant la rupture du traité sur l'ambition de quelques particuliers, il ajouta, que si les Carthaginois eussent voulu suivre ses conseils et ceux d'Hannon, ils auraient donné aux Romains la paix qu'ils étaient obligés de leur demander. « Mais, ajouta-t-il, il est bien rare

« que la prospérité et la modération se rencontrent
« ensemble, et qu'il soit donné aux hommes d'être en
« même temps heureux et sages. Le peuple romain est
« invincible, parce qu'il ne se laisse point aveugler par
« la bonne fortune; et il faudrait s'étonner s'il agissait
« autrement : car la prospérité ne transporte de joie et
« n'éblouit que ceux pour qui elle est nouvelle; au lieu
« que les Romains sont si accoutumés à vaincre, qu'ils
« ne sont presque plus sensibles au plaisir que cause
« la victoire, et qu'on peut dire, à leur honneur, qu'ils
« ont en un sens plus augmenté leur empire en traitant
« les vaincus avec bonté qu'en remportant des victoires[1]. »
Les autres députés parlèrent d'un ton plus plaintif, en
représentant le triste état où Carthage allait être réduite, après s'être vue au comble de la grandeur et de
la puissance.

Le sénat et le peuple, qui étaient également portés
à la paix, donnèrent un plein pouvoir à Scipion pour
en traiter, le laissèrent maître des conditions, et lui
permirent de ramener son armée après la conclusion
du traité.

Les ambassadeurs demandèrent la permission d'entrer
dans la ville, et de racheter quelques-uns de leurs prisonniers. Il s'en trouva environ deux cents qu'ils souhaitaient recouvrer : le sénat les envoya à Scipion pour
les rendre sans rançon, en cas que la paix se conclût.

---

[1] « Rarò simul hominibus bonam fortunam bonamque mentem dari. Populum romanum eo invictum esse, quòd in secundis rebus sapere et consulere meminerit. Et herculè mirandum fuisse, si aliter facerent. Ex insolentiâ, quibus nova bona fortuna sit, impotentes lætitiæ insanire : populo romano usitata ac propè obsoleta ex victoriâ gaudia esse; ac plus penè parcendo victis, quàm vincendo, imperium auxisse. » (Liv. lib. 30, n. 42.)

Les Carthaginois, après le retour de leurs ambassadeurs, firent la paix avec Scipion aux conditions qu'il leur avait imposées. Ils lui remirent plus de cinq cents vaisseaux, qu'il fit brûler à la vue de Carthage : spectacle bien triste pour les habitants de cette malheureuse ville ! Il fit trancher la tête aux alliés du nom latin, et pendre[1] les citoyens romains, qui lui furent rendus comme transfuges.

Quand on procéda au premier paiement de la taxe imposée par le traité, comme les fonds de l'état étaient épuisés par les dépenses d'une si longue guerre, la difficulté de ramasser cette somme causa une grande tristesse dans le sénat, et plusieurs ne purent retenir leurs larmes : on dit qu'Annibal alors se mit à rire. Asdrubal Hœdus lui faisant de vifs reproches de ce qu'il insultait ainsi à l'affliction publique, dont il était la cause : « Si l'on pouvait, dit-il, pénétrer dans le fond
« de mon cœur et en démêler les dispositions comme
« on voit ce qui se passe sur mon visage, on recon-
« naîtrait bientôt que ce ris qu'on me reproche n'est
« pas un ris de joie, mais l'effet du trouble et du trans-
« port que me causent les maux publics ; et ce ris,
« après tout, est-il plus hors de saison que ces larmes
« que je vous vois répandre ? C'était lorsqu'on nous a
« ôté nos armes, qu'on a brûlé nos vaisseaux, qu'on
« nous a interdit toute guerre contre les étrangers ;
« c'était alors qu'il fallait pleurer, car voilà le coup et
« la plaie mortelle qui nous a abattus : mais nous ne
« sentons les maux publics qu'autant qu'ils nous inté-
« ressent personnellement ; et ce qu'ils ont pour nous
« de plus affligeant et de plus douloureux, est la perte

[1] *Mettre en croix.* — L.

« de notre argent. C'est pourquoi, lorsqu'on enlevait à
« Carthage vaincue ses dépouilles, lorsqu'on la laissait
« sans armes et sans défense au milieu de tant de peuples
« d'Afrique puissants et armés, personne de vous n'a
« poussé un soupir; et maintenant, parce qu'il faut
« contribuer par tête à la taxe publique, vous vous dé-
« solez comme si tout était perdu. Ah! que j'ai lieu de
« craindre que ce qui vous arrache aujourd'hui tant de
« larmes ne vous paraisse bientôt le moindre de vos
« malheurs! »

Scipion, après que tout fut terminé, s'embarqua pour repasser en Italie. Il arriva à Rome à travers une multitude infinie de peuples que la curiosité attirait sur son passage. On lui décerna le triomphe le plus magnifique qu'on eût encore vu, et on lui donna le surnom d'*Africain*, honneur inouï jusque-là, personne avant lui n'ayant pris le nom d'une nation vaincue. Ainsi fut terminée la seconde guerre punique, après avoir duré dix-sept ans.

An. M. 3804
Carth. 646.
Rom. 548.
Av.J.-C. 200.

Courte réflexion sur le gouvernement de Carthage au temps de la seconde guerre punique.

Je finirai ce qui regarde la seconde guerre punique par une réflexion de Polybe, qui peut beaucoup servir à faire connaître la différence des deux républiques dont nous parlons. Au commencement de la seconde guerre punique, et du temps d'Annibal, on peut dire en quelque sorte que Carthage était sur le retour: sa jeunesse, sa fleur, sa vigueur, étaient déjà flétries: elle avait commencé à déchoir de sa première élévation; et elle penchait vers sa ruine; au lieu que Rome alors était,

Lib. 6,
p. 493, 494.

pour ainsi dire, dans la force et la vigueur de l'âge, et s'avançait à grands pas vers la conquête de l'univers. La raison que Polybe rend de la décadence de l'une et de l'accroissement de l'autre est tirée de la différente manière dont étaient gouvernées ces deux républiques dans le temps dont nous parlons. Chez les Carthaginois, le peuple s'était emparé de la principale autorité dans les affaires publiques; on n'écoutait plus les avis des vieillards et des magistrats; tout se conduisait par cabales et par intrigues. Sans parler de ce que la faction contraire à Annibal fit contre lui pendant tout le temps de son commandement, le seul fait des vaisseaux romains pillés pendant un temps de trêve, perfidie à laquelle le peuple força le sénat de prendre part et de prêter son nom, est une preuve bien claire de ce que dit ici Polybe. Au contraire, à Rome c'était le temps où le sénat, c'est-à-dire cette compagnie composée d'hommes si sages, avait plus de crédit que jamais, et où les anciens étaient écoutés et respectés comme des oracles. On sait combien le peuple romain était jaloux de son autorité, sur-tout dans ce qui regarde l'élection des magistrats. Une centurie, composée des jeunes, à qui il était échu par le sort de donner la première son suffrage, qui entraînait ordinairement celui de toutes les autres, avait nommé deux consuls : sur la simple remontrance de Fabius [1], qui représenta au peuple que, dans un temps de tempête et d'orage comme était celui

Liv. lib. 24, n. 8 et 9.

---

[1] Quilibet nautarum rectorumque tranquillo mari gubernare potest : ubi sæva orta tempestas est, ac turbato mari rapitur vento navis, tum viro et gubernatore opus est. Non tranquillo navigamus, sed jam aliquot procellis submersi penè sumus. Itaque quis ad gubernacula sedeat, summâ curâ providendum ac præcavendum nobis est. »

où l'on se trouvait pour lors, on ne pouvait choisir de trop habiles pilotes pour conduire le vaisseau de la république, la centurie retourna aux suffrages, et nomma d'autres consuls. De cette différence de gouvernement, Polybe conclut qu'il était nécessaire qu'un peuple conduit par la prudence des anciens l'emportât sur un état gouverné par les avis téméraires de la multitude. Rome en effet, guidée par les sages conseils du sénat, eut enfin le dessus dans le gros de la guerre, quoiqu'en détail elle eût eu du désavantage dans plusieurs combats; et elle établit sa puissance et sa grandeur sur les ruines de sa rivale.

Intervalle entre la seconde et la troisième guerre punique.

Cet intervalle, quoique assez considérable pour la durée, puisqu'il est de plus de cinquante ans, l'est fort peu par rapport aux événements qui regardent Carthage. On peut les réduire à deux chefs, dont l'un concerne la personne d'Annibal, l'autre regarde quelques différents particuliers entre les Carthaginois et Masinissa, roi des Numides. Nous les traiterons séparément, mais sans leur donner beaucoup d'étendue.

§ I. *Suite de l'histoire d'Annibal.*

Lorsque la seconde guerre punique fut terminée par le traité de paix conclu avec Scipion, Annibal avait quarante-cinq ans, comme il le dit lui-même en plein sénat. Ce qui nous reste à dire de ce grand homme comprend un espace de vingt-cinq ans.

Annibal entreprend et vient à bout de réformer à Carthage la justice et les finances.

Depuis la conclusion de la paix, Annibal fut fort considéré à Carthage, du moins dans le commencement, et il y exerça les premiers emplois de la république avec honneur et avec éclat. Il fut chargé du commandement des troupes dans quelques guerres que les Carthaginois eurent à soutenir en Afrique ; mais les Romains, à qui le nom seul d'Annibal faisait ombrage, ne pouvant voir tranquillement qu'on lui laissât encore les armes à la main, en firent des plaintes, et il fut rappelé à Carthage.

<small>Corn. Nep. in Annib. c. 7.</small>

A son retour, on le nomma préteur. Il paraît que cette charge était très-considérable, et donnait beaucoup d'autorité. Carthage va donc être pour lui un nouveau théâtre, où il fera paraître des vertus et des qualités d'un genre tout différent de celles qui nous l'ont fait admirer jusqu'ici, et qui achèveront de nous donner de ce grand homme une juste et parfaite idée.

Tout occupé du desir de rétablir les affaires de sa patrie désolée, il comprit que les deux plus puissants moyens pour faire fleurir un état, sont une grande exactitude à rendre la justice à tous les sujets, et une grande fidélité dans le maniement des finances : l'une, en maintenant l'égalité entre les citoyens, et en les faisant jouir d'une liberté tranquille sous la protection des lois qui mettent en sûreté leurs biens, leur honneur et leur vie, lie plus étroitement les particuliers entre eux, et les attache plus fortement à l'état, à qui ils doivent la conservation de ce qu'ils ont de plus cher et de plus précieux ; l'autre, en ménageant avec fidélité les fonds publics, fournit ponctuellement à toutes les dépenses de l'état, tient en réserve des ressources toujours prêtes pour ses besoins imprévus, et épargne aux peuples l'imposition de nouvelles charges, que la dissipation rend nécessaires, et qui contribuent le plus à indisposer les esprits contre le gouvernement.

Annibal vit avec douleur le désordre qui régnait également dans l'administration de la justice et dans le maniement des finances. Quand on l'eut nommé préteur, comme son amour pour l'ordre lui faisait regarder avec peine tout ce qui s'en écartait, et le portait à tout tenter pour le rétablir, il eut le courage d'entreprendre la réforme de ce double abus, qui en entraînait une infinité d'autres; sans craindre l'animosité de l'ancienne faction qui lui était opposée, ni les nouvelles inimitiés que son zèle pour la république ne manquerait pas de lui attirer.

L'ordre des juges exerçait impunément les concussions les plus criantes. C'étaient autant de petits tyrans, qui disposaient à leur gré des biens et de la vie des citoyens, sans qu'il fût possible de se mettre à l'abri de leurs violences, parce que leurs charges étaient à vie, et qu'ils se soutenaient mutuellement. Annibal, en qualité de préteur, manda chez lui un officier de cette compagnie, qui abusait apparemment de son pouvoir : Tite-Live dit qu'il était questeur. Cet officier, qui était de la faction opposée à Annibal, et qui avait déja tout l'orgueil et toute la fierté des juges, dans l'ordre desquels il devait passer en sortant de la questure, refusa insolemment d'obéir. Annibal n'était pas d'un caractère à souffrir tranquillement une telle injure. Il le fit saisir

Liv. lib. 33, n. 46.

par un licteur, et le traduisit devant le peuple. Là, non content de s'en prendre à cet officier particulier, il accusa l'ordre entier des juges, dont l'orgueil insupportable et tyrannique n'était arrêté ni par la crainte des lois, ni par le respect des magistrats; et, comme il s'aperçut qu'on l'écoutait favorablement, et que les plus faibles d'entre le peuple témoignaient ne pouvoir plus souffrir l'insolente fierté de ces juges, qui semblait en vouloir à leur liberté, il proposa et fit passer une loi qui ordonnait qu'on choisirait tous les ans de nouveaux juges sans qu'aucun pût être continué au-delà de ce terme. Autant que par cette loi il gagna l'amitié du peuple, autant s'attira-t-il la haine du plus grand nombre des puissants et des nobles.

Liv. lib. 33, n. 46 et 47.

Il entreprit une autre réforme qui ne lui fit pas moins d'ennemis ni moins d'honneur. Les deniers publics, ou étaient dissipés par la négligence de ceux qui les maniaient, ou devenaient la proie et le butin des principaux de la ville et des magistrats; en sorte que, ne se trouvant plus d'argent pour fournir chaque année au paiement du tribut que l'on devait aux Romains, on était près d'imposer une taxe sur les particuliers. Annibal, entrant dans un fort grand détail, se fit rendre un compte exact des revenus de la république, de l'usage que l'on en faisait, des charges et des dépenses ordinaires de l'état; et, ayant reconnu par cet examen qu'une grande partie des fonds publics était détournée par la mauvaise foi des gens d'affaires, il déclara et promit en pleine assemblée du peuple que, sans imposer de nouvelles taxes aux particuliers, la république serait désormais en état de payer le tribut aux Romains : et il accomplit sa promesse.[1] Les fermiers-généraux, dont il avait dévoilé au peuple les vols et les rapines, accoutumés jusque-là à s'engraisser des deniers publics, jetèrent alors les hauts cris, comme si c'eût été leur ravir leur bien, et non arracher de leurs mains avares celui qu'ils avaient volé à l'état.

Retraite et mort d'Annibal.

Cette double réforme fit beaucoup crier contre Annibal. Ses ennemis ne cessaient d'écrire à Rome, aux premiers de la ville et à leurs amis, qu'il avait de secrètes intelligences avec Antiochus, roi de Syrie; qu'il recevait souvent des courriers, et que ce prince lui avait envoyé sous main des députés pour prendre avec lui de justes mesures sur la guerre qu'il méditait; que, comme il y a des animaux si féroces, qu'ils ne s'apprivoisent jamais, ainsi cet homme, d'un esprit inquiet et implacable, ne pouvait souffrir le repos, et que tôt ou tard il éclaterait. Ces discours étaient écoutés à Rome; et ce qui s'était passé dans la guerre précédente, dont il avait été presque seul l'auteur et le promoteur, y donnait une grande vraisemblance. Scipion s'opposa toujours fortement aux violentes résolutions qu'on voulait prendre sur ce sujet, en représentant qu'il n'était point de la dignité du peuple romain de prêter son nom à la haine et aux accusations des ennemis d'Annibal, d'appuyer de son autorité leurs injustes passions, et de s'acharner à le poursuivre jusque dans le sein de sa patrie, comme si c'eût été trop peu pour

Liv. lib. 33, n. 45-46.

---

[1] « Tum verò isti, quos paverat per aliquot annos publicus peculatus, velut bonis ereptis, non furto eorum manibus extorto, infensi et irati Romanos in Annibalem instigabant. » (Liv.)

les Romains de l'avoir vaincu dans la guerre les armes à la main.

Malgré de si sages remontrances, le sénat nomma trois commissaires, et les chargea de porter leurs plaintes à Carthage, et de demander qu'on leur livrât Annibal. Quand ils y furent arrivés, quoiqu'ils couvrissent leur voyage d'un autre prétexte, Annibal sentit bien que c'était à lui seul qu'on en voulait. Il se sauva vers le soir sur un vaisseau qu'il avait fait préparer secrètement, déplorant le sort de sa patrie encore plus que le sien : *sœpius patriæ quàm suorum* [1] *eventus miseratus*. C'était la huitième année depuis la conclusion de la paix. La première ville où il aborda fut Tyr. Il y fut reçu comme dans une seconde patrie, et on lui rendit tous les honneurs dus à un homme de sa réputation. Après s'y être arrêté quelques jours, il partit pour Antioche, d'où le roi venait de sortir : il alla le trouver à Éphèse. L'arrivée d'un capitaine de ce mérite lui fit grand plaisir, et ne contribua pas peu à le déterminer à la guerre contre les Romains ; car jusque-là il avait toujours paru incertain et flottant sur le parti qu'il devait prendre. C'est dans cette ville qu'un philosophe, qui passait pour le plus beau discoureur de l'Asie, eut l'imprudence de parler fort long-temps en présence d'Annibal sur les devoirs d'un général d'armée, et sur les règles de l'art militaire. Tout l'auditoire fut charmé de son éloquence. Comme on demanda au Carthaginois ce qu'il en pensait : « J'ai bien vu des vieil-
« lards, dit-il, qui manquaient de sens et de jugement ;
« mais je n'en ai point vu de moins sensé et de moins
« judicieux que celui-ci. »

---

[1] Il paraît qu'il faut lire *suos*.

Les Carthaginois, qui craignaient avec raison de s'attirer les armés romaines, ne manquèrent pas de faire savoir à Rome qu'Annibal s'était retiré près d'Antiochus. Ce fut un grand sujet d'inquiétude pour les Romains; et ce pouvait être une grande ressource pour ce roi, s'il en eût su profiter.

Le premier conseil qu'Annibal lui donna pour-lors, et qu'il ne cessa de lui donner dans la suite, fut de porter la guerre dans l'Italie, qui ne pouvait être vaincue que dans l'Italie même. Il demandait cent vaisseaux, avec onze ou douze mille hommes de débarquement, et s'offrait de commander la flotte, de passer en Afrique pour engager les Carthaginois à entrer dans cette guerre, et d'aller ensuite faire une descente en Italie pendant que le roi demeurerait en Grèce avec son armée; se tenant toujours prêt à passer en Italie lorsqu'il en serait temps. C'était l'unique parti qu'il y eût à prendre, et le roi d'abord goûta fort cet avis. *Liv. lib. 34, n. 60.*

Annibal crut devoir prévenir et préparer les amis qu'il avait à Carthage pour les mieux faire entrer dans ses desseins. Outre que des lettres sont peu sûres, elles ne peuvent s'expliquer suffisamment, ni entrer dans un assez grand détail. Il envoie donc un homme de confiance, et lui donne ses instructions. A peine est-il arrivé à Carthage, qu'on se doute du sujet qui l'y amène. On l'épie, on le fait suivre, et enfin on donne des ordres pour l'arrêter; mais il les prévient, et se sauve de nuit, après avoir fait afficher en plusieurs endroits des placards où il déclarait nettement le sujet de son voyage. Le sénat, sur-le-champ, donna avis aux Romains de ce qui s'était passé. *Ibid. n. 61.*

Villius, l'un des députés qui avaient été envoyés *Liv. lib. 35, n. 14.*

en Asie pour s'informer sur les lieux de l'état des affaires, et pour découvrir, s'ils pouvaient, quels étaient les desseins d'Antiochus, rencontra Annibal à Éphèse. Il eut avec lui plusieurs entretiens, lui rendit plusieurs visites, et affecta de lui témoigner par-tout une considération particulière. Sa principale vue était de diminuer son crédit auprès du roi en le lui rendant suspect : et en effet il y réussit.

Il y a quelques auteurs qui assurent que Scipion était de cette ambassade, et qui rapportent même l'entretien qu'il eut avec Annibal. Ils disent que, le Romain lui ayant demandé qui il croyait avoir été le plus grand de tous les capitaines, il répondit que c'était Alexandre-le-Grand, parce qu'avec une poignée de Macédoniens il avait défait des armées innombrables, et porté ses conquêtes dans des pays si éloignés, qu'à peine paraissait-il possible d'y aller même en voyageant. Interrogé ensuite à qui il donnait le second rang, il dit que c'était à Pyrrhus ; que ce prince avait été le premier qui avait enseigné à camper avantageusement ; que personne n'avait jamais mieux su choisir ses postes ni ranger ses troupes ; qu'il avait eu une dextérité merveilleuse pour se concilier l'amitié des peuples, jusque-là que ceux d'Italie auraient mieux aimé l'avoir pour maître, tout étranger qu'il était, que les Romains, établis depuis si long-temps dans le pays. Scipion continuant à l'interroger pour savoir qui il mettait le troisième, il ne fit point de difficulté de se donner cette place à lui-même. Scipion ne put s'empêcher de rire : « Et que feriez-vous « donc, lui dit-il, si vous m'aviez vaincu ? Je me met- « trais, reprit Annibal, au-dessus d'Alexandre, de « Pyrrhus, et de tous les généraux qui ont jamais été. »

Scipion ne fut pas insensible à une flatterie si délicate et si fine, à laquelle il ne s'attendait pas, et qui, le mettant hors de pair, semblait insinuer que nul capitaine ne méritait d'entrer en parallèle avec lui. La réponse dans Plutarque est moins spirituelle et moins vraisemblable. Annibal met au premier rang Pyrrhus, au second Scipion, et ne se donne à lui-même que la troisième place.

Plut. in Pyrrho, pag. 687.

Annibal, s'étant aperçu du refroidissement d'Antiochus pour lui, depuis les entretiens qu'il avait eus avec Villius, ou avec Scipion, dissimula quelque temps, et ferma les yeux; mais enfin il jugea plus à propos d'avoir un éclaircissement avec le roi, et de s'expliquer nettement avec lui. « Ma haine contre les Romains, lui dit-
« il, est connue de tout le monde. Je m'y suis engagé
« par serment dès ma plus tendre enfance. C'est cette
« haine qui a armé mes mains contre eux pendant
« trente-six ans. C'est elle qui, pendant la paix, m'a
« fait chasser de ma patrie, et qui m'a obligé de venir
« chercher un asyle dans vos états. Toujours conduit et
« animé par cette haine, si je vois ici mes espérances
« frustrées, j'irai par toute la terre chercher et susciter
« des ennemis aux Romains. Je les hais, et je les haïrai
« toujours mortellement : ils me haïssent de même.
« Tant que vous serez déterminé à leur faire la guerre,
« vous pouvez mettre Annibal au nombre de vos
« meilleurs amis. Si d'autres raisons vous font penser à
« la paix, je vous le déclare une fois pour toutes,
« cherchez d'autres conseils que les miens. » Un tel discours, qui partait du cœur, et dont la sincérité se faisait sentir, toucha le roi, et parut dissiper tous ses

Liv. lib. 35, n. 19.

soupçons. Il résolut de lui donner le commandement d'une partie de sa flotte.

Liv. lib. 35, n. 32 et 43.

Mais quels ravages ne fait point la flatterie dans la cour et dans l'esprit des princes! On représenta à celui-ci qu'il n'était pas de sa prudence de se fier à Annibal; que c'était un exilé et un Carthaginois, à qui sa fortune ou son génie pouvaient suggérer dans un même jour mille projets différents; que d'ailleurs cette réputation même qu'il avait acquise dans la guerre, et qui faisait comme son apanage, était trop grande pour un simple lieutenant; que le roi devait être seul chef, seul général; qu'il devait seul attirer sur lui les yeux et l'attention; au lieu que, si Annibal était employé, cet étranger aurait seul la gloire de tous les heureux succès. [1] Il n'y a point, dit Tite-Live, d'esprits plus susceptibles de jalousie que ceux qui n'ont point un mérite égal à leur naissance et à leur rang; parce qu'alors tout mérite leur devient odieux, par cette raison seule qu'il leur est étranger. Cela parut bien clairement dans cette occasion. On avait su prendre Antiochus par son faible. Un sentiment de basse jalousie, qui est la marque et le défaut des petits esprits, étouffa en lui toute autre pensée et toute autre réflexion. Il ne fit plus aucun cas ni aucun usage d'Annibal. Le succès vengea bien celui-ci, et montra quel malheur c'est pour un prince d'ouvrir son cœur à l'envie, et ses oreilles aux discours empoisonnés des flatteurs.

Liv. lib. 36, n. 7.

Dans un conseil qui se tint quelque temps après, où Annibal avait été appelé pour la forme, lorsque son

---

[1] « Nulla ingenia tam prona ad invidiam sunt, quàm eorum qui genus ac fortunam suam animis non æquant: quia virtutem et bonum alienum oderunt. » Il semble qu'on pourrait lire, *ut bonum alienum.*

rang de parler fut venu, il s'appliqua sur-tout à prouver qu'il fallait, à quelque prix que ce fût, engager dans l'alliance d'Antiochus Philippe et la Macédoine, ce qui n'était pas si difficile qu'on se l'imaginait. « Pour la « manière de faire la guerre, dit-il, je m'en tiens tou- « jours à mon premier sentiment; et, si l'on m'avait cru « d'abord, on entendrait dire maintenant que la Tos- « cane et la Ligurie sont en feu, et, ce qui fait la « terreur des Romains, qu'Annibal est en Italie. Quand « je ne serais pas fort habile pour le reste, j'ai dû cer- « tainement apprendre par mes bons et mes mauvais « succès comment il leur faut faire la guerre. Je ne puis « que vous donner mes conseils et vous offrir mes ser- « vices. Puissent les dieux faire réussir le parti que vous « prendrez, quel qu'il soit! » On applaudit à Annibal, mais on n'exécuta rien de ce qu'il avait proposé.

Antiochus, trompé et endormi par ses flatteurs, de- meurait tranquille à Éphèse après avoir été chassé de la Grèce par les Romains, ne pouvant s'imaginer que ceux-ci songeassent à le venir attaquer dans son propre pays. Annibal, qui pour-lors était rentré en faveur, lui répétait sans cesse qu'au premier jour il verrait la guerre en Asie et l'ennemi à ses portes; qu'il fallait qu'il se résolût ou à renoncer à son empire, ou à tenir tête à un peuple qui voulait se rendre maître de toute la terre. Ces discours réveillèrent un peu le roi de son assoupissement. Il fit quelques légers efforts; mais, comme dans sa conduite il n'y avait rien de suivi, après plusieurs pertes considérables, la guerre se termina par une paix honteuse, dont une des conditions fut qu'il livrerait Annibal aux Romains. Celui-ci ne lui en laissa

Liv. lib. 36. n. 41.

pas le temps, et se retira d'abord dans l'île de Crète pour y délibérer sur le parti qu'il aurait à prendre.

<small>Corn. Nep. in Annib., c. 9 et 10. Justin. l. 32, cap. 4.</small>

Les richesses qu'il avait emportées avec lui, et dont on eut quelque connaissance dans l'île, pensèrent l'y faire périr. Les ruses ne manquaient pas à Annibal. Il en fit usage ici pour sauver ses trésors et pour se sauver lui-même. Il remplit plusieurs vases de plomb fondu, couvrant seulement la surface d'or et d'argent, et il les mit en dépôt dans le temple de Diane en présence des Crétois, à la bonne foi desquels il confiait toutes ses richesses. On fit bonne garde depuis ce temps-là autour du temple, et on laissa une entière liberté à Annibal, de qui l'on croyait tenir les trésors. Il les avait cachés dans des statues d'airain creuses qu'il portait toujours avec lui. Ayant trouvé un moment favorable, il partit, et alla chercher un asyle chez Prusias, roi de Bithynie.

<small>An. M. 3820 Rom. 564.</small>

<small>Corn. Nep. ibid. cap. 10 et 11. Justin. l. 33, cap. 4.</small>

Il paraît qu'il fit quelque séjour dans la cour de ce prince, qui entra bientôt en guerre contre Eumène, roi de Pergame, ami déclaré des Romains. Annibal fit remporter aux troupes de Prusias plusieurs victoires, tant sur terre que sur mer.

<small>Justin. l. 32, cap. 4. Corn. Nep. in vit. Annib.</small>

Il employa un stratagème assez extraordinaire dans un combat naval. La flotte des ennemis étant plus nombreuse que la sienne, il appela à son secours la ruse. Il fit enfermer dans des pots de terre toutes sortes de serpents, et donna ordre de jeter ces pots dans les vaisseaux des ennemis. Son principal dessein était de faire périr Eumène. Il fallait s'assurer du vaisseau qu'il montait. Annibal le découvrit en dépêchant une chaloupe sous prétexte de lui porter une lettre. Après cela il commanda aux officiers de ses vaisseaux de s'attacher principalement à celui d'Eumène. Ils le firent, et ils l'auraient pris, s'il ne s'était retiré à force de voiles. Les autres vaisseaux de Pergame se battirent vigoureusement jusqu'à ce qu'on y eut jeté les pots de terre. D'abord ils n'avaient fait qu'en rire, surpris qu'on employât contre eux de telles armes; mais, quand ils se virent environnés des serpents qui sortaient de ces pots cassés, la frayeur les saisit, ils se retirèrent en désordre, et cédèrent la victoire à l'ennemi.

Des services si importants semblaient assurer pour toujours à Annibal un asyle chez ce roi. Mais les Romains ne l'y laissèrent pas en repos, et députèrent Quintius Flaminius[1] vers ce roi, pour se plaindre de ce qu'il lui donnait une retraite. Il ne fut pas difficile à Annibal de deviner le sujet de cette ambassade, et il n'attendit pas qu'on le livrât à ses ennemis. D'abord il essaya de se sauver par la fuite; mais il s'aperçut que les sept issues cachées qu'il avait fait faire à son palais étaient occupées par les soldats de Prusias, qui voulait faire sa cour aux Romains, en trahissant son hôte. Il se fit donc apporter le poison qu'il gardait depuis longtemps pour s'en servir dans l'occasion, et le tenant entre ses mains : « Délivrons, dit-il, le peuple romain
« d'une inquiétude qui le tourmente depuis long-temps,
« puisqu'il n'a pas la patience d'attendre la mort d'un
« vieillard. La victoire que remporte Flaminius sur un
« homme désarmé et trahi ne lui fera pas beaucoup
« d'honneur. Ce jour seul fait voir combien les Romains
« ont dégénéré. Leurs pères avertirent Pyrrhus de se
« garder d'un traître qui voulait l'empoisonner, et cela

Liv. lib. 39
n. 51.
An. M. 3822
Rom. 566.

---

[1] Son vrai nom est *Flamininus*; ce point sera discuté dans les notes sur l'Histoire Romaine. — L.

« dans le temps que ce prince leur faisait la guerre
« dans le cœur de l'Italie : et ceux-ci ont envoyé un
« homme consulaire pour engager Prusias à faire mou-
« rir par un crime abominable son ami et son hôte. »
Après avoir fait des imprécations contre Prusias, et
invoqué contre lui les dieux protecteurs et vengeurs
des droits sacrés de l'hospitalité, il avala le poison, et
mourut âgé de soixante-dix ans.

Cette année fut célèbre par la mort de trois grands
hommes, Annibal, Philopémen et Scipion, qui eurent
cela de commun, qu'ils terminèrent tous trois leur vie
hors de leur patrie, par un genre de mort qui répondait peu à la gloire de leurs actions. Les deux premiers
périrent par le poison, Annibal ayant été trahi par
son hôte, et Philopémen fait prisonnier dans un combat par les Messéniens, et ensuite jeté dans un cachot,
où on le força de prendre du poison. Pour Scipion, il
se condamna lui-même à un exil volontaire, pour éviter
une accusation injuste qu'on lui intentait à Rome; et
il y mourut dans une sorte d'obscurité.

Éloge et caractère d'Annibal.

Ce serait ici le lieu de représenter les excellentes
qualités d'Annibal, qui a fait tant d'honneur à Carthage; mais, comme j'ai tâché ailleurs d'en marquer le
caractère et d'en donner une juste idée en le comparant avec Scipion, je ne crois pas devoir beaucoup
m'étendre sur son éloge.

2ᵉ vol. de la man. d'étud.

Les personnes destinées à la profession des armes
ne peuvent trop étudier ce grand homme, que les
connaisseurs regardent comme le capitaine le plus ac-
compli presque en tout genre, qui ait jamais été.

Dans l'espace de dix-sept ans que dura la guerre, on ne lui reproche que deux fautes [1] : la première, de n'avoir pas, aussitôt après la bataille de Cannes, mené ses troupes victorieuses vers Rome pour en former le siége ; la seconde, d'avoir laissé amollir leur courage dans les quartiers d'hiver qu'il leur fit prendre à Capoue : fautes qui montrent seulement que les grands hommes ne le sont pas en tout : *summi enim sunt, homines tamen ;* et qui peut-être même peuvent être excusées en partie. *Quintil.*

Mais, pour ce peu de fautes, que d'éminentes qualités dans Annibal ! quelle étendue de vues et de desseins, même dès sa plus tendre jeunesse ! quelle grandeur d'ame ! quelle intrépidité ! quelle présence d'esprit dans le feu même de l'action, pour savoir profiter de tout ! quelle dextérité à manier les esprits, en sorte que parmi tant de nations différentes, qui manquaient souvent de vivres et d'argent, il n'y eut jamais aucune sédition dans son camp, ni contre lui, ni contre aucun de ses généraux ! quelle équité, quelle modération dut-il faire paraître à l'égard des nouveaux alliés, pour être venu à bout de les tenir inviolablement attachés à son service, quoiqu'il fût obligé de leur faire porter presque tout le poids de la guerre par les séjours de son armée, et par les contributions qu'il en tirait ! Enfin quelle fécondité de ressources pour soutenir si long-temps la guerre dans un pays éloigné, malgré une puissante faction domestique, qui lui refusait tout et le traversait en tout ! On peut dire que, pendant le cours d'une si longue guerre, Annibal parut seul le

---

[1] Ici Rollin contredit ce qu'il avait avancé plus haut (p. 321) pour justifier Annibal de ces deux prétendues fautes. — L.

soutien de l'état, et l'ame de tout l'empire des Carthaginois, qui ne purent jamais croire qu'ils étaient vaincus, jusqu'à ce qu'Annibal leur eût avoué lui-même qu'il l'était.

Ce ne serait pas bien connaître Annibal, que de ne le considérer qu'à la tête des armées. Ce que l'histoire nous apprend des intelligences secrètes qu'il entretenait avec Philippe, roi de Macédoine; des sages conseils qu'il donna à Antiochus, roi de Syrie; de la double réforme qu'il mit à Carthage dans l'administration des finances et dans celle de la justice, montre qu'il était un grand homme d'état en toutes manières. Son génie supérieur et universel lui faisait embrasser toutes les parties du gouvernement, et ses talents naturels le rendaient capable d'en remplir avec gloire toutes les fonctions. Il était aussi grand politique que grand guerrier, aussi propre aux emplois civils qu'aux militaires; en un mot, il réunissait les différents mérites de toutes les professions, de l'épée, de la robe, et des finances.

Il n'était pas même sans érudition [1]; et, tout occupé qu'il fut des travaux militaires et d'une infinité de guerres, qu'il eut à soutenir, il trouva des moments pour cultiver les lettres. Plusieurs reparties spirituelles d'Annibal, que l'histoire nous a conservées, marquent qu'il avait un fonds d'esprit excellent; et il le perfectionna par la meilleure éducation qu'on pouvait recevoir dans ce temps, et dans une république telle qu'était celle de Carthage. Il parlait passablement le grec, et avait même écrit quelques livres en cette

---

[1] « Atque hic tantus vir, tantisque bellis districtus, nonnihil temporis tribuit litteris, etc. » (CORN. NEP. in vit. Annib. cap. 13.)

langue. Il avait eu pour maître un Lacédémonien nommé *Sosile*, qui l'accompagna toujours dans ses expéditions guerrières, aussi-bien que Philénius, autre Lacédémonien [1] : ils travaillaient tous deux à l'histoire de ce grand capitaine.

Pour ce qui regarde la religion et les mœurs, il n'était point tout-à-fait tel que Tite-Live nous le représente, d'une cruauté inhumaine, d'une perfidie plus que carthaginoise; sans respect pour la vérité, pour la probité, pour la sainteté du serment; sans crainte des dieux, sans religion. *Inhumana crudelitas, perfidia plus quàm punica : nihil veri, nihil sancti, nullus deûm metus, nullum jusjurandum, nulla religio* [2]. Polybe dit qu'il rejeta avec horreur une proposition cruelle qu'on lui fit avant son entrée en Italie, qui était de manger de la chair humaine, parce que les vivres lui manquaient. Quelques années après, loin de sévir, comme on l'y exhortait, contre le cadavre de Sempronius Gracchus, que Magon lui avait envoyé, il lui fit rendre les derniers honneurs à la vue de toute son armée. Nous l'avons vu en plusieurs occasions marquer un grand respect pour les dieux; et Justin, qui écrivait d'après un auteur [3] bien digne de foi, remarque qu'il fit toujours paraître beaucoup de sagesse et de modération parmi le grand nombre de femmes

Lib. 21, n. 4.

Excerpt. è Polyb. p. 33.

Excerpt. è Diod. p. 282. Liv. lib. 25, n. 17.

Lib. 32. c. 4.

---

[1] *Philænius*, dans Cornélius Népos et Cicéron (*Divin.* I, c. 49); *Philinus*, dans Polybe et Diodore. Il était d'Agrigente (Diodor. Sic. XXIII, *eclog.* viii.) et non de Lacédémone, comme le dit Rollin; trompé peut-être par ces mots de Cornélius Népos, ... *Philænius et Sosilus Lacedæmonius*, où il aura lu, par mégarde, *Lacedæmonii* (*in Annib.* c. 13, § 3). Le jugement de Polybe n'est pas très-favorable à ce Philinus (III, c. 14). — L.

[2] La passion perce dans tout ce que Tite-Live a écrit d'Annibal et des Carthaginois. — L.

[3] Trogue Pompée.

qu'il fit prisonnières pendant le cours d'une si longue guerre ; en sorte qu'on n'aurait pas cru qu'il fût né en Afrique, où l'incontinence était le vice du pays et de la nation : *pudicitiamque eum tantam inter tot captivas habuisse, ut in Africâ natum quivis negaret.*

Son désintéressement, au milieu de tant d'occasions de s'enrichir par les dépouilles des villes qu'il prenait et des peuples qu'il domptait, nous marque qu'il savait le véritable usage qu'un général doit faire des richesses, qui est de gagner le cœur des soldats, et de s'attacher les alliés en faisant à propos des largesses, et n'épargnant point les récompenses : qualité bien importante pour un commandant, et qui n'est pas commune. Annibal ne se servait de l'argent que pour acheter les succès, bien persuadé qu'un homme qui est à la tête des affaires trouve tout le reste dans la gloire de réussir.

[1] Il mena toujours une vie dure et sobre, même en temps de paix, et au milieu de Carthage, lorsqu'il y occupait la première dignité, où l'histoire remarque qu'il ne mangeait jamais couché sur un lit, comme c'était la coutume, et qu'il ne buvait que fort peu de vin. Une vie si réglée et si uniforme est un grand exemple pour nos guerriers, qui mettent souvent parmi les priviléges de la guerre, et parmi les devoirs des officiers, de faire bonne chère et de vivre dans les délices.

Je ne prétends pas cependant justifier pleinement

---

[1] « Cibi potionisque desiderio naturali, non voluptate, modus finitus. » (Liv. lib. 21, n. 4.)

« Constat Annibalem, nec tùm quum romano tonantem bello Italia contremuit, nec quum reversus Carthaginem summum imperium tenuit, aut cubantem cœnasse, aut plus quàm sextario vini indulsisse. » (Justin. lib. 32, cap. 4.)

Annibal de tous les reproches qu'on lui a faits. Au milieu de ces grandes qualités que nous avons rapportées, on ne peut dissimuler qu'il lui restait quelque chose du caractère et des vices de sa nation, et qu'il y a dans sa vie des actions et des circonstances qu'il serait difficile d'excuser. Polybe remarque qu'il était accusé d'avarice à Carthage, et de cruauté à Rome : il ajoute en même temps que les sentiments étaient partagés sur son sujet; et il ne serait pas étonnant que les ennemis qu'il s'était faits dans l'une et dans l'autre de ces villes eussent répandu des bruits contraires à sa réputation. En supposant même que les faits qu'on lui impute fussent vrais, Polybe est porté à croire qu'ils venaient moins de son naturel et de son fonds que de la difficulté des temps et des affaires pendant une longue et pénible guerre, et de la complaisance qu'il était forcé d'avoir pour des officiers-généraux, qui étaient absolument nécessaires à l'exécution de ses entreprises, et qu'il ne pouvait pas toujours contenir, non plus que les soldats qui servaient sous eux.

Excerpt. è Polyb. p. 34 et 37.

§ II. *Différends entre les Carthaginois et Masinissa, roi de Numidie.*

Entre les conditions de la paix accordée aux Carthaginois, il y en avait une qui portait qu'ils rendraient à Masinissa toutes les terres et les villes qui lui avaient appartenu avant la guerre; et d'ailleurs Scipion, pour récompenser le zèle et la fidélité qu'il avait fait paraître à l'égard du peuple romain, avait ajouté à son domaine tout ce qui était de celui de Syphax. Ce présent fut dans la suite une source de disputes et de divisions entre les Carthaginois et les Numides.

Ces deux princes, Syphax et Masinissa, régnaient tous deux en Numidie, mais sur différents peuples. Ceux qui obéissaient au premier s'appelaient *Massæsyli*, et avaient pour capitale Cirta; les autres se nommaient *Massyli* ; les uns et les autres sont plus connus sous le nom de *Numides*, qui leur est commun. Leur principale force était la cavalerie. Ils se tenaient à cru sur les chevaux ; plusieurs même les conduisaient sans bride, d'où vient que Virgile les appelle *Numidæ infreni*.

<small>AEneid. lib. 4, v. 41. [V. pl. haut, p. 296.]
Liv. lib. 24, n. 48 et 49.</small>

Au commencement de la seconde guerre punique, Syphax s'était rangé du côté des Romains. Gala, père de Masinissa, pour prévenir les progrès d'un voisin si puissant, crut devoir embrasser le parti des Carthaginois, et envoya contre lui une armée nombreuse sous la conduite de son fils, âgé seulement alors de dix-sept ans. Syphax, vaincu dans une bataille où l'on dit qu'il y eut trente mille hommes de tués, se sauva en Mauritanie ; mais dans la suite les choses changèrent bien de face.

<small>Liv. lib. 29, n. 29-34.</small>

Masinissa, ayant perdu son père, se trouva plusieurs fois réduit à la dernière extrémité, chassé de son royaume par un usurpateur, poursuivi vivement par Syphax, près à chaque moment de tomber entre les mains de ses ennemis, sans troupes, sans argent, sans ressources. Il était alors allié des Romains et ami de Scipion, avec qui il avait eu une entrevue en Espagne. Ses malheurs ne lui laissèrent pas le moyen d'amener de grands secours à ce général. Quand Lélius arriva en Afrique, Masinissa alla le joindre avec une petite troupe de cavaliers, et depuis ce temps-là il demeura toujours inviolablement attaché au parti des Romains. Syphax, au contraire, ayant épousé la fameuse Sophonisbe, fille d'Asdrubal, passa dans celui des Carthaginois. Liv. lib. 29, n. 23.

Le sort des deux princes changea encore une fois, mais sans retour. Syphax perd une grande bataille, et tombe vivant entre les mains de l'ennemi. Masinissa, vainqueur, attaque Cirta, capitale de son royaume, et s'en rend maître; mais il y trouve un danger plus grand que dans le combat, Sophonisbe, aux attraits et aux caresses de laquelle il ne peut résister. Pour la mettre en sûreté, il l'épouse; mais il est bientôt obligé, pour présent nuptial, de lui envoyer du poison, n'imaginant point d'autre voie de lui tenir sa parole et de la soustraire au pouvoir des Romains [1]. Lib. 30, n. 11 et 12.

C'était une faute considérable en elle-même, et qui d'ailleurs ne pouvait pas manquer de déplaire extrêmement à une nation fort jalouse de son autorité. Ce jeune prince la répara avantageusement par les services signalés qu'il rendit depuis à Scipion. Nous avons dit qu'après la défaite et la prise de Syphax il fut mis en possession du royaume de ce prince, et que les Carthaginois furent obligés de lui restituer tout ce qui lui appartenait. C'est ce qui donna lieu aux contestations dont il nous reste à parler. Liv. lib. 30, n. 44.

Un territoire situé vers le bord de la mer, près de la petite Syrte, en fut le sujet: c'était un pays très-fertile et très-riche; la preuve en est, que la seule ville de Leptis, qui y était située, payait chaque jour Liv. lib. 34, n. 62.

---

[1] On trouve beaucoup plus de détails sur ces événements, dans l'histoire romaine de Rollin. — L.

aux Carthaginois pour tribut un talent [1], c'est-à-dire mille écus. Masinissa s'était emparé d'une partie de ce territoire. De part et d'autre on envoya des députés à Rome, qui plaidèrent chacun leur cause dans le sénat. On jugea à propos d'envoyer sur les lieux Scipion l'Africain et deux autres commissaires pour examiner l'affaire ; ils revinrent sans avoir prononcé de jugement, et laissèrent tout en suspens. Peut-être agirent-ils ainsi par ordre du sénat; et c'était secrètement favoriser Masinissa, qui était en possession du territoire.

Liv. lib. 40, n. 17.
An. M. 3823
Rom. 567.

Dix ans après, de nouveaux commissaires, nommés pour examiner la même affaire, en usèrent comme les premiers, et ne décidèrent rien.

Liv. lib. 42, n. 23 et 24.
An. M. 3833
Rom. 577.

Après un pareil espace de temps, les Carthaginois portèrent encore leurs plaintes devant le sénat, mais avec beaucoup plus de force qu'auparavant. Ils représentèrent qu'outre les terres dont il s'était agi d'abord, Masinissa, dans les deux années précédentes, avait usurpé sur eux plus de soixante-dix places ou châteaux ; qu'ils avaient les mains liées par l'article du dernier traité, qui leur défendait de faire la guerre à aucun des alliés du peuple romain ; qu'ils ne pouvaient plus soutenir la fierté, l'avarice, la cruauté de ce prince ; qu'ils étaient envoyés pour demander au peuple romain qu'il lui plût d'ordonner de trois choses l'une : ou que l'affaire serait examinée et jugée dans le sénat; ou qu'il leur serait permis de repousser la force par la force, et de se défendre par la voie des armes ; ou que, si la faveur l'emportait sur la justice, il plût au peuple romain de marquer une fois pour toutes ce qu'il voulait qui fût donné à Masinissa des terres qui apparte-

---

[1] C'est par an 1,980,000 francs. — L.

naient aux Carthaginois; qu'au moins ils sauraient désormais à quoi s'en tenir, et que le peuple romain garderait quelque mesure à leur égard, au lieu que ce prince ne mettrait d'autres bornes à ses prétentions que son insatiable avidité. Les députés finirent par demander que si, depuis la conclusion de la paix, les Romains avaient quelque faute à leur reprocher, ils la punissent par eux-mêmes plutôt que de les abandonner à la discrétion d'un prince qui leur rendait et la liberté et la vie insupportables. Après ce discours, pénétrés de douleur, et versant des larmes en abondance, ils se prosternèrent par terre; spectacle qui toucha de compassion tous les assistants, et rendit Masinissa extrêmement odieux. On demanda à Gulussa son fils, qui était présent, ce qu'il avait à répliquer. Il répondit que le roi son père ne lui avait donné aucune instruction, ne sachant pas qu'on dût l'accuser; qu'il priait les Romains de faire réflexion que ce qui lui attirait la haine de Carthage, était l'inviolable fidélité qu'il avait toujours gardée à leur égard. Le sénat, après les avoir entendus, répondit qu'il était disposé à rendre à chacun d'eux la justice qui leur était due; que Gulussa eût à partir sur-le-champ pour avertir Masinissa d'envoyer au plus tôt des députés avec ceux de Carthage; que les Romains feraient pour lui tout ce qui dépendrait d'eux, mais sans faire tort aux autres; qu'il était juste de s'en tenir aux anciennes bornes, et que l'intention du peuple romain n'était pas que pendant la paix on enlevât par violence aux Carthaginois les terres et les villes qui leur avaient été laissées par le traité. On les renvoya ainsi de part et d'autre, après leur avoir fait les présents ordinaires.

> Polyb.
> pag. 951.

Tout cela n'était que des paroles. Il est visible qu'à Rome on ne se mettait point du tout en peine de satisfaire les Carthaginois ni de leur rendre justice, et qu'on y traînait exprès cette affaire en longueur, pour laisser à Masinissa le temps de s'affermir dans ses usurpations et d'affaiblir ses ennemis.

> App. de bel.
> pun. p. 37.
> An M. 3848
> Rom. 592.

On ordonna une nouvelle députation pour aller sur les lieux faire de nouvelles enquêtes. Caton était du nombre des commissaires. Quand ils furent arrivés, ils demandèrent aux parties si elles voulaient s'en rapporter à leur arbitrage. Masinissa y consentit volontiers. Les Carthaginois répondirent qu'ils avaient une règle fixe à laquelle ils s'en tenaient, qui était le traité conclu par Scipion, et demandèrent à être jugés en rigueur : on ne put donc rien décider. Les députés visitèrent tout le pays, qu'ils trouvèrent en fort bon état, sur-tout la ville de Carthage; et ils furent étonnés de la voir, si peu de temps après le malheur qui lui était arrivé, rétablie au point de grandeur et de puissance où elle était. A leur retour, ils ne manquèrent pas d'en rendre compte au sénat, déclarant que Rome ne serait jamais en sûreté tant que Carthage subsisterait; et depuis ce temps-là, sur quelque affaire qu'on délibérât dans le sénat, Caton ajoutait dans son avis, *et je conclus de plus qu'il faut détruire Carthage;* sans que ce grave sénateur se mît en peine de prouver que les seuls ombrages de la puissance d'un voisin soient des titres suffisants pour détruire une ville contre la foi des traités. Scipion Nasica pensait, au contraire, que la ruine de cette ville entraînerait celle de la république, parce que Rome, n'ayant plus de rivale à craindre, quitterait ses anciennes mœurs, et s'abandonnerait absolument au luxe et aux délices, qui sont la peste certaine des états les plus florissants.

Cependant la division se mit dans Carthage. La faction populaire, étant devenue supérieure à celle des grands et des sénateurs, exila quarante citoyens, et fit prêter serment au peuple que jamais il ne souffrirait qu'on parlât de rappeler les exilés. Ceux-ci se retirèrent chez Masinissa, qui envoya à Carthage deux de ses fils, Gulussa et Micipsa, pour solliciter leur rétablissement. On leur ferma les portes de la ville; et l'un d'eux même fut vivement poursuivi par Amilcar, l'un des généraux de la république. Nouveau sujet de guerre : on lève une armée de part et d'autre. La bataille se donne. Scipion le jeune, qui depuis ruina Carthage, en fut spectateur. Il était venu vers Masinissa de la part de Lucullus, qui faisait la guerre en Espagne, et sous qui il servait, pour lui demander des éléphants. Pendant tout le combat il se tint sur le haut d'une colline qui était tout près du lieu où il se donnait. Il fut étonné de voir Masinissa, âgé pour lors de plus de quatre-vingts ans, monté à cru sur un cheval, selon la coutume du pays, donner partout des ordres comme un jeune officier, et soutenir les fatigues les plus dures. Le combat fut très-opiniâtre, et dura depuis le matin jusqu'à la nuit : mais enfin les Carthaginois plièrent. Scipion disait dans la suite qu'il avait assisté à bien des batailles, mais que nulle ne lui avait fait tant de plaisir que celle-ci, où, tranquille et de sang-froid, il avait vu plus de cent mille hommes en venir ensemble aux mains et se disputer long-temps la victoire. Et, comme il était fort versé dans la lecture d'Homère, il ajoutait que jusqu'à son temps il n'avait été donné qu'à Jupiter et à Neptune de jouir d'un pareil

App. de bel. pun. p. 38.

spectacle, lorsque l'un du haut du mont Ida, l'autre du haut de la Samothrace, avaient eu le plaisir de voir un combat entre les Grecs et les Troyens. Je ne sais si la vue de cent mille hommes qui s'entre-coupent la gorge cause une joie bien pure, ni si cette joie peut subsister avec le sentiment d'humanité qui nous est naturel.

[Hom. Iliad. XIII, V. 12.]

Les Carthaginois, après le combat, prièrent Scipion de vouloir bien terminer leurs disputes avec Masinissa. Il écouta les deux parties. Les premiers consentaient à céder le territoire d'Emporium [1], qui avait fait le premier sujet du procès; à payer actuellement à Masinissa deux cents talents d'argent, et à y en ajouter dans la suite huit cents [2], en différents termes dont on conviendrait : mais, comme Masinissa demandait le rétablissement des exilés, les Carthaginois n'ayant point voulu écouter cette proposition, on se sépara sans rien conclure. Scipion, après avoir fait ses compliments et ses remercîments à Masinissa, partit avec les éléphants qu'il y était venu chercher.

App. de bell. puu. p. 40.

Le roi, depuis le combat, tenait le camp des ennemis enfermé sur une colline, où il ne pouvait leur arriver ni vivres ni troupes. Sur ces entrefaites arrivent des députés de Rome. Ils avaient ordre, en cas que Masinissa eût eu du dessous, de terminer l'affaire; autrement, de ne rien décider, et de donner de bonnes espérances au

App. de bell. puu. p. 40.

---

[1] D'après la manière dont Rollin s'exprime ici, il semblerait qu'*Emporium* était une ville. On appelait *Emporium* ou plutôt *Emporia* (τὰ Ἐμπόρια) une région d'Afrique, située le long de la petite Syrte, et d'une extrême fertilité, dont *Leptis* était la ville la plus considérable. (V. Polyb. I, c. 82, III, c. 23; Liv. XXXIV, c. 62, XXIX, c. 25; Appian. Bell. Pun. c. 72.) V. plus haut ce qui a été dit de *Leptis*, p. 371, 372. — L.

[2] C'est-à-dire 1,100,000 francs, et 4,400,000 francs. — L.

roi : et c'est ce dernier parti qu'ils suivirent. Cependant la famine augmentait tous les jours dans le camp des ennemis ; et, pour surcroît de malheur, la peste s'y joignit et fit un horrible ravage. Réduits à la dernière extrémité, ils se rendirent, avec promesse de livrer à Masinissa les transfuges, de lui payer cinq mille talents d'argent [1] dans l'espace de cinquante années, et de rétablir les exilés malgré le serment qu'ils avaient fait au contraire. Les soldats furent tous passés sous le joug, et renvoyés chacun avec un habit seulement. Gulussa, pour se venger du mauvais traitement que nous avons dit auparavant qu'il avait reçu, envoya contre eux un corps de cavalerie, dont ils ne purent ni éviter l'attaque, ni soutenir le choc, dans l'état de faiblesse où ils étaient. Ainsi de cinquante-huit mille hommes il en retourna fort peu à Carthage.

TROISIÈME GUERRE PUNIQUE.

La troisième guerre punique, moins considérable que les deux premières par le nombre et la grandeur des combats, et par la durée, qui ne fut guère que de quatre ans, le fut beaucoup plus par le succès et l'événement, puisqu'elle se termina par la ruine et la destruction de Carthage.

An. M. 3855
Carth. 697.
Rom. 599.
Av. J.C. 149.

Cette ville sentit bien, depuis sa dernière défaite, ce qu'elle avait à craindre des Romains, en qui elle avait toujours remarqué beaucoup de mauvaise volonté toutes les fois qu'elle s'était adressée à eux dans ses démêlés avec Masinissa. Pour en prévenir l'effet, les Carthaginois déclarèrent, par un décret du sénat, Asdrubal et Car-

App. p. 41, 42.

---

[1] C'est-à-dire 27,500,000 francs. = L.

thalon, qui avaient été, l'un général de l'armée, l'autre [1] commandant des troupes auxiliaires, coupables de crime d'état, comme étant les auteurs de la guerre contre le roi de Numidie; puis ils députèrent à Rome pour savoir ce qu'on pensait et ce qu'on souhaitait d'eux. On leur répondit froidement que c'était au sénat et au peuple de Carthage à voir quelle satisfaction ils devaient aux Romains.

N'ayant pu tirer d'autre réponse ni d'autre éclaircissement par une seconde députation, ils entrèrent dans une grande inquiétude; et, saisis d'une vive crainte par le souvenir des maux passés, ils croyaient déja voir l'ennemi à leurs portes, et se représentaient toutes les suites funestes d'un long siége et d'une ville prise d'assaut.

Plut. in vit. Cat. p. 352.

Cependant à Rome on délibérait dans le sénat sur le parti que devait prendre la république; et les disputes entre Caton l'ancien et Scipion Nasica, qui pensaient tout différemment sur ce sujet, se renouvelèrent. Le premier, à son retour d'Afrique, avait déja représenté vivement qu'il avait trouvé Carthage, non dans l'état où les Romains la croyaient, épuisée d'hommes et de biens, affaiblie et humiliée; mais au contraire remplie d'une florissante jeunesse, d'une quantité immense d'or et d'argent, d'un prodigieux amas de toutes sortes d'armes, et d'un riche appareil de guerre; et si fière et si pleine de confiance dans tous ces grands préparatifs, qu'il n'y avait rien de si haut à quoi elle ne portât son ambition et ses espérances. On dit même qu'après avoir tenu ce discours il jeta au milieu du sénat des figues d'Afrique qu'il avait dans le pan de sa robe; et que, comme les

---

[1] Les troupes étrangères avaient chacune des chefs de leur nation, qui, tous ensemble, étaient commandés par un officier carthaginois qu'Appien appelle βοήθαρχος.

sénateurs en admiraient la beauté et la grosseur, il leur dit : *Sachez qu'il n'y a que trois jours que ces fruits ont été cueillis. Telle est la distance qui nous sépare de l'ennemi.*

Plin. lib. 15, cap. 18.

Caton et Nasica avaient tous deux leurs raisons pour opiner comme ils faisaient. Nasica, voyant que le peuple était d'une insolence qui lui faisait commettre toutes sortes d'excès ; qu'enflé d'orgueil par ses prospérités, il ne pouvait plus être retenu par le sénat même, et que sa puissance était parvenue à un point, qu'il était en état d'entraîner par force la ville dans tous les partis qu'il voudrait embrasser ; Nasica, dis-je, dans cette vue, voulait lui laisser la crainte de Carthage comme un frein, pour modérer et réprimer son audace ; car il pensait que les Carthaginois étaient trop faibles pour subjuguer les Romains, et qu'ils étaient aussi trop forts pour en être méprisés. Caton, de son côté, trouvait que, par rapport à un peuple devenu fier et insolent par ses victoires, et qu'une licence sans bornes précipitait dans toutes sortes d'égarements, il n'y avait rien de plus dangereux que de lui laisser pour rivale et pour ennemie une ville jusque-là toujours puissante, mais devenue par ses malheurs mêmes plus sage et plus précautionnée que jamais, et de ne pas lui ôter entièrement toute crainte du dehors lorsqu'il avait au-dedans tous les moyens de se porter aux derniers excès.

Plut. in vit. Caton. p. 352

Mettant à part pour un moment les lois de l'équité, je laisse au lecteur à décider qui de ces deux grands hommes pensait plus juste selon les règles d'une politique éclairée, et par rapport aux véritables intérêts de l'état. Ce qui est certain, c'est que tous les [1] histo-

---

[1] « Ubi Carthago, et æmula imperii romani, ab stirpe interiit.....

riens ont remarqué que, depuis la destruction de Carthage, le changement de conduite et de gouvernement fut sensible à Rome ; que ce ne fut plus timidement et comme à la dérobée que le vice s'y glissa, mais qu'il leva la tête, et saisit avec une rapidité étonnante tous les ordres de la république, et qu'on se livra sans réserve, et sans plus garder de mesures, au luxe et aux délices, qui ne manquèrent pas, comme cela est inévitable, d'entraîner la ruine de l'état. « [1] Le premier
« Scipion, dit Paterculus en parlant des Romains,
« avait jeté les fondements de leur grandeur future ;
« le dernier, par ses conquêtes, ouvrit la porte à toutes
« sortes de déréglements et de dissolutions. Depuis que
« Carthage, qui tenait Rome en haleine en lui dispu-
« tant l'empire, eut été entièrement détruite, la déca-
« dence des mœurs n'alla plus lentement, ni par degrés,
« mais fut prompte et précipitée. »

App. p. 42. Quoi qu'il en soit, il fut résolu dans le sénat qu'on déclarerait la guerre aux Carthaginois : et les raisons ou les prétextes qu'on en apporta furent que, contre la teneur du traité, ils avaient conservé des vaisseaux, conduit une armée hors de leurs terres contre un prince allié de Rome, dont ils avaient maltraité le fils dans le temps même qu'il avait avec lui un ambassadeur romain.

fortuna sævire ac miscere omnia cœpit. » (SALLUST. *in bell. Catil.*) [c. 10.]

« Ante Carthaginem deletam, populus et senatus romanus placidè modestèque inter se rempublicam tractabant... metus hostilis in bonis artibus civitatem retinebat; sed ubi formido illa mentibus decessit, ilicet ea, quæ secundæ res amant, lascivia atque superbia incessère. » (Id. *in bell. Jugurth.*) [c. 41.]

[1] « Potentiæ Romanorum prior Scipio viam aperuerat; luxuriæ posterior aperuit. Quippè remoto Carthaginis metu, sublatàque imperii æmulâ ; non gradu, sed præcipiti cursu a virtute descitum, ad vitia transcursum. » (VELL. PATERC. lib. 2, cap. 1.)

Un événement, que le hasard fit tomber heureusement dans le temps qu'on délibérait sur l'affaire de Carthage, contribua sans doute beaucoup à faire prendre cette résolution. Ce fut l'arrivée des députés d'Utique, qui venaient se mettre, eux, leurs biens, leurs terres et leur ville, entre les mains des Romains. Rien ne pouvait arriver plus à propos. Utique était la seconde place d'Afrique, fort riche et fort opulente, qui avait un port également spacieux et commode, qui n'était éloignée de Carthage que de soixante stades [1], et qui pouvait servir de place d'armes pour l'attaquer. On n'hésita plus pour-lors, et la guerre fut déclarée dans les formes. On pressa les deux consuls de partir le plus promptement qu'il serait possible : c'étaient M. Manilius et L. Marcius Censorinus. Ils reçurent du sénat un ordre secret de ne terminer la guerre que par la destruction de Carthage. Ils partirent aussitôt, et s'arrêtèrent à Lilybée en Sicile. La flotte était considérable ; elle portait quatre-vingt mille hommes d'infanterie, et environ quatre mille de cavalerie.

App. bell. pun. pag. 42. An. M. 3856 Rom. 600.

Carthage ne savait point encore ce qui avait été résolu à Rome. La réponse que les députés en avaient rapportée n'avait servi qu'à y augmenter le trouble et l'inquiétude. C'était aux Carthaginois, leur avait-on dit, à voir par où ils pouvaient satisfaire les Romains. Ils ne savaient quel parti prendre. Enfin ils envoient encore de nouveaux députés, mais avec plein pouvoir de faire tout ce qu'ils jugeront à propos, et même (à quoi ils n'avaient jamais pu se résoudre dans les guerres précédentes) de déclarer que les Carthaginois s'abandonnaient, eux et tout ce qui leur appartenait, à la

Polyb. excerpt. legat. pag. 972.

---
[1] Trois lieues. = Deux lieues. — L.

discrétion des Romains. C'était, selon la force de cette formule, *se suaque eorum arbitrio permittere*, les rendre maîtres absolus de leur sort, et se reconnaître pour leurs vassaux. Ils n'attendaient point cependant un grand succès de cette démarche, quelque humiliante qu'elle fût pour eux, parce que ceux d'Utique, les ayant prévenus, leur avaient enlevé le mérite d'une prompte et volontaire soumission.

En arrivant à Rome, les députés apprirent que la guerre était déclarée, et que l'armée était partie. Rome avait dépêché un courrier à Carthage, qui y porta le décret du sénat, et déclara en même temps que la flotte était en mer. Ils n'eurent donc pas à délibérer, et se remirent, eux et tout ce qui leur appartenait, entre les mains des Romains. En conséquence de cette démarche, il leur fut répondu que, parce qu'enfin ils avaient pris le bon parti, le sénat leur accordait la liberté, l'usage de leurs lois, toutes leurs terres, et tous les autres biens que possédaient, soit les particuliers, soit la république, à condition que, dans l'espace de trente jours, ils enverraient en ôtage à Lilybée trois cents des jeunes gens les plus qualifiés de la ville, et qu'ils feraient ce que leur ordonneraient les consuls. Ce dernier mot les jeta dans une étrange inquiétude : mais le trouble où ils étaient ne leur permit pas de rien répliquer, ni de demander aucune explication ; et ç'aurait été bien inutilement. Ils partirent donc pour Carthage, et y rendirent compte de leur députation.

Polyb. excerp. legat. pag. 972.

Tous les articles du traité étaient affligeants : mais le silence gardé sur les villes, dont il n'était point fait mention dans le dénombrement de ce que Rome voulait bien leur laisser, les inquiéta extrêmement. Cependant il ne leur restait autre chose à faire que d'obéir : après les pertes anciennes et récentes qu'ils avaient faites, ils n'étaient pas en état de tenir tête à un tel ennemi, eux qui n'avaient pu résister à Masinissa; troupes, vivres, vaisseaux, alliés, tout leur manquait, l'espérance et le courage encore plus que tout le reste.

Ils ne crurent pas devoir attendre l'expiration du terme de trente jours qui leur avait été accordé : mais, pour tâcher de fléchir l'ennemi par la promptitude de leur obéissance, quoique pourtant ils n'osassent pas s'en flatter, ils firent partir sur-le-champ les ôtages; c'était l'élite et toute l'espérance des plus nobles familles de Carthage. Jamais spectacle ne fut plus touchant : on n'entendait que cris, on ne voyait que pleurs. Tout retentissait de gémissements et de lamentations; sur-tout les mères éplorées, toutes baignées de larmes, s'arrachaient les cheveux, se frappaient la poitrine, et, comme forcenées par la douleur et le désespoir, jetaient des hurlements capables de toucher les cœurs les plus durs. Ce fut encore tout autre chose dans le moment fatal de la séparation, lorsque, après les avoir conduits jusqu'au bord du vaisseau, elles leur faisaient les derniers adieux, ne comptant plus les revoir jamais, les baignaient de leurs larmes, ne se lassaient point de les embrasser, les tenaient étroitement serrés entre leurs bras sans pouvoir consentir à leur départ, en sorte qu'il fallut les leur arracher par force, ce qui était plus dur pour elles que si on leur eût arraché leurs propres entrailles. Quand ils furent arrivés en Sicile, on fit passer les ôtages à Rome; et les consuls dirent aux députés que, quand il seraient à Utique, ils leur feraient savoir les ordres de la république.

Dans de pareilles conjonctures il n'y a rien de plus cruel qu'une affreuse incertitude, qui, sans rien montrer en détail, laisse envisager tous les maux. Dès qu'on sut que la flotte était arrivée à Utique, les députés se rendirent au camp des Romains, marquant qu'ils venaient au nom de l'état pour recevoir leurs ordres, auxquels on était prêt à obéir en tout. Le consul, après avoir loué leur bonne disposition et leur obéissance, leur ordonna de lui livrer sans fraude et sans délai généralement toutes leurs armes. Ils y consentirent; mais ils le prièrent de faire réflexion à quel état il les réduisait, dans un temps où Asdrubal, qui n'était devenu leur ennemi qu'à cause de leur parfaite soumission aux ordres des Romains, était presque à leurs portes avec une armée de vingt mille hommes : on leur répondit que Rome y pourvoirait.

Cet ordre fut exécuté sur-le-champ. On vit arriver dans le camp une longue file de chariots chargés de tous les préparatifs de guerre qui étaient dans Carthage : deux cent mille armures complètes, un nombre infini de traits et de javelots, deux mille machines propres à lancer des pierres et des dards. Suivaient les députés de Carthage, accompagnés de ce que le sénat avait de plus respectables vieillards, et la religion de prêtres plus vénérables, pour tâcher d'exciter à la compassion les Romains dans ce moment critique où l'on allait prononcer leur sentence et décider en dernier lieu de leur sort. Le consul Censorinus, car ce fut toujours lui qui porta la parole, se leva un moment à leur arrivée avec quelques témoignages de bonté et de douceur; puis, reprenant tout-à-coup un air grave et sévère : « Je ne puis pas, leur dit-il, ne point louer

« votre promptitude à exécuter les ordres du sénat. Il
« m'ordonne de vous déclarer que sa dernière volonté
« est que vous sortiez de Carthage, qu'il a résolu de
« détruire, et que vous transportiez votre demeure dans
« quel endroit il vous plaira de votre domaine, pourvu
« que ce soit à quatre-vingts stades [1] de la mer! »

Quand le consul eut prononcé cet arrêt foudroyant, ce ne fut qu'un cri lamentable parmi les Carthaginois. Frappés comme d'un coup de tonnerre qui les étourdit sur-le-champ, ils ne savaient ni où ils étaient, ni ce qu'ils faisaient. Ils se roulaient dans la poussière, déchirant leurs habits, et ne s'expliquant que par des gémissements et des sanglots entrecoupés. Puis, revenus un peu à eux, ils tendaient leurs mains suppliantes, tantôt vers les dieux, tantôt vers les Romains, et imploraient leur miséricorde et leur justice pour un peuple qui allait être réduit au désespoir. Mais, comme tout était sourd à leurs prières, ils les convertirent bientôt en reproches et en imprécations, les faisant ressouvenir qu'il y avait des dieux vengeurs aussi-bien que témoins des crimes et de la perfidie. Les Romains ne purent refuser des larmes à un spectacle si touchant; mais leur parti était pris : les députés ne purent même obtenir qu'on sursît l'exécution de l'ordre jusqu'à ce qu'ils se fussent encore présentés au sénat pour tâcher d'en obtenir la révocation. Il fallut partir, et porter la réponse à Carthage.

App.
pag. 46-53.

On les y attendait avec une impatience et un tremblement qui ne se peuvent exprimer. Ils eurent bien de la peine à percer la foule qui s'empressait autour d'eux pour savoir la réponse, qu'il n'était que trop aisé

App.
pag. 53-54.

---

[1] Quatre lieues. = 2 lieues ⅔. — L.

de lire sur leurs visages. Quand ils furent arrivés dans le sénat, et qu'ils eurent exposé l'ordre cruel qu'ils avaient reçu, un cri général apprit au peuple quel était son sort ; et dès ce moment ce ne fut plus dans toute la ville que hurlements, que désespoir, que rage et que fureur.

Qu'il me soit permis de m'arrêter ici un moment pour faire quelque attention sur la conduite des Romains. Je ne puis assez regretter que le fragment de Polybe où cette députation est rapportée finisse précisément dans l'endroit le plus intéressant de cette histoire ; et j'estimerais beaucoup plus une courte réflexion d'un auteur si judicieux, que les longues harangues qu'Appien met dans la bouche des députés et dans celle du consul. Or, je ne puis croire que Polybe, plein de bon sens, de raison et d'équité comme il était, eût pu approuver, dans l'occasion dont il s'agit, le procédé des Romains [1]. On n'y reconnaît point, ce me semble, leur ancien caractère ; cette grandeur d'ame, cette noblesse, cette droiture ; cet éloignement déclaré des petites ruses, des déguisements, des fourberies, qui ne sont point, comme il est dit quelque part, du génie romain : *minime romanis artibus*. Pourquoi ne point attaquer les Carthaginois à force ouverte ? Pourquoi leur déclarer nettement par un traité, qui est une chose sacrée, qu'on leur accorde la liberté et l'usage de leurs lois, en sous-entendant des conditions qui en sont la ruine entière ? Pourquoi cacher, sous la honteuse réticence du mot de *ville*, dans ce traité, le perfide dessein de détruire Carthage ; comme si, à l'ombre de cette équi-

---

[1] Rollin me paraît s'exprimer ici avec trop de réserve : il n'a pas dé- peint sous des couleurs assez noires l'infame conduite des Romains. — L.

voque, ils le pouvaient faire avec justice? Pourquoi enfin ne leur faire la dernière déclaration qu'après avoir tiré d'eux, à différentes reprises, leurs ôtages et leurs armes, c'est-à-dire après les avoir mis absolument hors d'état de leur rien refuser? N'est-il pas visible que Carthage, après tant de pertes, tant de défaites, tout affaiblie et épuisée qu'elle est, fait encore trembler les Romains, et qu'ils ne croient pas la pouvoir dompter par la voie des armes? Il est bien dangereux d'être assez puissant pour commettre impunément l'injustice, et pour en espérer même de grands avantages. L'expérience de tous les empires nous apprend qu'on ne manque guère de la commettre quand on la croit utile.

L'éloge magnifique que Polybe fait des Achéens est bien éloigné de ce que nous voyons ici. Ces peuples, dit-il, loin d'employer des ruses et des tromperies à l'égard de leurs alliés pour augmenter leur puissance, ne croyaient pas même qu'il leur fût permis d'en user contre leurs ennemis, et ne comptaient pour solide et glorieuse victoire que celle qui se remporte les armes à la main par le courage et la bravoure. Il avoue, dans le même endroit, qu'il ne reste plus chez les Romains que de légères traces de l'ancienne générosité de leurs pères; et il se croit obligé, dit-il, de faire cette remarque contre un principe devenu fort commun de son temps parmi ceux qui étaient chargés du gouvernement, qui croyaient que la bonne foi n'est point compatible avec la bonne politique, et qu'il est impossible de réussir dans l'administration des affaires publiques, soit en guerre, soit en paix, sans employer quelquefois la fraude et la tromperie.

Polyb. l. 13, p. 671, 672.

Je reviens à mon sujet. Les consuls ne se hâtèrent pas de marcher contre Carthage, ne s'imaginant pas qu'ils eussent rien à craindre d'une ville désarmée. On y profita de ce délai pour se mettre en état de défense; car il fut résolu d'un commun accord de ne point abandonner la ville. On nomma pour général, au-dehors, Asdrubal, qui était à la tête de vingt mille hommes, vers qui l'on députa pour le prier d'oublier en faveur de la patrie l'injustice qu'on lui avait faite par la crainte des Romains : on donna le commandement des troupes, dans la ville, à un autre Asdrubal, petit-fils de Masinissa : puis on fabriqua des armes avec une promptitude incroyable. Les temples, les palais, les places publiques, furent changés en autant d'ateliers : hommes et femmes y travaillaient jour et nuit. On faisait chaque jour cent quarante boucliers, trois cents épées, cinq cents piques ou javelots, mille traits, et un grand nombre de machines propres à les lancer; et, parce qu'on manquait de matières pour faire les cordes, les femmes coupèrent leurs cheveux, et en fournirent abondamment.

Masinissa était mécontent de ce qu'après qu'il avait extrêmement affaibli les forces des Carthaginois, les Romains venaient profiter de sa victoire, sans même qu'ils lui eussent fait part en aucune sorte de leur dessein ; ce qui causa entre eux quelque refroidissement.

Cependant les consuls s'avancent vers la ville pour en former le siége. Ils ne s'étaient attendus à rien moins qu'à y trouver une vigoureuse résistance; et la hardiesse incroyable des assiégés les jeta dans un grand étonnement. Ce n'étaient que sorties fréquentes et vives pour repousser les assiégeants, pour brûler les machines, pour harceler les fourrageurs. Censorinus attaquait la ville d'un côté, et Manilius de l'autre. Scipion, surnommé depuis l'*Africain*, servait alors en qualité de tribun, et se distinguait parmi tous les officiers autant par sa prudence que par sa bravoure. Le consul sous qui il commandait fit plusieurs fautes pour n'avoir pas voulu suivre ses avis. Ce jeune officier tira les troupes de plusieurs mauvais pas où l'imprudence des chefs les avait engagées. Un célèbre Phaméas, chef de la cavalerie ennemie, qui harcelait sans cesse et incommodait beaucoup les fourrageurs, n'osait paraître en campagne quand le tour de Scipion était venu pour les soutenir; tant il savait contenir ses troupes dans l'ordre, et se poster avantageusement. Une si grande et si générale réputation lui attira de l'envie; mais, comme il se conduisait en tout avec beaucoup de modestie et de retenue, elle se changea bientôt en admiration; de sorte que, quand le sénat envoya des députés dans le camp pour s'informer de l'état du siége, toute l'armée se réunit pour lui rendre un témoignage favorable, soldats, officiers, généraux même, et ce ne fut qu'une voix pour relever le mérite du jeune Scipion : tant il est important d'amortir, pour parler ainsi, l'éclat d'une gloire naissante par des manières douces et modestes, et de ne pas irriter la jalousie par des airs de hauteur et de suffisance, dont l'effet naturel est de réveiller dans les autres l'amour-propre, et de rendre la vertu même odieuse.

Dans le même temps Masinissa, se voyant près de mourir, pria Scipion de vouloir bien venir lui rendre une visite, afin qu'il pût lui mettre en main un plein pouvoir de disposer comme il le jugerait à propos de

App. p. 63.
An. M. 3857
Rom. 601.

son royaume et de ses biens en faveur des enfants qu'il laissait. Il le trouva mort en arrivant. Ce prince leur avait commandé en mourant de s'en rapporter pour toutes choses à ce que réglerait Scipion, qu'il leur laissait pour père et pour tuteur. Je diffère à parler ailleurs avec plus d'étendue de la famille et de la postérité de Masinissa, pour ne point interrompre trop long-temps l'histoire de Carthage.

Pag. 65. L'estime que Phaméas avait conçue pour Scipion l'engagea à quitter le parti des Carthaginois pour embrasser celui des Romains. Il vint se rendre à lui avec plus de deux mille cavaliers, et il fut dans la suite d'un grand secours aux assiégeants.

Pag. 66. Calpurnius Pison, consul, et L. Mancinus son lieutenant, arrivèrent en Afrique au commencement du printemps. La campagne se passa sans qu'ils fissent rien de considérable; ils eurent même du dessous en plusieurs occasions, et ils ne poussèrent que lentement le siége de Carthage. Les assiégés, au contraire, avaient repris courage; leurs troupes augmentaient considérablement; ils faisaient tous les jours de nouveaux alliés. Ils envoyèrent jusque dans la Macédoine vers le faux Philippe [1], qui se faisait passer pour le fils de Persée, et qui faisait pour lors la guerre aux Romains, l'exhortant de la presser vivement, et lui promettant de lui fournir de l'argent et des vaisseaux.

App. p. 68. Ces nouvelles causèrent de l'inquiétude à Rome. On commença à craindre le succès d'une guerre qui devenait de jour en jour plus douteuse et plus importante qu'on ne se l'était d'abord imaginé. Autant qu'on était

---

[1] Andriscus.

mécontent de la lenteur des généraux, et qu'on parlait mal d'eux, autant chacun s'empressait à dire du bien du jeune Scipion, et à vanter ses rares vertus. Il était venu à Rome pour demander l'édilité. Dès qu'il parut dans l'assemblée, son nom, son visage, sa réputation, la croyance commune que les dieux le destinaient pour terminer la troisième guerre punique, comme le premier Scipion, son grand-père adoptif, avait terminé la seconde, tout cela frappa extrêmement le peuple; et, quoique la chose fût contre les lois, et que par cette raison les anciens s'y opposassent, au lieu de l'édilité qu'il demandait, le peuple lui donna le consulat, laissant dormir les lois pour cette année, et voulut qu'il eût l'Afrique pour département, sans tirer les provinces au sort comme c'était la coutume, et comme Drusus son collègue demandait qu'on le fît.

An. M. 3858
Rom. 602.

Dès que Scipion eut achevé ses recrues, il partit pour la Sicile, et arriva bientôt après à Utique. Ce fut fort à propos pour Mancinus, lieutenant de Pison, qui s'était engagé témérairement dans un poste où les ennemis le tenaient enfermé, et où ils allaient le tailler en pièces le matin même, si le nouveau consul, qui apprit en arrivant le danger où il était, n'eût fait remonter de nuit ses troupes dans ses vaisseaux, et n'eût volé à son secours.

App. p. 69.

Le premier soin de Scipion, à son arrivée, fut de rétablir parmi les troupes la discipline, qu'il y trouva entièrement ruinée : nul ordre, nulle subordination, nulle obéissance; on ne songeait qu'à piller, qu'à faire bonne chère, et qu'à se divertir. Il chassa du camp toutes les bouches inutiles, régla la qualité des viandes que les vivandiers pourraient apporter, et n'en voulut

Pag. 70.

point d'autres que de simples et de militaires, écartant avec soin tout ce qui sentait le luxe et les délices.

Quand il eut bien établi cette réforme, qui ne lui coûta pas beaucoup de temps ni de peine, parce qu'il donnait l'exemple aux autres, il compta pour lors avoir des soldats, et songea sérieusement à pousser le siége. Ayant fait prendre à ses troupes des haches, des leviers et des échelles, il les conduisit de nuit, en grand silence, vers une partie de la ville appelée *Mégare;* et, ayant fait jeter tout d'un coup de grands cris, il l'attaqua fort vivement. Les ennemis, qui ne s'attendaient pas à être attaqués de nuit, furent d'abord fort effrayés ; mais ils se défendirent avec beaucoup de courage, et Scipion ne put point escalader les murs. Mais, ayant aperçu une tour qu'on avait abandonnée, qui était hors de la ville, fort près des murs, il y envoya un nombre de soldats hardis et déterminés, qui, par le moyen des pontons, passèrent de la tour sur les murs, entrèrent dans Mégare, et en brisèrent les portes. Scipion y entra dans le moment, chassa de ce poste les ennemis, qui, troublés par cette attaque imprévue, et croyant que toute la ville avait été prise, s'enfuirent dans la citadelle, et y furent suivis par ces troupes mêmes qui campaient hors de la ville, qui abandonnèrent leur camp aux Romains, et crurent devoir aussi se mettre en sûreté.

Avant que de passer outre, je dois donner ici quelque idée de la situation et de la grandeur de Carthage, qui contenait, au commencement de la guerre contre les Romains, sept cent mille habitants. Elle était située dans le fond d'un golfe, environnée de mer en forme d'une presqu'île, dont le col, c'est-à-dire l'isthme qui

App. p. 56 et 57.
Strab. l. 17, pag. 832.

la joignait au continent, était large d'une lieue et un quart (vingt-cinq stades)[1]. La presqu'île avait de circuit dix-huit lieues (trois cent soixante stades). Du côté de l'occident il en sortait une longue pointe de terre, large à peu près de douze toises (un demi stade[2]), qui, s'avançant dans la mer, la séparait d'avec le marais, et était fermée de tous côtés de rochers et d'une simple muraille[3]. Du côté du midi et du continent, où était la citadelle, appelée *Byrsa*, la ville était close d'une triple muraille haute de trente coudées[4], sans les parapets et les tours qui la flanquaient tout à l'entour par égales distances, éloignées l'une de l'autre de quatre-vingts toises. Chaque tour avait quatre étages : les murailles n'en avaient que deux ; elles étaient voûtées, et dans le bas il y avait des étables pour mettre trois cents éléphants, avec les choses nécessaires pour leur

---

[1] 25 stades, selon Appien (*Bell. pun.* § 95) et Polybe (I, c. 73, § 5); mais Strabon dit 60 stades (XVII, p. 832). Au lieu de 360 stades, mesure que cet auteur donne à la circonférence de la presqu'île, Tite-Live ne lui donne que 23 milles, qui font 184 stades (Tit.-Liv. *Épit. lib.* LI), ou la moitié environ : comme les mesures de Strabon sont ici le double environ de celles des autres auteurs, il est vraisemblable que cette différence provient de ce qu'elles sont exprimées dans un stade dont le module était de moitié plus court. D'après cette hypothèse, prenant les mesures de Tite-Live, de Polybe et d'Appien pour base, on trouve que Carthage avait 6 lieues $\frac{4}{10}$ de tour; et que la largeur de l'isthme était de $\frac{5}{6}$ de lieue. — L.

[2] Un demi-stade équivaut à 92 mètres ou 47 toises ; et non pas à *douze toises*. — L.

[3] Le texte que Rollin avait sous les yeux est altéré; il y existe une lacune que M. Schweighæuser a très-bien remplie : ταινία στενὴ καὶ ἐπιμήκης, ἡμισταδίου μάλιστα τὸ πλάτος, ἐπὶ δυσμὰς ἐχώρει, μέση λίμνης τε καὶ τῆς Θαλάσσης........ ἁπλῷ τείχει περίκρημνα ὄντα (*Bell. pun.* § 95). Cet habile éditeur propose de lire : καὶ περιτετείχιστο τῆς πόλεως τὰ μὲν πρὸς Θαλάσσης ἁπλῷ τείχει περίκρημνα ὄντα, c. à. d. « la « partie qui regarde la mer était « entourée d'un mur simple, parce « que des escarpements la bordaient « de toutes parts. » — L.

[4] C. à. d. 13 mètres 83 centim. — L.

subsistance, et des écuries au-dessus pour quatre mille chevaux, et les greniers pour leur nourriture. Il s'y trouvait aussi de quoi y loger vingt mille fantassins et quatre mille cavaliers. Enfin tout cet appareil de guerre était renfermé dans les seules murailles[1]. Il n'y avait qu'un seul endroit de la ville dont les murs fussent faibles et bas; c'était un angle négligé, qui commençait à la pointe de terre dont nous avons parlé, et continuait jusqu'aux ports, qui étaient du côté du couchant. Il y en avait deux qui se communiquaient l'un à l'autre, mais qui n'avaient qu'une seule entrée, large de soixante-dix pieds[2], et fermée avec des chaînes. Le premier était pour les marchands, où l'on trouvait plusieurs et diverses demeures pour les matelots; l'autre était le port intérieur pour les navires de guerre, au milieu duquel on voyait une île, nommée *Cothon*[3], bordée, aussi-bien que le port, de grands quais, mais où il y avait des loges séparées pour mettre à couvert deux cent vingt navires, et des magasins au-dessus, où l'on gardait tout ce qui est nécessaire à l'armement et à l'équipement des vaisseaux. L'entrée de chacune de ces loges, destinées à retirer les vaisseaux, était ornée de deux colonnes de marbre d'ouvrage ionique : de sorte que tant le port que l'île représentaient des deux côtés deux magnifiques galeries. Dans cette île était le palais de l'amiral; et, comme elle était vis-à-vis de l'entrée du port, il pouvait de là découvrir tout ce qui se passait dans la mer, sans que de la mer on pût rien

---

[1] Le texte dit à 2 plèthres de distance les unes des autres, ou un tiers de stade, c'est 61 mètr. 7, ou un peu plus de 32 toises. — L.

[2] 21 mètr. 56 — L.

[3] J'ai dressé un plan de ce port *Cothon*, pour la traduction de Strabon (T. V, p. 473). J'y renvoie.
— L.

voir de ce qui se faisait dans l'intérieur du port. Les marchands de même n'avaient aucune vue sur les vaisseaux de guerre, les deux ports étant séparés par une double muraille; et il y avait dans chacun une porte particulière pour entrer dans la ville, sans passer par l'autre port. On peut donc distinguer trois parties dans Carthage : le port, qui était double, appelé quelquefois *Cothon*, à cause de la petite île de ce nom; la citadelle, appelée *Byrsa*; la ville proprement dite, où demeuraient les habitants, qui environnait la citadelle, et était nommée *Mégara*.

Boch. in
Phal. p. 512.

Asdrubal [1], au point du jour, voyant la honteuse déroute de ses troupes, pour se venger des Romains, et en même temps pour ôter aux habitants toute espérance d'accommodement et de pardon, fit avancer sur le mur tout ce qu'il avait de prisonniers romains, en sorte qu'ils fussent à portée d'être vus de toute l'armée. Là, il n'y eut point de supplices qu'il ne leur fît souffrir : on leur crevait les yeux; on leur coupait le nez, les oreilles, les doigts; on leur arrachait toute la peau de dessus le corps avec des peignes de fer; et, après les avoir ainsi tourmentés, on les précipitait du haut des murs en bas. Un traitement si cruel fit horreur aux Carthaginois; mais il ne les épargnait pas eux-mêmes, et il fit égorger plusieurs des sénateurs qui osèrent s'opposer à sa tyrannie.

App. p. 72.

Scipion, se voyant maître absolu de l'isthme, brûla le camp que les ennemis avaient abandonné, et en construisit un nouveau pour ses troupes. Il était de

Pag. 73.

---

[1] C'est celui qui commandait hors de la ville, et qui, ayant fait périr un autre Asdrubal, petit-fils de Masinissa, s'était fait donner le commandement dans la ville même. — L.

forme carrée, environné de grands et de profonds retranchements armés de bonnes palissades. Du côté des Carthaginois il éleva un mur haut de douze pieds, flanqué, d'espace en espace, de tours et de redoutes; et sur la tour qui était au milieu s'en élevait une autre de bois fort haute, d'où l'on découvrait tout ce qui se passait dans la ville. Ce mur occupait toute la largeur de l'isthme, c'est-à-dire vingt-cinq stades [1]. Les ennemis, qui étaient à portée du trait, firent tous leurs efforts pour empêcher cet ouvrage; mais, comme toute l'armée y travaillait sans relâche jour et nuit, il fut achevé en vingt-quatre jours. Scipion en tira un double avantage : premièrement, parce que ses troupes étaient logées plus sûrement et plus commodément ; en second lieu, parce qu'il coupa par ce moyen les vivres aux assiégés, à qui l'on n'en pouvait plus porter que par mer, ce qui souffrait de très-grandes difficultés, tant à cause que la mer de ce côté-là est souvent orageuse, que par la garde exacte que faisait la flotte romaine. Et ce fut là une des principales causes de la famine qui se fit bientôt sentir dans la ville. D'ailleurs Asdrubal ne distribuait le blé qui lui arrivait qu'aux trente mille hommes de troupes qui servaient sous lui, se mettant peu en peine du reste de la multitude.

Pour leur couper encore davantage les vivres, Scipion entreprit de fermer l'entrée du port par une levée qui commençait à cette langue de terre dont nous avons parlé, laquelle était assez près du port. L'entreprise d'abord parut folle aux assiégés, et ils insultaient aux travailleurs ; mais, quand ils virent que l'ouvrage avançait extraordinairement chaque jour, ils

---

[1] Une lieue et un quart. = Voyez la note, p. 393. — L.

commencèrent véritablement à craindre, et songèrent à prendre des mesures pour le rendre inutile : femmes et enfants, tout le monde se mit à travailler; mais avec un tel secret, que Scipion ne put jamais rien apprendre par les prisonniers de guerre, qui rapportaient seulement qu'on entendait beaucoup de bruit dans le port, mais sans qu'on sût pourquoi. Enfin, tout étant prêt, les Carthaginois ouvrirent tout d'un coup une nouvelle entrée d'un autre côté du port, et parurent en mer avec une flotte assez nombreuse, qu'ils venaient tout récemment de construire des vieux matériaux qui se trouvèrent dans les magasins. On convient que, s'ils avaient été sur-le-champ attaquer la flotte romaine, ils s'en seraient infailliblement rendus maîtres, parce que, comme on ne s'attendait à rien de tel, et que tout le monde était occupé ailleurs, ils l'auraient trouvée sans rameurs, sans soldats, sans officiers; mais, dit l'historien, il était arrêté que Carthage serait détruite : ils se contentèrent donc de faire comme une insulte et une bravade aux Romains, et rentrèrent dans le port. [Strab. xvii, p. 833.]

Deux jours après ils firent avancer leurs vaisseaux pour se battre tout de bon, et ils trouvèrent l'ennemi bien disposé. Cette bataille devait décider du sort des deux partis; elle fut longue et opiniâtre, les troupes de côté et d'autre faisant des efforts extraordinaires, celles-là pour sauver leur patrie réduite aux abois, celles-ci pour achever leur victoire. Dans le combat, les brigantins des Carthaginois, se coulant par-dessous le bord des grands vaisseaux des Romains, leur rompaient tantôt la poupe, tantôt le gouvernail, et tantôt les rames; et, s'ils se trouvaient pressés, ils se retiraient avec une promptitude merveilleuse pour revenir incon- App. p. 75.

tinent à la charge. Enfin, les deux armées ayant combattu avec égal avantage jusqu'au soleil couchant, les Carthaginois jugèrent à propos de se retirer, non qu'ils se comptassent vaincus, mais pour recommencer le lendemain. Une partie de leurs vaisseaux, ne pouvant entrer assez promptement dans le port, parce que l'entrée en était trop étroite, se retira devant une terrasse fort spacieuse qu'on avait faite contre les murailles pour y descendre les marchandises, sur le bord de laquelle on avait élevé un petit rempart durant cette guerre, de peur que les ennemis ne s'en saisissent. Là le combat recommença encore plus vivement que jamais, et dura bien avant dans la nuit : les Carthaginois y souffrirent beaucoup, et ce qui leur resta de vaisseaux se réfugia dans la ville. Le matin étant venu, Scipion attaqua la terrasse; et, s'en étant rendu maître avec beaucoup de peine, il s'y logea, s'y fortifia, et y fit faire une muraille de brique du côté de la ville, fort proche des murs, et de pareille hauteur. Quand elle fut achevée, il y fit monter quatre mille hommes, avec ordre de lancer sans cesse des traits et des dards sur les ennemis, qui en étaient fort incommodés, à cause que, les deux murs étant d'une hauteur égale, ils ne jetaient presque aucun trait inutilement. Ainsi fut terminée cette campagne.

Pag. 78. Pendant les quartiers d'hiver, Scipion s'appliqua à se débarrasser des troupes de dehors, qui incommodaient fort ses convois, et facilitaient ceux qu'on envoyait aux assiégés. Pour cela il attaqua une place voisine, nommée *Néphéris*, qui leur servait de retraite. Dans une dernière action, il périt du côté des ennemis plus de soixante-dix mille hommes, tant soldats que paysans ramassés; et la place fut emportée avec beaucoup de peine, après vingt-deux jours de siége. Cette prise fut suivie de la reddition de presque toutes les places d'Afrique, et contribua beaucoup à la prise même de Carthage, où depuis ce temps-là il n'etait presque plus possible de faire entrer des vivres.

Au commencement du printemps, Scipion attaqua en même temps le port appelé *Cothon* et la citadelle. S'étant rendu maître de la muraille qui environnait ce port, il se jeta dans la grande place de la ville, qui en était proche, d'où l'on montait à la citadelle par trois rues en pente, bordées de côté et d'autre d'un grand nombre de maisons, du haut desquelles on lançait une grêle de dards sur les Romains, qui furent contraints, avant que de passer outre, de forcer les premières maisons, et de s'y poster, pour pouvoir de là chasser ceux qui combattaient des maisons voisines. Le combat au haut et au bas des maisons dura pendant six jours, et le carnage fut horrible. Pour nettoyer les rues et en faciliter le passage aux troupes, on tirait avec des crocs les corps des habitants qu'on avait tués ou précipités du haut des maisons, et on les jetait dans des fosses, la plupart encore vivants et palpitants. Dans ce travail, qui dura six jours et six nuits, les soldats étaient relevés de temps en temps par d'autres tout frais, sans quoi ils auraient succombé à la fatigue : il n'y eut que Scipion qui pendant tout ce temps-là ne dormit point, donnant partout les ordres, et s'accordant à peine le temps de prendre quelque nourriture.

App. p. 79.
An. M. 3859
Rom. 603.

Il y avait tout lieu de croire que ce siége durerait encore long-temps et coûterait beaucoup de sang. Mais le septième jour on vit paraître des hommes en habits de

Pag. 81.

suppliants, qui demandaient pour toute composition qu'il plût aux Romains de donner la vie à tous ceux qui voudraient sortir de la citadelle : ce qui leur fut accordé, à la réserve seulement des transfuges. Il sortit cinquante mille tant hommes que femmes, qu'on fit passer vers les champs avec bonne garde. Les transfuges, qui étaient environ neuf cents, voyant qu'il n'y avait point de quartier à espérer pour eux, se retranchèrent dans le temple d'Esculape avec Asdrubal, sa femme et ses deux enfants, où, quoiqu'ils fussent en petit nombre, ils pouvaient se défendre long-temps, parce que le lieu était fort élevé, assis sur des rochers, et qu'on y montait par soixante degrés : mais enfin, pressés de la faim, des veilles et de la crainte, et voyant leur perte prochaine, l'impatience les saisit, et, abandonnant le bas du temple, ils se retirèrent au dernier étage, résolus de ne le quitter qu'avec la vie.

Cependant Asdrubal, songeant à sauver la sienne, descendit secrètement vers Scipion, portant en main une branche d'olivier, et se jeta à ses pieds. Scipion le fit voir aussitôt aux transfuges, qui, transportés de fureur et de rage, vomirent contre lui mille injures, et mirent le feu au temple. Pendant qu'on l'allumait, on dit que la femme d'Asdrubal se para le mieux qu'elle put, et, se mettant à la vue de Scipion avec ses deux enfants, lui parla à haute voix en cette sorte : « Je ne « fais point d'imprécations contre toi, ô Romain, car « tu ne fais qu'user des droits de la guerre ; mais « puissent les dieux de Carthage, et toi de concert avec « eux, punir comme il le mérite ce perfide qui a trahi « sa patrie, ses dieux, sa femme et ses enfants ! » Puis, adressant la parole à Asdrubal : « Scélérat, dit-elle,

« perfide, le plus lâche de tous les hommes, ce feu va
« nous ensevelir moi et mes enfants; pour toi, indigne
« capitaine de Carthage, va orner le triomphe de ton
« vainqueur, et subir à la vue de Rome la peine que tu
« mérites. » Après ces reproches elle égorgea ses enfants,
les jeta dans le feu, puis s'y précipita elle-même : tous
es transfuges en firent autant.

Pour Scipion, voyant cette ville, qui avait été si App. p. 82.
florissante pendant sept cents ans, comparable aux plus
grands empires par l'étendue de sa domination sur mer
et sur terre, par ses armées nombreuses, par ses flottes,
par ses éléphants, par ses richesses; supérieure même
aux autres nations par le courage et la grandeur d'ame;
qui, toute dépouillée qu'elle était d'armes et de vaisseaux, lui avait fait soutenir pendant trois années
entières toutes les misères d'un long siége : voyant,
dis-je, alors cette ville absolument ruinée, on dit qu'il
ne put refuser des larmes à la malheureuse destinée de
Carthage. Il considérait que les villes, les peuples, les
empires, sont sujets aux révolutions aussi-bien que les
hommes en particulier; que la même disgrace était
arrivée à Troie, jadis si puissante, et depuis aux Assyriens, aux Mèdes, aux Perses, dont la domination
s'étendait si loin; et tout récemment encore aux
Macédoniens, dont l'empire avait jeté un si grand éclat.
Plein de ces lugubres pensées, il prononça deux vers
d'Homère, dont le sens est : [1] *Il viendra un temps
où la ville sacrée de Troie et le belliqueux Priam et
son peuple périront;* désignant par ces vers le sort futur

---

[1]. Ἔσσεται ἦμαρ ὅταν ποτ' ὀλώλῃ Ἴλιος ἱρή,
Καὶ Πρίαμος, καὶ λαὸς ἐϋμμελίω Πριάμοιο.
Iliad. lib. VI [v. 448].

de Rome, comme il l'avoua à Polybe, qui lui en demanda l'explication.

S'il avait été éclairé des lumières de la vérité, il aurait su ce que nous apprend l'écriture : « qu'un « royaume est transféré d'un peuple à un autre à cause « des injustices, des violences, des outrages qui s'y « commettent, et de la mauvaise foi qui y règne en « différentes manières. » Carthage est détruite parce que l'avarice, la perfidie, la cruauté, y étaient montées à leur comble. Rome aura le même sort, lorsque son luxe, son ambition, son orgueil, ses injustes usurpations, palliées sous le faux dehors de vertu et de justice, auront forcé le souverain maître et distributeur des empires à donner par sa chute une grande leçon à l'univers.

Carthage ayant été prise de la sorte, Scipion en abandonna le pillage aux soldats pendant quelques jours, à la réserve de l'or, de l'argent, des statues, et des autres offrandes qui se trouveraient dans les temples. Ensuite il leur distribua plusieurs récompenses militaires, aussi-bien qu'aux officiers, parmi lesquels deux s'étaient sur-tout distingués, Tib. Gracchus, et C. Fannius, qui les premiers avaient escaladé le mur. Il fit parer des dépouilles des ennemis un navire fort léger, et l'envoya à Rome porter la nouvelle de la victoire.

En même temps, il fit savoir aux habitants de la Sicile qu'ils eussent chacun à venir reconnaître et reprendre les tableaux et les statues que les Carthaginois leur avaient enlevés dans les guerres précédentes ; et, en rendant à ceux d'Agrigente [1] le fameux taureau de

---

[1] « Quem taurum Scipio quum redderet Agrigentinis, dixisse dicitur, æquum esse illos cogitare utrùm esset Siculis utilius, suisne servire, an

Phalaris, il leur dit que ce taureau, qui était en même temps un monument de la cruauté de leurs anciens rois et de la bonté de leurs nouveaux maîtres, devait leur apprendre s'il leur serait plus avantageux d'être sous le joug des Siciliens que sous le gouvernement du peuple romain.

Ayant mis en vente une partie des dépouilles qu'on avait trouvées à Carthage, il fit de sévères defenses à ses gens de rien prendre, ni même de rien acheter de ces dépouilles, tant il était attentif à écarter de sa personne et de sa maison jusqu'au plus léger soupçon d'intérêt.

Quand la nouvelle de la prise de Carthage fut arrivée à Rome, on s'y livra sans mesure au sentiment de la joie la plus vive, comme si ce n'eût été que de ce moment que le repos public fût assuré. On repassait dans son esprit tous les maux qu'on avait soufferts de la part des Carthaginois en Sicile, en Espagne, et même en Italie pendant seize ans consécutifs, durant lesquels Annibal avait saccagé quatre cents villes, fait périr en diverses rencontres trois cent mille hommes, et réduit Rome même à la dernière extrémité. Dans le souvenir de ces maux, on se demandait l'un à l'autre s'il était donc bien vrai que Carthage fût ruinée. Tous les ordres témoignèrent à l'envi leur reconnaissance envers les dieux, et la ville, pendant plusieurs jours, ne fut occupée que de sacrifices solennels, de prières publiques, de jeux et de spectacles.

App. p. 83.

Après qu'on eut satisfait aux devoirs de la religion, le sénat envoya dix commissaires en Afrique pour en régler l'état et le sort à l'avenir, conjointement avec

App. p. 84.

---

populo romano obtemperare, quum idem monumentum et domesticæ crudelitatis, et nostræ mansuetudinis haberent. » (Cic. Verr. 6, n. 73.)

Scipion. Le premier de leurs soins fut de faire démolir tout ce qui restait de Carthage. Rome [1], déja maîtresse du monde presque entier, ne crut pas pouvoir être en sûreté tandis que le nom de Carthage subsisterait : tant une haine invétérée, et nourrie par de longues et de cruelles guerres, dure au-delà même du temps où l'on a à craindre, et ne cesse de subsister que lorsque l'objet qui l'excite a cessé d'être. Défenses furent faites au nom du peuple romain d'y habiter désormais, avec d'horribles imprécations contre ceux qui, au préjudice de cet interdit, entreprendraient d'y rebâtir quelque chose, et principalement le lieu nommé *Byrsa*, et la place appelée *Mégare* [2]. Au reste on n'en défendait l'entrée à personne, Scipion [3] n'étant pas fâché qu'on vît les tristes débris d'une ville qui avait osé disputer de l'empire avec Rome. Ils arrêtèrent encore que les villes qui, dans cette guerre, avaient tenu le parti des ennemis seraient toutes rasées, et donnèrent leur territoire aux alliés du peuple romain ; et ils gratifièrent en particulier ceux d'Utique de tout le pays qui est entre Carthage et Hippone. Ils rendirent tout le reste tributaire, et en firent une province de l'empire romain où l'on enverrait tous les ans un préteur.

App. p. 84.

Quand tout fut réglé, Scipion retourna à Rome, où il entra en triomphe. On n'en avait jamais vu de si

---

[1] « Neque se Roma, jam terrarum orbe superato, securam speravit fore, si nomen usquàm maneret Carthaginis, adeò odium certaminibus ortum ultra metum durat, et ne in victis quidem deponitur, neque ante invisum esse desinit, quàm esse desiit. » (Vell. Paterc. lib. I, c. 12.)

[2] Il semble que par le mot *Me-gara* on entendait la *cité* proprement dite, *le lieu où étaient les maisons*, selon le sens qu'a ce mot en phénicien. (Bochart. *de Phœnic. colon.* cap. 24.) — L.

[3] « Ut ipse locus eorum, qui cum hac urbe de imperio certârunt, vestigia calamitatis ostenderet. » (Cic. *Agrar.* 2, n. 50.)

éclatant; car ce n'étaient que statues, que raretés, que pièces curieuses et d'un prix inestimable, que les Carthaginois, pendant le cours d'un grand nombre d'années, avaient apportées en Afrique, sans compter l'argent qui fut porté dans le trésor public, et qui montait à de très-grandes sommes.

Quelques précautions qu'on eût prises pour empêcher que jamais on ne pût songer à rétablir Carthage, moins de trente ans après, et du vivant même de Scipion, l'un des Gracques, pour faire sa cour au peuple, entreprit de la repeupler, et y conduisit une colonie composée de six mille citoyens. Le sénat, ayant appris que plusieurs signes funestes avaient répandu la terreur parmi les ouvriers lorsqu'on désignait l'enceinte et qu'on jetait les fondements de la nouvelle ville, voulut en surseoir l'exécution; mais le tribun, peu délicat sur la religion et peu scrupuleux, pressa l'ouvrage malgré tous ces présages sinistres, et le finit en peu de jours. Ce fut là la première colonie romaine envoyée hors de l'Italie. App. p. 85. Plut. in vit. Gracch. p. 839.

On n'y bâtit apparemment que des espèces de cabanes, puisque, [1] lorsque Marius dans sa fuite en Afrique s'y retira, il est dit qu'il menait une vie pauvre sur les ruines et les débris de Carthage, se consolant par la vue d'un spectacle si étonnant, et pouvant aussi, en quelque sorte, par son état, servir de consolation à cette ville infortunée.

Appien rapporte que Jules César, après la mort de Pompée, étant passé en Afrique, vit en songe une App. p. 85.

---

[1] « Marius cursum in Africam direxit, inopemque vitam in tugurio ruinarum carthaginensium toleravit: quum Marius aspiciens Carthaginem, illa intuens Marium, alter alteri possent esse solatio. » (VELL. PATERC. lib. 2, cap. 19.)

grande armée qui l'appelait en versant des larmes; et que, touché de ce songe, il écrivit dans ses tablettes le dessein qu'il avait formé à cette occasion de rétablir Carthage et Corinthe : mais qu'ayant été tué bientôt après par les conjurés, César Auguste, son fils adoptif, qui trouva ce mémoire parmi ses papiers, fit rétablir la ville de Carthage près du lieu où était l'ancienne, pour ne pas encourir les exécrations qu'on avait fulminées, lorsqu'elle fut démolie, contre quiconque oserait la rebâtir.

Je ne sais pas sur quoi est fondé ce que rapporte Appien; mais nous voyons dans Strabon que Carthage fut rétablie en même temps que Corinthe par César[1], à qui il donne le nom de dieu, par où, un peu auparavant, il avait clairement désigné Jules César[2]; et Plutarque, dans sa vie, lui attribue en termes formels l'établissement de ces deux colonies, et remarque que ce qu'il y a de singulier sur ces deux villes, c'est que, comme il leur était arrivé auparavant d'être prises et détruites toutes deux en même temps, il leur arriva aussi à toutes deux d'être en même temps rebâties et repeuplées. Quoi qu'il en soit, Strabon assure que de son temps Carthage était aussi peuplée qu'aucune autre ville d'Afrique; et elle fut toujours, sous les empereurs suivants, la capitale de toute l'Afrique. Elle a encore

---

[1] Outre l'autorité de Strabon qui est formelle, et celle de Plutarque qui ne l'est pas moins, on peut citer le témoignage de Dion Cassius (lib. XLIII, § 50) pour prouver la réalité du rétablissement de Carthage par Jules César. Ce qui paraît avoir trompé Appien, c'est qu'en effet Auguste y envoya également une colonie en 725 de Rome, au témoignage de Dion Cassius (lib. LII, § 43), confirmé d'ailleurs par les médailles de ce prince. (HARDUIN. *Num. urb. illustr.* p. 117.). — L.

[2] Strabon, par les mots Θεὸς Καῖσαρ, ne peut en effet désigner que Jules César. — L.

subsisté avec éclat pendant environ sept cents ans ; mais elle a été enfin entièrement détruite par les Sarrasins, au commencement du septième siècle, sans que dans le pays même on en connaisse le nom ni les vestiges.

Digression sur les mœurs et le caractère du second Scipion l'Africain.

Scipion, le destructeur de Carthage, était propre fils du fameux Paul Émile qui vainquit Persée, dernier roi de Macédoine, et par conséquent petit-fils de cet autre Paul Émile qui fut tué à la bataille de Cannes. Il fut adopté par le fils du grand Scipion l'Africain, et nommé *Scipio Æmilianus*; ce qui, selon la loi des adoptions, réunissait les noms des deux familles. Il en soutint également l'honneur par toutes les grandes qualités qui peuvent illustrer la robe et l'épée. Pendant tout le cours de sa vie, dit un historien, on ne vit rien en lui que de louable : actions, discours, sentiments[1]. Il se distingua particulièrement (éloge bien rare maintenant dans les gens de guerre!) par un goût exquis pour les belles-lettres et pour toutes sortes de sciences, et par l'estime singulière qu'il faisait des personnes lettrées et savantes. Tout le monde sait qu'on lui attribuait les comédies de Térence, ouvrage le plus achevé que Rome ait jamais produit pour l'élégance et la finesse[2]. On dit à sa louange que personne ne savait

---

[1] « P. Scipio Æmilianus, vir avitis P. Africani paternisque L. Pauli virtutibus simillimus, omnibus belli ac togæ dotibus, ingeniique ac studiorum eminentissimus seculi sui, qui nihil in vita nisi laudandum aut fecit, aut dixit, ac sensit. » (VELL. PATERC. lib. 1, cap. 12.)

[2] « Neque enim quisquam hoc Scipione elegantius intervalla negotiorum otio dispunxit; semperque aut belli aut pacis serviit artibus, semper

mieux que lui entremêler le repos et l'action, ni mettre à profit avec plus de délicatesse et de goût les vides que lui laissaient les affaires. Partagé entre les armes et les livres, entre les travaux militaires du camp et les occupations paisibles du cabinet, ou il exerçait son corps par les fatigues de la guerre, ou il cultivait son esprit par l'étude des sciences. Il montra par là que rien n'est plus capable de faire honneur à un homme de qualité, dans quelque profession qu'il se trouve, que les belles connaissances. Cicéron[1] dit de lui qu'il avait toujours entre les mains les ouvrages de Xénophon, si pleins d'instructions solides, soit pour la guerre, soit pour la politique.

Plut. in vit. A Emil. Paul.

Ce goût exquis pour les belles-lettres et pour les sciences était le fruit de l'excellente éducation que Paul Émile avait donnée à ses enfants. Il les avait fait instruire par les plus habiles maîtres en tout genre, n'épargnant pour cela aucune dépense, quoiqu'il n'eût qu'un bien très-médiocre; et il assistait à tous leurs exercices autant que les affaires publiques le lui permettaient, voulant par là devenir lui-même leur premier maître.

Excerpt. e Polyb. p. 147-163.

L'union intime de notre Scipion avec Polybe acheva de perfectionner en lui les rares qualités qu'un heureux naturel et une excellente éducation y faisaient déja admirer. Polybe, avec un grand nombre d'Achéens qui étaient devenus suspects aux Romains pendant la guerre de Persée, était retenu à Rome, où son mérite le fit bientôt connaître et rechercher par les personnes de

---

inter arma ac studia versatus, aut corpus periculis, aut animum disciplinis exercuit. » (Ibid. cap. 13.)

[1] « Africanus semper socraticum Xenophontem in manibus habebat. » (Tusc. *Quæst.* lib. 2, n. 62.)

la ville les plus distinguées. Scipion, âgé à peine de dix-huit ans, se livra tout entier à lui, et regarda comme le plus grand bonheur de sa vie de pouvoir être formé par un tel maître, dont il préférait l'entretien à tous les vains amusements qui ont ordinairement tant d'attrait pour les jeunes gens.

Polybe commença par lui inspirer une aversion extrême pour ces plaisirs également dangereux et honteux auxquels s'abandonnait la jeunesse romaine, déja presque généralement déréglée et corrompue par le luxe et la licence que les richesses et les nouvelles conquêtes avaient introduits à Rome. Scipion, pendant les cinq premières années qu'il fut à une si excellente école, sut bien profiter des leçons qu'il y recevait; et, se mettant au-dessus des railleries et du mauvais exemple des jeunes gens de son âge, il fut regardé dès-lors dans toute la ville comme un modèle de retenue et de sagesse.

De là il fut aisé de le faire passer à la générosité, au noble désintéressement, au bel usage des richesses, vertus si nécessaires aux personnes d'une grande naissance, et que Scipion porta à un suprême degré, comme on le peut voir par quelques faits que Polybe en rapporte, qui sont bien dignes d'admiration.

[1] Émilie, femme du premier Scipion l'Africain, et mère de celui qui avait adopté le Scipion dont parle ici Polybe, avait laissé à ce dernier, en mourant, une riche succession. Cette dame, outre les diamants, les pierreries, et les autres bijoux qui composent la parure des personnes de son rang, avait une grande quantité de vases d'or et d'argent destinés pour les sacrifices, un train magnifique, des chars, des équipages, un nombre [Polyb. 32, c. XII, seq.]

---

[1] Elle était sœur de Paul Émile, père du second Scipion l'Africain.

considérable d'esclaves de l'un et de l'autre sexe ; le tout proportionné à l'opulence de la maison où elle était entrée. Quand elle fut morte, Scipion abandonna tout ce riche appareil à sa mère Papiria, qui, ayant été répudiée, il y avait déja quelque temps, par Paul Émile, et n'ayant pas de quoi soutenir la splendeur de sa naissance, menait une vie obscure, et ne paraissait plus dans les assemblées ni dans les cérémonies publiques. Quand on l'y vit reparaître avec cet éclat, une si magnifique libéralité fit beaucoup d'honneur à Scipion, surtout parmi les dames, qui ne s'en turent pas, et dans une ville où, dit Polybe, on ne se dépouillait pas volontiers de son bien.

Il ne se fit pas moins admirer dans une autre occasion. Il était obligé, en conséquence de la succession qui lui était échue par la mort de sa grand'mère, de payer, en trois termes différents, aux deux filles de Scipion son grand-père adoptif, la moitié de leur dot, qui montait à cinquante mille écus[1]. A l'échéance du premier terme, Scipion fit remettre entre les mains du banquier la somme entière. Tibérius Gracchus et Scipion Nasica, qui avaient épousé ces deux sœurs, croyant que Scipion s'était trompé, allèrent le trouver, et lui représentèrent que les lois lui laissaient l'espace de trois ans pour fournir cette somme en trois différents paiements. Le jeune Scipion répondit qu'il n'ignorait pas la disposition des lois, qu'on en pouvait suivre la rigueur avec des étrangers, mais qu'avec des proches et des amis il convenait d'en user avec plus de simplicité et

---

[1] Il y a dans Polybe (XXXII, c. 13, § 10) 50 talents ; ce qui doit s'entendre en cet endroit de 50 fois 6000 deniers romains, ou de 300,000 deniers, valant alors 245,500 francs.
— L.

de noblesse; et il les pria d'agréer que la somme entière leur fût payée. Il s'en retournèrent pleins d'admiration pour la générosité de leur parent, et [1] se reprochant à eux-mêmes la bassesse de leurs sentiments par rapport à l'intérêt, quoiqu'ils fussent les premiers de la ville et les plus estimés. Cette libéralité leur paraissait d'autant plus admirable, dit Polybe, qu'à Rome, loin de vouloir payer cinquante mille écus avant l'échéance du terme, personne n'aurait voulu en payer mille avant le jour préfix.

Ce fut par le même esprit que, deux ans après, Paul Émile son beau-père étant mort, il céda à son frère Fabius, qui était moins riche que lui, la part qu'il avait dans la succession de leur père, laquelle montait à plus de soixante mille écus [2], afin de corriger ainsi l'inégalité de biens qui se trouvait entre les deux frères.

Ce même frère ayant dessein de donner un spectacle de gladiateurs après la mort de son père, pour honorer sa mémoire, comme c'était alors la coutume, et ne pouvant pas facilement soutenir cette dépense, qui allait fort loin, Scipion donna quinze mille écus [3] pour en supporter du moins la moitié.

Les présents magnifiques, que Scipion avait faits à sa mère Papiria, lui revenaient de plein droit après sa mort; et ses sœurs, selon l'usage de ce temps, n'y pouvaient rien prétendre; mais il aurait cru se déshonorer et rétracter ses dons, s'il les avait repris. Il laissa donc à ses sœurs tout ce qu'il avait donné à leur mère, ce

---

[1] Κατεγνωκότες τῆς αὐτῶν [forte αὐτῶν] μικρολογίας. [POLYB. XXXII, c. 13, 16.]

[2] Dans Polybe, 60 talents ou 360,000 deniers ou 294,000 francs. — L.

[3] 15 talents ou 73,500 francs. — L.

qui montait à une somme fort considérable, et il s'attira de nouveaux applaudissements par cette nouvelle preuve qu'il donna de sa grandeur d'ame et de sa tendre amitié pour sa famille.

Ces différentes largesses, qui, réunies ensemble, montaient à de très-grandes sommes, tiraient, ce semble, un nouveau prix de l'âge où il les faisait, car il était très-jeune, et encore plus des circonstances du temps où il plaçait ses dons, et des manières gracieuses et obligeantes dont il savait les assaisonner.

Les faits que je viens de citer sont si éloignés de nos mœurs, qu'il y aurait lieu de craindre qu'on ne les regardât comme une exagération outrée d'un historien prévenu en faveur de son héros, si l'on ne savait que le caractère dominant de Polybe, qui les rapporte, était un grand amour de la vérité et un extrême éloignement de toute flatterie. Dans l'endroit même d'où j'ai tiré ce récit, il a cru devoir prendre quelques précautions par rapport à ce qu'il dit des actions vertueuses et des rares qualités de Scipion : il fait observer que, ses écrits devant être lus par les Romains, qui étaient parfaitement instruits de tout ce qui regarde ce grand homme, il ne manquerait pas d'être démenti par eux s'il osait avancer quelque chose qui fût contraire à la vérité; affront auquel il n'est pas vraisemblable qu'un auteur qui a quelque soin de sa réputation voulût s'exposer gratuitement.

Nous avons déjà remarqué que Scipion n'avait pris aucune part aux déréglements et aux débauches qui régnaient alors presque généralement parmi la jeunesse romaine. Il fut avantageusement dédommagé et récompensé de cette privation volontaire des plaisirs, par la santé ferme et vigoureuse qu'elle lui procura pour tout le reste de sa vie, qui le mit en état de goûter des plaisirs bien plus purs, et de faire ces grandes actions qui lui acquirent tant de gloire.

Les exercices de la chasse, auxquels il se plaisait extrêmement, contribuèrent aussi beaucoup à rendre son corps robuste, et capable de soutenir les plus rudes fatigues. La Macédoine, où il suivit son père, lui fournit abondamment de quoi satisfaire son inclination, parce que la chasse, qui y faisait le divertissement ordinaire des rois, ayant été suspendue depuis quelques années à cause de la guerre, il y trouva une quantité incroyable de gibier de toute espèce. Paul Émile, attentif à procurer à son fils d'honnêtes plaisirs, pour le dégoûter et le détourner de ceux que la raison lui interdisait, lui laissa goûter avec une pleine liberté celui de la chasse pendant tout le temps que les troupes romaines demeurèrent dans le pays, depuis la victoire qu'il avait remportée sur Persée. Le jeune homme employa son loisir à cet exercice si convenable à son âge et à son inclination, et il n'eut pas moins de succès dans cette guerre innocente qu'il déclara aux bêtes de Macédoine, que son père en avait eu dans celle qu'il avait faite contre les habitants de ce pays.

C'est au retour de ce voyage que Scipion trouva Polybe à Rome, et lia avec lui cette étroite amitié qui devint si utile à ce jeune Romain, et qui ne lui a guère moins fait d'honneur dans la postérité que toutes ses conquêtes. Il paraît que Polybe demeurait et mangeait avec les deux frères. Un jour que Scipion se trouva seul avec lui, il lui ouvrit son cœur avec une pleine effusion, et se plaignit, mais d'une manière douce et tendre[1], de ce que Polybe, dans les conversations qu'on avait à table, adressait toujours la parole à son frère Fabius et jamais à lui. « Je sens bien, lui dit-il, « que cette indifférence vient de la pensée où vous « êtes, comme tous nos citoyens, que je suis un jeune « homme inappliqué, et qui n'ai rien du goût qui règne « aujourd'hui dans Rome, parce qu'on ne voit pas que « je m'attache aux exercices du barreau, et que je « m'applique au talent de la parole. Mais comment le « ferais-je ? On me dit perpétuellement que ce n'est « point un orateur que l'on attend de la maison des « Scipions, mais un général d'armée. Je vous avoue, « pardonnez-moi la franchise avec laquelle je vous « parle, que votre indifférence pour moi me touche et « m'afflige sensiblement. » Polybe, surpris de ce discours, auquel il ne s'attendait point, le consola du mieux qu'il put, et l'assura que, s'il adressait ordinairement la parole à son frère, ce n'était point du tout faute d'estime pour lui, mais uniquement parce que Fabius était l'aîné, et que d'ailleurs, sachant que les deux frères pensaient de même, il avait cru que parler à l'un, c'était parler à l'autre ; qu'au reste, il s'offrait de tout son cœur à son service, et qu'il pouvait disposer absolument de sa personne : que, par rapport aux sciences, pour lesquelles il lui voyait beaucoup de goût, il trouverait des secours suffisants dans ce grand nombre de savants qui venaient tous les jours de Grèce à Rome ; mais que, pour le métier de la guerre, qui était proprement sa profession aussi-bien que sa passion, il pourrait lui être de quelque utilité. Alors Scipion, lui

---

[1] Polybe ajoute ce trait charmant, et en rougissant un peu : καὶ τῷ χρώματι γενόμενος ἐνερευθής. (Polyb. XXXII, c. 9, § 8.) — L.

prenant les mains et les serrant avec les siennes :
« Oh, dit-il, quand verrai-je cet heureux jour où,
« libre de tout autre engagement et vivant avec moi,
« vous voudrez bien vous appliquer à me former l'es-
« prit et le cœur! C'est alors que je me croirai digne de
« mes ancêtres. » Depuis ce temps-là, Polybe, charmé
et attendri de voir dans un jeune homme [1] de si nobles
sentiments, s'attacha particulièrement au jeune Scipion, qui le respecta toujours dans la suite comme son propre père.

La qualité d'historien n'était pas la seule que Scipion estimât dans Polybe ; il faisait bien plus de cas et d'usage de celles de grand capitaine et de grand politique. Aussi il le consultait en tout, et ne se conduisait que par ses avis, lors même qu'il fut à la tête des troupes, concertant en secret avec lui toutes les opérations de la campagne, tous les mouvements de l'armée, toutes les entreprises contre l'ennemi, et toutes les mesures propres à les faire réussir. En un mot, l'opinion constante était que ce Romain n'avait rien fait de bon dont il n'eût l'obligation à Polybe, et qu'il ne faisait de fautes que lorsqu'il agissait sans le consulter.

<small>Pausan. in Arcad. l. 8 [c. 30] pag. 505.</small>

Je prie le lecteur de me pardonner cette longue digression, qui peut paraître étrangère à mon sujet puisque je ne traite point de l'histoire romaine, mais qui m'a paru si propre au dessein que je me propose en général dans cet ouvrage, de former la jeunesse, que je n'ai pu m'empêcher de l'insérer ici, quoique je sentisse bien que ce n'était pas tout-à-fait sa place. En effet, on y voit de quelle importance est la bonne éducation, et combien il est avantageux aux jeunes gens de se

---

[1] Il n'avait pas plus de 18 ans, dit Polybe (XXXII, c. 10, § 1). — L.

lier de bonne heure avec des personnes de mérite ; car ce furent là les fondements de cette gloire et de cette réputation qui ont rendu le nom de Scipion si illustre. Mais sur-tout quel exemple pour notre siècle, où souvent les plus légers intérêts divisent les frères et les sœurs, et troublent la paix des familles, que ce généreux désintéressement de Scipion, à qui les sommes les plus considérables ne coûtaient rien quand il s'agissait d'obliger ses proches ! Ce bel endroit de Polybe m'avait échappé, parce qu'il ne se trouve point dans l'édition *in-folio* que nous en avons. Sa place naturelle était le lieu où, traitant du goût de la solide gloire, j'ai parlé du mépris et du noble usage que les anciens faisaient de l'argent. J'ai cru ne pouvoir me dispenser de rendre ici aux jeunes gens ce que j'avais lieu de me reprocher de leur avoir, en quelque sorte, alors dérobé.

Histoire de la famille et de la postérité de Masinissa.

J'ai promis, après que j'aurais achevé ce qui regarde la république de Carthage, de revenir à la famille et à la postérité de Masinissa. Ce point d'histoire fait une partie considérable de celle d'Afrique, et, par cette raison, n'est pas tout-à-fait étranger à mon sujet.

App. [Bell. pun.] p. 63. [c. 105.]
Val. Max. lib. 5, cap. 2.
An. M. 3857
Rom. 601.

Depuis que Masinissa, sous le premier Scipion, eut embrassé le parti des Romains, il était toujours demeuré dans cette honorable alliance avec un zèle et une fidélité qui ont peu d'exemples. Se voyant près de mourir, il écrivit au proconsul d'Afrique, sous qui servait alors le jeune Scipion, pour le prier de vouloir bien le lui envoyer, ajoutant qu'il mourrait content s'il pouvait expirer entre ses bras, après l'avoir rendu le dépositaire de ses dernières volontés. Mais, sentant que sa fin approchait avant qu'il pût avoir cette consolation, il fit venir sa femme et ses enfants, et leur dit qu'il ne connaissait dans toute la terre que le seul peuple romain, et parmi ce peuple, que la seule famille des Scipions; qu'il laissait en mourant un pouvoir suprême à Scipion Émilien de disposer de ses biens et de partager son royaume entre ses enfants; qu'il voulait que tout ce qu'il aurait décidé fût exécuté ponctuellement, comme si lui-même l'avait arrêté par son testament. Après leur avoir ainsi parlé, il mourut âgé de plus de quatre-vingt-dix ans.

Ce prince, qui pendant sa jeunesse avait essuyé d'étranges malheurs, s'étant vu dépouillé de son royaume, obligé de fuir de province en province, et près mille fois de perdre la vie, soutenu, dit l'historien, par la protection divine, n'eut plus jusqu'à sa mort qu'une suite continuelle de prospérités, qui ne fut interrompue par aucun accident fâcheux. Non-seulement il recouvra son royaume, mais il y ajouta celui de Syphax son ennemi; et, maître de tout le pays depuis la Mauritanie jusqu'à Cyrène, il devint le prince le plus puissant de toute l'Afrique. Il conserva jusqu'à la fin de sa vie une santé très-robuste, qu'il dut sans doute et à l'extrême sobriété dont il usa toujours pour le boire et le manger, et au soin qu'il eut de s'endurcir sans relâche au travail et à la fatigue. Agé de quatre-vingt-dix ans, il faisait encore tous les exercices d'un jeune homme, et se tenait à cheval sans selle; et Polybe fait remarquer (c'est Plutarque qui nous a conservé cette remarque) que, le lendemain d'une grande victoire remportée contre les Carthaginois, on l'avait trouvé devant sa tente faisant son repas d'un morceau de pain bis.

App. p. 63.

An seni gerenda sit Resp. pag. 791.

Il laissa en mourant cinquante-quatre fils, dont trois seulement étaient d'un mariage légitime; savoir, Micipsa, Gulussa et Mastanabal. Scipion partagea le royaume entre ces trois derniers, et donna aux autres des revenus considérables; mais bientôt après Micipsa demeura seul possesseur de ces vastes états par la mort de ses deux frères. Il eut deux fils, Adherbal et Hiempsal; et il fit élever avec eux dans son palais Jugurtha [1] son neveu, fils de Mastanabal, et en prit autant de soin que de ses propres enfants. Ce dernier avait des qualités excellentes, qui lui attirèrent une estime générale. Bien fait de sa personne, beau de visage, plein d'esprit et de sens, il ne donna point, comme c'est l'ordinaire des jeunes gens, dans le luxe et le plaisir. Il s'exerçait avec ceux de son âge à la course, à lancer le javelot, à monter à cheval; et, supérieur à tous, il savait pourtant s'en faire aimer. La chasse était son unique plaisir, mais la chasse contre les lions et d'autres bêtes féroces. Pour achever son éloge, il excellait en tout, et parlait peu de lui-même : *plurimùm facere, et minimùm ipse de se loqui.*

Un mérite si éclatant et si généralement approuvé commença à donner de l'inquiétude à Micipsa. Il se voyait âgé, et ses enfants fort jeunes. [2] Il savait de quoi l'ambition est capable quand il s'agit d'un trône; et qu'avec beaucoup moins de talents que n'en avait Jugurtha, il est aisé de se laisser entraîner à une tentation si délicate, sur-tout quand elle est aidée de cir-

---

[1] Toute l'histoire de Jugurtha est tirée de Salluste.

[2] « Terrebat eum natura mortalium avida imperii, et præceps ad explendam animi cupidinem : prætereà opportunitas suæ liberorumque ætatis, quæ etiam mediocres viros spe prædæ transversos agit. » Sallust. [c. 6.]

constances si favorables. Afin d'éloigner un compétiteur si dangereux pour ses enfants, il lui donna le commandement des troupes qu'il envoyait au secours des Romains, occupés alors au siége de Numance, sous la conduite de Scipion. Il se flattait que Jugurtha, brave comme il était, pourrait bien s'engager mal à propos dans quelque action périlleuse, et y laisser la vie ; mais il se trompa. [1] Ce jeune prince à un courage intrépide joignait un grand sang-froid ; et, ce qui est fort rare à cet âge, il était également éloigné et d'une prévoyance timide et d'une hardiesse téméraire. Il gagna dans cette campagne l'estime et l'amitié de toute l'armée. Scipion le renvoya avec des lettres de recommandation pour son oncle, et des témoignages fort avantageux, après lui avoir donné pourtant de sages avis sur la conduite qu'il devait tenir ; car, habile comme il était à connaître les hommes, il avait apparemment entrevu dans ce jeune prince une ambition dont il craignait les suites.

Micipsa, touché de tout le bien qu'on lui mandait de son neveu, changea de disposition à son égard, et ne songea plus qu'à le gagner à force de bienfaits. Il l'adopta, et par son testament le fit son héritier comme ses deux autres enfants. Se voyant près de mourir, il les manda tous trois ensemble, et les fit approcher de son lit. Là, en présence de toute la cour, il fit souvenir Jugurtha de tout ce qu'il avait fait en sa faveur, le conjurant au nom des dieux de dé-

---

[1] « Ac sanè, quod difficillimum imprimis est, et prælio strenuus erat, et bonus consilio : quorum alterum ex providentia timorem, alterum ex audacia temeritatem adferre plerumque solet. » [c. 7.]

fendre et de protéger toujours ses enfants, qui, de proches qu'ils lui étaient par le sang, étaient devenus ses frères par son bienfait.[1] Il lui représenta que ce n'étaient point les armes ni les trésors qui faisaient la force d'un royaume, mais les amis, qui ne s'acquièrent ni par les armes, ni par l'or, mais par des services réels, et par une fidélité inviolable. Or peut-on trouver de meilleurs amis que des frères? et quel fond peut faire sur des étrangers quiconque devient ennemi de ses proches? Il exhorta ses enfants à ménager avec grand soin et à respecter Jugurtha, et à n'avoir d'autre dispute avec lui que pour tâcher de l'atteindre, et même, s'il se pouvait, de le surpasser en mérite. Il finit en leur recommandant à tous de demeurer fidèlement attachés au peuple romain, et de le regarder toujours comme leur bienfaiteur, leur patron, leur maître. Micipsa mourut peu de jours après.

An. M. 3887
Rom. 631.

An. M. 3888
Rom. 632.

Jugurtha ne se contraignit pas long-temps. Il commença par se délivrer d'Hiempsal, qui lui avait parlé avec beaucoup de liberté, et le fit égorger. Adherbal vit par-là ce qu'il avait à craindre pour lui-même. La Numidie se divise et prend parti entre les deux frères. On lève de part et d'autre de nombreuses troupes. Adherbal, après avoir perdu la plupart de ses places, est vaincu dans un combat, et obligé de se réfugier à Rome. Jugurtha n'en est pas fort effrayé; il savait que presque tout y était vénal. Il y envoie donc des députés, avec

---

[1] « Non exercitus, neque thesauri, præsidia regni sunt, verùm amici : quos neque armis cogere, neque auro parare queas; officio et fide pariuntur. Quis autem amicior quàm frater fratri? aut quem alienum fidum invenies, si tuis hostis fueris? » [c. 9.]

ordre de corrompre à force de présents les principaux des sénateurs. Dans la première audience qu'on leur donna, Adherbal exposa le malheureux état où il se trouvait réduit, les injustices et les violences de Jugurtha, le meurtre de son frère, la perte de presque toutes ses places, et il insista principalement sur les derniers ordres que son père, en mourant, lui avait donnés, de mettre uniquement sa confiance dans le peuple romain, dont l'amitié serait pour lui et pour son royaume un appui plus ferme et plus sûr que toutes les troupes et tous les trésors du monde. Son discours fut long et pathétique. Les députés de Jugurtha répondirent en peu de mots qu'Hiempsal avait été tué par les Numides à cause de sa cruauté, qu'Adherbal avait été l'agresseur, et qu'après avoir été vaincu il venait se plaindre de n'avoir pas fait tout le mal qu'il aurait souhaité; que leur maître priait le sénat de juger de sa conduite en Afrique par celle qu'il avait gardée à Numance, et de compter plus sur ses actions que sur les accusations de ses ennemis. Ils avaient employé en secret une éloquence plus efficace que celle des paroles; et elle eut tout son effet. A l'exception d'un petit nombre de sénateurs qui conservaient encore quelques sentiments d'honneur, et n'étaient pas vendus à l'injustice, tout le reste pencha du côté de Jugurtha. Il fut résolu qu'on enverrait sur les lieux des commissaires pour partager également les provinces entre les deux frères. On peut bien juger que Jugurtha n'épargna pas l'argent. Le partage fut fait entièrement à son avantage, en gardant néanmoins quelque apparence d'équité.

Ce premier succès enfla son courage et augmenta sa hardiesse. Il attaque son frère à force ouverte; et, pendant que celui-ci s'amuse à envoyer vers les Romains, il enlève plusieurs de ses places, pousse toujours ses conquêtes, et, après le gain d'une bataille, l'assiége lui-même dans Cirta, capitale de son royaume. Cependant surviennent des députés de Rome, avec ordre de déclarer aux deux princes, de la part du sénat et du peuple, qu'ils aient à mettre bas les armes et à faire cesser toute hostilité. Jugurtha, après avoir protesté de son profond respect et de sa parfaite soumission pour les ordres du peuple romain, ajouta qu'il ne croyait pas que son intention fût de l'empêcher de défendre sa propre vie contre les embûches de son frère : qu'au reste, il enverrait au plus tôt à Rome pour informer le sénat de sa conduite. Par cette réponse vague, il éluda les ordres du sénat, et ne laissa pas même aux députés la liberté d'aller trouver Adherbal.

Quelque serré qu'il fût dans la place, il trouva le moyen d'écrire à Rome pour implorer le secours du peuple romain contre un frère qui le tenait assiégé depuis cinq mois, et qui en voulait à sa vie. Quelques sénateurs étaient d'avis que, sans perdre de temps, on déclarât la guerre à Jugurtha ; mais son crédit l'emporta encore, et l'on se contenta d'ordonner une députation composée de sénateurs de grand poids, du nombre desquels était Émilius Scaurus, homme puissant dans la noblesse, factieux, et qui cachait de grands vices sous une apparence de probité. Jugurtha fut d'abord effrayé, mais il sut éluder aussi leur demande, et les renvoya sans rien conclure. Alors Adherbal, n'ayant plus aucune ressource, se rendit, à condition qu'il aurait la vie sauve ; mais il fut égorgé sur-le-champ, et un grand nombre de Numides avec lui.

Malgré l'horreur que cette nouvelle excita à Rome, l'argent de Jugurtha lui fit encore trouver des défenseurs dans le sénat. Mais C. Memmius, tribun du peuple, homme vif et ennemi de la noblesse, engagea le peuple à ne pas souffrir qu'un crime si horrible demeurât impuni. La guerre fut donc déclarée à Jugurtha. Le consul Calpurnius Bestia en fut chargé.[1] Il avait d'excellentes qualités; mais elles étaient gâtées et rendues inutiles par son avarice. Scaurus partit avec lui. Ils emportèrent d'abord plusieurs places; mais l'argent de Jugurtha arrêta ces conquêtes[2]; Scaurus même, qui jusque-là avait paru fort vif contre ce prince, ne put résister à une attaque si violente. On fit un traité. Jugurtha parut se rendre au peuple romain. Trente éléphants, quelques chevaux, et une somme d'argent fort médiocre, furent remis entre les mains du questeur.

An. M. 3894
Rom. 638.
Av. J. C. 110.

L'indignation publique éclata pour-lors à Rome. Le tribun Memmius échauffa les esprits par ses discours. Il fit nommer Cassius, qui était préteur, pour aller trouver Jugurtha, et l'engager à venir à Rome sous la garantie du peuple romain, afin qu'en sa présence on examinât qui étaient ceux qui avaient reçu de l'argent. Il ne put se dispenser de s'y rendre. Sa vue ranima la colère du peuple; mais un tribun, corrompu à force de présents, traîna l'assemblée en longueur, et enfin la dissipa. Un prince numide, petit-fils de Masinissa, qui se nommait Massiva, et était pour-lors à Rome, fut conseillé de demander le royaume de Jugurtha. Celui-

---

[1] « Multæ bonæque artes animi et corporis erant, quas omnes avaritia præpediebat. » [c. 28.]

[2] « Magnitudine pecuniæ a bono honestoque in pravum abstractus est. »

ci le sut, et le fit égorger au milieu de Rome. Le meurtrier fut arrêté, et mis entre les mains de la justice ; et Jugurtha eut ordre de se retirer de l'Italie. Ce fut pour-lors que, sortant de la ville, et tournant plusieurs fois ses regards de ce côté-là, il dit «[1] que Rome « n'attendait pour se vendre qu'un acheteur, et qu'elle « périrait s'il s'en trouvait un. »

La guerre recommence donc de nouveau. Elle réussit fort mal, d'abord par la nonchalance, et peut-être par la connivence du consul Albinus; puis, lorsqu'il fut retourné à Rome pour y tenir les assemblées, par l'ignorance de son frère Aulus, qui, ayant engagé l'armée dans un défilé d'où elle ne pouvait sortir, se rendit honteusement à l'ennemi, qui fit passer les Romains sous le joug, et leur fit promettre qu'ils sortiraient de Numidie dans l'espace de dix jours.

Il est aisé de juger comment une paix si ignominieuse, conclue sans l'autorité du peuple, fut regardée à Rome. On n'y conçut de bonnes espérances pour le succès de cette guerre, que lorsque le soin en fut confié au consul L. Métellus.[2] A toutes les autres vertus d'un excellent général il joignait un parfait désintéressement, qualité la plus essentielle alors contre un ennemi tel que Jugurtha, qui jusque-là, pour vaincre, avait moins employé l'épée que l'argent. Il trouva Métellus invincible de ce côté-là comme de tout autre : il fallut donc payer de sa personne et de son courage, au défaut de

---

[1] « Postquam Româ egressus est, fertur sæpè tacitus eò respiciens, postremò dixisse, *Urbem venalem et maturè perituram, si emptorem invenerit.* » [c. 35.]

[2] « In Numidiam proficiscitur, magnâ spe civium, quum propter artes bonas, tùm maximè quòd adversùm divitias invictum animum gerebat. » [c. 43.]

cette ressource qui commença à lui manquer. Aussi fit-il des efforts extraordinaires; et tout ce qu'on peut attendre de la bravoure, de l'habileté, de l'attention d'un grand capitaine, à qui le désespoir fournit de nouvelles forces et de nouvelles lumières, il l'employa dans cette campagne, mais toujours sans succès, parce qu'il avait affaire à un consul à qui il n'échappait aucune faute, et qui ne manquait aucune occasion de prendre avantage sur son ennemi.

La grande peine de Jugurtha fut de se mettre à couvert du côté des traîtres. Depuis qu'il eut su que Bomilcar, en qui il avait une entière confiance, avait songé à attenter sur sa vie, il n'eut plus un moment de repos. Il ne trouvait nulle part de sûreté; le jour, la nuit, le citoyen, l'étranger, tout lui était suspect, tout le faisait trembler; il ne prenait le sommeil qu'à la dérobée, changeant même souvent de lit sans garder les bienséances de son rang : quelquefois, s'éveillant en sursaut, il prenait des armes et jetait de grands cris, tant la crainte le troublait et l'agitait comme un forcené.

Marius servait en qualité de lieutenant sous Métellus. Dévoré d'ambition, il travailla d'abord secrètement à le décrier dans l'esprit des soldats : et, devenu bientôt l'ennemi déclaré et le calomniateur de son général, il vint à bout, par ces voies indignes, de le supplanter et de se faire nommer en sa place pour terminer la guerre contre Jugurtha. [1] Quelque force d'ame qu'eût d'ailleurs Métellus, il fut abattu par ce coup imprévu, qui lui

---

[1] « Quibus rebus supra bonum atque honestum perculsus, neque lacrymas tenere, neque moderari linguam : vir egregius in aliis artibus, nimis molliter ægritudinem pati. » [c. 81.]

arracha des larmes et des discours peu dignes d'un grand homme comme lui. Il y avait en effet dans le procédé de Marius une noirceur affreuse, qui montre clairement ce que c'est que l'ambition, et comment elle est capable d'étouffer dans quiconque s'y livre tout sentiment d'honneur et de probité. Métellus, ayant pris soin d'éviter la rencontre d'un successeur dont la seule vue aurait été pour lui un cruel tourment, arriva à Rome, où il fut reçu avec un applaudissement général. L'honneur du triomphe lui fut accordé, et il prit le surnom de *Numidicus*.

An. M. 3898
Rom. 642.

J'ai cru devoir réserver pour l'histoire romaine le détail des actions particulières qui se sont passées en Afrique sous Métellus et sous Marius, dont Salluste nous a laissé un récit fort circonstancié dans son admirable histoire de Jugurtha. Je me hâte de venir à la fin de cette guerre.

Jugurtha, dans la déroute de ses affaires, avait eu recours à Bocchus, roi des Maures, dont il avait épousé la fille. La Mauritanie est un pays qui s'étend depuis la Numidie jusque par-delà les bords de la mer qui répondent à l'Espagne. A peine le nom du peuple romain y était-il connu ; et cette nation, de son côté, était absolument inconnue aussi aux Romains. Jugurtha fit entendre à son beau-père que, s'il laissait subjuguer la Numidie, son pays aurait sans doute le même sort, d'autant plus que les Romains, ennemis déclarés de la royauté, semblaient avoir juré la ruine de tous les trônes. Il engagea donc Bocchus à entrer en ligue avec lui contre eux, et il en reçut à différentes reprises des secours fort considérables.

Cette liaison qui, de part et d'autre, n'était fondée que sur l'intérêt, n'avait jamais été bien ferme entre eux. Une dernière défaite de Jugurtha acheva d'en rompre tous les nœuds. Bocchus conçut le noir dessein de livrer son gendre aux Romains. Dans cette vue, il avait écrit à Marius de lui envoyer un homme de confiance. Sylla lui parut fort propre pour cette négociation. C'était un jeune officier d'un rare mérite, qui servait sous lui en qualité de questeur. Il ne craignit point de se mettre à la discrétion du barbare, et il y alla. Quand il fut arrivé, Bocchus, qui, selon le génie de la nation, ne se piquait pas beaucoup de fidélité, et qui de moment à autre changeait de dessein, délibère s'il ne le livrerait pas lui-même à Jugurtha. Il demeura long-temps dans cette incertitude, combattu en lui-même par des pensées toutes contraires; et le changement subit qu'on voyait sur son visage, dans son air, dans tout son maintien, marquait assez ce qui se passait dans son esprit. Enfin, revenant à son premier dessein, il fit ses conditions avec Sylla, et lui remit entre les mains Jugurtha, qui fut conduit aussitôt à Marius.

[1] Sylla, dit Plutarque, se conduisit dans cette occasion en jeune homme avide et altéré de gloire, dont il commençait tout récemment à goûter la douceur. Au lieu d'attribuer à son général l'honneur de cet événement, comme son devoir l'y obligeait, et comme ce doit être une règle inviolable, il s'en réserva la plus grande partie, et fit faire un anneau qu'il portait toujours, où il était représenté recevant Jugurtha

Plut. in vit. Marii. [c.10]

[1] Οἷα νέος φιλότιμος, ἄρτι δόξης γεγευμένος, οὐκ ἤνεγκε μετρίως τὸ εὐτύχημα. (PLUT. *Præcept. reip. ger.* p. 806.)

des mains de Bocchus, et il affecta dans la suite de s'en servir toujours pour son cachet. Marius, piqué jusqu'au vif de cette espèce d'insulte, ne la lui pardonna jamais. Et ce fut là l'origine et la semence de cette haine implacable qui éclata depuis entre ces deux Romains, et qui coûta tant de sang à la république.

Plut. ibid.
An. M. 3901
Rom. 645.
Av. J.C. 103.

Marius entra en triomphe dans Rome, faisant voir aux Romains un spectacle qu'ils avaient de la peine à croire, même en le voyant, Jugurtha captif : cet ennemi redoutable, pendant la vie duquel on n'avait osé espérer de voir la fin de cette guerre, tant son courage était mêlé de ruses et de finesses, et son génie fertile en nouvelles ressources au milieu des malheurs les plus désespérés. On dit que dans la marche du triomphe il perdit l'esprit, qu'après la cérémonie il fut mené en prison, et que les sergents, se hâtant d'avoir sa dépouille, lui déchirèrent toute sa robe, et lui arrachèrent les deux bouts des oreilles pour avoir les pendants qu'il y portait. En cet état, il fut jeté tout nu et plein d'effroi dans une fosse profonde, où il passa six jours entiers à lutter contre la faim et contre la crainte de la mort, ayant toujours conservé jusqu'au dernier soupir un desir ardent de la vie : digne fin, ajoute Plutarque, digne récompense de ses forfaits, s'étant toujours cru tout permis pour assouvir son ambition, ingratitude, perfidie, noires trahisons, cruautés sanglantes et barbares.

Juba, roi de Mauritanie, a fait trop d'honneur aux lettres et aux sciences pour être entièrement omis dans l'histoire de la famille de Masinissa, dont son père, nommé aussi Juba, était arrière-petit-fils, et petit-fils de Gulussa. Juba le père se signala dans la guerre, entre César et Pompée par son attachement inviolable au parti du dernier. Il se donna la mort après la bataille de Thapse, où ses troupes et celles de Scipion furent entièrement défaites. Juba son fils, encore enfant, fut livré au vainqueur, qui en fit un des principaux ornements de son triomphe. Il paraît qu'on prit grand soin de son éducation à Rome, où il acquit des lumières qui dans la suite l'égalèrent aux plus savants hommes qu'ait jamais eus la Grèce. Il ne quitta le séjour de cette ville que pour aller prendre possession des états de son père. Auguste les lui rendit lorsque, par la mort d'Antoine, il se vit le maître absolu de disposer des provinces de l'empire. Juba, par la douceur de son règne, gagna le cœur de tous ses sujets. Sensibles à ses bienfaits, ils le mirent au nombre de leurs dieux. Pausanias parle d'une statue que les Athéniens lui avaient érigée. Il était bien juste qu'une ville de tout temps consacrée aux Muses donnât des marques publiques de son estime à un roi qui tenait un rang illustre parmi les savants. Suidas [1] attribue à ce prince plusieurs ouvrages, dont aujourd'hui il ne nous reste que des fragments. Il avait écrit [2] de l'histoire d'Arabie, des antiquités d'Assyrie, des antiquités romaines, de l'histoire des théâtres, de celle de la peinture et des peintres, de la nature et des propriétés de différents animaux, de la grammaire, et d'autres matières semblables [3], dont on peut

An. M. 3959
Rom. 703.

An. M. 3974
Rom. 719.
Av. J. C. 30.

[Pausan. Attic. c. 17.]

---

[1] In voce Ἰόβας.
[2] Tom. IV des Mémoires de l'Académie des Belles-Lettres, p. 457.
[3] Il ne faut pas oublier ses Commentaires sur l'Afrique, tirés principalement des livres carthaginois. (Amm. Marcell. XII, c. 15.)
Ajoutons, comme un fait impor-

voir le dénombrement dans la petite dissertation de M. l'abbé Sevin sur la vie et sur les ouvrages de Juba le jeune, d'où j'ai tiré le peu que j'en ai dit ici.

tant, que ce prince, s'occupant avec ardeur des progrès de la géographie, avait fait reconnaître par ses vaisseaux les îles *Fortunées*, actuellement les îles *Canaries*. — L.

FIN DU TOME PREMIER DE L'HISTOIRE ANCIENNE.

TABLE DES MATIÈRES

CONTENUES

DANS LE TOME PREMIER.

Avertissement de l'auteur des observations et éclaircissements historiques joints à cette édition. Page v.

Éloge de Rollin, par M. Saint-Albin Berville. Page xiii

Épitre dédicatoire. xxxvii

PRÉFACE.

§ I. Utilité de l'Histoire profane, sur-tout par rapport à la religion. xliii

§ II. Observations particulières sur cet ouvrage. lxvi

Avertissements de l'auteur répandus dans l'in-12, en différents tomes, et réunis ici tous ensemble. lxxvii

Édition des principaux auteurs grecs cités dans l'Hist. ancienne. xcvii

AVANT-PROPOS.

Origine et progrès de l'établissement des royaumes. Page 1.

LIVRE PREMIER.

HISTOIRE ANCIENNE DES ÉGYPTIENS.

PREMIÈRE PARTIE.

Description de l'Égypte, et de ce qui s'y trouve de plus remarquable. Page 7.

CHAPITRE PREMIER.

Thébaïde. 9

CHAPITRE II.

Égypte du milieu ou Heptanome. 11
§ I. Obélisques. 13

§ II. Pyramides. Page 15
§ III. Labyrinthe. 20
§ IV. Lac de Mœris. 21
§ V. Débordement du Nil. 24
  1. Sources du Nil. 25
  2. Cataractes du Nil. 26
  3. Causes du débordement. 28
  4. Temps et durée du débordement. 29
  5. Mesure du débordement. 31

6. Canaux du Nil. Pompes. P. 33
7. Fécondité causée par le Nil. 35
8. Double spectacle causé par le Nil. 38
9. Canal de communication entre les deux mers par le Nil. 39

CHAPITRE III.

Basse Égypte. 41

SECONDE PARTIE.

Des mœurs et coutumes des Égyptiens. 49

CHAPITRE PREMIER.

De ce qui regarde les rois et le gouvernement. 50

CHAPITRE II.

Des prêtres et de la religion des Égyptiens. 57
§ I. Culte de différentes divinités. 60
§ II. Cérémonies des funérailles. 68

CHAPITRE III.

Des soldats et de la guerre. 72

CHAPITRE IV.

De ce qui regarde les sciences et les arts. 75

CHAPITRE V.

Des laboureurs, des pasteurs, des artisans. 79

CHAPITRE VI.

De la fécondité de l'Égypte. 84

TROISIÈME PARTIE.

Histoire des rois d'Égypte. 92

Rois d'Égypte. 95

LIVRE SECOND.

HISTOIRE DES CARTHAGINOIS.

PREMIÈRE PARTIE.

Caractère, mœurs, religion et gouvernement des Carthaginois. 141
§ I. Carthage formée sur le modèle de Tyr, dont elle était une colonie. *Ibid.*
§ II. Religion des Carthaginois. 143
§ III. Forme du gouvernement de Carthage. 150
Suffètes. 151
Le sénat. 152
Le peuple. 154
Le tribunal des cent. *Ibid.*

Défauts du gouvernement de Carthage. 156
§ IV. Commerce de Carthage. Première source de ses richesses et de sa puissance. 159
§ V. Mines d'Espagne. Seconde source des richesses et de la puissance de Carthage. 161
§ VI. La guerre. 163
§ VII. Les sciences et les arts. 168
§ VIII. Caractère, mœurs, qualités des Carthaginois. 172

SECONDE PARTIE.

Histoire des Carthaginois. 176

CHAPITRE PREMIER.

Fondation de Carthage et ses accroissements jusqu'à la première guerre punique. 176
Conquêtes des Carthaginois en Afrique. 181

Conquêtes des Carthaginois en Sardaigne, etc. Page 182
Conquêtes des Carthaginois en Espagne. 183
Conquêtes des Carthaginois en Sicile. 187

CHAPITRE II.

Histoire de Carthage, depuis la première guerre punique jusqu'à sa destruction. 226
ARTICLE I. Première guerre punique. 227
Art. II. Guerre de Libye, ou contre les mercenaires. 254
Art. III. Seconde guerre punique. 269
Causes éloignées et prochaines de la seconde guerre punique. 270
Déclaration de la guerre. 278
Commencement de la seconde guerre punique. 280
Passage du Rhône. 282
Marche qui suivit le passage du Rhône. 284
Passage des Alpes. 288
Entrée dans l'Italie. 293
Combat de cavalerie près du Tésin. 294
Bataille de la Trébie. 298
Bataille de Trasimène. 304
Conduite d'Annibal par rapport à Fabius. 308
État des affaires en Espagne. 314
Bataille de Cannes. 315
Quartier d'hiver passé à Capoue par Annibal. 323

Affaires d'Espagne et de Sardaigne. Page 327
Mauvais succès d'Annibal. Siéges de Capoue et de Rome. 328
Défaite et mort des deux Scipions en Espagne. 330
Défaite et mort d'Asdrubal. 332
Scipion se rend maître de toute l'Espagne. Il est nommé consul, et passe en Afrique. Annibal y est rappelé. 336
Entrevue d'Annibal et de Scipion en Afrique suivie du combat. 341
Paix conclue entre les Carthaginois et les Romains. Fin de la seconde guerre punique. 344
Courte réflexion sur le gouvernement de Carthage au temps de la seconde guerre punique. 349
Intervalle entre la seconde et la troisième guerre punique. 351
§ I. Suite de l'histoire d'Annibal. *Ibid.*
Annibal entreprend et vient à bout de réformer à Carthage la justice et les finances. 352
Retraite et mort d'Annibal. 355
Éloge et caractère d'Annibal. 364
§ II. Différends entre les Carthaginois et Masinissa, roi de Numidie. 369
Art. IV. Troisième guerre punique. 377
Digression sur les mœurs et le caractère du second Scipion l'Africain. 407
Histoire de la famille et de la postérité de Masinissa. 416

FIN DE LA TABLE DU TOME PREMIER.